湖南省志

1978—2002

铁路志

湖 南 省 地 方 志 编 纂 委 员 会

岳麓書社

二〇一九年 · 长沙

图书在版编目(CIP)数据

湖南省志(1978—2002)·铁路志/湖南省地方志编纂委员会编.—长沙:岳麓书社,2019.12

ISBN 978-7-5538-1226-7

Ⅰ.①湖… Ⅱ.①湖… Ⅲ.①湖南—地方志②铁路运输—概况—湖南—1978—2002 Ⅳ.①K296.4

中国版本图书馆 CIP 数据核字(2019)第 290547 号

HUNAN SHENG ZHI(1978—2002)·TIELU ZHI

湖南省志(1978—2002)·铁路志

编　　者:湖南省地方志编纂委员会

责任编辑:王文西

特邀编辑:邱建明

责任校对:舒　舍

封面设计:风格八号

岳麓书社出版发行

地址:湖南省长沙市爱民路 47 号

直销电话:0731-88804152　0731-88885616

邮编:410006

版次:2019 年 12 月第 1 版

印次:2019 年 12 月第 1 次印刷

开本:890mm×1240mm　1/32

印张:16.625

字数:439 千字

ISBN 978-7-5538-1226-7

定价:98.00 元

承印:长沙鸿和印务有限公司

如有印装质量问题,请与本社印务部联系

电话:0731-88884129

ISBN 978-7-5538-1226-7

9 787553 812267

湖南省地方志编纂委员会

《湖南省志（1978—2002）·铁路志》编写组

主　　编　　郭颂章

副 主 编　　张海泳　廖玉敏

执行主编　　卜建伟

编　　辑　　范信琼　王荣志　禹济涛　梁末妮　唐明月

湖南省地方志编纂院编审人员

助理编纂　　李子璇

编　　纂　　孟东华

初　　审　　蔡素云

终　　审　　黄俊军

1995 年 4 月，株洲车辆厂 DJK140 型架桥机投入京九铁路建设，被国务院发展研究中心认定为“中国最先进架桥机”，入选“中华之最”

1995 年 11 月 20 日，湖南境内第一条具有现代化水平的株洲北站编组场上行系统竣工庆典

1996 年 6 月 9 日，中国第一台交流传动电力机车 AC4000 落成

1996 年 7 月 21 日凌晨 1 时，广州铁路（集团）公司总经理廖济广在破塘口大桥察看水情，检查防洪工作

1996 年，衡阳车辆段选手蒙眼换车钩，时间只有 44 秒钟

1997 年 1 月 28 日，湘黔铁路娄怀段 318 公里电气化铁路开通剪彩

1997 年，岳阳工务段争分夺秒更换提速道岔

1998 年 10 月 16 日，石（门）长（沙）铁路全线通车

1998 年，长沙铁路总公司组织抢修水淹线路

1999 年 5 月 26 日，中国首台 200 公里/小时电动旅客高速动力车 DDJ1 在株洲电力机车厂落成

1999年，株六复线资水大桥施工

2000年7月12日，株六复线波洲站改造工程大拨接完成新轨排铺设

2001 年 12 月 30 日，铁道部为株六复线工程建设先进单位颁发火车头奖杯

2002 年 9 月 29 日，渝怀铁路东段第一节轨排在怀化铺轨

2002 年 11 月 11 日，焦柳线首次开天窗工务养路作业

2002 年，跑出时速 321.5 公里“中华之星”动车组动车

编辑说明

一、《湖南省志（1978—2002）· 铁路志》以马克思列宁主义、毛泽东思想、邓小平理论、“三个代表”重要思想、科学发展观、习近平新时代中国特色社会主义思想为指南，坚持辩证唯物主义和历史唯物主义，实事求是地记述湖南省内国家铁路系统（以下简称省内国铁）的历史和现状。

二、本志记事上限为 1978 年，下限为 2002 年。为记述某项事物的完整性，个别章节中的部分内容作适当上溯和下延。

三、本志的内容来自《广铁集团志（1896—2000）》《广州铁路（集团）公司年鉴（1993—2002）》《长沙铁路总公司年鉴（1995—2002）》《怀化铁路总公司志（1970—2005）》《怀化铁路总公司年鉴（1995—2002）》《衡阳铁路分局志（1970—1986年）》等。各项数据以广州铁路（集团）公司（广州铁路局）计划统计处印发的《广州铁路（集团）公司（广州铁路局）统计资料汇篇》为准。上述汇篇中没有的，采用主管部门提供的数据。另外，感谢中车株洲电力机车有限公司、中车长江车辆有限公司株洲分公司、中铁株洲桥梁有限公司等企业为本志提供资料。

四、本志中有关机构后带括号的表述，并非两块牌子一套人马，而是前后两个阶段的机构名称。如“广州铁路（集团）公司（广州铁路局）”，1993 年 2 月 8 日前名称是“广州铁路局”，之后为“广州铁路（集团）公司”；“长沙铁路总公司（分局）”，

1993 年 3 月 2 日前名称是“长沙铁路分局”，之后为“长沙铁路总公司”；“怀化铁路总公司（分局）”，1993 年 3 月 6 日前名称是“怀化铁路分局”，之后为“怀化铁路总公司”。

五、本志由于在编纂过程中，时间跨度长，编纂人员少，加之人员新老交替，水平有限，疏漏在所难免，敬请读者批评指正。

目　录

专记

概　述

一

湖南省内国铁是中国铁路网长江以南纵贯南北、横穿东西铁路网的中枢。京广、焦柳线北通湖北，南接广东、广西；浙赣、湘黔线东连江西，西达贵州。铁路途经山地、丘陵、平原等多种地形，跨越湘、资、沅、澧，以及耒水、涞水、渌水、锦水、渠水和融江等河流。尤其湘西的湘黔、焦柳铁路，具有典型的山区铁路特征。沿途山峦叠嶂，峭壁悬崖，高壑深涧，道路险隘，桥隧相连。铁路所处地区物产资源丰富，主要矿产有煤和有色金属汞、锑、锌、铅、铝等，铁路沿线国有和地方厂矿企业多。优越的地理位置和自然条件，有利于经济和铁路运输业的发展；沿线有如历史文化名城长沙、湘西武陵源风景区、韶山和宁乡花明楼等丰富的自然和人文景观、名胜古迹、革命纪念地等旅游资源，有利于发展旅游业。同时，铁路沿线地处亚热带湿润季风气候，年降雨量 1200—2000 毫米。每年雨季，京广线湘北洞庭湖以及湘西山区铁路均为水害多发地段，抗洪救灾工作给铁路部门造成很大压力。1998 年 6—8 月，长江流域遭受历史罕见特大暴雨，洞庭湖水患严重，京广线云溪至荣家湾间的路基和桥梁被洪水浸泡时间长达 60 多天，京广、湘黔、焦柳干线共发生各种险情 340 处，发生影响行车的水害 34 处，共中断行车 282 小时 19 分，给铁路运输造成了严重危害。

二

1978—2002 年，正值国家改革开放、经济快速发展时期，随着国家经济发展和对国铁投入加大，湖南省境内铁路发展较快。1978 年末，省境内铁路干线有京广、浙赣、湘桂、湘黔 4 条干线，以及邵阳、韶山、资许等支线；1990 年，省内国家铁路有干线 5 条、主要支线 4 条，运营里程 2272. 8 公里，居全国第 8 位；

2000年末，省内已经拥有京广、浙赣、湘桂、湘黔、焦柳、洛湛、石长7条干线，以及资许、韶山、娄邵、醴茶、清潞线等支线和株洲、衡阳、怀化、长沙枢纽联络线。境内地方铁路还有郴嘉、永耒、醴浏、益阳、西合等线路。

1978年末，省境内通车铁路1657.2公里，内燃、电气化线路593.5公里，营业里程1689.6公里；车站206个；铁路职工73336人。2000年末，省境内已建铁路1227.34公里（其中复线744.48公里；电气化改造1060.51公里），通车的铁路达3465.6公里，营业里程达2597.35公里，增加了907.75公里，与1978年营业里程相比，增加53.73%；车站293个；铁路职工115991人。1978—2001年，湖南省境内先后有10条国铁动工建设和电气化改造。

建成通车的铁路有：1978年12月1日，焦柳线湖南境内571.5公里铁路全线贯通，1985年1月1日，全线正式运营。

1988年11月，57.6公里的郴韶电气化工程竣工开通投产。12月16日，湖南境内212.13公里的衡广复线建成通车。1992年8月18日，湘黔铁路怀化至大龙堡104公里电气化工程竣工开通。1996年1月24日，湘东浙赣株醴段55.3公里的复线工程全部竣工开通。

1997年1月25日，湘黔线娄怀段318公里电气化铁路正式开通。12月31日，株娄段复线工程全部竣工开通。1998年10月1日，264公里的石长铁路全线竣工开通，客货全面临时运营。1998年11月22日，焦柳线襄樊至石门复线湖南段48.17公里，投资3.7亿元的工程全线竣工开通。2001年9月10日，武广电气化改造工程全线竣工开通运营。至此，2300多公里京广铁路大动脉实现全线双线电气化。湖南段工程于1997年8月由捞刀河新铁路大桥率先开工。武广电气化工程总投资完成75亿元。2001年12月30日，株（洲）六（六盘水）铁路娄底至大龙段425公里复线（含338公里电气化）全线开通运营。1998年5月25日，湖南段工程在怀化开工。投资完成66亿元。

另外，2000年12月，湖南境内75.6公里的渝（重庆）怀（化）铁路工程、洛（阳）湛（江）线益阳至娄底101.3公里、邵阳至永州118.5公里铁路工程相继动工。

三

省内国铁属铁道部广州铁路（集团）公司（广州铁路局）管辖。为了适应铁路运输事业快速发展的需要，铁路管理的机构设置相应变化。1978年，湖南省境内有长沙、衡阳、怀化3个铁路分局。1986年10月31日，衡阳铁路分局撤销，划归长沙铁路分局管理。1994年1月10日，石长铁路（合资铁路）总公司成立。1997年12月18日，按照现代企业制度要求，石长铁路总公司改制，更名为石长铁路有限责任公司。至2002年，湖南省境内有长沙铁路总公司、怀化铁路总公司和石长铁路有限责任公司。

铁路部门的改革不断深化。1978年，省内国铁各分局实行党委领导下的行政首长分工负责制。1982年，铁路局将部分计划、人事、财务、物资、干部管理等权限下放到分局和站段，扩大经营自主权，企业由单纯生产型向生产经营型转变。1984年7月，铁道部决定在广州铁路局实行厂长（经理）负责制试点，广州铁路局次年在全局推行。1987—1990年，广州铁路分局对各分局实行全面经济承包，层层落实承包方案，一包4年。1991—1992年，省内国铁各分局着力推行以转换企业经营机制为重点的3项制度综合改革，建立干部能上能下、职工能进能出、工资收入能升能降的竞争机制。

经国务院经济贸易办公室批准，1993年2月8日，广州铁路（集团）公司（原广州铁路局）正式在广州挂牌成立，这是全国铁路运输企业第一家实行集团化经营的大型企业，是自主经营、独立核算、自负盈亏，具有法人资格的经济实体。广州铁路（集团）公司由核心层企业、紧密层企业、半紧密层企业和松散层企业组成。核心层企业包括长沙、怀化等 4 个铁路总公司。成立广州铁路（集团）公司，是铁路部门贯彻落实邓小平南方谈话和中共十四大精神，加快和深化铁路经济体制改革的一项重要举措。目的是通过试点，探索出一条适应社会主义市场经济发展要求的铁路管理新路子。

1993 年，长沙、怀化铁路总公司先后挂牌成立后，按照“产权清晰、责权明确、政企分开、科学管理”的要求，实行“管内归己，直通清算”的运输分配方式，迈开了建立现代企业制度的步伐。石长铁路总公司是铁道部和湖南省人民政府共同投资修建的合资铁路，按照现代企业制度要求，实行“自主经营、自负盈亏、自我发展、自我约束”的管理体制和客货运输特殊运价的政策，成为全路第一家按《公司法》建立起来的铁路运输企业。1997 年 10 月，铁道部正式批复广铁集团的资产经营责任书，广铁集团及其所属的长沙、怀化铁路总公司成为全国铁路运输系统首批实行资产经营责任制的运输企业。2000 年，长沙铁路总公司为推进干、支线分离，先后成立醴茶、资许铁路公司，并实行独立核算、单独考核。为推进主附业分离，长沙铁路总公司成立了多元经济发展中心，装卸、旅行服务、房建、生活后勤系统的分离改革逐步到位；教育、卫生防疫系统的分立工作顺利进行。怀化铁路总公司确立分离分立改革的具体模式，制订了装卸、采石、房建、生活后勤单位分离和教育、卫生单位分立方案，共分离分立 14 个单位 2890 人。

铁路运输装备、科学技术不断更新发展。省内国铁管理部门从 20 世纪 80 年代初开始，均成立了总工程师室，负责铁路分局管内的科技规划、技术改造、科研立项、成果评审推广工作。长沙铁路总公司（分局）从 1993 年至 2000 年期间，取得科技攻关、技术革新成果1570项，推广新技术379项。怀化铁路总公司（分局）“七五”（1986—1990年）期间取得各类科技成果96项，“八五”（1991—1995年）期间取得各类科技成果291项，“九五”（1996—2000年）期间取得各类科技成果364项。在科研、技术革新、新技术应用方面，1978—2000年省铁路部门先后获国家、铁道部和省科技进步奖共61项。

1980年以后，运输生产各个领域逐步开始推广运用先进技术设备，行车安全的“四大件”（机车接近报警、自动停车、无线列车调度电话、车长电台），以及轴温报警、红外线探测、光纤通信、微波通信等运用，客货服务设施日趋完善，运输能力不断增强，安全、运输生产不断开创新局面。2001年以来，京广线列车调度指挥系统（TDCS）投入使用。铁路专用数字移动通信系统（GSM－R）建设启动，货车运行状态地面安全监测系统（TPDS）、货车运行故障动态探测系统（TFDS）、货车滚动轴承地面（轨边）声学诊断系统（TADS）、红外线智能跟踪系统（THDS）、轮对尺寸动态检测系统（TWDS）的5T系统已开始实施，一个集成化、信息化、网络化的行车安全保障体系初步形成。

四

省内国铁的一系列改革和创新，推动了铁路建设的发展和运输能力不断增强。铁路旅客运输量1978年2669.23万人，2000年5200.5万人，2002年5004.3万人。货物发送量1978年3546.85万吨，2000年4625.5万吨，2002年48670万吨。货物到达量1978年3648.57万吨，2000年4846.8万吨，2002年56883万吨。换算周转量1978年28157.9百万吨公里，2000年34613百万吨公里，2002年115935百万吨公里。日均装车1978年2076辆，2000年2158辆，2002年2297辆。运输进款收入1978年

31610.5 万元，2000 年 373983.98 万元，2002 年 470569.84 万元。

1978 年至 2002 年，湖南铁路运输的快速发展，为支撑全省和各地经济、旅游事业的大力发展提供了坚强运力保障。张家界风景区是湖南省旅游业的一张亮丽名片，过去由于交通落后，地处偏僻，一直“养在深闺无人识”。焦柳线的开通运营，为广大游客带来极大方便。焦柳线上的大庸北车站于 1978 年建成，1982 年 12 月正式交付运营，1992 年 3 月更名为张家界车站，2002 年 2 月车站升级为一等站。1983 年开通之初，发送旅客 2.45 万人，1993 年增长到 77.1 万人，2002 年增长到 138.8 万人。石长线西接焦柳线，连接国家森林公园张家界，东接京广线，连接湖南省会长沙，区位优势明显。从长沙到张家界，铁路途经石长线较之前经怀化里程缩短了一半，到重庆等中西部省市，缩短了 400 多公里。本线地区人口稠密，旅游资源丰富，客流主要有旅游、公务和商务客流，在春运、暑运期间还有大量学生流、民工流和探亲流，往返广东、上海、北京等方面客流。石长公司旅客运输从 1998 年 10 月开通临运至 2002 年旅客发送量呈快速增长，至 2002 年底突破 160 万人，较首个运营年（1999 年）翻了一番。货物运输从 1998 年 10 月开通临运，当年即运输货物 4.3 万吨，至 2002 年发送货物 248 万吨，成为湘西北连接湘中、湘东的一条运输黄金线。怀化市一直是个偏僻落后的乡镇，旧称“榆树湾”。20 世纪 70 年代以来，随着湘黔、焦柳、渝怀铁路相继开通，怀化依靠独特的交通枢纽地位，促进商贸物流业发展，抢占区域竞争制高点，成为了五省周边的一个物资集散地和交易中心，被誉为“火车拖来的城市”。长期以来，湖南 70%左右的煤炭、80%左右的钢铁主要依靠铁路运输。全省通过铁路发送货物实现的产值占全省国内生产总值的 30%以上，全省约 60%的工业产值通过铁路运输得以实现。铁路为湖南地方经济社会的快速发展提供了强大的运力支持。

第一篇

铁路建设

第一章　线　路

第一节　衡广复线　武广湖南段电气化改造

一、衡广复线建设

20世纪70年代初，京广线衡阳以北为复线，衡阳以南运能与运量的矛盾日趋突出。1975年初，铁道部第四勘察设计院开展衡广复线的勘察设计，是年8月，向国家计委提报《关于京广铁路衡阳至广州段复线工程设计任务书的报告》。1980年5月，国家计委批准了《关于京广铁路衡阳至广州段复线工程设计任务书的报告》。1983年1月，国家计委又批准了电气化设计任务书。

衡广复线工程施工分三个阶段。

第一阶段（1975—1977年），复线开工前的扩能应急工程施工。广州铁路局与第四设计院联合，拟定安排的项目有：衡阳至周家坳、东阳渡至向阳桥、哲桥至耒阳3个区间的复线插入段，长8.4公里。1977年底，建成衡阳至周家坳间插入段2.6公里；增建过渡性会让站18个，1977年前建成2个；衡阳、郴州机务段改为内燃机车牵引的有关工程。

第二阶段（1978—1985年），复线工程正式开工后的8年建设。

1978年1月，复线控制工程由铁道部第二工程局先行施工。是年5月，铁道部基建局召集第二工程局、第四工程局、第四勘察设计院等单位开会，明确施工安排的原则是“突出重点，由北向南，分段歼灭，一次交付”。工期要求为衡阳至郴州段1980年建成；郴州至韶关段1983年建成。1978年5月，铁二局四个工程处做好衡阳枢纽、郴州至坪石段重点工程的施工安排，年底施工队伍达7500人。1979年1月，衡阳至韶关间由铁道部第五工程局施工。1980年底衡北编组站、南岭隧道、郴北运转场、许家洞站及改河工程等重点工程已开工。

1980年末，国民经济大调整，全面压缩基本建设战线，衡广复线被列为停缓建项目。1981年1月起，全线停工。4月，国务院副总理万里带领国务院工作组调查研究广东交通运输问题后提出：“衡广复线已动手太晚，目前无论如何不能停建，特别是全线控制工程大瑶山隧道，要千方百计加快施工。”11月，大瑶山隧道正式开工。年末，国家计委决定从1982年开始，衡广复线列入国家建设项目，恢复施工。

全面复工后，国家计委提出衡广复线工程“六五”（1981—1985年）计划期间的安排意见：“在大瑶山隧道打通之前，先改建现有铁路，使运输能力由1100万吨/年提高到1500万吨/年。在建设步骤上，按照分期建设、分期受益的原则，先安排增加运力200万吨/年，然后视国家财力、物力和借用外资的可能，积极筹措4亿元，再增加200万吨/年运力。”8年建设，虽然停停建建，但经各方努力，控制工程取得重大进展，南岭隧道完成5104双线米，为总长度的84.2%，衡北编组站土石方完成716立方米，为总数的86%。累计建成投产复线区间4个，双线插入段7段（长50.07公里），复线车站4个，线路所10个，既有线临时会让站26个，实现了增加运能200万吨/年至400万吨/年的目标。

第三阶段（1986—1988年），三年决战建设。1985年12月10日，党和国家领导人万里、胡启立在广州现场办公，决定加快衡广复线建设，正式纳入国家“七五”（1986—1990年）计划重点建设项目，确保 1988 年复线通车，1990 年完成配套。自此，衡广复线拉开了三年决战的序幕。

1986 年初，铁道部在韶关成立衡广复线建设指挥部，指定广州铁路局为建设单位，总体设计单位为第四勘察设计院，施工单位有第二工程局、第五工程局、隧道工程局、大桥工程局、电气化工程局、通信信号工程公司、第十一工程局、第十五工程局及广州铁路局工程总公司等 9 个单位，施工高潮时期，施工人数达 6.58 万人。全线会战，累计完成线下工程 70%以上，开通复线 90.724 公里，其中湖南境内 48.1 公里，开通车站 4 个，坪石口接入量 1691.1 万吨。

1987 年初，铁道部衡广复线建设指挥部组织建设、施工单位编制《衡广复线“88.71”全线开通施工组织设计》，将复线剩余工程作分年分季详细安排。到年底，基本完成线下工程，南岭隧道等控制工程相继建成铺轨，开通复线 142.3 公里，其中湖南境内 38.7 公里，开通车站 18 个，坪石口接入量 1803.1 万吨。1988 年决战决胜。年初，南岭隧道通车；9 月，许家洞车站完成拨接；11 月，复线工程除衡北编组站外全部完工，湖南境内正线铺轨 2.7 公里；11 月 26 日，全线复线、车站及郴韶电气化工程建成，比原计划提前 36 天；12 月 16 日，在广东韶关举行隆重通车典礼。国务院总理李鹏专程到会祝贺并剪彩，铁道部部长李森茂、湖南省委书记兼省长熊清泉、广东省委书记林若等参加了通车典礼。1989 年，提前一年基本完成复线通车后的收尾工程。是年 12 月 24 日至 27 日，国家验收委员会对衡广复线工程进行正式验收。1990 年 1 月 1 日，交付广州铁路局运营。1989 年坪石口接入量 2232 万吨，1990 年增至 2560 万吨，旅客列车对数增至 20 对。

衡广段既有线全长 555.642 公里，建成复线长 526.132 公里，较既有线缩短 29.51 公里，其中湖南境内自周家坳至坪石北，左线缩短 10.1 公里，右线缩短 10.2 公里。湖南境内完成的主要工程数量：路基土石方3195万立方米，铺轨490公里（其中正线333公里，站线157公里），桥梁56座5589延长米，涵渠427座11777.5横延米，隧道24座14652延长米。

二、郴韶段电气化建设

衡广复线郴韶段正线长155.6公里，湖南境内57.6公里，区间有大中桥39座，隧道38座，共计35.81公里，桥隧长度占线路长度23%。其中大瑶山隧道长14.295公里，南岭隧道长6.06公里，雷公尖隧道长3.08公里，罗家渡至张滩区间长27.2公里，其中隧道相连地段约24公里。为了解决隧道内的空气污染，1982年，经国家计委批准，铁道部在《关于京广线衡广段复线初步设计站后工程和施工设计复查方案的批复》中明确规定：衡广复线先按郴州至韶关间区段电化设计，机车采用韶山1型。此区段为湖南省第一个电气化铁路区段。

1982年10月，第四勘察设计院开始初测，1983年7月完成初步设计，是年11月铁道部组织有关单位对初设进行鉴定，1985年11月完成施工设计。

郴韶电气化铁路供电采用“BT+直供”混合方式。郴州至槐树下两个区间人口密集，采用“BT”供电方式；槐树下至坪石间人口密度低，采用带回流线直供方式。郴州北场至坪石间（K1893+604—K1953+558）电气化铁路正线长59.95公里，架设接触网180.6条公里，设槐树下、白石渡两个牵引变电所，由鲤鱼江火电厂和东江水电站向郴州（城前岭）变电站供电。供电站与变电站间采用两回路独立供电电源，供电安全可靠。

电气化工程以分局界划分为两段，广东境内由电气化工程局承建（其中韶关电力机务段由广州局工程总公司承建），湖南境内由第五工程局承建。工程于1986年8月开工，1988年11月20日先送电开通乐昌至韶关段，取得实践经验后，11月23至25日郴州至乐昌段成功送电，11月26日坪石至乐昌段线路拨接后，郴韶段电气化工程与衡广复线全线同步开通投产。

三、武广电气化技术改造工程

1985年8月、12月，第四勘察设计院和电气化工程局分别完成《武昌至衡阳段双线配合电气化工程技术改造可行性研究修改报告》。1992年，铁道部计划司发布《关于京广铁路武昌至衡阳段电气化技术改造工程可行性研究工作的通知》。铁道部电气化工程局和第四勘察设计院分别于1993年9月、1994年9月完成初步设计。1995年9月至1996年4月完成技术设计。1997年3月，铁道部在武昌审查技术设计，1998年3月，完成修改技术设计。主要技术标准：正线为双线，限制坡度6‰，最小曲线半径一般为800至1000米，衡阳至韶关间部分保留400米，牵引动力为电力机车、韶山4（货）、韶山8（客），牵引定数为4000吨，到发线有效长850米。

1997年8月，捞刀河新铁路大桥由广铁第三工程公司率先开工。1998年10月竣工通车。其余工程亦陆续开工，参加施工的有铁一局、二局、三局、四局、五局、十一局、十二局、十五局、十六局和大桥局、电化局，上海、天津两个通号公司及武汉铁道承包公司、广铁集团及长沙铁路总公司等16个单位。湖南境内武广电气化铁路技术改造完成的主要工程有：蒲圻至郴州站北场（京广线K1337+376—K1893+596）电气化铁路正线556.22公里，架设接触网2283.2条公里，建成赵李桥、云溪、荣家湾、汨罗、桥头驿、大托铺、株洲北、淦田、衡山、衡阳北、东阳渡、耒阳、马田墟13个变电所，以及临湘、岳阳南、桃林、川山坪、长沙东、白马垅、渌口、朱亭、新霞流、衡阳、瓦园、公平墟、街洞13个分区亭。新建长沙下行客车外绕及特大桥，重建南津港、新墙河、破塘口、捞刀河（上行大桥），新建易家湾、朱亭隧道及重建金龙山隧道。改扩建长沙、衡阳、长沙东、汨罗等站。电气集中连锁站改微机连锁站68个，自动闭塞改18信息自动闭塞站间区间 68 个，550 公里。调度大楼以及相关的机务、车辆、供电设备等。总投资 47 亿多元。

湖南境内武广电气化铁路技术改造工程 2001 年 9 月完成通车。

第二节　湘黔线湖南段病害整治 株六复线及电气化改造

一、湘黔线病害整治

湘黔线东起京广线株洲北站，西行经湘潭、娄底、金竹山、新化、低庄、怀化，在大龙堡进入贵州省，直至贵阳，株六线则是延至贵州省的六盘水市。湘黔线湖南境内的线路共 544.1 公里。

1973 年 6 月湘黔线全线竣工，7 月 1 日交广州铁路局运营。全线运营后，运量增长较快，运输能力不足的矛盾越来越突出。为了适应不断增长的运量需要，对湘黔段线路病害进行了整治。湘黔铁路的修建，历时 37 年，交付运营时遗留的配套工程和病害工程较多。1973—1990 年的病害整治，省境内增加站线和延长股道的车站 34 个，湘潭至金竹山一段增建车站 22 个，平均站距降到 7.8 公里。金竹山至大龙堡段增建车站 5 个，平均站距下降到 8.3 公里，运输紧张的状况得到了缓和。娄底以东一段线路抓紧了病害的整治；湘潭至金竹山段整治各种病害 60 处，全部更换每米 43 公斤标准轨；金竹山至大龙堡段，较大的 76 处路基病害和漏水、通风不良的隧道基本整治完毕。至 1990 年，全线已更新为每米 50 公斤及以上钢轨。

二、怀化至大龙堡电气化改造（1990 年 7 月—1992 年 8 月）

1978 年 8 月，铁道部组织规划院，电化局，第二、四设计院，广州、成都铁路局等有关单位，对湘黔铁路电气化方案进行调研。1979 年 2 月，向国家计委呈报《关于湘黔铁路电气化设计任务书的报告》。当年 7 月，第四设计院完成《株洲、怀化枢纽配合湘黔铁路电气化改造的初步设计》，11 月，完成《湘黔铁路株洲至大龙堡电气化工程初步设计》。1982 年 11 月，湘黔铁路电气化初步设计鉴定会在贵阳召开，电气化总概算为 4.95 亿元，其中湖南境内为 3.3 亿元。设计输送能力湘潭至娄底间为 1350 万吨，娄底至怀化间为 1150 万吨，怀化至贵定间为 1500 万吨。到发线有效长为 850 米，采用 SS1 电力机车双机牵引，牵引定数为 3500 吨，由西向东逐段施工，工期定为 8 年。

1984 年 5 月，水电部对湘黔铁路电气化贵州段供电计划任务书作了批复，决定大龙堡至怀化间在新晃、岩田铺、怀化设 3 个牵引变电所，由玉屏变电站用 110 千伏的电力线供电。“七五”期间，铁路建设提出“北战大秦，南攻衡广，中取华东”的战略方针，加上湘黔线供电问题不能落实，国家仅安排贵阳至怀化间的电气化工程投资。

1990 年 2 月，铁四院完成了怀化至大龙堡段电气化施工设计。主要工作量有电气化正线全长 104.597 公里（未含枢纽内正线长 11.054 公里），接触网 185.477 条公里，电气集中联锁车站 9 个，牵引变电所 3 个，土石方 21.61 万立方米，工程概算 1.17 亿元。工程由电气化工程局中标承建，1990 年 7 月开工建设，1991 年末基本完成。因供电问题，延至 1992 年 8 月 18 日正式开通使用。

三、“八五”期间湘黔线部分复线与电气化工程建设（1993—1998 年）

至 1987 年，湘黔线实际运量已超出电气化设计能力。株娄间的运量原设计是 1350 万吨/年，实际上已达到 1370 万吨。为了满足日益增长的运量需要，铁道部决定对湘黔线进行技术改造。

1990 年 7 月，铁四院完成《改建铁路湘黔线株洲至怀化段部分复线电气化工程》初步设计。1991 年至 1994 年，铁道部下达铁建函《关于湘黔线娄底至怀化段部分复线及电气化工程初步设计的批复》(〔1991〕318 号),《关于湘黔线株洲至娄底段复线电气化工程初步设计的批复》(铁鉴函〔1992〕645 号),《关于湘黔线株洲至娄底段、娄底至怀化段和坪口至思溪间复线及电气化工程技术设计的批复》(铁建函〔1994〕61 号),对湘黔线部分复线电气化工程初步设计、技术设计进行审查和批复。

湘黔线株怀段东起自湘黔上行正线 K0+000，下行正线 K3+200（株洲枢纽 EK3+214.20）至怀化地区 K440+227.62 止，与怀化至大龙堡段工程相衔接。该线属Ⅰ级干线，为既有线路技术改造工程。其中株洲至娄底为复线电气化，娄底至怀化为部分复线电气化（复线区间为娄底东至百亩井、横阳山至团结山、坪口至思溪、双井至川水、仁里冲至大江口、坨院至怀化)。全段十里冲至怀化既有车站 56 个，其中区段站 2 个，工业站 1 个，中间站 53 个。本工程建成后，封闭十里石、沂滩、夏坪溪等站，并增设金盆湾、底下、斗笠、炉观、城上垣、大潭、仲夏、洑水湾、早禾滩等 9 个车站，K382 线路所及 K325+934.85 等道口看守处。

1992 年 9 月 25 日，广州铁路局在广州成立京广、湘黔、枝柳铁路建设指挥部，进行施工准备工作。同时，怀化铁路分局也成立湘黔枝柳建设分指挥部，配合广州铁建指挥部进行部分复线施工建设，参与施工监理、开通验收及运输协调等工作。

1993 年 3 月 1 日，新雪峰山隧道开工，拉开了湘黔线部分复线及电气化工程建设的序幕，施工第一年就实现了“当年筹建进场，当年办理征拆，当年铺开施工，当年部分开通投产”的目标；7 月 27 日，湘黔线部分复线及电气化工程第一个新开站——早禾滩站顺利开通运营；10 月 4 日，该工程第一座贯通的隧道

——新羊马隧道贯通。

1994年5月25日，坨院（怀化东）至怀化复线工程胜利开通；是年12月26日，湘潭湘江特大桥开工。到1995年12月31日，湘黔复线上最长的隧道——全长3809米的新雪峰山隧道实现贯通。至此，全线长大隧道全部贯通。

1996年3月5日，第八届全国人大第四次会议将湘黔复线列入当年全国两大重点建设项目之一，要求年内开通电气化铁路318公里。到1997年1月28日，娄底至怀化318公里电气化铁路一次开通成功。是年9月30日，湘潭湘江特大桥正式合龙，10月28日完成怀化南站编尾改造工程施工，12月31日株洲至娄底段复线开通。

1998年5月14日，娄底编组场新驼峰调试完毕并正式投入使用，娄底区段站改扩建工程全部完成。年底完成引入株洲枢纽工程，工期历时长达五年的怀化南编组站工程全面完成。

1999年1月8日，株娄段复线及电气化开通投产。至此，湘黔线部分复线及电气化工程全部竣工。

湘黔线部分复线及电气化工程属国家“八五”（1991—1995年）重点建设工程项目。铁道部技术设计批准概算为287261万元（其中娄怀段189359万元），建设过程中，铁道部以铁鉴函〔1996〕365号、〔1997〕26号、〔1998〕75号文件，增调概算168977万元。调整后总投资概算为456237.9万元。

四、“九五”期间株六复线及电气化工程建设（1998—2001年）

株六铁路（湖南段）复线及电气化工程，是国家“九五”（1996—2000年）期间重点建设项目、国家实施西部大开发的重点工程。1997年5月，国家计委《印发国家计委关于审批株洲至六盘水铁路娄底至六盘水段增建第二线项目建议书请示的通知》（计交能〔1997〕893号）批准株六复线及电气化工程立项。

1998 年，国家计委《印发国家发展计划委员会关于审批株洲至六盘水铁路娄底至六盘水段增建第二线可行性研究报告的请示的通知》（计交能〔1998〕1020 号）批复可行性研究报告。铁道部《关于株洲至六盘水铁路娄底至大龙段增建第二线及电气化工程初步设计的批复》（铁鉴函〔1997〕105 号）批复初步设计。铁道部《关于株洲至六盘水铁路娄底至大龙段增建第二线及电气化工程技术设计的批复》（铁鉴函〔1998〕52 号）批复技术设计。

株六复线及电气化工程广铁集团管辖范围为娄底至大龙段，东起娄底站东端（K116 + 600），西至大龙站东端（K544 + 097.40），既有正线全长 425.14 公里（扣除株洲至怀化已建成部分复线 212.934 公里），新建复线（含电化）330.11 公里，改造既有车站 37 个及株洲至娄底相关工程。设计工期 4 年。铁道部批复总概算 661366 万元（含溆浦站改线，渝怀线引入怀化枢纽），加上地方增加投资 2110 万元，概算总额为 663476 万元。

该工程由广铁集团株六复线建设指挥部为建设单位，铁道部第四勘察设计院担任设计单位，广铁集团华南监理公司和长沙铁道学院监理公司负责监理，铁二局、铁四局、铁五局、铁十二局、铁十五局、铁十六局、铁十七局、铁十九局、电气化工程局、上海通号公司和广铁工程总公司等单位负责施工。

1998 年 5 月，娄底至大龙段路基工程开工后，全线开始征地拆迁，娄底至大龙段重点工程新开隧道全长 1208 米，1998 年 6 月施工队伍进场，到 2001 年 12 月全线 63 座隧道全部竣工。重点工程之一资水大桥于 2000 年 12 月 20 日开工，2001 年 3 月 10 日竣工。2001 年 9 月通信工程一次性顺利开通。重点工程怀化车站的施工过渡从 1999 年初开工，到 2004 年 5 月全面竣工，历时 5 年。全线完成路基土石方 2409.06 万立方米，桥梁 110 座 9673.42 延米，隧道 74 座 19910 成洞米，涵洞 1074 座 14677 横延米，自闭线路 542.6 公里，信号联锁道岔 1002 组，电力贯通线

998.2 公里，接触网 555.2 条公里，铺轨 449.2 公里，生产生活房屋 23 万平方米。

株六铁路（湖南段）复线及电气化工程，于 1998 年 5 月 25 日正式开工，2001 年 12 月 26 日全线复线及电气化正式开通。

第三节　浙赣复线湖南段

浙赣复线（湖南段）为浙赣线株洲至老关间增建的第二线。

浙赣线湖南段初建时，为株（洲）萍（乡）铁路的一段，主要为安源煤矿外运服务。中华人民共和国成立后，为了提高浙赣铁路的运输能力，根据铁道部规划，1955 年，第四设计院提出部分地段增建第二线和单线技术改造方案后，采取了一些改造措施，提高线路技术标准，通过能力逐年有所提高，但仍然满足不了日益增长的运量需要。20 世纪 70 年代，鹰潭口成了全路通过能力最紧张的限制口。

1989 年 12 月，铁四院完成浙赣线增建第二线的初步设计。1991 年 9 月完成技术设计，1992 年 8 月，完成站前工程施工图设计，1993 年 12 月，完成站后工程施工图设计。

浙赣复线（湖南段）自老关以西，广州铁路局与上海铁路局南昌分局的分界点 K889+700 起至株洲车站，全长 54 公里，主要技术指标为 I 级干线，限制坡度 7.2‰，最小曲线半径 800 米，困难地段为 400 米，牵引种类为东风 4 内燃机车，预留电气化条件。到发线有效长 850 米，牵引定数 3500 吨，自动闭塞，通信采用微波、光缆。

工程于 1993 年 10 月与地方签订征地拆迁承包协议后，采取分段招（议）标方式选择施工单位，逐步开展施工。参加施工的单位有铁五局、广铁工程总公司、株洲电务段、湖南省醴浏铁路管理处等。全段主要工程数量：路基土石方 297.7 万立方米；双线大桥 1 座，长 232.76 米；中小桥 14 座，总长 451.36 米；涵洞 262 座，总长 3816.9 横延米；双线隧道 1 座，长 936 米；铺轨（包括站线）90.2 公里；铺道岔 71 组；新建房屋 22097 平方米。累计投资 5.51 亿元。整个工程于 1995 年 12 月 20 日竣工投产。

重点工程有：醴陵新站，1987 年 9 月初步设计，1990 年 9 月完成技术设计，1993 年 10 月开工，1995 年 10 月 26 日正式投产使用。老醴陵站改为醴陵东站，停止客运，改为货运站。渌江大桥，全长 232.36 米，1992 年 12 月开工，1994 年 12 月主体完成。羊石隧道全长 936 米，1993 年 10 月 18 日开工，1995 年 10 月 18 日竣工。

第四节　石长铁路

石长铁路是洛（阳）湛（江）线中的一部分，为国家Ⅰ级路网干线，由铁道部和湖南省人民政府共同投资修建（铁道部投资 2/3、湖南省投资 1/3）。石长线 1991 年 4 月批准立项，1992 年 12 月批复初步设计鉴定，1993 年 8 月 8 日正式动工建设。1995 年 4 月石长线列入国家重点建设项目，1998 年 1 月 8 日全线贯通，1998 年 10 月 1 日至 2000 底，全线临时运营。

石长线全长 264 公里。西起焦柳铁路新增的石门北站，东接京广铁路长沙地区的捞刀河车站，途经常德、益阳、长沙等 12 个市县（区），跨越湘、资、沅、澧四大河流。全线设车站 31 个，建特大桥 11 座，大、中桥 73 座，涵洞 1304 座，隧道 18 座，工程总投资 42.63 亿元。运输能力近期（2000 年）石门北至石门南 1900 万吨，石门南至捞刀河 1700 万吨，客车 6 对；远期（2005 年）石门北至石门南 2300 万吨，石门南至捞刀河 1900 万吨，客车8对。石长线建设按照“由西向东、分段建设、建成一段、运营一段”的原则，围绕铁道部和湖南省确定的1997年全线铺通的总工期目标组织施工。

正式动工时，澧水、沅江、资江、湘江、沩水等9座特大桥，汪家山等8座隧道相继开工，工程进展顺利。

1994年，建设重点在石门县北至石门县南段。年内完成路基土石方250万立方米，占设计量7.5%；涵洞3646横延米，占设计量14.9%；隧道成洞394.9折合米，占设计量9.7%；桥梁成桥4298折合米，占设计量18.9%。全线征地4200亩，拆迁房屋130000平方米，完成电力线43.2千米。

1995年3月20日，石门北站开站。4月17日，澧水特大桥连续梁合龙，7月26日，石门北至石门南顺利铺通，并开通临时运输，确保国家重点工程石门电厂按期投产发电。下半年，建设重点转移到石门县南至常德段，精心组织该段路基土石方的施工。是年底，石门县南至临澧段达到铺轨条件，临澧至常德段完成工作量60%。

1996年，石长铁路建设取得了重大进展。完成石门至常德正线铺轨83.76公里，站线铺轨25.45公里；全线除湘江特大桥外，其余桥梁全部完成；完成隧道1832.68折合米；完成涵洞15764.64横延米。全线征地拆迁工作基本完成，累计征租地17852亩，拆迁房屋475266平方米；改移电力线路78公里。是年，全线重点控制工程基本完成。1月18日，石长铁路最长隧道汪家隧道（1195米）贯通；10月15日，石门南站至临里段铺通；11月18日，资水特大桥主桥合龙，12月28日沅江特大桥主桥连续梁合龙；12月31日，临澧至常德段铺通。

1997年，18座隧道全部完成，年内沅江、湘江等8座大桥全部贯通；完成通信光电缆敷设460.4公里，完成电力贯通线160公里，完成房建50108平方米。7月9日，石长铁路引入京广线工程在捞刀河车站顺利拨接。

1998 年 1 月 8 日，石长铁路全线铺通。是年，完成投资 10.70 亿元，累计完成投资 39.82 亿元。年内全线配套工程全部建成。9 月前，进行全面的调试和试运行工作。10 月 1 日，全线开通临运，临运速度为每小时 70 公里，并与路网办理直通货物运输。

1999 年 10 月 10 日，全线从开通临运的每小时 70 公里提高至每小时 85 公里。

2000 年 7 月 1 日，全线实现第三次提速，从每小时 85 公里提高到每小时 110 公里。办理全国货物运输到发业务；开行客货列车 13 对，其中开行张家界至广州、襄樊至广州、常德至广州、怀化至广州东、长沙至张家界、石门南至株洲、怀化至无锡、达县至广州等客运列车 8 对。

石长铁路的建成通车，可分流京广、焦柳铁路的客货运量，使北煤南运更为便捷。以石长铁路为依托，在建和拟建的石门、益阳、长沙三大电厂（年装机容量 360 万至 480 万千瓦），将缓解湖南的能源紧张局面，对开发湖滨一带旅游、矿产资源和一批支柱产业，发展国民经济，促进湖南的经济腾飞具有重要作用。

第五节　洛湛线湖南段

洛湛铁路湖南段包括 1967 年建成的娄底至邵阳段和 2000 年 12 月开始施工的益阳至娄底段、邵阳至永州段铁路。

益阳至娄底、邵阳至永州两段铁路原来由铁道部与湖南省合资修建，2004 年湖南省撤资，由铁道部独资建设，第四勘察设计院设计。主要技术标准：单线，I 级线路，旅客列车行车速度 120 公里/小时，限制坡度 6‰，最小曲线半径 1000 米，困难地段 600

米，到发线有效长度 850 米，内燃机车牵引，预留电气化条件，牵引定数为 4000 吨。娄底机务段担任娄底至桂林间的客车交路和娄底至永州间的货车交路。益阳东至娄底间的客货交路由益阳机务段担任。64D 继电半自动闭塞，远期线路设计能力为 8 对客车，货物运输能力 1700 万吨/年。

一、益阳至娄底段铁路

北起石长线的益阳东站，南至湘黔线的娄底东站，正线长 101.331 公里。由中铁第三工程局、第四工程局、第十一工程局、第十二工程局、第十七工程局、第十九工程局、第二十工程局和广铁、京铁工程总公司 9 家单位承建。

主要工程量：土石方 1634 万立方米；桥梁 54 座，9492.97 延米；隧道 15 座，7413 延米；涵渠 552 座，11856.46 横延米；正线铺轨 101.331 公里，站线铺轨 223.2 公里，道岔 77 组，沿线设 6 个车站。投资 19.08 亿元。

二、邵阳至永州段铁路

北起娄邵线的邵阳站，南至湘桂线的永州西站，正线长 118.519 公里。由中铁第一工程局、第三工程局、第四工程局、第五工程局、第十二工程局、第十三工程局、第十四工程局、第十九工程局、大桥工程局、北京局太原工程公司等单位承建。

主要工程量：土石方 1736 万立方米；桥梁 57 座，1128 延米；隧道 14 座，6169 延米；明洞 4 座，326 延米；涵渠、渡槽等 650 座，16710 横延米；跨线桥 26 座，1283 延米；正线铺轨 118.5 公里，站线铺轨 18.998 公里，道岔 50 组。沿线设 9 个车站。投资 22.35 亿元。

洛湛铁路湖南段（益阳至永州）全长 321 公里，总投资 41.5 亿元。2000 年 12 月 27 日动工，2004 年 4 月 19 日全线开通运营。

第六节 焦柳线湖南段

焦（作）柳（州）线北起河南省焦作，经豫西、鄂西、湘西、桂北至柳州。以湖北省长江南岸枝城为界，北段称焦枝线，南段称枝柳线。枝柳线北起郑州铁路局西斋站南端 K798+451，南至柳州铁路局的牙屯堡站间 K1370+069，全长 571.5 公里，湖南境内营业长度为 565.4 公里。1978 年 12 月 1 日全线贯通，12 月 26 日，铁道部与湘、鄂、桂 3 省在怀化举行通车典礼，先由施工单位临管，并进行收尾配套。1982 年交由怀化铁路分局临管，1983 年 1 月 1 日，全线正式投入运营。

1983—1992 年，对枝柳全线既有设备进行技术改造，原概算为 19.03 亿元，因工期延长与物价变动，概算两次调整，为 22.67 亿元，铁道部又追加投资 6000 万元，总概算为 23.27 亿元，平均每公里造价为 263.54 万元。怀化铁路分局管内累计投资为 16.31 亿元，平均每公里造价为 285.4 万元。

枝柳线湖南段原有桥梁 338 座，计长 36.3 公里（其中跨度 500 米以上的特大桥 5 座，计长 2976 延米）；有涵渠 1799 座，总长 41925 米；隧道 303 座，长 145.1 公里，其中 3000 米以上的隧道有 4 座。设车站 57 个，其中会让站 22 个，中间站 33 个，区段站 1 个（张家界站），编组站 1 个（怀化南站）。1992 年，既有线设备技术改造后，增加了湘泉站、鸭嘴岩站和江口站 3 个中间站。

由于洛湛铁路的建设，给焦柳线带来了第二次发展机遇。该线北段济源至襄樊于 1994 年建成复线。南段建设复线，可与新建的石长线形成新的通道，对分流京广线的运输能力，扩大南北客货流量，提高运输能力和客货列车通过能力，发展沿线地方经济具有重要意义。1993 年，铁道部下达铁建函《关于焦柳铁路襄樊至石门段增建第二线及复线引入襄樊枢纽初步设计的批复》(〔1993〕78 号)。

襄樊至石门复线（湖南段）建设，从西斋南端 K798+451 开始，至石门北 K864+600 止。设计铁路等级属Ⅰ级，正线数目为双线，正线长 48.149 公里。限制坡度 6‰，最小曲线半径 700 米，内燃机车东风 4 型牵引，预留电气化条件，牵引定数为 3500 吨。到发线有效长近期 850 米，预留 1050 米，采用非电化移频自动闭塞。对中间站澧县站、谭家河站、新安站进行全面改扩建，同时撤销界溪河、官亭塔两站。

主要工程数量：区间土石方 1659253 断面方，站场土石方 283765 断面方，路基污工 69937 立方米，挡土墙 24509 立方米，土工布 130619 平方米；大桥 184.7 延长米，1 座，中桥 871.23 延长米，11 座，小桥 174.93 延长米，9 座，涵洞 2490.29 横延米，189 座；正线铺轨 49.803 公里，站线铺轨 10.159 公里，铺道岔 52 组，铺道床 167204 立方米；高压电线 105.92 公里，低压电线 9.26 公里，电力电缆 13.58 公里，通信电缆 113 公里，无线列调电缆 14 公里，电气集中连锁道岔 75 组；房屋 14686 平方米，征地 3064.15 亩。

襄石复线工程由铁道部第二勘察设计院设计，怀化铁路总公司铁建分指挥部代广铁集团株六指挥部作为建设单位，华南监理公司怀化分公司监理，中铁第五工程局、第十二工程局、第十六工程局、广铁工程总公司、怀铁工程总公司等单位参与施工。该工程从 1994 年 5 月开工，工期 4 年，设计投资 3.62 亿元，完成投资 6.03 亿元，1998 年 12 月全部开通。

第七节 铁路支线

1978—2002年，湖南境内铁路支线运营的有资许、韶山、娄邵、醴茶、清潞5条，没有修建新的支线。仅对既有的支线进行了一些技术更新改造。

一、资许铁路支线

位于湖南省东南的资兴县内，与京广线的许家洞站接轨，向东北方延伸，经桥口、鲤鱼江、木根桥、唐洞至三都。线路59.63公里，其中正线37.4公里，专用线13条14.28公里。

资兴县境内储藏丰富的煤炭资源，修建资许铁路支线，进一步方便了煤炭运输。该铁路1951年10月动工，1952年1月通车，1952年5月移交衡阳铁路管理局管理。

支线初建时，铺设17.37公斤/米的轻型钢轨；1957年至1962年期间，全部更换为42公斤/米以上的旧杂轨；1985—1987年，逐年通过线路大修，全部更换为50公斤/米重轨。初建时，全线有桥梁26座，长506.5延长米；20世纪60年代初，已逐步改造成12座桥梁，总长575延长米，其余改成涵洞、涵渠150座，总长2300多横延米；至20世纪90年代，共有桥梁11座，长610延长米，其中大桥1座，长180米，中桥5座，总长323延长米，小桥5座，总长107延长米，涵渠66座，总长2635延米。初建时，设车站4个，后增至6个车站，2个乘降所；1981年，鲤鱼江站建成电气集中车站，其余5站为半自动闭塞。

1978—1993年，支线办理一定的客运业务，但旅客量逐年减少。1978年，旅客51.48万人，到1992年，旅客仅4.9万人。从1993年开始，该线停止了客运业务，只办理货运业务，开行三都至白石渡站的交通车及货运列车的机车、运转乘务，营业里程 34. 98 公里。年均货运量未突破 300 万吨。1978—2000 年，年均货运量 205. 84 万吨，1978 年 245. 6 万吨，最高的 1994 年 291. 4 万吨，2000 年 210. 5 万吨。该支线属郴州车务段管辖，运输任务指标列入郴州车务段统计。

二、韶山铁路支线

位于湘潭县境内，自湘黔铁路的原马托铺车站（向韶站）出岔，向西北方向延伸，经银田至韶山，正线全长 21. 4 公里，运营里程 21 公里。

韶山是毛泽东的故乡，修建韶山铁路支线，便于全国各族人民和外国朋友瞻仰毛泽东的故居和学习毛泽东的伟大革命实践。1967 年 2 月 5 日正式动工，5 月下旬铺轨至韶山，全部工程实际施工 8 个月。是年 12 月 28 日在韶山举行通车典礼，正式交付运营。开通时，韶山站为特等站，直接由长沙铁路分局管辖。1983 年底划为三等站，只设副站长，交娄底车务段管理，车务段段长兼任站长。

该支线正线铺轨 21. 42 公里，站线铺轨 5. 15 公里。全线两座钢筋混凝土双曲拱桥，仅韶山、银田两个车站，只有客运业务，没有货运。通车以来，客运量一直不稳定。1978 年前每年能够保持 60 万人以上；1978 年后，仅 10—20 万人左右，最高的 1994 年 26. 3 万人，2000 年仅 15. 2 万人。

三、娄邵铁路支线

娄邵铁路支线位于湖南省中部，自湘黔线上的娄底站，向西南方向经双峰、邵东至邵阳，正线长 99. 7 公里。沿线地区煤、铁矿丰富。修建该铁路支线，主要是为满足湘潭钢铁厂、涟源钢铁厂和株洲氮肥厂等对煤、铁矿产原料的需要。

娄邵线是铁道部第四勘察设计院负责设计，铁道兵部队负责施工，1959 年 5 月下旬全线动工，1960 年 5 月 1 日铺轨至邵阳站。1962 年底全部工程结束。初建时，铺设的钢轨多为 40 公斤/

米以下的轻杂轨，20 世纪 70 年代逐年更换为 43 公斤/米再用轨，80 年代通过大修逐年更换为 50 公斤/米钢轨。初建时，有桥梁 19 座，后增加 1 座，总长 973 米，全部为钢筋混凝土结构的圬工梁。初建涵渠 211 座，总长 4772.2 横延米，以后逐年增加。至 1992 年末，发展为 251 座，总长 5815 横延米。有明峒 2 座，总长 287 延米。初建时设车站 10 个，旅客乘降所 2 个，1992 年末共有车站 12 个，平均站距 8.201 公里。

该线属娄底车务段管辖，至 2000 年有车站 11 个。1978 年货运量 243.4 万吨，进入 20 世纪 90 年代跃升至每年 300 多万吨，2000 年达到 336 万吨。1995 年 6 月 1 日起，娄底车务段成立娄邵车队，承担娄底—邵阳的 581/582 次（1998 年改为娄底—株洲、邵阳 881/882 次；2000 年改为 8434/8433.8435 次）旅客列车乘务工作。年客运量很少能够突破 200 万。1978—2000 年，年均客运量 164.19 万人，1978 年 121.7 万人，最高的是 1989 年 205.54 万人，2000 年 163.1 万人。

四、醴茶及清潞铁路支线

醴茶线原名湘东铁路，原为湖南省地方铁路，位于湖南省东部地区，罗霄山脉西侧丘陵地带。北起浙赣铁路醴陵站南行，经攸县向东至茶陵，正线长 116.9 公里。支线尾端茶陵向北延长至清潞，称清潞支线，全长 12 公里。是湖南省为开发湘东地区铁矿资源，发展省内钢铁工业而修建的铁路支线。

醴茶线 1970 年 10 月动工建设，边勘测、边设计、边施工，1971 年 10 月开始铺轨，1973 年 4 月 1 日正式竣工验收，移交广州铁路局接管。清潞支线与醴茶支线同步建成投产。两条铁路支线基建投资及广州铁路局接管后追加大整修投资合计 8169.85 万元，平均每正线公里造价 63.4 万元。

醴茶线设计为Ⅲ级干线，限制坡道为 8‰，最小曲线半径 300 米，桥涵承载能力为中-22 级，钢轨类型 43 公斤/米，初期为解放型蒸气机车牵引，牵引定数 1900 吨，到发线有效长近 650 米，远期 750 米，全部采用半自动化闭塞。清潞支线为Ⅱ级专用线，限制坡道为 15.5‰，最小曲线半径 400 米，桥梁载重中-22 级，到发线有效长 325 米，装车线 230 米，牵引类型为解放型蒸气机车，牵引定数 980 吨。

2000 年以前，醴茶、清潞支线一直由株洲车务段管辖。2000 年 7 月，组建醴茶铁路公司，成为广铁集团第一家支线改制公司。改制后，仍属株洲车务段管辖，财务分账，计划单列，盈亏包干、独立核算，模拟法人运作，实行内部承包经营。主要设备：线路 138.707 公里（其中正线 116.784 公里，清潞支线 11.910 公里，站线 23.454 公里，其他线 6.559 公里），涵洞 621 座 10932.1 米，桥梁 35 座 1885.54 米，隧道 1 座 156.6 米；通信线路 132.05 公里；房屋 351 栋 50435 平方米（其中生产办公房屋 277 栋 31340 平方米，住宅 74 栋 19095 平方米），建筑物 61 间 13484 平方米，机械动力设备 45 台；传导设备中输电线路 29.295 公里，给水管道 15.602 公里；轨道衡 1 台。设备设施固定资产原值 3.625 亿元，净值 1.393 亿元。有车站 9 个，线路所 1 个（雷龙里）、辅助所 1 个（深塘），办理客货运输站 7 个，办理货运站 2 个，营业里程 128 公里。在站内接轨的铁路专用线 9 条。

醴茶线及清潞支线设计存在缺陷，修建初期未达到预期的经济效益。1974—1980 年，年均客运量 48.64 万人，年均货运量 67.8 万吨，仅为初期设计的 200 万吨运量的 33.9%。1980—2000 年，年均客运量 49.69 万人，年均货运量 105.59 万吨，尚未达到初期设计的标准。长沙铁路总公司成立后，实行“一定三年”的承包经营，总揽支线改革全局，精简机构，创新管理，归并职名，减员提效，外扩客货营销，内抓深化改制，该支线开始摘去亏损帽子，各项运输任务指标均完成年度计划。

第二章 桥 隧

湖南省境内国铁桥梁众多，隧道成群。2000年统计，全省铁路桥共有1256座，其中500延米以上的特大桥有23座，共25433.64延米；100至500延米的大桥有253座，共53242.08延米。长、中长、短隧道569座，共245332.53延米，其中3000米至10000米的长隧道6座，共25675.3延米；500至3000米的中长隧道136座，共24102.13延米；500米以下的短隧道427座，共195555.1延米。

第一节 桥 梁

2000年，省内国铁特大和大桥按所在铁路干线的分布列表如下（表1）：

表1 湖南省境内国铁特大、大桥桥梁分布表

单位：座/延米

	京广	湘黔	焦柳	湘桂	浙赣	石长	醴茶	娄邵	资许	其他	共计
特大	2/1251	3/2779	5/2795.64			11/1555.9				2/3049	23/25433.63
大	34/9192.1	80/15477.57	112/21919.3	3/750.1	1/232.31	16/4127.3	3/712.6	1/153.4	1/197.7	2/479.7	253/53242.08

一、特大桥

至2000年，省内国铁特大桥共23座，较之1978年前的7座增加16座。尤其1993年至2001年，在建设湘黔复线电气化工程、京广电气化改造工程、株洲枢纽扩建工程，以及1998年开通的石长铁路，增建的特大桥比原来的多2.3倍，其中石长铁路的特大桥数量占全省铁路特大桥总数47.78%，桥梁延米数居总延米一半以上。

（一）湘潭湘江特大桥

湘潭湘江特大桥位于湘黔铁路湘潭东站与湘潭站间，横跨湘江的单线钢结构桥梁，中心里程为湘黔线K20+834，是广州铁路局管内最早修建的一座特大桥。1950年6月，铁道部大桥工程局设计事务所设计，桥式为3孔75米下承式钢桁梁，7孔72.8米上承式钢桁梁和1孔35米上承钢板梁组成，全长843.95米，桥梁载重为中-22级。该桥由大桥工程局施工，钢梁由山海关桥梁工厂制造。工程于1953年6月开工，1954年1月建成，3月举行通车典礼。总投资547.7万元。大桥每年的养护维修，均由株洲工务段负责。

（二）汨罗江（上行）特大桥

汨罗江（上行）特大桥位于京广线范家园车站与汨罗车站之间，在原汨罗江大桥下游约300米处跨过汨罗江，为单线铁路桥，全长541.48米，桥中心里程为京广线K1490+220。1965年，武昌至衡阳修建复线时，在既有线汨罗大桥下游约300米处，修建复线上行特大桥。该桥由铁道部第四勘察设计院设计，铁道部第四工程局六处施工，桥梁设计为16孔31.7米的预应力钢筋混凝土梁，该桥设于半径为1000米半径的曲线上、平坡。梁部载重等级为中-26级，梁底海拔标高36.98米。桥台为混凝土T形，桥墩均为圆端形，最高墩身10.8米。桥墩基础用圆形少筋混凝土沉井，桥台基础为矩形无筋混凝土沉井。主要工程数量有挖基

3287 立方米，沉井 350. 46 米。该桥 1965 年 8 月 17 日开工，1966 年 11 月 1 日竣工。竣工后，大桥每年由岳阳工务段负责正常的养护维修，技术状况良好。

（三）株南特大桥

株南特大桥是株洲枢纽扩建时，株洲车站站场改造工程项目之一，中心里程为京广货物列车下行线 K1624+844. 85，由铁道部第四勘察设计院设计，广铁第三工程公司施工。1990 年 2 月 23 日开工，1994 年 6 月 15 日竣工，是年 8 月 16 日开通使用。

该桥是由 19 孔 32 米、3 孔 24 米预应力钢筋混凝土梁组成的栈桥，全长 709. 2 米。有 5. 6‰和 3. 3‰的上坡道，平面大部分在半径为 2000 米和 800 米两个曲线地段。该桥建于三个大水塘上，跨越市府路、浙赣铁路上行线、下行线、牵出线和一股存车线。桥梁北头为固定座，两端均为埋式桥台，18 号墩基础为圆形沉井，19 至 21 号墩受荷载偏压的影响，墩身下配钢筋以增强抗拉能力。除跨浙赣线、牵出线 2 孔梁外，各孔均设活动吊篮。桥两侧均设人行道，曲线内侧宽 1. 3 米，外侧宽 1. 05 米，每个桥墩处交错处设避车台。竣工后，大桥每年由株洲工务段负责正常的养护维修。

（四）湘潭湘江上行特大桥

湘潭湘江上行特大桥，是 1993 年后湘黔复线电气化工程和株洲枢纽扩建工程中建设的特大桥之一。该桥位于既有线特大桥下游 40 米，中心里程为湘黔线 K21+036. 04。

该桥为单线铁路桥梁，双侧各有宽 1. 3 米人行道。新桥与既有桥孔径及墩中心位置相对应。正桥为（42 米+75×10 米+42 米）12 跨一联预应力钢筋混凝土连续梁（箱形），引桥为 32 米后张法预应力钢筋混凝土简支梁（T 形，株岸 5 孔，娄岸 10 孔）。桥上线路为直线，最大坡道 0. 6‰。正桥第 2、3、4 孔为通航孔，考虑梁底曲线型影响，净空大于既有桥。桥全长 1336. 47 米（其中半径为500米的曲线187.9米)。该桥由铁道部第四设计院设计，铁道部大桥工程局五处施工，1994年12月26日开工，1997年12月31日竣工通车，总投资1亿多元。竣工通车后，大桥每年由株洲工务段负责正常的养护维修。

（五）大江口特大桥

大江口特大桥位于湘黔铁路大江口站至辰溪站间，是跨越沅江的铁路双线桥，中心里程为湘黔线K365+367，左线为湘黔正线，右线为湖南省维尼纶厂专用线。该专用线从大江口站西端出岔，经大江口特大桥到达厂区。

该桥由12孔31.7米预应力混凝土梁和3孔64米下承式栓焊桁梁组成，全长599米，桥高47.85米，直线平坡。1970年10月，根据国务院批示，恢复湘黔铁路的修建，由铁道部第二工程局八处组织施工，1971年5月，完成主体工程。总投资419.26万元。通车后，大桥每年正常的养护维修由怀化工务段负责。

（六）澧水公铁两用特大桥

澧水公铁两用特大桥位于焦柳铁路湖南省境内石门站南端，澧水和渫水汇合的三江口下游。中心里程为焦柳线K861+333。桥址原选在大龙潭，由于大龙潭规划修水坝，故将桥址改在三江口。

该桥由铁道部大桥工程局设计施工，桥式为平列式公铁两用桥（铁路在中间，公路在两侧），正桥为4孔80米连续钢桁梁，引桥为6孔31.7米预应力钢筋混凝土梁，桥全长566.26米。铁道部大桥工程局二处为施工单位，在设计文件还不齐全的情况下，1970年7月施工队伍即先后进场，9月正式开工，1972年8月墩台及引桥工程竣工。钢筋混凝土梁均在工地预制，钢桁梁由山海关桥梁厂制造，1974年3月17日开始架设桥梁，8月架设完毕全桥竣工。该桥总投资1345.88万元，其中公路部分148万元。大桥铁路桥每年正常的养护维修，均由张家界工务段负责。公路桥部分于 1982 年 6 月正式将固定资产移交给湖南省公路局。

（七）慈利特大桥

慈利特大桥位于焦柳铁路慈利县慈利站北端，跨越澧水支流双岗溪，中心里程为焦柳线 K886+976。桥全长 522.8 米，桥高 23.7 米，线路坡度-5.9‰，曲线半径 800 米。桥梁为直线桥，桥式为 6 孔 31.7 米预应力钢筋混凝土梁及 19 孔 16 米钢筋混凝土梁，共 25 孔。北端为埋式桥台，1 至 5 号墩为圆端形桥墩，6 至 24 号墩为宽顶帽矩形桥墩，南墩为 T 型桥台。桥墩台由铁道部第四工程局三处施工，于 1973 年 1 月 17 日开工，1975 年 4 月完工。桥梁由第四工程局新运处于 1977 年 3 月开始架设，4 月底完工。桥面工程仍由三处于 1978 年 3 月完成。总投资约 290 万元。竣工后，大桥每年正常的养护维修由张家界工务段负责。

（八）锦江特大桥

锦江特大桥位于焦柳铁路麻阳站南端，毫罗溪与锦江交汇处上游 3 公里处。中心里程为焦柳线 K1152+732。

该桥由铁道部大桥工程局五处设计，桥式为 7 孔（北端 6 孔、南端 1 孔）31.7 米预应力钢筋混凝土梁和 4 孔 80 米下承连接栓焊钢梁组成，全长 562.44 米，桥墩为圆端形。左岸引桥在半径 451 米的曲线上，桥高 19.31 米，桥面铁路平坡。施工由大桥工程局第四、五工程处负责，1970 年 10 月 16 日开工，1971 年 7 月 13 日墩台部分竣工后，因投资不足停工。全桥有土石方 1348 立方米，钢筋混凝土 5783.7 立方米。总投资 580.85 万元。钢梁于 1975 年 6 月开始架设，9 月架设完毕。钢梁由宝鸡桥梁厂制造。钢筋混凝土梁于 1977 年 10 月开始架设，12 月全部竣工。竣工后，大桥每年正常的养护维修由吉首工务段负责。

（九）沅江特大桥

沅江特大桥位于焦柳铁路黔城镇沅江下游南端约 800 米处，桥中心里程为焦柳线 K1240+747，是公铁两用桥。铁路在中间为平坡，公路在两侧，公路外侧设有人行道。桥全长 571.3 米，桥高 35.513 米。

该桥设计北端为 5 孔 31.7 米预应力钢筋混凝土梁，南端为一联 3 孔 80 米及一联 2 孔 80 米下承连续栓焊桁梁组成。由铁道部大桥工程局五处施工。墩台于 1970 年 10 月 30 日开工，基础除 4 号 5 号墩采用沉井外，其余均为明挖。1972 年 2 月 9 日墩台竣工。钢梁由山海关桥梁厂制造，1974 年 10 月用火车运至怀化后，再用铁路小平车转运至桥位，然后提升架设，于 1975 年 2 月 25 日安装完毕。预应力钢筋混凝土梁共 40 片，由大桥工程局谷城桥梁厂制造，大桥工程局、第二工程局新运处于 1975 年 9 月 15 日开始架设，至 12 月 20 日架设完毕。该桥挖基土石方 2.9 万立方米，混凝土 1.23 万立方米，钢筋 371 吨。总投资 1271 万元。竣工后，大桥每年正常的养护维修，由靖州工务段负责。1982 年 6 月 11 日，大桥公路部分移交湖南省公路局管理，移交固定资产 198 万元。

（十）大笋坪特大桥

大笋坪特大桥位于焦柳铁路靖州县境内流坪站至通道站之间，中心里程为焦柳线 K1339+879.5。该桥为了避开滑面错落的山体，故改变设计，在离山体约 400 米的沿渠水河两岸修建。

该桥设计中部为 14 孔 31.7 米预应力钢筋混凝土梁，两端各为 2 孔 23.8 米预应力钢筋混凝土梁，全长 578.18 米。大桥两端接联孔式路基墙，北端为 0 孔联孔，南端为 14 孔联孔。该桥由铁道部第二工程局三处施工，1974 年 3 月 14 日开工，1978 年 5 月由第二工程局新运处开始架梁，并以 25 小时 45 分架设 7 孔 31.7 米梁，创该局用胜利型架桥机架梁的最高纪录，受到铁道部的表扬。1978 年 6 月全部竣工。总投资 314.6 万元。竣工后，大桥每年正常的养护维修，均由靖州工务段负责。

（十一）澧水特大桥

澧水特大桥位于石门县城关镇下游5.5公里处，中心里程为石长线K2+601，全长1586.7米。设计为双线22孔32米预应力混凝土梁、（40米+4×72米+40米）部分预应力混凝土梁箱形连续梁、29孔16米先张法预应力混凝土梁，由铁道部第四勘察设计院设计，铁道部第十八工程局五处施工。1993年1月开工。桥主跨采用40米+4×72米+40米六跨部分预应力混凝土箱形边续梁。河道为五级航道，要求最高通航水位为十年一遇频率设计洪水，最高水位57.03米，净高5.5米，净空26至48米，设置2个通航孔，按《内河助航标志》设置桥涵标。主跨部分预应力箱形连续梁（A类构件），主梁采用悬臂灌注法施工，其余梁段用活动挂篮悬臂灌注。主河槽及边滩桥墩为圆端形实体墩，主墩采用双壁钢围堰钻孔桩基础，两岸浅滩桥墩设计为双线双柱式桥墩，明挖及钻孔桩基础，初期单线架梁。

1995年6月8日全桥竣工。竣工后，大桥每年正常的养护维修由益阳工电段负责。

（十二）沅水特大桥

沅水特大桥地处常德市江北城区与德山工业区的结合部，且位于沅江“S”形弯道的第二个弯曲部。石门岸为北城区，长沙岸为德山工业区。中心里程为石长线K92+765。

该桥为公路、铁路两用桥，铁路桥全长3698.3米，是全省最长的公铁两用桥。铁道部大桥工程局勘察设计院1991年3月开始勘察设计，1992年9月通过铁道部鉴定，由铁道部大桥工程局三处施工，1993年11月28日正式开工。该桥正桥主跨基础共用（除6号墩外），铁路桥与公路桥并列分置，为各自独立的两座桥。两桥中线相距12.55米。公路桥位于铁路桥上游侧，两桥主跨均为一联62+5×96+62米预应力混凝土连续梁，两岸引桥（含边滩）均配32米预应力混凝土简支梁。铁路与公路正桥主跨梁底变化曲线相同。两桥梁底平齐，梁顶高差 1.2 米，且主跨均位直线、平坡段。主跨制动墩设于全联中间的 4 号墩。主跨第四、五孔为设计通航孔。通航孔在最高、最低通航水位时，桥下净空均满足Ⅳ-（1）级航道要求。正桥主跨箱梁架设采用挂篮对称悬浇法施工，两岸铁路 32 米预应力简支梁 T 梁均采用工地制造，利用龙门吊机及简易架桥机架设。

1997 年 2 月 16 日全桥竣工。竣工后，大桥每年正常的养护维修由益阳工电段负责。

（十三）资水特大桥

资水特大桥位于桃江县牛潭河渡口下游方向约 5.5 公里处，中心里程为石长线 K161+623，桥全长 792.6 米，全桥由 11 孔 32 米预应力混凝土梁、（50 米+4×80 米+50 米）部分预应力混凝土梁箱形连续梁构成。该桥由铁道部第四勘察设计院设计，铁道部第五工程局二处施工，1993 年 10 月 18 日开工。

该桥主墩设计为钢筋混凝土圆端形桥墩，施工水深达 10 米，用双壁钢围堰钻孔桩基础，钻孔桩桩径主跨部位桥墩采用 1.5 米，引桥部分采用 1 米。双臂钢围堰采用“分节整体焊接、索道吊运、水上拼接、定位下沉”的施工方案。引桥设计为板式桥墩，扩大及钻孔桩基础。连续梁采用悬壁灌注施工。资水水面宽 400 米左右，长沙岸为山丘高地，因地制宜，用大跨度缆索吊作为施工输送工具。

1997 年 7 月 28 日竣工。竣工后，大桥每年正常的养护维修由益阳工电段负责。

（十四）沩水特大桥

沩水特大桥位于宁乡县（今宁乡市）城檀树湾，中心里程为石长线 K225+102，设计为 71 孔 32 米预应力混凝土梁、1 孔 24 米预应力混凝土梁、30 孔 16 米先张预应力混凝土梁，全长 2856.2 米。桥基础设计为直径 1 米钻孔桩及明挖扩大基础，水中

62 至 66 号墩采用筑岛围堰施工。墩身设计为圆端形实体墩，长沙岸 16 米梁跨墩身较矮，设计为双柱式桥墩。由于线路拉坡较高，石门岸墩高达 25 米，桥梁属高架桥性质，桥长非水文要求控制，长沙岸纯系以桥代路性质的旱桥。

基础及主体工程由铁道部第十二工程局二处、三处同建。由于该桥是石长线重点控制工程之一，所以先行开工。其中，十二局三处承担石门台 66 号墩计 67 个墩台的施工任务，二处承担 67 号墩至长沙台计 36 个墩台的施工任务，1993 年 12 月 10 日开工，1996 年 9 月 21 日竣工。由铁道部第五工程局新运处承担架梁及桥面施工，架梁时间为 1997 年 3 月 11 日开工，1998 年 8 月 29 日竣工。竣工后，大桥每年正常的养护维修由益阳工电段负责。

（十五）长沙湘江特大桥

长沙湘江特大桥位于望城县（今望城区），中心里程为石长线 K256+936。该桥为单线铁路桥与四车道公路桥两桥并列而各自独立的特大桥，两桥中心相距 17 米，铁路桥居公路桥上游，两桥主跨均为 9 孔钢筋预应力混凝土单箱室连续箱梁。公路桥主跨采用四对共八个挂篮对称悬浇的施工方案，铁路桥主跨使用大跨度预应力梁造桥机悬拼施工。铁路主桥桥式为 62 米+7×96 米+62 米，96 米跨度当时居全国之冠。支座处梁高 7.4 米，跨中及边座处梁高 4.4 米，上冀缘宽 7 米，直腹板，下冀缘呈曲线变化，宽 4.8 米。正桥连续梁成桥方案，采用“八五”科技规划项目大跨度造桥机悬臂拼装法，逐跨拼装、合龙，自长沙岸向石门岸推进。共划分 195 个节段，八个墩项 0 号节段和 2 个边跨直线段就地浇，9 个跨中合龙段吊模悬浇，其余 176 个节段工厂预制、造桥机悬拼，悬拼最大节段重 141 吨，悬拼总重量 17430 吨。主桥连续梁全长 796.5 米，总重量 21080 吨。

该桥由 40 孔 32 米预应力混凝土梁、(62 米+7×96 米+62 米）部分预应力混凝土梁箱形连续梁、10 孔 32 米预应力混凝土梁组成，全长 2443.9 延长米，由铁道部大桥工程局勘察设计院设计，铁道部大桥工程局五处施工，1994 年 9 月 14 日开工，1998 年 8 月 30 日竣工。竣工后，大桥每年正常的养护维修由益阳工电段负责。

（十六）白石港特大桥

白石港特大桥是株洲铁路枢纽上行系统工程的组成部分，桥中心里程东到线 K0+748.96，大桥全长 1165.28 米（K0+167.571+332.85）。该桥由铁道部第四勘察设计院设计，北京台至 13 号墩由铁道部第五工程局施工（下部结构），14 号墩至广州台下部结构及全桥上部结构由广铁第三工程公司施工。工程造价 2930 万元。

该桥为双线铁路桥，计 35 个墩、2 个台。其中 32 米者 34 孔，24 米、16 米跨度者各 1 孔。北京台及 1、2 号墩为单线墩台，3 号至 35 号墩及广州台为双线墩台。北京台至 10 号墩位于曲线上，东到线曲线半径 800 米，南到线曲线半径 794.56 米，曲线长度 291.6 米。曲线上双线梁下采用不平行扇形法布置，且平分中矢。两线间梁的工作线间距从 9.91 米渐变到 5.3 米。10 号墩至广州台位于直线上，两线间距 5.3 米。坡度：东到线北京台至 2 号墩为-0.4‰；2 号墩至 8 号墩为-0.55‰；8 号墩至 15 号墩为 0；15 号墩至 35 号墩为 6‰；35 号墩至广州台为 0；南到线北京台至 8 号墩为-0.64‰；其余与东到线相同。东到线第 1 孔至第 10 孔梁采用曲线牵出梁，26 至 35 孔采用曲线特殊梁。第 33 孔为 24 米后张法预应力混凝土梁。其余均为 32 米后张法预应力混凝土梁。由株洲桥梁厂供货。桥两侧设人行道宽 1.05 至 1.3 米。

该桥于 1991 年 10 月 25 日开工，1995 年 10 月 31 日竣工，1997 年 1 月 28 日至 29 日交验。竣工后，大桥每年正常的养护维修由益阳工电段负责。

（十七）长沙客车下行疏解线特大桥

长沙客车下行疏解线特大桥位于京广线丝茅冲至长沙站间的疏解线上，中心里程为京广线 K1565+281.46—K1567+146.82，全桥长 1883.36 米，由 2 台、74 墩、75 孔（27×24 米+2×32 米+46×24 米）预应力钢筋混凝土简支梁组成。桥台为耳墙式桥台，桥墩为圆端形板式桥墩，基础为钢筋混凝土钻孔桩基础、无筋混凝土圆形沉井基础和扩大基础三种类型。桥面为单线，坡度有 -1.5‰、+10.3‰、0、-12‰、-6.6‰五种；有曲线 4 段 46 孔（曲线半径 350 米、1000 米两段）。该桥在京广线 K1565+974.32 处跨越既有京广上、下行正线。线桥交角为 35°，桥下净空 6.75 米。

该桥由铁道部第四勘察设计院设计，广铁第三工程公司施工，1998 年 11 月开工，2000 年 8 月竣工。

石长线还有 6 座特大桥。分别为位于汉寿县中心里程 K128+329 的太子庙特大桥，位于益阳市中心里程 173+092 的志溪河特大桥，位于益阳市中心里程 K172+250 的千石坝特大桥，位于益阳市中心里程 K205+416 的衡龙桥特大桥，位于宁乡县中心里程 K212+393 的青华铺特大桥，位于望城县中心里程 K249+272 的马桥河特大桥。

二、大桥

至 2000 年，省内国铁有大桥 253 座，53242.08 延米。其中，长沙铁路总公司 54 座，10604.68 延米，怀化铁路总公司 183 座，35747.1 延米，石长线 16 座，6890.3 延米。1993 年后，湘黔、浙赣建设第二线和武广电气化改造，新建了 10 座共 2456.96 延米的大桥。所有的大桥每年的保养维修，均为总公司所在的工务段负责。

（一）南津港大桥（双线）

南津港大桥（双线）是武广电气化技术改造水害整治工程。

该桥中心里程为京广线 K1430+690。桥全长 389.76 米，由 23 孔 16 米低高度先张法预应力钢筋混凝土梁（92 片）组成。全桥位于半径 200 米的圆曲线及缓和曲线上，南端路基长 610 米，北端路基长 1290 米。

该桥由铁道部大桥局五处承建，1999 年 4 月 18 日开工，2000 年 4 月 10 日主体工程竣工。大桥为 T 型梁，由株洲桥梁厂制造，广铁第一工程公司铺架，2000 年 3 月 11 日至 23 日铺架完毕。

（二）新墙河大桥（双线）

新墙河大桥（双线）是武广电气化改造工程，在废弃上行线两座大桥基础上重建。该桥中心里程为京广线 K1450+601.49，桥梁全长 355.9 米，13 墩 2 台 14 孔全部为 24 米预应力钢筋混凝土后张梁组成。桥墩为双线圆端形，桥台为双线耳墙式。基础部分除京台、1 号墩为扩大基础外，均为钢筋混凝土钻孔桩基础。该桥由广铁第三工程公司承建，1999 年 3 月 1 日开工，2000 年 3 月竣工。24 米预应力钢筋混凝土梁采用株洲桥梁厂生产的标准梁，用长征 160-78-1 型架桥机由南向北架设，先架上行线，再架下行线，工程质量为优良。

（三）破塘口大桥（双线）

破塘口大桥（双线）是武广电气化改造水害整治工程，在废弃上行线两座大桥基础上重建。该桥中心里程为京广线 K1452+076.85。桥梁全长 179.4 米，由 5 孔 32 米后张法预应力钢筋混凝土梁构成，全桥位于直线、平坡上，线间距离 4.1 米。桥基为钻孔桩基础，其中桥墩采用 200 号 Φ1.0 米钢筋混凝土钻孔桩，京台采用 200 号 Φ1.25 米钢筋混凝土钻孔桩，广台采用 200 号 Φ1.5 米钢筋混凝土钻孔桩，桩基为柱桩。承台采用 200 号钢筋混凝土，桥墩为圆端形，墩身采用 150 号钢筋混凝土；顶帽采用 200 号钢筋混凝土。京台为耳端式，广台为 T 型。

该桥由广铁第三工程公司承建，1999 年 3 月 8 日开工，2000 年 3 月 20 日竣工。

（四）浏阳河新大桥（上行）

浏阳河铁路老桥始建于 1915 年，抗日战争中被炸毁，1946 年修复。该桥因高度低、跨度短，曾多次遭洪水淹没和船舶撞击而中断行车。1997 年，京广线提速后，该桥的允许速度仅为 60 公里/时，不足提速后的一半，成为制约京广线列车提速的瓶颈。

浏阳河新上行桥位于原桥东侧，是武广电气化工程项目，由铁道部第四勘察设计院设计，广铁第三工程公司施工，1997 年 8 月 8 日开工，1998 年 8 月 28 日竣工，总投资 5000 多万元。该桥中心里程为京广线 K1561+786. 69，由 2 孔 24 米、5 孔 32 米预应力钢筋混凝土梁，1 孔 48 米下承式栓焊梁、1 孔 32 米预应力钢筋混凝土梁组成，全长 306. 72 米（比原桥长 82. 07 米，高 2. 38 米），桥上护轨长 410. 27 米。全桥 8 墩 2 台，桥墩为圆形，桥台为耳墙式，基础均为钢筋混凝土钻孔桩，其中京台至 3 号墩间为半径 1000 米的缓和曲线。新桥允许速度为 140 公里/小时，比原桥提高 80 公里/小时。

（五）渌水大桥

渌水大桥是浙赣线上的双线铁路大桥，位于醴陵东至醴陵市区间，中心里程为浙赣线 K900+137. 7，由 32 米+64 米+32 米预应力钢筋混凝土连续箱型梁和 2×32 米+24 米预应力钢筋混凝土张梁组成，全长 232. 31 米。该大桥由铁道部第五工程局二处施工，1991 年 12 月开工，1994 年 12 月竣工。该桥株洲台为扩大基础，2 号墩为基础，其余为钻孔桩基础。全桥钻孔桩 64 根，1687. 2 米，主梁截面为箱形带悬臂的三腹板单箱双室结构。主梁于 1994 年 4 月开始浇注 2 号墩顶梁段，是年 12 月主梁合龙。

（六）石壁口大桥

石壁口大桥是湘黔电气化引入株洲枢纽工程，由铁道部第四勘察设计院设计，广铁第三工程公司施工，1997 年 12 月 8 日开工，1998 年 10 月 28 日竣工，1998 年 12 月 1 日交验。全桥长 298.6 米。该桥中心里程为湘黔线 K0+418.38，由 3×32 米（曲线）+2×24 米（直线）+10.2 米末过渡墩+4×32 米（曲线）后张法预应力钢筋混凝土梁组成。株洲台为 T 形桥台，怀化台为挖方内桥台，4、6、7 号墩采用挖孔桩技术，其他为明挖扩大基础。该桥跨越河沟、灌溉渠道、公路及 4 股铁路，桥上穿过 320 国道公路大桥。桥上有半径 400 米、600 米的二段曲线。

（七）潭市大桥

潭市大桥中心里程为湘黔线 K86+624.41。由 16 米+4×32 米预应力钢筋混凝土 T 形梁组成，全长 156.68 米。该桥为上行桥，位于既有桥右侧、线间距离 12.68 至 17.66 米，直线，坡度为+5.2‰。该桥由铁道部第五工程局施工，1994 年 7 月 3 日开工，1997 年 8 月竣工。

（八）双河口大桥

双河口大桥中心里程为湘黔线 K88+934.685，由 16 米+5×32 米+2×16 米预应力混凝土梁组成，全长 229.52 米。该桥为下行桥，位于既有线左侧，纵坡为+5.3‰，0 号至 3 号墩位于半径为 600 米的曲线上（曲线长 82.2 米），4 号至 7 号墩为直线。该桥由铁道部第五工程局施工，1993 年 11 月 23 日开工，1994 年 11 月 23 日竣工。

（九）印子山大桥

印子山大桥中心里程为湘黔线 K90+089.45，由 4×24 米+2×32 米预应力钢筋混凝土梁组成，全长 192.1 米。该桥为下行桥，位于既有桥左侧，纵坡为+6‰，缓和曲线 120 米，半径 1000 米的曲线 85 米。该桥由铁道部第五工程局施工，1993 年 10 月 25 日开工，1994 年 7 月 25 日竣工。

（十）大埠河大桥

大埠河大桥中心里程为湘黔线 K111+041，由 5 孔 20 米预应力钢筋混凝土梁组成，全长 115. 97 米。该桥为下行桥，位于既有线右侧，线间距离 20 米。该桥由铁道部第四工程局施工，1993 年 10 月 30 日开工，1995 年 12 月 30 日竣工。

第二节　隧　道

2000 年，省内国铁长隧道（3000—10000 米）6 座，长度 25675. 3 延米；中长隧道（500—3000 米）136 座，长度 142589. 23 延米（表 2）。

表 2　　2000 年湖南省境内国铁长、中长隧道分布表

单位：座/延米

	京广线	焦柳线	湘黔线	石长线	浙赣线	湘桂线	共　计
长	1/6062	4/15804. 7	1/3809	0	0	0	6/25675. 3
中长	9/7278. 53	82/85155. 7	42/46766	1/1195	1/936	1/1298	136/142589. 23

一、长隧道

6 座长隧道中，牛角山、江底坳、燕子岩、银匠界隧道是 20 世纪 70 年代所建，南岭隧道 80 年代兴建，新雪峰山隧道是 90 年代建成。至 2000 年没有大的变化。

（一）南岭隧道

南岭隧道是京广线的第二大隧道，是湖南省最长的隧道，位于南岭山脉北侧的五盖山与骑田岭挟持地带，京广线良田至太平里站之间。中心里程为京广线 K1926+208，全长 6061. 8 米。

南岭隧道是衡广复线四大工程之一，由铁道部第四勘察设计院设计，铁道部第五工程局一处、五处两个工程处施工，1979 年

9月开工，1987年9月完成主体工程，又用近一年时间完成放水堵漏、电力线安装等配套收尾工程。隧道基本是直线，隧道内为3‰的人字坡，变坡点在隧道中心偏北38.5米处。南岭隧道地处石灰岩质地层，20多条断层密集交错与隧道相交，又有洞穴多处。隧道穿过5个溶蚀洼地，连溪河两次跨越隧道，地表水严重下渗，地下水又极为丰富。施工中发生涌水突泥24次，最大涌水量每小时达5000吨，最大一次突泥量7986立方米，引起地表陷落52处，连溪河两次断流（其中一次河床断坍25米）。为克服涌水、突泥等问题，采用光面爆破和喷锚新技术、化学注浆堵泥止水、洞内注浆固结等新工艺，保证了隧道的建成。

该隧道为双线隧道，总计完成土石方63.5万立方米，圬工16.4万立方米，压浆1463立方米，洞内注浆用水泥31361.7吨，使用水玻璃4935.4吨，钻孔2409米。总投资9020.03万元。

（二）新雪峰山隧道

新雪峰山隧道位于湘黔复线渠江站至烟溪站下行线间，中心里程为湘黔线DK280+505（进口里程DK278+505，出口里程DK282+314），隧道全长3809米，隧道内线路全部铺设宽轨枕，线路坡度从进口到出口分三段变化设置为12.5/400、11.7/3000、9.6/770（单位：坡度‰/长度米）。

该隧道以广州铁路（集团）公司株六建设指挥部为建设单位，铁道部第四勘察设计院设计，铁道部第二工程局二处、五处施工，1993年4月1日开工，1996年9月8日竣工，1997年1月20日交验。隧道施工按新奥法全断面开挖组织施工，以复合式衬砌为主。施工中采用光面爆破、格栅钢架、小导管注浆、地表锚杆预加固地层等新技术；隧道防排水采用了TS橡胶防水板、软式透水管盲沟、XF橡胶止水带、BR型增强防水剂等新材料。隧道锚杆采用ZW药包锚杆，在软弱破碎围岩地段采用自钻式锚杆作为预加固地层的辅助措施的新结构。

隧道主要工程完成有：洞内开挖土石方 194446 立方米；网（素）喷浆（200 级）累计 5518 立方米；拱圈砼：150 级有 110 立方米，200 级有 8012 立方米；仰拱砼：150 级有 12839 立方米，100 级有 179 立方米。使用钢材 418840 公斤（其中使用锚杆 21550 根，共 142197 公斤），格栅 312 米，用钢材 239898 公斤。实际完成投资 9500 万元。

（三）牛角山隧道

牛角山隧道位于焦柳铁路排口至万岩站间，中心里程为焦柳线 K1061+272.88。隧道基本位于直线上，纵向进口端为 3‰上坡，出口端为 8‰下坡，隧道全长 4338 米。隧道内线路为整体道床。隧道穿凿的山体厚实完整，为砂质板岩、泥质板岩、石英沙岩及粗砂岩等。进出口均设平行导坑，仅中间 1071.3 米未贯通。开挖方法根据石质情况采用上下导坑、下导坑及下导坑反台阶在挖三种形式。衬砌采用边墙拱部均为混凝土、拱部混凝土边墙连拱喷面、全喷射混凝土三种形式。施工中漏水地段如经压浆 2 至 3 遍仍未堵住，则采用引导排泄的方法。

该工程由铁道部第四工程局一总队设计，施工单位为铁道部第二工程局一处。1970 年 12 月开工，1974 年 5 月主体工程竣工，1976 年 3 月整体道床施工，1978 年 1 月铺轨，是年 8 月通车。隧道开挖土石方 18.5 万立方米，衬砌混凝土 15494.8 立方米，喷射混凝土 2568.5 立方米，锚杆 1581 根。工程投资 2305.3 万元，平均每米造价 0.53 万元。

（四）江底坳隧道

江底坳隧道位于焦柳铁路龙鼻咀至马劲坳站间，中心里程为焦柳线 K1072+820.38，全长 3631.8 米，隧道内线路为整体道床。全隧道通过泥质条带灰岩，钙质页岩，进口端地下水发育，大部分为地表水渗透，无侵蚀性。进口端位于半径 450 米的曲线上，纵向坡度进口 3‰上坡，出口 9.5‰下坡。施工平行导航 856.4

米，斜井 333 米。

该隧道由铁道部第四工程局一总队设计，铁道部第四工程局一处施工。1970 年 11 月 17 日开工。施工方法大部分采用反台阶开挖、先拱后墙法，局部采用上下导坑法；衬砌采用全混凝土、全喷射混凝土及拱部混凝土、边墙喷射混凝土三种。1974 年 6 月隧道主体工程基本完成，原施工单位因另有任务调离，将整体道床、运营通风洞、道床铺底、人行道、水沟、电缆槽等未完及附属工程，移交铁道部第二工程局二处继续施工。整体道床于 1976 年 1 月开工，1978 年 11 月完成。主要工程数量有正洞开挖坚石 10. 17 万立方米，次坚石 4. 32 万立方米，混凝土 2. 82 万立方米。

（五）燕子岩隧道

燕子岩隧道位于焦柳铁路新凤凰至大龙村站间，中心里程为焦柳线 K1129+696. 57，全长 3312. 85 米，隧道穿越武水和辰水的分岭。地质大部为泥质砂岩及红砂岩，倾角平缓，局部有白垩夹层，渗水大，易坍塌。全隧道位于直线上，纵向坡进口为 6‰上坡，出口为 3‰下坡。隧道内线路为整体道床。设平行导坑，距线路中心 20 米，进口平行导坑长 1078. 93 米，竖井 1 座深 40 米。

该隧道由铁道部第四工程局一总队设计，施工单位为铁道部第四工程局五处。施工方法采用上下导坑先拱后墙、反台阶开挖先拱后墙两种。衬砌除 97. 7 米一段作为喷射混凝土试验段外，其余衬砌拱部为混凝土，边墙有全混凝土及联拱墙两种，联拱共 304 个，长 1509 米。经鉴定，有几个流水或石质不良处，封闭 61 个，仍保留 234 个。平行导坑停止使用后，用 50 号浆砌片石封闭，洞口深封 5 米，与正洞连结处根据石质情况封 3—5 米。1970 年 12 月 1 日开工，1974 年 5 月 30 日除整体道床及电缆槽外，洞身主体均已完工。原施工单位因任务调离，年底交第二工程局二处继续施工。整体道床 1975 年 5 月 15 日开工，1976 年 4 月 24 日竣工。主要工程数量有正洞开挖 13. 5 万立方米，平导开挖 2 万立方米，横洞开挖1963立方米，拱部混凝土衬砌1.3万立方米，边墙混凝土衬砌1.4万立方米。

（六）银匠界隧道

银匠界隧道位于焦柳铁路相见至园冲站间，中心里程为焦柳线K1266+631。隧道内线路是整体道床。隧道全部设在直线上，纵向为4.8‰至1‰的人字坡。隧道全长4522米。进口里程为K1224+370，出口里程为K1268+892。进出口两端均设平行导坑，进口2436米，出口1591米。隧道竣工前平行导坑，两端用50号浆砌片石固填封闭。地质属全震旦板溪群，以浅灰色砂质板岩为主，夹有少量细砂岩及少量缘泥砂质板岩，岩层一般较完整，质地坚实性脆，个别节理发育，有风化现象。

该隧道由铁道部第四工程局一总队设计，铁道部第二工程局十二处和十四处施工，配合施工的有祁东、新宁、长宁等县的民兵。于1970年9月开工，1971年8月改由第八工程处施工，下导坑于1973年2月19日贯通，主体工程于1975年初竣工，整体道床于是年8月完成。施工方法采用上下导坑先拱后墙、下导引进上部两步台阶蘑菇形开挖，先墙后拱，隧道共开挖石方18.2万立方米，衬砌混凝土3.9万立方米，压浆2678立方米，明峒40米。

1984年，铁道部在该隧道进行自控帘幕通风设备试验，帘幕通风为全国长大隧道试验的科研项目之一，由铁道部第四勘察设计院设计，第五工程局五处、建筑处和怀化铁路分局共同施工，投资41.9万元，是年完成。经2年多的试验完善，1987年10月通过铁道部验收。

二、中长隧道

中长隧道主要分布在焦柳线和湘黔线，其中焦柳线82座，湘黔线42座，两线的中长隧道占总数的91.9%，长度为总长度的93.36%。湘黔线隧道内铺设宽轨枕的有新柳山院隧道（长

1524 米)、新平渠隧道（长 2410 米)、新排子山隧道（长 1152 米)、新刘家园隧道（长 1109 米)、新松阳坪隧道（长 1043 米)、新双洞隧道（长 2216 米)、新柳谭隧道（长 2386 米)、新滩头村隧道（长 1140 米)。

在国家“八五”重点工程浙赣复线建设中，羊石隧道是新建的一座双线铁路隧道。该隧道中心里程为浙赣线 K928+937，全长 936 米，1993 年 10 月开工，1995 年 10 月竣工。

1992 年前，京广线有中长隧道 7 座，其中千米以上有 2 座，分别为 1988 年竣工的新虎形坳 2 号隧道长 1043 米（1029 米）和漳河 2 号隧道（1417 米)。1993 年至 2000 年，在武广电气化铁路改造项目中，京广线建成隧道 2 座，分别为：1999 年 4 月 10 日开工、2000 年 7 月 6 日竣工的朱亭隧道（双线)，中心里程为京广线 K1674+416，全长 889 米；1999 年 4 月开工、2000 年竣工的新金龙山隧道（单线)，中心里程为京广线 K1707+822，全长 694 米。

普安堂隧道是湘黔线株六复线电气化工程的一个项目。该隧道中心里程为湘黔线 K93+278.5，全长 583 米，1994 年 1 月 26 日开工，1996 年 6 月 25 日竣工。

汪家山隧道是石长线唯一一条中长隧道，位于石门县境内，全长 1195 米，1993 年 12 月 25 日开工，1996 年 12 月 25 日主体竣工，1998 年 10 月 1 日正式开通。

湘桂线唯一一座中长隧道蒋家隧道，位于永州市境内，全长 1298 米。

第三章 车站 枢纽

至2000年，湖南省内国铁拥有289个车站和株洲、衡阳、怀化、长沙4个铁路枢纽。

第一节 铁路车站

铁路线上车站的设置和分布与运量和运能、新线的建设、设备技术的改造有着密切的关系。1978年至2000年，省内国铁车站由于新线的修建以及复线的建成、电气化工程改造，运能的提高，车站的数量逐年增加。1978年末，仅206个，至2000年末，省内铁路车站达289个，其中京广线74个、湘桂线29个、湘黔线65个、焦柳线62个、石长线21个、浙赣线8个、醴茶线9个、清潞线1个、娄邵线12个、韶山线2个、资许线6个。以车站等级统计，五等以上的车站共285个（表3、表4）。

车站的分类有按车站等级划分为特等和一、二、三、四、五等站；有按技术作业划分为编组站、区段站、中间站（车务段管辖）；有按业务性质划分为客运站、货运站、客货运站。

至2000年末，省内国铁二等以上车站22个，其中特等站4个、一等站8个、二等站10个，还有三等站（包括段管三等站）11个。

表 3　　2000 年湖南省境内国铁车站等级状况表

单位：个

总公司(公司)名称	车站总数	特等站	一等站	二等站	三等站	四等站	五等站	编组站	区段站	中间站	线路所	乘降所	辅助所	车务段
长沙总公司	148	4	6	9	7	108	14	2	5	141	2	1	3	6
怀化总公司	116		2	1	4	63	46	1	2	13	1			5
石长公司	21					21			1	20				2
合　计	285	4	8	10	11	192	60	3	8	174	3	1	3	13

表 4　　2000 年湖南省境内国铁车站分布状况表

序号	站名	中心里程（公里+米）	站距（公里）	站线长（公里）	到发线长（公里）
京广线					
1	茶　岭	K1346+562		2.542	2.065
2	赵李桥	K1356+889		3.7	2.017
3	羊楼司	K1369+199	12.31	3.002	2.026
4	临　湘	K1382+624	13.425	5.01	3.183
5	路口铺	K1394+913	12.289	5.848	5.231
6	云　溪	K1405+759	10.846	7.762	5.712
7	岳阳北	K1420+174	14.415	29.911	13.111
8	岳　阳	K1428+030	7.856	9.589	2.985
9	湖　滨	K1435+146	7.116	2.832	2.069
10	麻　塘	K1441+880	6.734	2.553	2.125
11	荣家湾	K1453+746	11.866	4.34	2.034
12	黄秀桥	K1463+529	9.783	2.274	2.025
13	黄沙街	K1467+882	4.353	2.215	2.038
14	桃　林	K1477+085	9.203	2.512	2.044
15	范家园	K1484+330	7.245	2.16	1.983
16	汨　罗	K1492+558	8.228	6.328	3.192
17	古培塘	K1501+312	8.754	2.225	2.041
18	越　江	K1509+610	8.298	2.96	2.025
19	川山坪	K1516+462	6.852	2.197	2.02
20	高家坊	K1528+631	12.169	2.727	2.036
21	杨　桥	K1535+462	6.831	2.236	2.058
22	桥头驿	K1542+181	6.719	2.744	2.089
23	霞　凝	K1548+918	6.737	2.548	2.047
24	捞刀河	K1554+441	5.523	2.297	2.021
25	丝茅冲	K1564+259	7.811	1.339	0.82

续表

序号	站名	中心里程（公里+米）	站距（公里）	站线长（公里）	到发线长（公里）
26	长　沙	K1567+900	3. 641	20. 94	3. 93
27	长沙东	K1569+582	5. 593	24. 275	6. 467
28	新开铺	K1575+845	5. 993	3. 064	2. 141
29	黑石铺	K1580+148	4. 303	6. 138	3. 163
30	大托铺	K1586+644	6. 516	2. 214	2. 037
31	暮云市	K1594+473	7. 809	3. 445	2. 042
32	易家湾	K1598+637	4. 164	8. 589	3. 215
33	白马垅	K1606+073	6. 436	3. 519	3. 102
34	株洲北	K1610+461	5. 388	34. 729	
		K1614+880		17. 066	
35	田　心	K1614+059	8. 986	5. 01	2. 701
36	株　洲	K1618+535	4. 476	27. 301	9. 279
37	七斗冲	K1625+613	7. 078	3. 377	2. 07
38	渌　口	K1633+638	8. 025	3. 704	2. 036
39	三　门	K1646+666	13. 028	2. 617	2. 106
40	昭　陵	K1654+589	7. 923	3. 322	2
41	淦　田	K1659+390	4. 801	2. 772	1. 996
42	平山塘	K1570+430	11. 04	2. 173	1. 994
43	朱　亭	K1675+889	5. 459	3. 99	3. 312
44	石　湾	K1060+449	14. 56	4. 678	3. 062
45	衡　山	K1701+623	11. 174	5. 133	3. 321
46	洣　河	K1710+553	8. 93	2. 143	2. 055
47	新流霞	K1720+506	9. 953	2. 602	2. 129
48	大浦街	K1730+859	10. 353	4. 806	4. 025
49	茶山坳	K1741+281	10. 422	6. 359	4. 806
50	衡阳北	K1741+455	10. 596	63. 122	28. 28
51	耒　河	K1748+529	7. 073		

续表

<table>
<tr><th>序号</th><th>站名</th><th>中心里程
（公里+米）</th><th>站距
（公里）</th><th>站线长
（公里）</th><th>到发线长
（公里）</th></tr>
<tr><td>52</td><td>衡　阳</td><td>K1752+300</td><td>3. 771</td><td>52. 541</td><td>11. 712</td></tr>
<tr><td>53</td><td>周家坳</td><td>K1759+349</td><td>7. 049</td><td>4. 968</td><td>3. 064</td></tr>
<tr><td>54</td><td>东阳渡</td><td>K1763+475</td><td>4. 126</td><td>5. 533</td><td>3. 063</td></tr>
<tr><td>55</td><td>向阳桥</td><td>K1776+168</td><td>12. 693</td><td>3. 797</td><td>3. 196</td></tr>
<tr><td>56</td><td>瓦　园</td><td>K1790+249</td><td>14. 081</td><td>5. 563</td><td>3. 349</td></tr>
<tr><td>57</td><td>哲　桥</td><td>K1806+773</td><td>16. 524</td><td>4. 052</td><td>3. 151</td></tr>
<tr><td>58</td><td>耒　阳</td><td>K1814+779</td><td>8. 006</td><td>12. 249</td><td>5. 411</td></tr>
<tr><td>59</td><td>浪石坪</td><td>K1818+082</td><td>3. 303</td><td>1. 603</td><td>1. 514</td></tr>
<tr><td>60</td><td>小水铺</td><td>K1827+473</td><td>8. 391</td><td>4. 059</td><td>3. 162</td></tr>
<tr><td>61</td><td>公平圩</td><td>K1838+673</td><td>11. 2</td><td>3. 375</td><td>2. 495</td></tr>
<tr><td>62</td><td>马田圩</td><td>K1853+092</td><td>14. 415</td><td>8. 603</td><td>3. 256</td></tr>
<tr><td>63</td><td>栖风渡</td><td>K1868+355</td><td>15. 243</td><td>5. 041</td><td>3. 099</td></tr>
<tr><td>64</td><td>街　洞</td><td>K1876+864</td><td>8. 529</td><td>3. 958</td><td>3. 161</td></tr>
<tr><td>65</td><td>许家洞</td><td>K1885+955</td><td>9. 091</td><td>10. 293</td><td>4. 936</td></tr>
<tr><td rowspan="2">66</td><td rowspan="2">郴　州</td><td>K1894+735</td><td rowspan="2">10. 994</td><td>11. 444</td><td rowspan="2">0. 342</td></tr>
<tr><td>K1896+949</td><td>9. 444</td></tr>
<tr><td>67</td><td>槐树下</td><td>K1904+264</td><td>7. 351</td><td>7. 118</td><td>4. 579</td></tr>
<tr><td>68</td><td>坳　上</td><td>K1912+369</td><td>8. 105</td><td>5. 265</td><td>3. 804</td></tr>
<tr><td>69</td><td>良　田</td><td>K1922+133</td><td>9. 764</td><td>0. 354</td><td></td></tr>
<tr><td>70</td><td>太平里</td><td>K1936+887</td><td>14. 754</td><td>2. 633</td><td>2. 025</td></tr>
<tr><td>71</td><td>白石渡</td><td>K1947+903</td><td>11. 016</td><td>10. 967</td><td>3. 205</td></tr>
<tr><td colspan="6">长北货外线</td></tr>
<tr><td>72</td><td>长沙北</td><td>K2+548</td><td>2. 548</td><td>19. 41</td><td>4. 664</td></tr>
<tr><td colspan="6">长南货外线</td></tr>
<tr><td>73</td><td>长沙南</td><td>K5+326</td><td>6. 686</td><td>4. 517</td><td>1. 708</td></tr>
<tr><td>74</td><td>猴子石</td><td>K3+047</td><td>2. 279</td><td>3. 065</td><td>1. 403</td></tr>
</table>

续表

序号	站名	中心里程（公里+米）	站距（公里）	站线长（公里）	到发线长（公里）
湘　桂　线					
1	衡阳西	K5+904	5. 904	9. 835	3. 94
2	朱家堰	K10+533	4. 759	0. 815	0. 815
3	三　塘	K17+564	6. 901	6. 711	5. 043
4	五　塘	K26+331	8. 767	0. 806	0. 806
5	潭子山	K33+389	7. 058	1. 627	1. 627
6	泉　湖	K38+943	5. 554	0. 92	0. 92
7	鸡笼街	K43+416	4. 473	1. 582	1. 582
8	甘棠集	K48+979	5. 563	0. 808	0. 808
9	白鹤铺	K54+525	5. 646	1. 559	1. 559
10	祁　东	K61+700	7. 075	3. 61	2. 839
11	新桥铺	K67+613	5. 913	0. 854	0. 854
12	风石堰	K74+290	6. 677	1. 626	1. 626
13	白地市	K81+279	6. 989	2. 364	1. 681
14	万福岭	K85+227		0. 918	0. 918
15	南河岭	K90+422	9. 143	0. 845	0. 845
16	祁　阳	K97+004	6. 582	3. 34	2. 688
17	大村甸	K103+668	6. 664	1. 675	1. 675
18	白　塘	K106+443	2. 775	0. 917	0. 917
19	水口桥	K110+382	3. 939	1. 592	1. 592
20	黄阳司	K117+867	7. 458	4. 034	4. 034
21	易家桥	K124+112	6. 245	0. 871	0. 871
22	高溪市	K129+742	5. 621	1. 679	1. 679
23	青龙矶	K134+952	5. 228	0. 808	0. 808
24	永　州	K140+467	5. 215	12. 257	12. 257
25	滩头湾	K145+056	7. 069	2. 261	1. 98
26	兰家村	K150+775	50719	1. 967	1. 822

续表

序号	站名	中心里程（公里+米）	站距（公里）	站线长（公里）	到发线长（公里）
27	井头圩	K161+333	10. 558	2. 851	2. 504
28	东　安	K171+975	10. 624	4. 554	2. 745
29	紫　溪	K182+953	10. 996	2. 849	2. 13
湘　黔　线					
1	十里冲	K9+543	9. 54	2. 595	2. 025
2	湘潭东	K16+443	6. 906	2. 411	6. 132
3	湘　潭	K23+860	7. 633	8. 926	3. 394
4	姜　畲	K37+120	5. 36	2. 502	2. 199
5	云湖桥	K45+386	8. 266	5. 501	3. 257
6	泉塘子	K31. 8			
7	向　韶	K53+038	7. 652	3. 384	3. 19
8	长　丰	K59. 7			
9	湘　乡	K66+381	6. 644	5. 976	3. 512
10	石狮江	K74+475	8. 094	3. 231	2. 166
11	双　江	K80+570	6. 095	2. 754	2. 352
12	潭　市	K86+032	5. 462	2. 613	2. 13
13	普安堂	K95+301	4. 771	2. 102	2. 102
14	棋梓桥	K101+886	6. 584	12. 385	4. 386
15	胜昔桥	K112+880	10. 992	5. 149	4. 409
16	娄底东	K118+050	5. 153	1. 095	1. 095
17	娄　底	K122+868	4. 835	38. 8	10. 688
18	百亩井	K129+913	7. 045	2. 192	2. 192
19	竹　冲	K137+076	7. 236	3. 016	2. 178
20	杨　市	K147+625	10. 507	3. 546	2. 382
21	胜　下	K161. 5			
22	观　山	K154+551	6. 895	2. 172	2. 172

续表

序号	站名	中心里程 （公里+米）	站距 （公里）	站线长 （公里）	到发线长 （公里）
23	涟　源	K165+341	10. 79	5. 562	4. 422
24	荷　叶	K171+483. 2	6. 114	2. 657	2. 266
25	斗　笠	K177. 6			
26	石　泉	K181+530	10. 047	2. 394	1. 807
27	金竹山	K187+791. 5	6. 309	5. 328	3. 168
28	冷水江东	K195+457	7. 646	5. 053	1. 779
29	冷水江西	K200+780	5. 324	5. 771	4. 103
30	枫　林	K221+418	5. 903	1. 02	1. 02
31	新　化	K216+516	4. 098	5. 179	2. 246
32	金　滩	K224+062. 2	6. 547	3. 504	2. 67
33	西　河	K235+885	12. 005	6. 415	2. 795
34	横阳山	K245+748. 7	9. 677	3. 095	2. 197
35	团结山	K255+516	9. 771	2. 936	2. 178
36	坪　口	K236+168	7. 652	4. 983	3. 274
37	渠　江	K247+977. 6	8. 684	2. 371	2. 077
38	烟　溪	K288+806. 95	3. 855	3. 877	2. 178
39	新胜利	K298+257	9. 448	2. 177	2. 064
40	思　溪	K307+969. 11	9. 713	2. 082	2. 082
41	低　庄	K329+817. 75	8. 082	14. 918	5. 481
42	川　水	K329+814	9. 654	2. 192	1. 992
43	大　潭	K334. 2			
44	溆　浦	K336+610	9. 204	5. 365	3. 202
45	仲　夏	K343. 6			
46	仁里冲	K348+991. 06	9. 973	2. 598	2. 139
47	大江口	K364+479. 20	15. 488	6. 358	3. 273
48	伏水湾	K368. 7			
49	沙　堆	K376. 2	11. 719	2. 164	2. 164

续表

序号	站名	中心里程（公里+米）	站距（公里）	站线长（公里）	到发线长（公里）
50	辰　溪	K386+557	10. 359	4. 564	2. 795
51	熊家湾	K393+286	6. 729	1. 132	1. 02
52	小龙门	K398+652. 2	5. 366	4. 547	2. 142
53	旱禾滩	K410. 9			
54	花　桥	K410+839	12. 214	2. 505	2. 149
55	火马塘	K417+961	7. 095	2. 29	2. 176
56	泸　阳	K425+825. 8	7. 9	3. 472	3. 099
57	怀化东	K451. 7			
58	怀　化	K440+834	9. 143	29. 981	6. 548
59	公　坪	K450+528. 4	9. 672	3. 565	3. 264
60	芷江西	K476+190. 9	12. 68	3. 304	2. 298
61	岩田铺	K485+410	9. 198	2. 252	2. 138
62	冷水铺	K492+914. 8	7. 488	4. 322	2. 925
63	新店坪	K504+611	11. 713	2. 138	2. 138
64	波　洲	K517+252. 2	12. 602	3. 454	3. 122
65	新　晃	K526+890	9. 704	4. 756	3. 188
			焦　柳　线		
1	澧　县	K812+951	9. 316	2. 227	1. 712
2	谭家河	822+107	9. 156	0. 863	0. 863
3	官亭塔	K831+425	9. 318	0. 807	0. 807
4	新安镇	K836+899	5. 474	3. 051	1. 848
5	石　门	K854+305	17. 406	5. 387	3. 307
6	七　松	K862+804	8. 499	2. 986	1. 712
7	苗　市	873+299	10. 395	2. 101	2. 101
8	慈　利	K890+420	17. 121	4. 619	2. 638
9	岩泊渡	K905+673	15. 253	1. 938	1. 712

续表

序号	站名	中心里程（公里+米）	站距（公里）	站线长（公里）	到发线长（公里）
10	沙刀湾	K914+928	9. 255	0. 812	0. 812
11	溪口镇	K934+471	19. 543	1. 95	1. 714
12	禾家村	K950+701	16. 23	0. 813	0. 813
13	张家界	K959+869	9. 168	24. 943	5. 896
14	大　庸	K966+308	6. 349	3. 998	2. 651
15	二家河	K972+703	6. 395	1. 879	1. 762
16	后　坪	K982+541	9. 838	0. 969	0. 852
17	永　茂	K991+295	8. 754	2. 557	1. 746
18	官　坝	K1000+272	8. 977	0. 824	0. 824
19	迴　龙	K1008+595	8. 323	0. 959	0. 845
20	新永顺	K1017+378	8. 783	2. 142	1. 742
21	施溶溪	K1026+333	8. 955	0. 825	0. 825
22	猛洞河	K1039+772	13. 439	2. 865	1. 749
23	古　丈	K1049+002	9. 23	2. 789	1. 94
24	排　口	K1055+147	8. 145	0. 91	0. 91
25	万　岩	K1063+821	8. 674	2. 09	1. 764
26	龙鼻咀	K1070+124	6. 303	1. 762	1. 762
27	马颈坳	K1079+053	9. 929	0. 964	0. 851
28	湘　泉	K1082. 8			
29	吉　首	K1091+311	12. 528	5. 107	1. 83
30	吉首南	K1100. 6			
31	周家寨	K1108+483	7. 901	2. 722	2. 609
32	利　略	K1115+154	6. 681	1. 974	1. 738
33	新凤凰	K1126+073	10. 919	2. 499	1. 861
34	大龙村	K1134+387	8. 314	0. 842	0. 842
35	谷达坡	K1141+922	7. 535	0. 961	0. 848
36	麻　阳	K1150+411	8. 489	2. 762	1. 761

续表

序号	站名	中心里程（公里+米）	站距（公里）	站线长（公里）	到发线长（公里）
37	大　坡	K1159+898	9.487	0.82	0.82
38	凉亭坳	K1168+722	8.824	0.84	0.84
39	黄金坳	K1179+536	10.814	2.145	1.756
40	象鼻子	K1189+029	9.493	2.009	1.758
41	怀化南	K1195+430	6.401	61.002	23.273
42	中　方	K1212+361	16.931	2.123	1.734
43	排　楼	K1220+190	7.829	2.075	1.72
44	冷水井	K1229+321	9.13	2.068	1.71
45	黔　城	K1238+554	9.234	3.526	2.514
46	大沙田	K1245			
47	江　市	K1252+616	14.062	2.424	2.063
48	相　见	K1261+830	9.214	1.697	1.697
49	园　冲	K1270+288	8.458	2.04	1.722
50	会　同	K1280+932	10.644	2.936	1.694
51	连　山	K1289+186	8.254	0.795	0.795
52	白腊桥	K1296			
53	太阳坪	K1303+266	14.086	2.518	1.674
54	艮山口	K1312+519	9.253	4.159	1.71
55	靖　州	K1320+135	7.616	4.484	2.544
56	八家旺	K1325.4			
57	流　坪	K1333+350	13.215	0.829	0.829
58	江　口	K1345.4			
59	通　道	K1351+416	18.066	2.799	1.89
60	地阳平	K1356			
61	塘　豹	K1365+050	13.634	1.701	1.701
62	牙屯堡	K1373+947	8.897	3.897	2.486

续表

序号	站名	中心里程（公里+米）	站距（公里）	站线长（公里）	到发线长（公里）
石长线					
1	石门南	K5+089. 96			
2	白洋桥	K14+539. 71	9. 449. 785		
3	临　澧	K31+612. 57	9. 253		
4	衍嗣庵	K49+604. 75	9. 329		
5	盘　塘	K59+392. 79	9. 788		
6	常德西	K67+773. 89	8. 38		
7	常　德	K78+975	11. 201		
8	常德东	K88+972. 40	9. 997		
9	德　山	K96+612	7. 64		
10	九岗冲	K105+992. 80	9. 38		
11	汉　寿	K126+829. 40	9. 52		
12	三　和	K142+849. 80	9. 257		
13	桃花江	K159+709. 46	10. 205		
14	益阳西	K170+299. 10	10. 598		
15	益　阳	K179+917	9. 618		
16	益阳东	K186+383. 90	6. 466		
17	衡龙桥	K202+515	7. 32		
18	宁　乡	K219+484. 10	9. 871		
19	乌　山	K237+674. 22	9. 463		
20	望　城	K245+910. 72	8. 236		
21	长沙西	K253+779	7. 869		
浙赣线					
1	醴陵东	K898+973			
2	醴　陵	K901+646	10. 523	6. 199	3. 635
3	源门铺	K906+650	7. 481	5. 168	4. 305

续表

序号	站名	中心里程（公里+米）	站距（公里）	站线长（公里）	到发线长（公里）
4	板杉铺	K911+917	5. 267	2. 143	1. 848
5	东冲浦	K917			
6	姚家坝	K924+239	5. 679	2. 121	1. 802
7	羊　石	K931+972		0. 751	
8	五里墩	K938+176	6. 254	2. 785	2. 755
醴　茶　线					
1	泗　汾	K16+134	16. 134	1. 646	1. 646
2	皇图岭	K37+306	21. 172	1. 644	1. 644
3	网　岭	K50+970	13. 664	2. 168	1. 788
4	新　市	K58+909	7. 939	1. 646	1. 646
5	攸　县	K77+900	18. 991	2. 482	1. 716
6	菜花坪	K90+754	12. 85	1. 978	1. 978
7	排　前	K101+403	10. 649	1. 777	1. 777
8	巴　集	K107+844	6. 441	1. 002	1. 002
9	茶　陵	K116+238	8. 394	7. 061	3. 746
清　潞　线					
1	清　潞	K11+771	11+771	0. 838	0. 838
娄　邵　线					
1	茶　园	K117+417	11. 417	1. 259	0. 808
2	双板桥	K18+1. 976	7. 557	1. 63	1. 63
3	洪山殿	K23+431	4. 457	0. 809	0. 809
4	双　涟	K27+907	4. 476	1. 284	0. 78
5	金　家	K35+551	7. 644	0. 777	0. 777
6	三塘铺	K45+900	10. 439	1. 984	1. 704
7	金星铺	K55+041	9. 051	0. 71	0. 71
8	廉　桥	K63+622	8. 581	1. 944	1. 705

续表

序号	站名	中心里程（公里+米）	站距（公里）	站线长（公里）	到发线长（公里）
9	邵　东	K73+997	10. 375	3. 151	2. 616
10	牛马司	K80+148	6. 151	1. 751	1. 751
11	范家山	K88+512	8. 364	0. 786	0. 786
12	邵　阳	K98+412	9. 9	13. 208	3. 144
韶　山　线					
1	银　田	K10+878	10. 878	0. 645	0. 645
2	韶　山	K20+727	9. 849	4. 437	2. 514
资　许　线					
1	桥　口	K14+014	13. 996	1. 38	1. 38
2	鲤鱼江	K20+699	6. 495	3. 105	1. 541
3	木根桥	22+172	1. 626	3. 523	1. 818
4	唐　洞	25+405	3. 288	1. 291	1. 291
5	湘　红	31+217	5. 811	1. 485	1. 485
6	三　都	K33+748	2. 596	4. 245	1. 949

第二节　铁路枢纽

一、株洲铁路枢纽

株洲铁路枢纽位于京广、浙赣、湘黔 3 条铁路汇合点的株洲市。地处湖南省的东部，湘江干流横贯其境，公路、水路均很发达。株洲铁路枢纽范围，北至京广铁路白马垅站，南至京广铁路七斗冲站，东至浙赣铁路五里墩站，西至湘黔铁路湘潭站。枢纽南北长 22 公里，东西长 32. 6 公里，是华南最大的枢纽工程，是连接华北、华东、西南地区的交通要冲。枢纽内，有全国七大主要路网性编组站之一的株洲北站，有全国七大零担货物中转站之一的株洲车站。这两个站均为特等站；有湘潭客货站、湘潭东辅助编组站 2 个二等站；有白马垅、田心、七斗冲、五里墩、十里冲 5 个中间站以及清水塘旅客乘降所。与枢纽内衔接的专用铁路有喻家坪、洗煤厂工业站、湘潭钢铁公司等 11 条；有株洲电厂、钢厂等 40 条铁路专用线。由于交通发达，使株洲工业发展迅速。仅铁道部属大型企业，就有株洲电力机车厂、430 车辆厂、株洲桥梁厂等。

（一）枢纽的形成

早在 1954 年，铁道部提出建设株洲铁路枢纽，1959 年建成一级二场的过渡编组站——田心出发场。1966 年 3 月改为株洲北站。1968 年扩建为横列式一级三场，并新建部分配套设施，如直通场、加冰厂、站修所、联络线、湘潭客站及湘潭东辅助编组站等。至此，正式形成以株洲站、株洲北站、湘潭东站、湘潭站、机务段、车辆段为主体的株洲铁路枢纽。1972 年，将株洲北站建成单向纵列式三级三场编组站，并增加机械化驼峰及湘黔铁路引入到达场的上行线，之后又新建了株洲新站房及零担中转货场，改造车辆段及机务段，使枢纽功能逐步完善。随着国民经济的发展，原设备虽几经挖潜改造，亦难满足运输生产发展的需要，1986 年铁道部决定增加株洲北编组站上行系统，规模为三级四场，与原下行系统相辅形成双向纵列式三级七场的新建上行系统。该上行系统 1995 年 12 月 20 日投入运营，历时 8 年 6 个月。累计投资 84.1 亿元，铺轨 87.06 公里。

（二）枢纽内的正线、联络线

株洲枢纽由京广铁路、湘黔铁路、浙赣铁路 3 条干线组成，经过逐年改造，3 条干线在枢纽内已形成复线，通过能力大大提高。

1. 京广铁路白马垅至株洲段。1958 年 10 月开始修建京广铁路武衡段第二线时，株洲枢纽范围内同时修建田心出发场。建成后，枢纽范围内已形成复线。客车经白马垅站、田心站至株洲站；货车则经东侧第二线到田心出发场编组后，向株洲站发出。1983 年 9 月，修建株洲至田心站的复线，1984 年 12 月竣工投产。

2. 湘黔铁路湘潭站至株洲站。1954 年 3 月株洲至湘潭 29 公里铁路正式通车。1972 年株洲北站由一级三场扩建为单向纵列式三级三场，湘黔铁路上行列车能进入到达场。1973 年完成了从湘黔铁路十里冲至株洲到达场的上行线，称 F 线，全长 7.3 公里。湘潭东站改造的同时，在车站的东侧新增编组场，成为株洲枢纽第一个辅助编组站。1978 年建成湘潭东站至十里冲站的复线工程，湘潭东站至株洲已形成复线。20 世纪 90 年代株娄复线与电气化工程完成后，湘潭站至株洲站已形成复线。

3. 浙赣铁路五里墩站至株洲站。1985 年 3 月浙赣复线建设，在姚家坝站至羊石站间增加 K928 线路所，向西经过羊石、五里墩站至茶亭子站，建成复线插入段。1995 年，与株洲站改造同步，修建茶亭子至株洲站的复线绕行，拆除原单线。

4. 联络线。1967 年修建的韶山铁路，在株洲机务段西侧京广客车外包线上，与湘黔线接通一条联络线，长 1.1 公里，时称红卫线，使长沙至韶山的列车不用经过株洲站而直达韶山。

（三）枢纽内的主要车站

1. 株洲车站

株洲车站位于株洲市芦淞区人民中路，地处京广、湘黔、浙赣 3 大铁路干线交汇点。站中心线里程为京广线 K1618+535，是办理客货运输业务的特等站。

1974 年，根据客运发展需要，在株洲站原址新建株洲新客站，占地 1.2 万平方米。新建主楼和北附楼（售票厅）和软席候车室，建筑面积 8486 平方米。由广州铁路局勘测设计所设计，湖南省第五建筑工程公司承建，1975 年 12 月开工，1981 年 9 月竣工投产，成为全国十大客运站之一。20 世纪 80 年代升为特等站。

为了进一步缓解株洲站旅客紧张状况，并配合株洲枢纽上行系统及浙赣复线引入株洲站，1986 年开始提出对株洲站进行改造，由广州铁路局勘察设计院设计（1991 年改由铁道部第四勘察设计院承担设计任务，广州铁路局勘察设计院承担部分工程的设计）。1986 年 6 月 30 日，设计方案通过审查。改造工程于 1988 年开始，由广州铁路局工程总公司承担施工，1995 年完成。有到发线 8 股道，其中旅客列车到发线 7 股道，京广上行货物列车通过线 1 股道，京广下行货物列车外绕线 1 股道，浙赣线上下行货物列车外绕线各 1 股道，存车线 2 股道，段管线 1 条；老货场货物线 7 股道，卸煤线 2 股道；零担中转货场调车线 3 股道，装卸线 5 股道，存车线 2 股道，配调车机车 2 台，调车取送作业经由株洲北站Ⅲ场出入，站场线路均已并入株六复线电气化网络。办理客运业务房屋总面积 17530 平方米，其中旅客候车室 4178 平方米，行包房 1642 平方米，站台雨棚 4 座，总面积 10318 平方米，地道 2 座，旅客天桥 1 座，跨站人行天桥 1 座，检查仪 2 台。货物仓库 1 座，建筑面积 685 平方米，货物雨棚 4 座，建筑面积 24507 平方米，装卸线 12 股道，装卸有效长 1834 米，装卸机械设备 81 台，其中 20 吨、26 吨门吊各 1 台，10 吨门吊 2 台，电瓶叉车 77 台。至 2000 年，站场设备设施基本没有变化，固定资产增加 1900 万元。

改造工程完成后，基本缓解了该站旅客乘车、候车紧张的状况。1995 年与 2000 年对比，年客流量从 347 万增加到 533. 4 万；其他任务指标完成有增有减：年货物发送量从 31. 1 万吨减少为 19. 9 万吨，运输进款收入从 11229. 3 万元上升为 19650. 9 万元。

2. 株洲北站

株洲北站位于株洲市东北部，衔接京广、浙赣、湘黔 3 条主要干线，是连接华东、华北、中南、西南地区的交通要冲，大量的直通及地方车流在该站集散，是铁道部编组计划中重要的编组站之一，属办理货运业务的路网性特等编组站。管辖田心、白马垅站。下行系统Ⅰ场中心线里程为京广线 K1610+461，Ⅲ场场中心线里程为京广线 K1612+914；上行系统Ⅳ场场中心线里程为京广线 K1613+991，Ⅵ场场中心线里程为京广线 K1610+653。

为了适应客货运量急剧增长，从 20 世纪 50 年代末开始至 70 年代末，株洲北站不断地改造、扩建，到达场与出发场之间建成 26 股编组线的编组场和机械化驼峰投产。至 1978 年，株洲北站已初步形成下行单向纵列式三级三场的编组站。

从 1984 年起，编组场逐步进行驼峰溜放半自动化。1986 年 10 月，编组线全部安装点连式半自动调速系统，又完成微机调度指挥信息处理自动化，步入全路现代化编组站的行列。在编组线尾部增加牵出线 1 股道，避免牵出与机车行走的干扰。经技术改造的株洲北站，仍未能缓解编解能力不足的矛盾。1986 年 11 月，铁道部组织对株洲北编组站的性质和扩建的迫切性等进行论证，决定进一步扩建株洲北站，将单向纵列式三级三场扩建为双向纵列式二级七场，新建上行系统。1987 年，铁道部向国家计委报送了株洲北编组站上行系统设计任务书。是年开始，对到达、编组两场进行技术改造的设计与施工。在到达场西侧增加 3 股道，先铺 2 股道（14、15 道），另一股道路基建成后，暂作列检通路用。建成后，共有 16 股道（其中牵出线 1 股），到达场的制冰厂及加冰设备迁至出发场。1988 年国家计委批准株洲北编组站上行系统设计任务书。1988 年 3 月，长沙铁路分局成立株洲枢纽工程指挥部筹备组（后改为分指挥部），负责征地、拆迁及施工的配合、协调工作。1989 年 5 月，经国家鉴定，批准铁道部第四勘察设计院的设计。6 月 5 日，铁道部下达设计任务书。1990 年 1 月，广州铁路局成立株洲枢纽工程指挥部，负责建设工程施工的组织领导。1993 年批准修正总概算为 7.6 亿元。上行系统设计为三级四场，即到达场、编组场、出发场、交换场，全长 10.04 公里。设计运量近期（1995 年）11500 万吨，远期（2000 年）15000 万吨，连同原下行系统相辅，形成三级七场大型编组站。工程于 1992 年 8 月开工，由铁道部第二工程局、第四工程局、第十二工程局和广州铁路局工程总公司承担施工，1995 年 11 月 20 日竣工投产。

至 2000 年，株洲北站站场设备，下行系统：到达场（Ⅰ场）货物列车到达线 15 股道；编组场（Ⅱ场）编组线 30 股道，禁过驼峰车存车线 1 股道，整倒装线 1 股道，头部设双溜半自动化驼峰 1 座，车辆溜放制动为点联式；出发场（Ⅲ场）货物列车到发线 25 股道（其中快运货物列车、场间交递车到发线各 1 股道，京广下行正线 1 股道，存车线 1 股道），零星加冰线 1 股道，卸煤线 1 股道。上行系统：到达场（Ⅳ场）货物列车到达线 8 股道，直通货物列车通过线 1 股道；编组场（Ⅴ场）编组线 18 股道，禁过驼峰存车线 1 股道，整倒装车线 1 股道，头部设双推双溜自动化驼峰 1 座，车辆溜放为点联式，并具有防错提、追钩、侧冲的功能，尾部采用 6502 型电气集中微机联锁控制，具有连续溜放、单溜放道岔自动转换功能；出发场（Ⅵ场）货物列车到发线 10 股道，其中货物列车及场间交递列车通过线 1 股道；交换车场（Ⅶ场）交换车线 3 股道（其中机车走行线 1 股道）。1622 调车站（九调调车区）调车线 4 股道，军用备品线 1 股道。全站配调车机车 13 台。

田心站为湘黔线起点站，站场到发线 5 股道（其中上下行正线 2 股道），存车线 1 股道，专用铁道联络线 2 条。白马垅站到发线 5 股道（其中上下行正线 2 股道），货物线 1 股道。与车站接轨的专用铁道25条（其中洗煤区6条，化工区13条，株洲电力机车厂3条，株洲车辆厂3条），专用线14条（其中新场区8条，田心站1条，白马垅2条，1622调车站3条），段管线6条。

货运业务在专用铁道及专用线内办理，站内仅办理快运货物列车加冰上水及零星保温车加冰。冰厂1座，日产冰60吨。固定资产720万元。

竣工投产后，株北站运输任务完成呈上升趋势。日均办理车数保持在14000多辆，2000年达14914辆；日均解体、编组分别从1994年106.8列、110.4列，2000年上升到150.5列、159.6列；货车出发正点率保持在95%以上。1996年前年货运量停留在250多吨，1998年大幅升至470多吨。其他运输指标完成情况较好。1996年前年旅客发送量为5万人左右，2000年增至295万人；运输进款1993年为4877.2万元，1998年大幅升至8000万元，2000年为8204万元。

3. 湘潭车站

湘潭车站位于湘潭市车站路北端，站中心线里程为湘黔线K23+860，是一个办理客货业务的二等站。湘潭车站是一个老站，几经建设，1966年5月在湘黔铁路上建成湘潭站（纯客站），设有到发线3股道，存车线1股道，老站则改为货场。1990年站线总延长8926米。

20世纪90年代末，站场得到改善。从1998年始，有到发线7股道（1996年以前为6股道），货物装卸线4股道，总长1641米，存车线1股道，在车站接轨的专用线2条，专用铁路1条，配调车机车1台。办理客运业务房屋总面积4296平方米（1996年前为3966平方米），其中候车室1516平方米（1996年前为1195平方米），行包房590平方米，旅客站台2座，站台雨棚2座（12480平方米），行包专用地道1座。有货物仓库7座（面积3070平方米），货物雨棚2座（面积780平方米）；货物装卸线4

股道，装卸有效长1573米（1996年前为1263米）。装卸机械26台（1996年前仅有6台），其中20吨、10吨门吊各1台，铲车2台，电瓶叉车18台，行包牵引车2台。固定资产406万元（1996年为375.7万元）。

该站年客运发送量逐年提升，1993年63.9万人，2000年91.2万人；年货物发送量逐年下滑，1993年90万吨，2000年仅有40万吨；运输进款收入逐年增加，1993年3636.7万元，2000年4856万元。

4. 湘潭东站

湘潭东站位于湘潭市岳塘区板塘铺。站中心线里程为湘黔线K16+400，是办理客货运输业务的二等站，也是株洲枢纽的辅助编组站。该站也是一个老站，原名板塘铺站，20世纪70年代株洲枢纽改造时，把板塘铺作为枢纽的一个辅助编组站，一并进行扩建。工程于1978年完成，在原车站东端新建一级二场，到发场设有到发线5股道，编组场设编组线8股道、简易驼峰1座。1978年至1984年，改建老站，并对货场的专用线进行改造和改移。该站有与湘潭电厂、湘潭玻璃厂、湘潭纺织厂、湘潭粮库等10条21.83公里专用线接轨。20世纪90年代建设湘黔第二线时，由电厂投资，在编组场南侧，新建到发场一个，铺助到发线3股道（预留3股道）。1990年有站线18条，总延长24.11公里。

20世纪90年代以后，站场设备设施不断完善。自1998年始，站场为纵列式东西两场，东场为一级三场，办理货物列车技术作业，南到发场到发线3股道，北到发场到发线7股道（内上下行正线2股道），编组场编组线10股道，非机械化驼峰1座，为电气集中微机联锁，车辆溜放制动为脱鞋道岔、减速顶点联式，编尾为电气集中微机联锁。西场办理旅客列车到发及货运业务，设到发线5股道（内上下行正线2股道），货物线5股道，段管线1条。在车站接轨的专用线16条，专用铁道3条，管辖牌楼山工业站，配调车机车 4 台。有办理客运业务房屋面积 1117 平方米，其中旅客候车室面积 295 平方米，售票厅面积 47 平方米，行包仓库面积 75 平方米（未使用），旅客站台 2 座。货物仓库 5 座，面积 1743 平方米；货物雨棚 1 座，面积 1890 平方米；货物站台 3 座，面积 4265 平方米（1996 年为 1 座，面积 1365 平方米）；货物装卸线 5 股道，装卸有效长 784 米（1996 年为 3 股，534 米）；装卸机械 5 台，其中 36 吨、20 吨门吊各 1 台（1996 年仅有 20 吨门吊 2 台）。固定资产 386. 8 万元（1996 年为 365. 9 万元）。

1990 至 1997 年，该站年客运发送量保持在 7 万人；1998 年后，年客运发送量降幅较大，2000 年仅 2. 62 万人；1990 年后，年货运发送量趋升，1993 年 128. 8 万吨，2000 年 216. 5 万吨；运输进款收入逐年增加，1993 年 3222. 2 万元，2000 年 7240. 8 万元。

二、衡阳铁路枢纽

衡阳铁路枢纽位于京广、湘桂铁路接合点的衡阳市，西临湘江，是湘南地区的重要交通枢纽。北距株洲 134 公里，南距广州 538 公里，西至柳州 542 公里。枢纽北起京广铁路衡阳北站北端，南至京广铁路周家坳站南端，西至湘桂铁路衡阳西站西端。南北长 21. 8 公里，东西宽 6. 82 公里。

（一）枢纽的形成

衡阳枢纽早在 20 世纪 30 年代就建成衡阳车站、茶山坳中间站和衡阳西站。中华人民共和国成立后至 20 世纪 60 年代初，抢修战争时期破坏的枢纽线路、桥梁，扩建衡阳、衡阳西两站，新建周家坳会让站、衡阳车辆段，完成枢纽内茶山坳至 K544 线路所 3. 24 公里正线，1970 年衡阳站改造为纵列式二级四场的编组站。1988 年，为了提高湘桂线进入衡阳站的能力，修建衡阳站至湘江大桥复线插入段 2. 2 公里。1989 年 11 月在茶山坳站西侧建成纵列式三级三场衡阳北编组站和衡阳北机务折返段，从此，衡阳站不再担任编组任务。至 1996 年 2 月，衡阳站的改造工程完成。

（二）枢纽内主要车站

1. 衡阳站

衡阳站位于衡阳市江东区车站坪 1 号，是湘桂线起点站，站中心里程为京广线 K1757+780，南北场分界线为京广线 K1752+300，管辖耒河站，是办理客货运输业务的特等站，是全路 44 个大客运站之一。该站初建于 1934 年 10 月。中华人民共和国成立后至 1967 年，已经扩建有南北 2 个运转场，成为江南最大的编组站。南场有正线 2 条，到发线 8 条，编组线 8 条，牵出线 3 条，站修线 2 条，客车整备线 3 条，土驼峰 1 座；北场有正线 1 条，到发线 5 条，编组线 11 条，牵出线 2 条，守车线、站修线各 1 条。随着运量的增长，该站的编解能力日益紧张。1977 年 11 月，铁道部批准在茶山坳（衡阳北站）新建三级三场编组站的初步设计，并改造衡阳站。运转场为纯客运站，北运转场为客车整备场。

1986 年，衡阳站已是双向二级四场的编组站，客运有 4 个候车室、货运有 3 个货场的综合特等站。1987—1989 年 11 月，衡阳北编组站全站投产。1993 年 3 月，衡阳站进行全面改造扩建。1996 年 1 月 26 日竣工交验。至 2000 年，衡阳站站场为双向型纵列式南北两场，南场为客车场，设到发线（含正线）10 股道（其中货物列车通过线 3 股道，旅客列车到发线 7 股道），客车底存车线 3 股道，交通车底存车线 1 股道，客车整备线 6 股道，存车线 3 股道，发电车存车线 1 股道。北场到发线 6 股道（其中湘黔联络正线 1 股道，货车到发线 5 股道），调车线 12 股道，码头货场走行线 1 股道，救援列车存放线 1 股道，非机械化驼峰 1 座（电气集中），简易驼峰 1 座。货物线 12 股道，三角线（南、北股、桥头）办理货物装卸。段管线4条，在车站接轨的专用线9条，货车洗刷消毒线1股，油槽车洗车所1座，配调车机车4台。

衡阳站建站时的客运设备，有普通候车室958.6平方米，贵宾候车室101.3平方米。至1978年，陆续新建面积均为609.5平方米的第二、第三候车室，以及406平方米的第四候车室，新建208.4平方米和607.5平方米的行李房，站台、雨棚等亦陆续扩建。1987年，衡阳站改造，首先扩建站台、雨棚（3060平方米）。1989年11月衡阳北编组站投产后，1993年3月，衡阳站开始全面改造扩建，1994年8月，建成新客站大楼，建筑面积7586平方米。直至2000年，该站有办理客运业务房屋（9212平方米），其中售票大厅设18个售票窗口，面积1964.2平方米，旅客候车室面积2991平方米，行包房面积750平方米；旅客站台4座，面积27886平方米；站台雨棚4座，面积24658平方米；地道2座（旅客出站和行包地道），旅客天桥1座，跨站人行天桥1座。

衡阳站货运设备，在开站初期仅有装卸线3条，1950年增建货物线11条，并陆续新建仓库、雨棚。1994年以后，货物仓库和货物雨棚面积相对减少，货物站台面积增加。至2000年货物仓库2座，面积348平方米；货物雨棚3座，面积4322平方米；货物站台从1995年的1座、4113平方米增加到5座、49075平方米；装卸线10股道，装卸有效长2072米，装卸机械37台，其中叉车26台、门吊2台（最大起重能力36吨）。固定资产395万元。

进入20世纪90年代，该站主要运输指标完成逐年上升。1993—2000年，旅客年发送量从360.7万人增至400.9万人，运输进款收入从10724万元增至19570.1万元；货物年发送量保持在60多万吨。

2. 衡阳北站

衡阳北站（以下简称衡北站）是衡阳枢纽的编组站，位于衡阳市北郊茶山坳镇，站中心线为京广线 K1741+500，到达场为京广线 K1744+789，是办理货运业务的区域性三级三场特等编组站，为京广、湘桂铁路干线的交汇点。衡北站建成后，取代了衡阳站的编解任务。衡北站是衡广复线建设的重点项目。1976 年由铁道部第四勘察设计院完成初步设计，1977 年 11 月经铁道部鉴定批准，1978 年进行施工设计，1982 年 5 月及 1986 年 1 月，铁道部两次对编组站设计规模进行论证确定，该站设计为纵列式三级三场半自动化驼峰编组站，到达场 9 股道（预留 3 股道），编组场 24 股道（预留 3 股道），出发兼直通场 12 股道（预留 3 股道），还有机械化驼峰、环发线、耒河线路所、机务折返段、车辆检修所等配套设备。由铁道部第五工程局等单位负责施工。工程分两期进行：第一期工程于 1979 年 10 月开工，1987 年 4 月出发场竣工投产，共完成土石方 823 万立方米，圬工 6. 5 万立方米，正线铺轨 10. 1 公里，站线铺轨 24. 7 公里。二期工程紧接着继续施工，1989 年 11 月，纵列式三级三场机械化驼峰编组站按设计规模全部建成投产，共完成站线铺轨 71. 765 公里，包括出发场 12 股道、编组场 22 股道、到达场 8 股道，机械化驼峰 1 座及大站电气集中联锁设备。由铁四院设计、广铁工程总公司等单位负责施工的应急工程于 1992 年 12 月开工，1996 年 12 月竣工。

竣工后的衡北站，到达场到达线 10 股道，其中到发线 2 股道；编组场编组线 22 股道，其中 2 股道无目的制动缓行器及减速顶，主驼峰为双推单溜半自动化驼峰，编尾设非机械化辅助驼峰，5 至 10 道为电气集中联锁道岔；出发场到发线 13 股道，整倒装线 2 股道；茶山坳站到发线 3 股道，货物线 3 股道，专用线 2 条，段管线 2 条，配调车机车 6 台，其中 DF7 型机车 2 台。装卸设备有 10 吨双梁门吊 2 台，装载机 1 台。固定资产 596 万元。

竣工后的衡北站，主要运输指标完成较好。至 2000 年，年货物发送量40万吨以上，年运输进款收入1000万元，日均办理车辆达9000辆，日均解体和日均编组均达70多列。年选编西、南线短流列车达1000多列，集结空敞直达列车400多列，沪局直达1500多列，货物列车出发正点率保持在97%以上。

3. 衡阳西站

衡阳西站（以下简称衡西站）位于衡阳市城南区雁城路，站中心线里程为湘桂线K5+875，是办理客货运输业务的二等站。该站建于1938年9月，是衡（阳）桂（林）段的起点站。中华人民共和国成立后，对该站的站场及客货运输设备进行多次扩建。至1987年，该站有站线7条及货物仓库、雨棚、行李房、货物装卸线2股道及整车货物仓库1座。至1992年，有站线13条（其中货物装卸线7条），全长10.627公里，货场3个。1996年，由广铁设计院设计，广铁第二工程公司、衡阳建筑工程公司施工的衡西站改造工程开工，1999年12月竣工，总投资3270万元。

改造后的衡西站，站场有到发线4股道，存车线2股道，机车走行线1股道。与该站接轨的专用线6条，配调车机车1.5台。办理客运业务的的房屋1321平方米，其中候车室面积224平方米，行包房面积94平方米。旅客站台2座，站台雨棚面积755平方米。货物仓库4座，建筑面积4345平方米。货物站台4座，建筑面积1234平方米。货物装卸线7股道，装卸有效长1174米。装卸机械27台，其中20吨门吊2台，装卸机2台。固定资产716.5万元。

1993—2000年，该站连续实现8个安全年；旅客年发送量由8.3万人降至4.2万人，货物年发送量从108.6万吨降至78.7万吨；运输进款收入逐年增长，从2935.9万元升至3286.6万元。

三、怀化铁路枢纽

怀化铁路枢纽位于湖南省西部的怀化市，湘黔铁路、焦柳铁路、渝怀铁路（截至2002年尚未开通）的交会点，形成“大”

字形立体交叉，贯通东西南北，南临沅水的支流㵲水。属区域性铁路枢纽，是通往西南，特别是云南、贵州两省的主要通道。怀化枢纽东起怀东站上行 K430+471，西至怀化站西头 K442+069，东西全长 11.589 公里；北起象鼻子北头 K1188+305，南至怀化南站南端 K1197+270 处，南北全长 12.4 公里；西北怀化车站至怀渝铁路同田湾车站约 12.4 公里（怀渝铁路设计终点 DK628+933.55，相应于湘黔铁路 K441+727.01）。怀化枢纽占地面积约 2.1 平方公里。

怀化枢纽包括“五站”“四段”“一所”。“五站”：怀化南站、怀化东站、怀化站、象鼻子站、同田湾站；“四段”：怀化机务段、怀东机务折返段、怀化车辆段、怀北车辆段；“一所”：K440 线路所。它是连接湘黔线与焦柳怀化南站的咽喉通道，其中心里程是 K438+900，东起 K438+700，西至 K439+130.90，有道岔 7 组。

（一）枢纽的形成

怀化枢纽的形成分 2 个阶段。

第一阶段：从 1971 年初至全部工程竣工的 1978 年。枢纽内湘黔铁路正线、怀化客站、机务段、电务段、枝柳铁路正线、联络线、怀化南站、车辆段、货物仓库等枢纽范围内客货设施基本配套，枢纽规模基本形成。枢纽内正线长 14.83 公里，东南、西南、西北 3 条联络线长 4.269 公里，客运机车走行线 1.5 公里，货运机车走行线 3.4 公里。

第二阶段：1993 年至 2001 年，湘黔部分复线电气化和株六复线电气化工程建设，给怀化枢纽发展带来了新机，新增了怀化东站（直通场）、怀化机务折返段、怀化北车辆段、渝怀线怀化配套工程等，设计投资 9.4442 亿元，完成投资 10 亿元。

（二）枢纽内主要车站

1. 怀化车站

怀化车站位于怀化市，位于湘黔、枝柳铁路交会点，占地32.5万平方米，中心里程为湘黔线K440+834，属客运一等站。该站于1970年12月正式动工，1971年10月建成。至1978年，有候车室1000平方米，到发线4条和5条调车线及货车检修设备，有第一货场及10吨龙门吊，以及第二货场。1982年旅客发送人数较1972年初建时增长1倍多，货物发送量增长11倍多。

1983年底怀化南站建成后，枢纽的列车编解、货车检修、货物装卸等均由怀化南站担任。怀化站改为纯客运站，将原来部分货物线改为客车检修线及整备线。1987年，旅客站台长度由390米延至500米，雨棚长度由360米延至450米，1至4股道铺设钢筋混凝土宽枕（道床作硬化处理），并新建行包托运大楼1100平方米，改善了通信信号设备。1992年，怀化站共有站线29.98公里，其中到发线8股道总长6584米，牵出线2条、客车整备及检修线8条及机务整备检修转头线；客运房屋面积5946平方米，其中候车室面积1191平方米，行包房面积1136平方米，站台3座总长1444米，雨棚3座面积1113平方米，地道2座长78米。

在“八五”“九五”期间的湘黔部分复线、株六复线建设中，该站扩展为东起K439+900，西至K442+069，车站全长2.169公里，有20条股道（包括客车整备场）；新建1个站台（共4个站台），总长2200米；原有进站地道废弃，新开通1个出站地道，净高3米，净宽5.2米，全长77.5米；新增1座行包地道，长77.5米，宽502米，高3米；新增1座人行天桥，宽5米，高3.5米，长76米；现有行包房面积846平方米，候车室面积1896平方米；正线2条，有效长873米，其他线路总长37.064公里。日接送旅客达2万人次。

1978—2000年，怀化站的运输任务完成总体趋升。运输进款收入：1978年突破千万（1094.2万）元，1996年破亿（1.015亿）元，2000年达1.588亿元；年旅客发送量：1978年为38.89

万人，1983 年破百万（117. 96 万）人，1996 年为 234. 6 万人，2000 年达 313. 14 万人。年货运发送量分为两个阶段：1983 年前基本是逐年上升，1978 年为 55. 64 万吨，1983 年达 94. 64 万吨，为该站历史最高记录；1983 年货运主体业务划归怀化南站后，车站货运至办理段管专用线货物到达卸车业务。1993 年，车站恢复部分货运发送业务。1995 年 3 月起车站主要办理铁路专用线整车货运到发业务。年货物发送量升幅大：1984 年为 647 吨，2000 年达 25552 吨。

2. 怀化南站

怀化南站（以下简称怀南站）位于怀化市南侧，湘黔、焦柳铁路交会点枝柳铁路的南端，包括到达场、编组场、东到发场、西编发场、工业站、货场及车辆段等，主要担负两条干线的货物列车解编任务，是区域性编组站。中心里程为焦柳线的 K1195+431。车站衔接 6 条地方专用线，5 条铁路段管线，是湘西地区主要货物集散地，办理货运业务的一等站，下辖怀化东站直通场。该站 1971 年 3 月动工，主要工程项目在 1974 年底完工，1982 年底配套完成，1983 年 1 月 1 日由广州铁路局怀化铁路分局临管，1985 年 1 月 1 日正式运营。

到达场初建时为 7 股道，1984 年由广铁工程总公司第四工程公司增铺 1 股道（长 981 米），共 8 股道；东到发场共 4 股道；编组场初建时为 12 股道，1987 年 12 月 24 日动工建设，将 19 至 24 道延长有效长至 850 米，又新增 25、26 编组线 2 股道，1988 年 8 月 2 日竣工，共有编组线 14 股道；西编发场初建时为 5 股道，后又增加 4 股道，共计 9 股道。到 1992 年，怀南站共有站线 61. 022 公里；货物仓库 7 栋，总面积 8028 平方米；货物站台 6 座，总面积 12029 平方米；货物装卸线 5 股，长 1292 米；货位 76 个，堆货容量为 3928 吨。

由于湘黔线部分复线及电气化工程的修建，怀南站编组站既有规模已不适应运量增长的要求。该站改造列为“八五”重点工程，1994 年开工，1998 年底全面竣工。主要工程有：到达场增建 2 股道，南北两咽喉作相应改动；调车场增加 4 股道，将既有的东到发场 8 至 11 股道改作调车线。为此，在东到发场的东侧新建东到发场，最终为 6 股道；为满足股道有效长 850 米的要求，西到发场整个南咽喉南移；调车场驼峰由半自动化改为自动化驼峰，调车线增加 4 股道，并增加相应的配套设施。

1983 年怀化铁路分局临管以后。日均办理车 1983 年为 1065 辆，2000 年达 5836 辆；年装车 1983 年 5354 辆，1990—1998 年年装车升至 14000 多辆；2000 年 7943 辆；年卸车平均 15000 多辆，2000 年达到 19331 辆；货车正点率保持 90. 6%；运输进款收入 1994 年为 2042. 02 万元，2000 年为 2776. 09 万元。

四、长沙铁路枢纽

（一）枢纽的形成

1959—1961 年，长沙铁路局在长沙建局，1963 年改为广州铁路局长沙铁路分局，1993 年 3 月 2 日，撤销长沙铁路分局，成立长沙铁路总公司。长沙枢纽随着长沙地区所在的铁路单位的改造和设备设施的完备逐步形成。京广线环绕长沙市北、东、南三面，石长线在市北郊的捞刀河车站接轨。长沙铁路枢纽北起捞刀河车站，南至黑石铺车站，长 26. 5 公里。枢纽内有客运站 1 个（长沙车站），编组区段站 1 个（长沙东站），货运站 2 个（长沙北站、长沙南站），中间站 5 个（丝茅冲车站、新开铺车站、猴子石车站、树木岭专线整车货场，黑石铺站为办理危险品运输的车站）。在枢纽内接轨的专用铁路和铁路专用线 29 条。枢纽内铁路单位有机务段、车辆段、列车段、客运段、工务段、电务段、机械化线路维修段、建筑段、生活段、医院、防疫站、广州铁路工程总公司电务公司和第六工程公司，铁路公安、法院、检察院等单位。

（二）枢纽内主要车站

1. 长沙站

长沙站位于长沙市五一大道东端，站场设于京广线长沙客车外绕线上，站中心线里程为京广线 K1567+900，是办理客运业务的一等站。

旧长沙车站建成于 1911 年 1 月，至中华人民共和国成立，仅有面积 160 平方米的候车室，以后，长沙车站进行多次改建、扩建，1965 年有客运房屋面积 5366 平方米，站台雨棚 2 座，面积 2330 平方米。由于长沙是全省经济与交通中心，20 世纪 60 年代的车站设备就已远远不能满足需要，经国家计委批准，1975 年 7 月 1 日—1977 年 6 月 30 日，在长沙外绕线上修建新长沙站。车站总占地 121581 平方米，其中建筑物占地 27305 平方米，广场占地 54462 平方米，工程概算 2428 万元。站屋主楼总面积 18989 平方米，宽 151 米，进深 96 米，高 18 米。中部设钟塔，塔顶高 51 米，塔上火炬顶端高 63.5 米。一楼为慢车候车室面积 1620 平方米，二楼快车候车室面积 1008 平方米，贵宾候车室面积 456 平方米，软席候车室面积 240 平方米，大厅面积 3114 平方米。另在主楼南侧有为旅客服务的附属房屋售票厅、行包房、小件寄存处等，面积共 8080 平方米。站场有到发线 6 股道，存车线 1 股道，站台 3 座。一站台宽 30 米，长 470 米，二、三站台宽 12 米，长 454 米；雨棚 3 座各 450 米；行包、邮政、出站地道各 1 座，进站地道 2 座，地道长均为 88 米。

1988 年，铁道部第四勘察设计院完成武广双线电气化技术改造修改技术设计，其中长沙站增建第四站台及 2 条到发线，并延长既有站台雨棚，新建下行客车进站疏解线及特大桥以及相应的机务、车辆设备等。扩建工程由广铁第三、第六工程公司施工，1998 年 12 月开工，2000 年 9 月竣工。有到发线 8 股道（其中机车走行线 1 股道），存车线 2 股道，机待线 1 股道，旅客列车上水井100个；客技站设存车、检修线9股道，机车走行线1股道，整备线2股道，存车线2股道，段管线2条，配调车机车1台。办理客运业务房屋面积35569平方米，其中旅客候车室面积6832平方米，行包房面积4311平方米；旅客站台4座，雨棚4座，总面积28144平方米；地道5座（出站1座、进站2座、行包1座、邮政1座）。固定资产890万元。

20世纪90年代，该站运输生产任务完成逐年上升。1993年至2000年，年旅客发送量从721.9万人上升到1042.5万人，年行包发送从163.4万件上升到290.3万件，运输进款收入从2.3亿元上升到5.18亿元。

2. 长沙北站

长沙北站（以下简称长北站）位于长沙市开福区芙蓉北路395号，站中心里程为京广线长沙北货外线K2+548处（以浏阳河线路所南分歧道岔为起点）。东北设有联络线与京广线丝茅冲站接轨，是办理整车、零担、集装箱运输业务的一等货运站。

该站于1918年投产，到1949年长沙和平解放时，还是一个仅有6股道的4等小站，货物装卸均在1道（到发线）站台进行。中华人民共和国成立后，逐年进行扩建。到1957年，该站已发展成为客货运业务的二等编组站。1958年停办客运业务。1962年4月，由编组站改为区段站。

长北站的货场扩建工程是长沙市铁路外迁工程的一部分。1975年研究长沙客站搬迁，1979年5月动工，1981年建成2条货物线和鲜活雨棚1座。1985年、1990年各建成5000平方米的雨棚，将货10道的粗杂品货场改为集装箱货场。1990年12月，为了减少铁路对老城区的干扰，拆除长北站至长沙南站穿过市区的一段线路，客货列车全部由长沙外绕线通过，长北站成为支线车站，结束了近40年的编组（区段）站的业务。1991年至1998年，拆除货3道雨棚，将货8道、货3道合并为笨重零担装卸区，将货一库进行改造，拆除旧的仓库、雨棚4700平方米。

至2000年，设到发线5股道，调车线9股道，存车线1股道，非机械化驼峰1座，配调车机车3台，其中1台担负长北站至长东站及长北站至长沙站间的小运转列车及客车底取送，在站内接轨的专用线14条。货物雨棚3座，建筑面积14144平方米；集装箱货坪2个，面积12000平方米（办理集装箱到发的北货场于是年12月设立海关监管点）；站内货物线5股道，装卸作业有效长930米。装卸机械66台，其中36吨门吊2台、20吨门吊2台，叉车62台（含10吨内燃叉车1台）。固定资产1210万元。

该站主要运输任务年度完成情况，1993年至2000年，年货物发送量从110.9万吨下降到79.3万吨，年货物到达量从214万吨上升到266.9万吨，日均装车从71辆下降到51.4辆，日均卸车从127辆上升为130.7辆，运输进款收入从4829.4万元略增至4902万元。

3. 长沙东站

长沙东站（以下简称长东站）位于长沙市雨花区赤新路4号，站中心线里程为京广线K1569+852，是办理货运业务的二等区段站。管辖新开铺、丝茅冲站，车站南北两端有与长沙站相连的旅客列车外绕联络线。丝茅冲、新开铺站有与长沙站相连的旅客列车下行线，新开铺站与猴子石站、丝茅冲站有与长北站相连的货物列车联络线。该站前身为窑岭站（是不办理客、货业务的会让站），1965年建成，1989年改名为长沙东站。该站是长沙市内铁路外迁断道后，取代长北站担负列车编解作业的区段站。

长东站原设计为横列式一级三场，东、西两侧为到发场，中间为编组场。因规划中的长煤线（长沙至煤炭坝，后改为石长线）久未开工，又受国家投资额的限制，经反复商讨，仅在窑岭站的基础上扩建为到发场（到发线6条），新建半个编组场（编组线7条）和相应的配套设备。该工程由广铁第三工程公司等单位施工，1985 年开工，1988 年竣工，1990 年 12 月投产。20 世纪 90 年代末，在武广电气化改造工程中，又增建到发线、调车线各 2 条。

至 2000 年，该站站场有到发线 9 股道（内上下行正线 2 股道），编组线 7 股道（内往南编发线 3 股道），货场设调车兼走行线 3 股道，货物线 5 股道（总有效长 1903 米）。北牵出线设非机械化驼峰 1 座，驼峰溜放制动为脱鞋道岔加减速顶点联式。调车机车 3 台，负责站内列车编解及货场、专用线取送作业；小运转机车 1 台，担任长沙南、杨桥间小运转列车作业。站内接轨段管线 4 条（机车整备、列检站修、供电段、工务段料库）、专用铁路 1 条、专用线 2 条。货物雨棚 4 座，建筑面积 6512 平方米。装卸机械 6 台（其中 20 吨门吊 2 台）。站场东侧设军运站台 1 个及快运列车上水设备。固定资产 503. 3 万元。

新开铺到发线 4 股道（内上行正线 2 股道），站内接轨专用线 1 条；丝茅冲站到发线 3 股道（内京广、石长线客货列车上下行通过线各 1 股道，长东至长北站间小运转列车通过线 1 股道），2000 年建成丝茅冲至长沙站客车下行线。

长东站运输任务完成情况逐年增长。1993 年至 2000 年，年货物发送量从 31. 4 万吨增加到 61. 1 万吨，年货物到达从 98. 4 万吨增加到 188. 2 万吨，日均装车从 17 辆增加到 29. 5 辆，日均卸车从 20 辆增加到 90. 1 辆，日均办理车数出 1675 辆增加到 2145 辆，运输进款收入从 923. 9 万元增加到 2219 万元。

4. 长沙南站

长沙南站（以下简称长南站）位于长沙市天心区南湖路西端，濒临湘江，站中心线里程为京广线长沙南货外线 K5 + 325. 71，是办理货运业务的三等站，管辖猴子石站。该站建成于 1935 年 1 月。长沙地区京广复线双绕全部开通后，改为货外线 K9+234。1990 年 12 月，长沙市内铁路断道后，改为长南货外线

K5+326。

中华人民共和国成立后，长南站多次改、扩建，增补站线，延长股道，修建仓库、雨棚等。1992 年，站线总长 4603 延米，装卸线 6 条，装卸有效长 2057 延米；仓库、雨棚 6 座，总面积 8088 平方米；站台、露天货位 9 处。至 2000 年，有到发线 3 股道（其中 1 道办理货物装卸），货物线 5 股道，在站接轨的专用线 1 条；猴子石站到发线 2 股道，调车线 1 股道，在车站接轨的专用线 3 条，配调车机车 1 台。货物仓库 1 座，建筑面积 303 平方米；货物雨棚 6 座，建筑面积 6352 平方米；货物站台 2 座，建筑面积 4401 平方米；货物装卸线 6 股道，装卸有效长 2057 米。装卸机械 16 台，其中 26 吨门吊 1 台，ZL50 型铲车 3 台，1. 2 吨电瓶叉车 12 台。固定资产 332 万元。

该站运输生产指标完成逐年下降。1993 年至 2000 年，年货物发送从 72. 1 万吨降为 43 万吨，年货物到达从 73. 6 万吨降为 48 万吨，日均装车从 35 辆降为 20. 5 辆，日均卸车从 41 辆降为 26. 4 辆，运输进款收入从 1914. 6 万元降为 1240 万元。

5. 树木岭货场

树木岭货场地处长沙市东南隅，在长沙东站南头西侧接轨，占地 500 多亩，是全路第一家用集资方式建成的大型整车货场。该站原是长沙市内铁路外迁工程的建设项目，是长沙东站的配套工程。由于国家建设资金不足，长沙新客站投产后，迟迟未能开工建设。在运量增加，长北站、长南站运能严重不足，国家又无投资的情况下，为缓解长沙地区铁路运能与运量的矛盾，1986 年 8 月，长沙铁路分局报请湖南省政府批准，用集资、贷款方式建设树木岭货场。

1986 年 10 月，长沙铁路分局成立长沙树木岭专线货场修建指挥部，12 月，由指挥部设计组和长沙铁路设计所完成初步设计，分 2 期建成年运量 400 万吨的大型整车货场。第一期工程按年运量 100 万吨建设，主要项目有线路 7 条（其中货物装卸线 2 条、调车线 3 条、走行线 1 条、牵出线 1 条），总延长 3.3 公里，5000 平方米货物雨棚 1 座，20 吨门式起重机 1 台，供水、供电、通信、生产及生活房屋等，概算为 987 万元。

1987 年 7 月，货场建设工程破土动工，施工单位为广铁第三工程公司、长铁工程段；地方建安企业及货场指挥部为降低造价自行组织了民工队。1989 年 3 月简易投产，7 月正式投产。而后继续施工，完成配套工程并扩大建设规模，又增建货物装卸线 2 条，面积 5000 平方米的货物雨棚 1 座，面积 6000 平方米的二线仓库 1 座，20 吨门吊 1 台，货物站台 3 座，低货位 1 处。1998 年 9 月 1 日起，树木岭货场合并到长沙东站。

第三节　铁路枢纽外的主要车站

一、一等站

（一）岳阳站

岳阳车站地处京广线湘鄂交界，位于岳阳市南湖路北端，站中心线里程为京广线 K1424+828，是办理客、货业务的一等站。该站于 1917 年 3 月修粤汉铁路时建成，称岳州站。1958 年随着京广铁路蒲衡复线的兴建，改造该站，1970 年改造全部竣工；1984 年完成电气集中改造。

为了进一步提高客运能力，并配合岳阳新市区的建设，由铁道部和岳阳市共同投资，将岳阳客站迁至北端 3.5 公里处。岳阳新客站 1992 年开工，1994 年 10 月竣工启用。主要工程有：站线、桥、涵、通信信号、站前广场等配套工程。其中铺轨 11.4 公里，道岔 21 组，新建站房 1.2 万平方米，占地总面积 46.06 万平方米。至 2000 年，该站有到发线 7 股道（内上下行正线 2 股道)，存车线1股道，货物线6股道，装卸线1股道。办理客运业务房屋总面积9877.5平方米，其中候车室3966平方米，行包房859平方米，站台雨棚总面积13200平方米，旅客站台2座，旅客地道3座（内邮政地道1座），天桥1座。

新客运站投产后，原老站改为名为岳阳南站（纯货运站），由岳阳站管辖（站中心线里程为京广线K1428+030）。站场有到发线6股道（内上下行正线2股道），调车线4股道，客车存车线1股道，货物线6股道，与车站接轨的专用线10条，配调车机车2台。货运仓库2座，面积626平方米；货物雨棚1座，建筑面积1955平方米；货物站台1座，建筑面积580平方米；货物装卸线1股道，装卸有效长239米。货物装卸机械6台，装卸行包内燃牵引车7台，平板拖车23台。固定资产765.5万元。1995年，投资680万元，将南站客运售票厅、办公楼、接待室改造为货运办公室、营业厅、运转办公室、站调，使货运、运转集中一处办公，改造面积1500平方米。

1995年以后，岳阳站运输生产平稳发展。旅客发送量、货物发送量、运输收入进款等运输生产指标年年超额完成年度计划。2000年末，旅客发送319.43万人，完成年计划107%；货物发送59.80万吨，完成年计划139%；货物到达102.56万吨；运输进款收入19774.5万元，完成年计划106.7%。

（二）岳阳北站

岳阳北站原名城陵矶站，位于岳阳市岳阳楼区望岳路，站中心里程为京广线K1420+174。该站濒临长江，是水陆联运的重要口岸。该站建于1917年9月，中华人民共和国成立后，随着城陵矶港货运量增大，区域内企业增加和铁路专用线增建，1966年扩建为区段站。1978年已扩建成区段编组站，设有铁路机务段1个。1985年，完成电气集中改造。经过逐年改造，成为办理客、货运业务的一等站。1988年10月更名为岳阳北站。

1992 年，该站站特线延长 39.798 公里，到发线 10 股道，编组线 12 股道，货物线 3 股道，非机械化驼峰 1 座。1993 年以后，运输设备不断改善。至 2000 年末，站场有到发线 12 股（其中上下行正线 2 股道），编组线 12 股道（内上行编发线 1 股道），是年 9 月动工把非机械化驼峰改建为机械化驼峰，货物线 3 股道，站内接轨的专用线 1 条（属岳北站多经仓储公司）、专用铁道 1 条；在城陵矶港务局工业站（该站于 1997 年 12 月 31 日移交港务公司管理）接轨的专用线 9 条，段管线 2 条，配调车机车 3 台。货物仓库从 1993 年的 4 座增加至 6 座，建筑面积从 3030 平方米增加到 3344 平方米；货物站台 2 座；装卸线 3 股道，装卸有效长从 340 米增加到 1024 米。装卸机械从 20 吨门吊 1 台改为 36 吨门吊 1 台，保留 1 台 10 吨叉车，增加 1 台 2.5 吨叉车。固定资产逐年增加，2000 年达 395.4 万元。有客运业务房屋总面积 438 平方米（其中候车室面积 170 平方米），行包房面积 434 平方米，旅客站台 2 座。

1993 年至 2000 年，主要运输指标平稳完成，运输进款收入逐年上升，1993 年 2530 万元，2000 年 3469.4 万元。

（三）郴州站

郴州站位于郴州市解放路 1 号，是京广铁路上的 1 个一等区段站，又是郴嘉地方铁路的换装接轨站。车站中心里程为京广线 K1895+670。

该站建于 1936 年 6 月，时称郴县站。建站时，站内到发线 3 股道，存车线 2 股道，货物线 2 股道，旅客站台 2 座，货物站台 1 座，站房 361 平方米。为适应运量迅速发展，该站多次扩建客、货设备。至 1978 年，已增建 2 股到发线，北头咽喉道岔得到改善，南头增加 366 米调车线。

1981 年 12 月，郴嘉地方铁路的郴州至桂阳段建成，在该站接轨。在该站接轨的还有黄沙坪铅锌矿等 13 条铁路专用线。1982

年改造南头岔群，延长股道有效长等。1985 年，衡广复线施工，将郴州站分为Ⅰ（南）场（郴州客站）、Ⅱ（北）场（郴州北运转场）两部分。Ⅰ场（客站）位于原郴州站位置。Ⅱ场（北运转场）位于京广线 K1894+735 处。1987 年，在原站场基础上进行改造，拆除 2 股道到发线，恢复客运第二站台；拆除旧站房及周围房屋 8225 平方米，新建郴州新客站房屋 4733 平方米。Ⅱ场（北运转场）位于京广线 K1894+735 处，亦为郴韶电气化区段的始发点。新建的北运转场和北货场，担负货物列车的编解和整车货物到发装卸业务。北运转场分三期施工：第一期工程新建到发场，1986 年底建成交付使用；第二期工程为调车场，1987 年 2 月建成投产；第三期工程为货场，1988 年建成投产。衡广复线投产使郴州站成为湖南省第一个电气化铁路区段站。1990 年，站线总延长 47.515 公里。

1993 年，郴州车站是办理客货运业务的二等区段站，1997 年升格为一等区段站。运输设备、设施逐年增加。至 2000 年，该站办理客运业务房屋 4443 平方米，其中旅客候车室 2005 平方米，行包房 517 平方米；站台雨棚 2 座，面积 1995 平方米；货物装卸线 7 股道，装卸有效长 1544 米；货坪 7992 平方米。装卸机械 18 台，其中 26 吨、20 吨、10 吨门吊各 1 台，叉式起重机 2 台，铲车 8 台，行包牵引车 5 台。固定资产从 1993 年的 98 万元增加到 2000 年的 866 万元。

2000 年 10 月 16 日，武广电气化郴州站改造完毕，站场联锁设备由 6502 型电气集中改为 TYJL-Ⅱ型计算机联锁系统，Ⅰ、Ⅱ场信号楼合并为 1 个信号楼。Ⅰ场设旅客到发线 3 股道，上、下行正线 2 股道，货物线 4 股道，救援列车存车线 1 股道，段管线 4 条，在场接轨的专用线 6 条。Ⅱ场到发线 10 股道（内上、下行正线 2 股道），编组线 6 股道，存车线 3 股道，货物线 3 股道，场内接轨的专用线 3 条，与郴嘉地方铁路办理车辆交接到发线 2 股道（标准轨距），编组线北端设非机械化驼峰1座，配调车机车2台。

该站主要运输指标完成情况比较好。1993年至2000年，旅客年发送量从175.9万人上升到236.1万人；货物年发送量从173.4万吨上升到272.6万吨；运输收入从6003万元上升到15221万元。

（四）娄底站

娄底站位于娄底市娄星路，湘黔铁路与娄邵铁路的交会点，娄邵铁路的起点站。站中心里程为湘黔线K123+050，管辖娄底东、百亩井及娄邵AK3线路所，是办理客货运输业务一等区段站。

娄底站建成于1959年，由铁道兵二师临管运营。1965年移交广州铁路局时，仅有站线8条。随着运量的增长，原有的设备已远不能满足要求。1970—1972年，该站扩建，站线增加17条，简易驼峰1座。1973年湘黔线全线通车后，再次进行改造、扩建。工程1987年竣工，到发线、编组线增至23条，站线总延长38.88公里，简易驼峰改造为非机械化驼峰，信号连锁改为大站电器集中。1993年3月，由铁四院设计，铁道部电气化工程局、第四工程局、第五工程局、第十五工程局和广铁工程总公司施工的湘黔线电气化工程及株娄段复线工程开工，娄底站进行新一轮的改造。1996年12月，该站主体工程竣工。

改造后的站场为横列式一级三场，南场（Ⅰ场）为客、货列车到发场，北场（Ⅱ场）为货物列车到发场，中间为编组场（Ⅲ场）。南场到发线9股道，其中旅客列车到发线3股道；北场到发线8股道，编组场调车线16股道，其中14、15、16道兼上行货物列车编发线，设半自动驼峰1座车辆溜放制动为缓行器、减速顶点联式，尾部采用电气集中微机联锁，配调车机车4台。在站接轨的专用线1条，专用铁道1条，段管线3条。办理客运业务房屋 11171 平方米，其中旅客候车室 3240 平方米，行包房 1080 平方米；旅客站台 2 座，站台雨棚 11000 平方米；天桥 1 座，地道 3 座（旅客、行包、邮政地道各 1 座）。货场和货运业务移至娄底东站。有装卸线 3 股道，总有效长 1290 米（迁至散装及集装箱装卸线 1 股道）；货物站台 1 座，3600 平方米。装卸机械有 22 吨门吊 1 台。站内有散堆装货物线 1 股道，有效长 410 米。固定资产 1661 万元。

娄底东站站场到发线 6 股道。百亩井站站场到发线 4 股道，1999 年增加 1 股道。

娄底站新一轮改造完成后，运输生产逐年增长。1996 年至 2000 年，旅客年发送量从 150.8 万人上升到 198.8 万人，货物年发送量从 187.1 万吨上升到 264.8 万吨，运输进款收入从 7019.4 万元上升到 13565 万元。

二、二等站

（一）路口铺站

路口铺站位于岳阳市云溪区路口镇，站中心线里程为京广线 K1394+913，是办理客货运输业务的二等站。该站建于 1918 年 7 月，仅有站线 1 条，1936 年增建站线 1 条。中华人民共和国成立后，随着该地区工业不断发展，站场不断改造扩建。20 世纪 70 年代后，长岭炼油厂专用线及工业站在该站接轨，工业站及走行线产权亦移交国家铁路，该站客货运量有较大增长。1989 年，该站站场再次改建。至 1992 年末，该站有到发线 7 股道（含正线 2 股道），货物线 2 股道，工业站到发线 6 股道，编组线 9 股道，客运房屋 1171 平方米（其中候车室 433 平方米，行包房 212 平方米），旅客站台 2 座，天桥 1 座。货物仓库 2 座，面积 90 平方米；货物站台 1 座，面积 720 平方米；装卸线 2 股道，长 598 米。至 2000 年，站场有到发线 7 股道（含正线 2 股道），货物线 2 股道，站内出岔专用铁路 1 条（衡阳铁路工程公司），专用线 1 条。工业站到发线6股道，调车线9股道，洗槽线2股道，车辆检修线1股道，机车整备线2股道，货物线8股道，油台装卸线9股道，配调车机车3台。办理客运业务房屋1171平方米，其中旅客候车室433平方米，行包房212平方米，旅客站台2座，天桥1座。货物仓库3座，面积903平方米；货物站台1座，面积707平方米；低货位1处；装卸线1股道，装卸有效线长110米。固定资产136万元。

该站主要办理石油、石料两大货物运输。1996年以后，由于市场变化使货源流向受到严重限制，以及长江特大洪灾干扰了长岭炼油厂的生产，一些物资单位产品销路不畅，致使非金属矿类货物和油品运量下降，油品运输也受到来自水运的冲击，运量下降。1995年以前，货物年发送量保持400多吨，至2000年，每年只有300多吨。运输进款收入逐年上升，1993年7968.7万元，1996年8920.1万元，2000年15883.8万元。

（二）耒阳站

耒阳站位于耒阳市灶市镇，车站中心线里程为京广线K1814+779，是办理客货运输业务的二等站。该站初建于1935年8月，设站线2条，车站南头设1条岔线接运耒河水运的煤炭。站房250平方米。抗日战争后，车站被重建修复，站线4股道（1至4道），站台2座。

耒阳市为湖南省主要产煤区之一。随着运量的增长，耒阳站在20世纪60—70年代多次扩建。1961年在1道北端修建的货物线1股道，货物站台1座，货物仓库6栋和货棚1座；1962年增建货物线2股道；1968年在车站西侧增建到发线2股道（5、6道）；1974年增建到发线1股道（7道），扩建候车室426平方米、行包房231平方米，但仍然不能满足运量增长的需要。1985年衡广复线建设时，耒阳站进行重建，站场向西南方向延伸扩宽。1989年建成新站。到2000年，站场有到发线7股道（内含上下行正线2股道），存车线2股道，货物线9股道。在站接轨的有广铁二线公司基地1处，钢铁厂专用线及永耒地方铁路，配调车机车1台。办理客运业务房屋总面积3980平方米，其中旅客候车室面积960平方米。站台2座，站台雨棚2座，面积3564平方米；旅客地道1座，长21.89米。货物仓库9座，建筑面积7374平方米，货物装卸线9股道，装卸有效长1365米。装卸机械8台，其中10吨、20吨门吊各1台，装卸机2台。固定资产272万元。

20世纪90年代，该站运输生产平稳发展。旅客和货物年发送量分别保持在90多万人和150多万吨左右；运输进款收入逐年增长，1993年3904万元，1995年4446.8万元，1996年突破5000万元，1999年5954.21万元，2000年6609.85万元。

（三）邵阳站

邵阳站位于邵阳市东郊，为娄（底）邵（阳）铁路的终点站。车站中心里程为K98+412，是办理客货运输业务的二等站。该站建成于1960年5月，由铁道兵二师施工并临管运营，1965年移交广州铁路局时，仅有正线1股道，到发线4股道，存车线1股道，装卸线5股道；另邵北货场设有货物线3股道，存车线2股道，铁路专用线19条，段管线1条。随着运量的增加，该站场多次进行改、扩建，至2000年，有到发线4股道，存车线1股道，货物装卸线5股道；邵北货场设有货物线3股道，存车线2股道。在站接轨的铁路专用线17条（1993—1994年为19条），段管线1条，配调车机车1台。办理客运业务房屋面积1061平方米（1993—1994年为1626平方米），其中旅客候车室502平方米，行包房499平方米（1993—1994年为522平方米），站台雨棚2336平方米，旅客站台1座。有货运仓库7座，总面积7582平方米（1993—1994年为5座4582平方米）；货物雨棚1座，面积332平方米；货物站台6座，面积8179平方米；货物装卸线7

股，装卸有效长2250米；装卸机械36吨门吊1台（1993—1994年有10吨门吊1台）。固定资产200万元。

20世纪90年代以后，该站运输生产平稳发展。旅客年发送量保持在90多万人的水平，货物年发送量90年代末比90年代初有所下降，约60多万吨左右；运输进款收入逐年增长，1993年4040.5万元，1995年5509.6万元，2000年6636.3万元。

（四）永州（冷水滩）站

永州站原名冷水滩站（1997年更名为永州站），位于永州市冷水滩区零陵中路，站中心线里程为湘桂线K140+467，是办理客货运输业务的二等区段站，也是广州铁路（集团）公司与柳州铁路局分界站。

该站建于1938年9月。中华人民共和国成立后，对该站进行多次扩建、改造，增铺线路、延长股道、新建站舍、仓库等。至1978年，有到发线5股道，电锁器连锁色灯信号机。1984年建成电气集中连锁。1986年有到发线5条，货物线4条。进入20世纪90年代，随着客货运输的发展，运输设备不断增加。1990年站线总延15.26公里。1993年，站场到发线8股道（其中旅客列车到发线3股道），编组线2股道，站内货物线2股道，下河货物线2股道，段管线2条，专用线14条，配调车机车2台。旅客候车室293平方米，行包房384平方米，旅客月台2座。货运仓库5座，1780平方米；货物雨棚4座，1984平方米；货物站台6座，4360平方米；货物装卸线4股道，装卸有效长614米；装卸机械设备8台，门吊1台，电瓶叉车4台。1996年，办理客运业务房屋总面积达1622平方米（其中旅客候车室697平方米，行包房504平方米），货物仓库7座。1998年后，增加新货场货物线3股道（货4道办理散杂货物，货5道办理集装箱，货6道西侧建有货物仓库及高站台），2000年，有段管线5条，货运仓库12座，2780平方米；货物雨棚8座；货物装卸线7股道，装卸有效长 1614 米；装卸机械设备 10 台，其中 36 吨、20 吨门吊各 1 台。固定资产由 1996 年的 247.13 万元增加到 359.4 万元。

20 世纪 90 年代以后，该站旅客年发送量保持在 90 多万人，2000 年 108.5 万人；货物年发送量 1993 年 78.9 万吨，2000 年 39.3 万吨；年运输进款收入 5060 万元。

（五）醴陵站

醴陵站位于醴陵市国瓷南路，管辖醴陵东站，是广州铁路（集团）公司与南昌铁路局的分界站，办理客货运输业务的二等中间站。

该站建于 1903 年 6 月，是湖南省历史上第一个铁路车站。原为四等小站，20 世纪 70 年代修建湘东铁路（醴茶线）时，对站场进行改造、扩建，1974 年 4 月全部竣工。至 1978 年，有站线 7 股道（其中正线 1 股道，牵出线 2 股道），站房面积 1241 平方米，旅客站台 2 座，面积 5917 平方米。货场面积 2.64 万平方米，可堆放货物 2752 吨。该站 1981 年升为三等站，1985 年升为二等站。

1983 年 7 月—1995 年 12 月，建设株洲—老关双线的同时，建成醴陵新站，设到发线 2 条、旅客站台 2 座、站台雨棚 2 座，办理客运房屋总面积 3190 平方米；将老站改造为货运站，设到发线 4 条、货物线 3 条，在车站接轨的专用线 4 条。

醴陵站中心线里程为浙赣线 K901+646。是浙赣铁路与醴茶铁路和醴浏窄轨铁路的交汇点，担负着东往萍乡、西抵株洲、南至茶陵 3 个方向的客货运输、接发列车和调车作业任务。至 2000 年，该站站场设有到发线 4 股道，其中上下行正线 2 股道，办理客运业务房屋面积 3290 平方米，其中旅客候车室面积 908 平方米，含 100 平方米的简易候车室；行包房面积 200 平方米；旅客站台 2 座，雨棚 2 座（雨棚总面积 5066 平方米），地道 1 座，平交道口 2 个。

醴陵东站为货运站，位于醴陵市阳三石区，站中心线里程为浙赣线 K898+973，是醴茶线的起点站。站场到发线 6 股道，其中上下行正线 2 股道，货物线 5 股道，在站接轨的铁路专用线 4 条，配调车机车 1 台。1998 年以前货物仓库 6 座，建筑面积 2891 平方米，1999 年以后 8 座，建筑面积 3291 平方米；货物站台 1996 年前 1 座，建筑面积 270 平方米，1998 年后 2 座，建筑面积 400 平方米；货物装卸线 1996 年前有 2 股道，装卸有效长 515 米，1998 年后增加到 5 股道，有效长 750 米；1998 年后装卸机械增加到 10 台，其中 26 吨门吊 1 台，20 吨门吊 1 台，内燃叉车 1 台，电瓶叉车 4 台，装载机 3 台。固定资产从 1996 年的 200 万元增加到 320 万元。

进入 20 世纪 90 年代，该站旅客年发送逐年增加，1993 年 41.9 万人，2000 年 64.9 万人；年货物发送逐年减少，1993 年 55.4 万吨，2000 年 37.8 万吨；运输进款收入逐年上升，1993 年 2403 万元，2000 年 3207.20 万元。

（六）张家界站

张家界站位于张家界市东郊西溪坪。原为大庸北站，是焦柳线上的区段站，中心里程为 K959+869 处，1978 年建成。建站时设有到发线 3 股道，编组线 3 股道，原为客、货运三等站。1982 年 4 月 1 日，大庸南站划归该站管理。1989—1990 年，车站进行第一次站场改造，到发线由原来 6 股道增至 8 股道，编组存车线由原来的 3 股道增至 5 股道，接发列车由电锁器人工操作（扳道）改为 6502 型电气集中操作设备。该站距武陵源风景区 32 公里，武陵源属国家级森林公园，又是世界自然遗产，到此旅游观光的中外游客越来越多。1992 年大庸市更名为张家界市，3 月 1 日，大庸北站更名为张家界车站，大庸南站更名为大庸站。1993 年 7 月，张家界车站由三等站升为客、货运二等站。

优越的旅游环境给张家界市带来巨大的商机和变化，也给张家界车站带来巨大的变化。国家对张家界站基建改造投资逐年增加，客运车辆进入和始发增多，客运专列成倍增长。1992 年 7 月—1993 年 12 月 26 日，由铁道部第二勘察设计院设计、广铁工程总公司承建的新站房建成。新站房占地面积 8000 平方米，建筑面积 9527 平方米，主楼高 31 米，分 8 层，是一座设有售票大厅、大酒店、候车室和机关办公室的综合大楼。车站的设备得到改善，电气集中升级换代。至 2000 年，有正线 2 股道，到发线 7 股道，段管线 41 股道（包括张家界机务段段管线）。旅客候车室 1303 平方米；站台 2 座，总长 1000 米；雨棚 2 座，长 781 米；旅客地道 1 座，长 30 米；货场面积 14161 平方米。随着旅游业的发展，车站年旅客发送量逐年上升，1987 年为 38.8 万人，2000 年达到 115.22 万人；货物发送 20 世纪 80 年代末至 90 年代初较好，1992—1993 年超过 42 万吨，2000 年下降到 11.9 万吨；运输进款收入逐年提高，1987 年 405.1 万元，1990 年超过 1000 万元，2000 年 7168.5 万元。

三、三等站

至 2002 年，段管三等站 10 个。（一）临湘站：荣家湾车务段管辖的三等站；（二）汨罗站：荣家湾车务段管辖的三等站；（三）衡山站：衡山车务段管辖的三等站；（四）韶山站：娄底车务段管辖的三等站；（五）湘乡站：娄底车务段管辖的三等站；（六）涟源站：新化车务段管辖的三等站；（七）冷水江东站：新化车务段管辖的三等站；（八）低庄站：怀化车务段管辖的三等站；（九）邵东站：娄底车务段管辖的三等站；（十）吉首站：吉首车务段管辖的三等站。

第二篇

铁路运输

第一章　行车组织

第一节　列车运行图

一、列车运行图的编制

中华人民共和国成立前，没有列车运行图，只有列车运行时刻表，在区段实行。中华人民共和国成立后，废除区段行车制，实行全国统一的直达列车运行图。运行图由铁道部组织编制，以此作为铁路运输的综合性计划和组织行车的基础。调度行车以运行图为依据，直接与行车有关的单位，均按运行图的要求组织本部门的工作，确保按图行车。

1950 年，铁道部组织各铁路局在北京编制第一份全国铁路统一的、各线相互衔接贯通的客货列车运行图。自此，全路每年编图两次，不久后，改为夏季编图，冬季调整。运行图规定以北京时间为标准，确定客货列车统一车次，以开往北京方向的列车为上行，车次为双数；由北京开往各地方向的为下行，车次为单数。1953 年，列车运行图第一次与列车编组计划相结合。以后的列车运行图编制是根据不同情况，或增加列车对数，或考虑运量增长的需要，规定行车量和货物列车车次，规定列车旅行速度、机车日车公里和货物列车牵引定数。但由于区间通过能力、编组站、区段站能力已接近或达到饱和等原因，编制的列车运行图往往得不到落实，列车运行秩序和货物列车正点率受到影响。1975 年整顿全国铁路运输工作，各铁路局集中在铁道部编制了一次运行图。

1978年后，铁道部根据客货运量迅速增长的实际，重新制定列车运行图的编制规则，规定每两年编制一次全国铁路列车运行图。进入20世纪80年代后，国民经济发展迅速，铁路运量激增而运能不足的矛盾日益突出。京广线南段的列车对数已不能按运量编制，只能按能力“铺满”，编制“饱和”运行图。1983年开始铺划超过限制区间使用能力和最大能力运行图。其中，衡广段铺超使用能力3%至10%，浙赣线铺超最大能力10%，湘桂线铺划使用能力100%。1986年先后4次调图，衡阳至广州单线区段图定货车达49.5对，平均每14.5分钟就有一列车通过，是全国铁路行车密度最大的单线区段之一。1988年底，衡广复线建成开通，郴韶铁路电气化投产，机车交路、行车设备和运输组织方法均有较大变化，是年新编了衡广复线列车运行图，此次统一了蒲圻至广州北间货物列车牵引定数，结束货物列车在郴州至坪石间使用补机的历史。1989年调整了京广线南段列车运行图及对衡广线局部调图，调整了湘黔线和焦柳线南段列车运行图。1991年广州铁路局分4次调整列车运行图，次年进行局部调图。1993年4月1日，全国铁路实行新编制的列车运行图，增加了客货列车对数，提高了货物列车牵引定数和普超吨数。1996年10月1日，全国铁路调整列车运行图。1997年4月1日至2001年10月21日，全国铁路实施4次提速大调图。2002年，为确保京广线大修施工任务按时完成，以及焦柳线线路整治、设备维修施工，分别编制了京广线长沙铁路总公司管内施工分号图、怀化铁路总公司管内焦柳线施工分号图。每一次提速调图，铁路运输组织工作得到进一步加强。

二、1978—2000年湖南省境内国铁列车运行图主要指标调整情况

1978—2000年，省内国铁客货列车年开行的对数和货物牵引

表 5　1978—2000 年部分年份湖南省境内国铁客货列车、牵引定数调整表

<table>
<tr><th colspan="2" rowspan="2">客、货车对数、牵引定数线路、区段、年份</th><th colspan="7">旅客列车(年/对)</th><th colspan="7">货物列车(年/对)</th><th colspan="7">货物牵引定数(年/吨)</th></tr>
<tr><th>1978</th><th>1988</th><th>1991</th><th>1993</th><th>1997</th><th>1999</th><th>2000</th><th>1978</th><th>1988</th><th>1991</th><th>1993</th><th>1997</th><th>1999</th><th>2000</th><th>1978</th><th>1988</th><th>1991</th><th>1993</th><th>1997</th><th>1999</th><th>2000</th></tr>
<tr><td rowspan="14">京广线</td><td rowspan="2">蒲圻—岳阳北</td><td rowspan="2">9</td><td rowspan="2">16</td><td rowspan="2">18</td><td rowspan="2">19</td><td rowspan="2">23</td><td rowspan="2">32</td><td rowspan="2">34</td><td rowspan="2">35</td><td rowspan="2">46</td><td rowspan="2">50</td><td rowspan="2">52</td><td rowspan="2">58</td><td rowspan="2">40</td><td rowspan="2">41</td><td rowspan="2"></td><td rowspan="2">3500</td><td>3400</td><td>3400</td><td>3400</td><td>3500</td><td>3500</td></tr>
<tr><td>3500</td><td>3500</td><td>3500</td><td>3600</td><td>3600</td></tr>
<tr><td rowspan="2">岳阳北—株洲北</td><td>9</td><td rowspan="2">21</td><td rowspan="2">31</td><td rowspan="2">31</td><td rowspan="2">28</td><td rowspan="2">32</td><td rowspan="2">56</td><td>37</td><td rowspan="2">48</td><td rowspan="2">51</td><td rowspan="2">56</td><td rowspan="2">61</td><td rowspan="2">40</td><td rowspan="2">51</td><td rowspan="2"></td><td>3300</td><td>3400</td><td>3400</td><td>3400</td><td>3500</td><td>3500</td></tr>
<tr><td>11</td><td>40</td><td>3000</td><td>3500</td><td>3500</td><td>3500</td><td>3600</td><td>3600</td></tr>
<tr><td rowspan="2">株洲北—(衡阳)</td><td rowspan="2">11</td><td rowspan="2">20</td><td rowspan="2">27</td><td rowspan="2">29</td><td rowspan="2">42</td><td rowspan="2">60</td><td rowspan="2">63</td><td rowspan="2">37</td><td rowspan="2">42</td><td rowspan="2">52</td><td rowspan="2">58</td><td rowspan="2">59</td><td rowspan="2">40</td><td rowspan="2">45</td><td rowspan="2"></td><td rowspan="2">3300</td><td>3400</td><td>3400</td><td>3400</td><td>3500</td><td>3500</td></tr>
<tr><td>3500</td><td>3500</td><td>3500</td><td>3600</td><td>3600</td></tr>
<tr><td rowspan="2">株洲北—衡阳北</td><td rowspan="2">18</td><td rowspan="2"></td><td rowspan="2">27</td><td rowspan="2">29</td><td rowspan="2">42</td><td rowspan="2">60</td><td rowspan="2">63</td><td rowspan="2">40</td><td rowspan="2"></td><td rowspan="2">52</td><td rowspan="2">58</td><td rowspan="2">59</td><td rowspan="2">40</td><td rowspan="2">45</td><td rowspan="2"></td><td>3400</td><td>3400</td><td>3400</td><td>3400</td><td>3500</td><td>3500</td></tr>
<tr><td>3500</td><td>3500</td><td>3500</td><td>3500</td><td>3600</td><td>3600</td></tr>
<tr><td rowspan="2">(衡阳)—郴州</td><td rowspan="2">11</td><td rowspan="2">15</td><td rowspan="2">23</td><td rowspan="2">26</td><td rowspan="2">37</td><td rowspan="2">49</td><td rowspan="2">53</td><td rowspan="2">35</td><td rowspan="2">40</td><td rowspan="2"></td><td rowspan="2"></td><td rowspan="2">55</td><td rowspan="2">40</td><td rowspan="2">45</td><td rowspan="2"></td><td>2400</td><td>3400</td><td>3400</td><td>3400</td><td>3500</td><td>3500</td></tr>
<tr><td>2700</td><td>3500</td><td>3500</td><td>3500</td><td>3600</td><td>3600</td></tr>
<tr><td rowspan="2">衡阳北—郴州</td><td rowspan="2">11</td><td rowspan="2">15</td><td rowspan="2">23</td><td rowspan="2">26</td><td rowspan="2">37</td><td rowspan="2">49</td><td rowspan="2">53</td><td rowspan="2">35</td><td rowspan="2"></td><td rowspan="2">46</td><td rowspan="2">54</td><td rowspan="2">55</td><td rowspan="2">40</td><td rowspan="2">43</td><td rowspan="2"></td><td>3400</td><td>3400</td><td>3400</td><td>3400</td><td>3500</td><td>3500</td></tr>
<tr><td>3500</td><td>3500</td><td>3500</td><td>3500</td><td>3600</td><td>3600</td></tr>
<tr><td rowspan="2">郴州—坪石</td><td rowspan="2">11</td><td rowspan="2">12</td><td rowspan="2">21</td><td rowspan="2">25</td><td rowspan="2">36</td><td rowspan="2">46</td><td rowspan="2">50</td><td rowspan="2"></td><td>31</td><td rowspan="2">40</td><td rowspan="2">46</td><td rowspan="2">52</td><td rowspan="2">40</td><td rowspan="2">42</td><td rowspan="2"></td><td>2400</td><td>3400</td><td>3400</td><td>3400</td><td>3500</td><td>3500</td></tr>
<tr><td>30</td><td>2700</td><td>3500</td><td>3500</td><td>3500</td><td>3600</td><td>3600</td></tr>
</table>

续表

客、货车对数、牵引定数线路、区段、年份		旅客列车(年/对)							货物列车(年/对)							货物牵引定数(年/吨)						
		1978	1988	1991	1993	1997	1999	2000	1978	1988	1991	1993	1997	1999	2000	1978	1988	1991	1993	1997	1999	2000
湘黔线	株洲北—娄底	10	11	12	14	15	22	25	19	22	21	21	24	21	29		2500 2300 双3500	2500 2300 双3500	2500 2300 双3500	2500 2300 双3500	2500 2300 双3500	2500 2300 双3500
	娄底—低庄	6	8	9	9	12	16	19	19	22	20	20	22	21	21	1200	1200	1700	3000	3800	3800	4000
	低庄—怀化南	5	8	9	9	12	16	19	15	21	20	5	22	21	21	1200	1200	1700	3000	3800	3800	4000
	怀化南—玉屏	4	6	6	6	8	10	14	12	22	22	4	22	21	21	1200	1200	1800	3400	3800	3800	4000
焦柳线	西斋—(大庸北)		2	2	3	3	5	9		11	11	14	15	16	16		1500	1500	2800	3000	3000	3000
	张家界—怀化南		3	4	5	6	7			15	18	25	25	25	25		1500	1500	1500	1550	1550	1550
	怀化南—牙屯堡		2	2	2	2	4	5		18	15	21	23	23	23		1800	1800	2700	3000	3000	3000
浙赣线	株洲北—醴陵	9	12	13	17	19	23	25	21	26	26	21	30	35	35		2700	2700	2700	2700	3300	3300
	醴陵—茶陵	1	1	1	1			2	2	3	3	3			3		2000	2000	2200	2200	3300	3300

续表

客、货车对数、牵引定数线路、区段、年份		旅客列车(年/对)							货物列车(年/对)							货物牵引定数(年/吨)						
		1978	1988	1991	1993	1997	1999	2000	1978	1988	1991	1993	1997	1999	2000	1978	1988	1991	1993	1997	1999	2000
湘桂线	(衡阳)—冷水滩		10	10	11	12	14	14		25		19	21	19	19		2100 2300	2100 2300	2100 2300	2100 2300	2700	2700
	衡阳北—冷水滩		10	10	11	12	14	14			25	19	21	19	19		2100 2300	2100 2300	2100 2300	2100 2300	2700	2700
娄邵线	娄底—邵阳	2		4	3				8	7	7	7			7		2400 1400	2400 1400	2400 1400	2400 1400	2400 1400	2400 1400
石长线	张家界怀化—广州/无锡						2	3														
	常德益阳—广州						2	3														
	石门—株洲长沙													4	6						3000	3000

定数都有较大的调整（表5）。以京广线为例，1978年旅客列车年开行82对，2000年达到372对；1978年货物列车年开行222对，2000年达到312对；京广线各区段货物牵引定数，1988年保持年2400—3500吨，2000年达到3500—3600吨。

三、提速调图

（一）全路第一次提速调图

1997年4月1日，全国铁路第一次提速大调图。新图贯彻“挖潜、提效、扩能”方针，湖南境内蒲圻、醴陵东、永州、大龙、西斋、牙屯堡、坪石7个分界口比1993年增加客车24对、货车32对。新图提高了客货车运行速度。客车最高时速63.3公里，比1993年图提高3.3公里，旅行速度55.1公里/小时，比1993年图提高5.1公里；货车最高时速45.6公里，比1993年图提高1.7公里，旅行速度30.5公里/小时，比1993年图提高1.3公里。

长沙铁路总公司管内共开行旅客列车73对，其中过境旅客列车39对（特快17对、直快22对），始发旅客列车34对（特快11对、快客16对、普客7对），还有资许线三都至京广线白石渡交通车1对。以长沙为支点的夕发朝至旅客列车3对——长沙至深圳、岳阳（长沙）至深圳西、长沙至惠州。

怀化铁路总公司增开列车对数，百亩井口旅客列车增至15对，并开行行包专列1对；增开怀化至武昌直通快车1对；将怀化至柳州直通旅客快车北延至张家界、南延至湛江。湘黔线全线电气化开通各区段双机牵引吨位提至3800吨。焦柳线全线改为内燃机车牵引，西斋口、牙屯堡口牵引吨位提至3000吨。

（二）全路第二次提速调图

1998年10月1日，全国铁路第二次大提速。按照铁道部规划“京广线以客运为主，货运为辅；京九线以货运为主，客运为辅”的分工原则，把增开快速旅客列车、夕发朝至旅客列车和行包快运专列作为运输新产品纳入列车运行图。湖南境内蒲圻、醴陵东、永州、大龙、西斋、牙屯堡、坪石 7 个分界口开行旅客列车 98 对，行包专列 8 对，货物列车 192 对。新图旅速 29. 5 公里/小时，比 1997 年图下降 1 公里/小时；最高时速 45. 2 公里，比 1997 年图下降 0. 3 公里。

长沙铁路总公司管内京广线蒲圻口增加 6 对客车，2 对行包专列，减少 18 对货车；株衡间增开 10 对客车，2 对行包专列，减少 12 对货车。共开行旅客列车 81 对。其中接外局快速列车 7 对，特快 14 对，直快 25. 5 对，共 46. 5 对；接怀化铁路总公司管内特快旅客列车 1 对，管内旅客列车 1 对，共 2 对；始发快速旅客列车 1 对，特快 2 对，直快 5. 5 对，管内特快 10 对，快车 7 对，客车 7 对，共 32. 5 对。压缩旅客列车技术标准，规定换挂机车、客列检作业时间 8 分钟；特快到站停车 2 分钟，直快停车 3 至 4 分钟。长沙至北京 1/2 次快速客车运行时间为 15 小时 57 分，比 1979 年运行图减少 3 小时 23 分。

为缓解株衡间运能与运量的矛盾，每日组织开行牵引 5000 吨重载列车 2 对，大列 5 对，牵引定数为 4000 吨。成都至大朗行包专列在娄底、株洲北站加挂货车。

怀化铁路总公司管内主要围绕石长铁路的正式开通运营和襄石复线开通使用做出相应的调整。石门县北口图定客车 1 对、货车 4 对。

石长线原来开行的长沙至石门县区段的 617/8 次调整为长沙至张家界。

1999 年，随着湘黔线电气化铁路开通，线路允许速度提高到每小时 90 公里，全部用 SS3 型电力机车牵引，启用娄底站东西客车联络线及株洲枢纽客车疏解线（湘黔上行客车自十里冲进入株洲北站下行系统到达场经客 A 线、田心至株洲）。

为了发挥石长线的投资效益和在路网中的整体作用，开办直通货物分流运输，1999年1月1日，调整焦柳、石长和京广线列车运行图。调图后，怀化铁路总公司的西斋口增加货车3对，石门县北口增加货车7对。10月1日，为开行怀化至无锡的直通客车，管内实施微调运行图。

石长铁路公司1999年的春运图，增加3对临客，其中石长线常德、益阳至广州各1对，张家界至广州1对；石门县北至石门县南间增加4对小运转，牵引定数3000吨。石门县北口3对摘挂列车改为直通货物列车。石门南至长沙东间增加1对摘挂列车。1999年10月10日，图定旅客列车4对，临客1对；线路允许速度从开通运营时的60公里/小时提高到85公里/小时。怀化至无锡间的临客改为图定旅客列车。常德至广州间的213/4次延长为临澧至广州。

（三）全路第三次提速调图

2000年10月21日，全国铁路实施第三次大提速调图。旅客列车分为3个等级，即特快旅客列车（原快速旅客列车），只在技术作业站停车；快速旅客列车（原特快旅客列车），在省会、直辖市、铁路局所在地、技术作业站和旅游城市停车。根据单程运行距离每50—80公里停1站，两站间距离不得小于20公里；普通旅客列车（原普通旅客快车和普通旅客慢车）。客车车次由3位数晋升为4位数，货物列车车次由4位数晋升为5位数。新图客车最高时速75.6公里，旅行速度66.7公里/小时；货车最高时速47.9公里，旅行速度29.8公里/小时。

长沙铁路总公司新图增开哈尔滨至广州东（经蒲圻口）1对，襄樊至广州东直快（经石长线）1对。增开大朗至天津（经坪石口）行包专列1对，萧山至金马村（经湘黔线）行包专列1对。长沙至上海快客全程运行时间15小时59分，比原图压缩3小时37分。

怀化铁路总公司各分界口共增加客车2对、货车8对；怀化至石门县北间客车压缩运行时间，减少车底，节约运输成本；湘黔线双机牵引吨位提至4000吨；张家界至怀化南实行不成对（上行32列，下行35列）列车运行图。

石长铁路公司图定旅客列车6对，线路允许速度提高到110公里/小时。旅客列车增加2对；货物列车枝江至益阳增加1对摘挂列车，益阳至株洲北增加2对直通列车。

第二节　运输通过能力

1966—1978年间，湖南省境内国铁相继贯通湘黔全线，新建枝柳线、韶山线和醴茶线，正线铺轨1470多公里，年均建路110多公里，是湖南建成铁路最多的时期。但是仍然跟不上国民经济发展的需要，铁路运输长期存在着运能与运量不适应的矛盾，铁路区间通过能力全面饱和。就京广线衡阳至广州区段96个中间站中，两股道的车站就有42个，无货物线或利用到发线装卸车的车站多达64个，54个车站的信号仍然使用落后的臂板信号机。主要编组站先天不足，到发线编解能力严重不足，主要货运量集中地区的货场消化能力明显不足。通过能力紧张，进入广东省的物资只能满足40%的需要，全国各地客流货源通过湖南省南下广东的唯一通道坪石口，成为铁路运输的"卡脖子"区段。

从1986年衡广复线建设进入"三年决战"以后，铁路部门大力进行线路和设备改造，进行牵引动力的改革和升级，采用先进的行车组织方法，挖潜扩能，提高线路容许速度，运输通过能力有了相应的提高。

一、线路质量提高

（一）重型钢轨

1975—1978年，省内国铁各区段货流密度京广线蒲圻至衡阳段年平均达2598.1万吨，衡阳至坪石段1618.9万吨；浙赣线醴陵至株洲1056.1万吨；湘黔线株洲北至娄底697万吨；娄邵线158.9万吨；醴茶线醴陵至清潞41.6万吨。为了适应货运量增大的需要，各线路钢轨逐步走向重型化。每米50公斤的钢轨，京广线一线达92.2%，二线达89.5%；每米40公斤以下钢轨，仅娄邵线尚存10.8公里。线路容许速度也有了较大提高。京广线蒲圻至衡阳平均达90公里/小时；浙赣线醴陵至株洲75公里/小时；湘黔线株洲至湘乡90公里/小时，湘乡至怀化70公里/小时；韶山线向韶至韶山90公里/小时；娄邵线50公里/小时；醴茶线60公里/小时。

1981年，京广线、湘黔线每米42公斤以下的钢轨均从正线换下，开始更换每米60公斤重型钢轨。至1987年，京广线一线每米50公斤以上的钢轨延展长度已达954.6公里，二线已达692.1公里；湘黔一线达453.1公里，二线15.4公里。除韶山线、娄邵线外，其他线路也以每米50公斤的钢轨为主。境内线路质量有了很大提高。是年，京广线蒲圻至衡阳间的货运密度已超过5000万吨，衡阳至坪石达3434.2万吨；浙赣线醴陵至株洲北2405.7万吨；湘黔线株洲北至娄底2415.7万吨；湘桂线衡阳至冷水滩2100.3万吨。是年4月，线路容许速度京广线蒲圻至衡阳提高到110公里/小时，浙赣线五里墩至株洲提高到85公里/小时；湘黔线田心至娄底提高到90公里/小时，娄底至怀化提高到80公里/小时；湘桂线普遍为90公里/小时；娄韶线提高到65公里/小时；醴茶线提高到80公里/小时。

（二）提速道岔

1997年以后，货流密度京广线蒲圻至衡阳平均已达6603.1万吨，衡阳至坪石5777.9万吨；湘黔线株洲北至娄底2976.1万吨，娄底至新化2087.1万吨；湘桂线衡阳至永州2032.6万吨；娄邵线342万吨；醴茶线118.1万吨。为了缓解线路紧张的运输能力，通过更换提速道岔，提高线路容许速度。就京广线，25个车站的正线243组普通P60道岔，都更换成提速道岔，容许速度普遍提高，京广线蒲圻至衡阳达120公里/小时，衡阳至坪石达102公里/小时；浙赣线85公里/小时；湘黔线达90公里/小时；湘桂线平均达到85公里/小时；焦柳线100公里/小时。

截至2000年，省内国铁正线已全部为每米60公斤的重轨。京广正线已更换提速道岔646组，道床由石灰石道砟更换为国家标准的花岗岩道砟。线路容许速度京广线蒲圻至衡阳已达133公里/小时，衡阳至坪石达115公里/小时；湘黔线平均达97.5公里/小时；焦柳线100公里/小时；湘桂线87.5公里/小时；浙赣线90公里/小时；娄邵线65公里/小时；醴茶线70公里/小时。

石长线1998年10月1日开通运营线路容许速度为60公里/小时，1999年提高到85公里/小时，2000年10月，又提高到110公里/小时。

二、牵引动力改革

随着国民经济的发展和机车国产化的提高，1972年，铁道部提出“首都和沿海干线客运内燃化”的设想，按照“先客后货、先快后慢”的原则，1977年，湖南省内国铁的主要干线全部实现牵引内燃化。到20世纪70年代末，湖南省境内铁路客运机车全部实现内燃化，货运机车内燃牵引占80.5%，专调机车内燃牵引为47.3%，内燃、电力机车台数比“六五”期间增加82.3%，居于全国铁路前列。

1983年4月，铁道部颁布《铁路主要技术政策》，积极进行铁路牵引动力的改革，要求用牵引性能更好、热效率更高的电力、内燃机车逐步取代蒸汽机车，并逐步达到以电力机车牵引为主。到“七五”期间（1986—1990年），牵引动力的改革速度明显加快。1973年，怀化机务段成立，1983年，枝柳铁路交付怀化铁路分局临管，设大庸机务段（后改为张家界机务段）。至

1992 年，广州铁路局共有机务段 11 个，湖南省境内有 8 个，其中株洲、长沙、怀化、大庸为内燃机务段，郴州、衡阳、岳阳、娄底为蒸汽机务段。到 2000 年，8 个机务段全部实现内燃化，怀化机务段实现以电力机车牵引为主。

三、客货车辆升级

（一）客车

中华人民共和国成立后，客车实行固定配属，列为铁路局的固定资产。20 世纪五六十年代，铁道部配属给广州铁路局的客车有 21 型全钢车、22 型全钢车。随着各式新型客车配属数量的增加，20 世纪 80 年代中期，简易客车、代用客车、旧杂客车淘汰完毕，仅在春运高峰期以棚代车作加开临客用。1985—1986 年，长沙—北京、上海、广州以及长沙铁路分局管内配属 22 型单元空调软卧车。1989—1990 年，长沙—广州配属 18 辆 25 型干线空调列车，此型客车全封闭式，有制冷、取暖系统，从隔日开行至每日开行。1994 年，长沙—北京特快列车全部改用新配属的集中空调车。1996 年，长沙—上海快速列车配属新造的 25G 型集中供电空调客车。1997 年，长沙—深圳配属 25 型双层客车。1998 年 9 月，长沙—北京配属 25K 型快速空调客车。该车型是 25 型客车的新一代，无论结构、性能、材料、技艺、工艺诸方面均优于 25G 型，1975—2003 年，长沙铁路总公司（分局）配属的客车从 285 辆增加到 1411 辆。1978—2003 年，怀化铁路总公司（分局）配属的客车从 104 辆增加到 624 辆。其中，软卧车从 1990 年的 8 辆增加到 34 辆。

（二）货车

20 世纪 50 年代末 60 年代初，逐步生产 50 吨和 60 吨棚车、敞车、平车，构造速度每小时 100 公里，也有少部分车构造速度为每小时 85 公里、90 公里。1982 年起，40 吨以下货车被禁止在京广线运行，小吨位货车只准在次要铁路线上运行。20 世纪 90

年代主要干线均为 50 吨、60 吨及以上货车。2000 年货车净载重要求达到 58.4 吨。

20 世纪 70 年代起，新型货车由滑动轴承逐步改为滚动轴承。至 2000 年，货车全部改为滚动轴承，为提高列车运行速度及机车牵引力创造了条件。

1992 年，广州铁路局货车配属 780 辆。货车日均运用保有量 2400 多辆。2000 年，广铁集团公司配属 P65 型行包快运列车专用货车 1061 辆，X1K 型集装箱专列货车 163 辆，机械保温车 544 辆。

四、通信、信号设备改善

（一）通信

20 世纪 70、80 年代，蒲（圻）衡（阳）长途通信架空明线改为地下电缆，衡广复线工程中对有关的通信站选址重建或在原地扩建。自从 1973 年、1974 年完成架空明线交叉改组任务后，长沙至株洲间开通 9 个 12 路载波机，广州至衡阳开通 7 个 12 路载波机。铁路通信架空明线复用率逐年上升。至 1978 年前，广州至衡阳、广州至株洲间使用进口东德 2 对 Z-8V、16 型路载波机；北京至长沙采用一对 BSOJ-12 型 12 路载波机；长沙至衡阳间采用一对国产 59 型 12 路载波机。长沙载波室成为当时长沙铁路分局通信枢纽和中南区铁路通信分枢纽。1985 年开始采用高 12 路载波机，1987 年又采用超 24 路载波机。载波机械也由过去的真空管改为晶体管式，不仅体积小，质量也提高了。是年，一对架空明线上最多的载波电路达到 51 路。至 1987 年末，广州通信枢纽京广方向架空明线从新中国成立时的一铜三铁达到六铜六铁，载波电路从 4 路增加到 138 路，增加 33.5 倍。湘黔、焦柳、湘桂、娄韶、醴茶、韶山等铁路都从没有铜线架空明线与载波发展到有载波电路。

湘黔铁路新化至低庄 100 公里，横越雪峰山，1980 年提前大修，改为 HQZL-22 型 4 管小同轴大综合长途通信电缆，1984 年 6 月投入使用。衡广复线工程中，通信增设 17×4×0.9 长途对称电缆 1 条，560 公里，1987 年 2 月开工，1988 年 11 月 20 日投入使用。引进瑞典 PCM 长途通信传输设备，初期分区段开通长途数字通道电路 153 至 181 路。蒲圻至衡阳间架空明线改地下电缆大修工程，采用小同轴综合长途电缆全长 430 公里，蒲株段 1989 年 1 月 30 日、株衡段 2 月 1 日分别投入使用，初期开通长途通信传输通道载波电路 300 路。自地下电缆投入使用后，长途通信架空明线电线路即予撤除，铁路长途通信由模拟通道跃入数字通道，结束了依靠架空明线传输的历史。蒲圻至广州 920 公里电缆线路维护，1991 年引进意大利尼柯德拉公司电缆微机气压监测系统，1992 年完成投入使用，使电缆维护管理迈上新台阶。

20 世纪 80 年代末和 90 年代，正是复线电气化改造建设时期。随着铁路建设高潮，通信设备完成了一个新的历史变革。数字通信代替了模拟通信，通信电缆（光缆、光电综合缆等）取代了架空明线，程控数字电话淘汰了纵横、步进制电话，形成了大容量、多通道、多业务、可靠性高的综合通信网。1988 年 6 月 26 日，衡阳至广州 480 路数字微波通信系统 482 公里投入使用。其中干线 451.4 公里。微波设备及天馈线引进意大利 GTE 公司，铁塔由 6904 工厂制作。衡广全线设微波站 18 处。1992 年 9 月，480 路数字微波通信传输通道延续至长沙投入使用。至此，广州至长沙的长途通信传输通道既有空中 480 路数字微波，又有地下电缆 PCM 传输设备，组成立体传输互为备用，又各有分工的双重通信保障系统。怀化至贵阳小同轴综合电缆和 300 路电缆载波系统、怀化、新化、张家界程控电话交换系统、怀化至株洲 1920 路 SDH-155 数字微波系统、怀化至株洲数模电缆 PCM 系统、怀化至张家界光电综合电缆同步接入网系统也相继建成使用。

在铁路专用通信方面，1980 年，普报更新为传真机，后逐步增设电报交换机。至1991年，广州铁路局初具自动化程度的普报网，随后安装使用ISDX程控传真电报交换机，形成铁道部至铁路局、分局的传真网。1992年底，调度、客运、车辆、机务、工务、运输等30多个单位接入ISDX网。

1978年2月，京广线正式开通使用无线列调，用于列车调度员、车站值班员、机车乘务员三角沟通。6月，湘桂线开通使用。1985年，开通湘黔线株洲至低庄、娄韶线；1986年1月，开通浙赣、醴茶、资许线。1989年，开通湘黔线低庄至怀化区段。2000年，完成焦柳线张家界以北400兆无线列调设备的更新改造，并与襄石线无线列调同步开通，保证郑州局机车以及石长线机车无线列调电台的正常通信。从1987年起，境内二等以上的大站，都使用上“带指令表示灯”400兆赫站场平面调车无线系统。1990年，15/16、49/50次列车上，开始使用无绳电话，郴州、衡阳、株洲、长沙等大站都安装无绳电话主机。至2000年，广铁集团公司拥有机车无线电台2912台，车站无线电台947台，手持无线电台857台。

（二）信号

铁路信号设备（包括车站信号、连锁、机区间闭塞设备）经历了“三年恢复和‘一五’‘二五’计划时期加强”“60年代中期开始的半自动闭塞”与“80年代中开始的成段电气集中、自动闭塞”3个发展阶段。

20世纪70年代末，广州铁路局管内原来的钥匙连锁、连锁箱连锁全部更新为电锁器连锁。京广线蒲衡段、湘黔、焦柳、韶山、醴茶等铁路分别在复线工程或新线工程中，同时启用半自动闭塞。1978年，长沙铁路分局管内各区间全部安装上半自动闭塞，淘汰了使用多年的电气路签。

20世纪80年代初，省内国铁开始有计划按铁路线别成段建设电气集中。1987年11月，蒲圻至衡阳信号设备更新改造为电气集中、自动闭塞投入使用；1988 年 11 月，郴州至韶关电气集中、自动闭塞投入使用；1989 年 6 月，衡阳至郴州电气集中、自动闭塞投入使用；1991 年，湘桂铁路朱家堰至冷水滩电气集中全部竣工投产；1990 年 7 月，焦柳铁路怀化至大庸电气集中投产；1996 年，完成焦柳线 13 个站电气集中；1997 年，湘黔线全线改造为电气化集中。1998 年，浙赣线和湘黔复线移频自动闭塞开通。京广、湘黔、浙赣线移频自动闭塞开通后，在机车上安装接近报警及自动停车装置。1997 年开始，在电气集中站改用微机，至 2000 年，京广线、湘黔线移频自动闭塞改为 18 信息移频自动闭塞。京广线 18 信息移频自动闭塞达 614. 506 公里，电气集中站场 76 个，其中微机连锁站场 68 个。蒲圻至郴州间各站的列车追踪间隔由 8 分钟改为 7 分钟，平行运行图通过能力达 192 对，比旧图增加 25 对。石长线 1998 年 10 月开通以来，全线采用单线半自动闭塞、6502 大站电气集中联锁方式。信号设施的改善，提高了列车通过能力。2000 年，完成焦柳线石门北电气集中。

五、推广运用列车尾部安全监控装置

按照铁道部要求，铁路运输到 2000 年要实现“三甩”（甩信号灯旗、甩守车、甩铁鞋制动）的目标。1998 年，省内国铁运输部门加快列车尾部安全监控装置的推广运用，在石门南—长沙西间安装使用的基础上，又相继对湘桂铁路衡北—永州间、湘黔铁路株北—娄底间的列尾装置设备安装到位调试，为取消守车和运转车长提供了硬件条件。2000 年，株洲—怀化南、怀化南—张家界两个区段取消守车，使用列尾装置，到年底省内国铁管内单线半自动闭塞区段（醴茶、娄邵、资许支线除外）全部使用列尾装置代替守车。“三甩”目标的实现，使铁路进一步挖潜扩能，提高运输通过能力。

六、优化运输组织

1986 年以后，湖南省国铁不仅在线路质量、牵引动力、客货车辆、通信、信号等硬件方面下功夫改善，还在运输组织软件方面着力：

（一）增加列车对数。表 6 表明，到 2000 年，湖南境内国铁年旅客列车对数京广线增加到 372 对，湘黔线增加到 77 对；年货运列车京广线增加到 312 对，湘黔线增加到 88 对。

（二）增加列车长度。1982 年，仅衡广区间，7 个车站延长到发线有效长度，列车换长由 52 提高到 54，年接运能力增加 50 万吨。1984—1985 年，京广线蒲圻口至衡阳间列车换长由 65 增加到 68，每列车可多编 2 辆。1986 年，衡广段列车换长由 54 增加到 57，坪石口接运能力增加 80 万吨。湘黔线娄底至怀化间提高延长金竹山、低庄等站到发线有效长度，保证内燃机车双机牵引列车定编 60 外，其余列车换长统一由 45 增加到 50。

（三）提高列车重量。表 6 表明，到 2000 年，湖南境内国铁货物列车年牵引定数京广线已达 3500 万吨，湘黔线娄底到玉屏增加到 4000 万吨。

（四）提高编组站通过能力和改编能力。组织始发直达列车、调整编组站分工，对主要编组站进行技术改造、挖潜扩能和运输组织改革等措施，运输能力有明显提高。衡广复线开通后，坪石口运输通过能力紧张的状况得到逐步缓和。1987 年，该口完成接运量 1803 万吨，比 1986 年增加 112 万吨。1992 年，该口日均接运重车 1806. 7 辆；至 2000 年，日均接运重车 1740. 6 辆。

附 2000 年湖南省境内国铁区间通过能力汇总表（表 6）。

表 6　2000 年湖南省境内国铁区间通过能力汇总表

顺序	线路区段		区段距离（公里）	单线或双线	限制坡度‰	线路允许速度（公里/小时）	行车闭塞法	货运机型	货物列车牵引定数	列车换长（米）	限制区间	固定客货列车对数			运行图周期	平行图通过能力	非平行运行图货物列车通过能力
												客车	行包	货车	T 周		计算能力
1	京广线	蒲圻—岳阳北	85.1	双线	6	130	自动	DF4	3500/3600	70	云溪—岳阳北	34	2	41	8	180	107.5/104.5
2	京广线	岳阳北—株洲北	194.7	双线	8.2/9.4	120	自动	DF4	3500/3600	70	长沙东—新开铺	56	2	51	8	180	99/96.5
3	京广线	株洲北—衡阳北	131	双线	7.8/7.4	100	自动	DF4	3500/3600	70	米河—新霞流	63	2	45	8	180	54/88
4	京广线	衡阳北—郴州	153.1	双线	6	100/85	自动	DF4	3500/3600	70	衡北到达场—耒河	53	4	43	8	180	76.5/74
5	京广线	郴州—坪石	64.8	双线	6	85	自动	DF4	3500/3600	70	郴州—槐树下	50	4	42	8	170	66/66.2
6	浙赣线	株洲北—醴陵	54	单线	11.9/11.2	85	自动	DF4	3300	70	五里墩—姚家坝	25	1	35	8	180	117
7	湘桂线	衡阳北—冷水滩	151.7	单线	13.6/12.7	90	半自动	DF4	2700	52	祁东—大村甸	14	1	19	30	48	58.5

续表

顺序	线路区段		区段距离（公里）	单线或双线	限制坡度‰	线路允许速度（公里/小时）	行车闭塞法	货运机型	货物列车牵引定数	列车换长（米）	限制区间	固定客货列车对数			运行图周期	平行图通过能力	非平行运行图货物列车通过能力
												客车	行包	货车	T周		计算能力
8	湘黔线	株洲北—娄底	123.9	单线	10.8/11.9	90	半自动	SS3	4000	69	湘潭东—胜昔桥	23	2	30	38	37.8	58/64
9	湘黔线	娄底—低庄	193.2	单/双	12	85-100	半自动	SS3 双	4000	69	新化—金滩	19		21	27	51.1	24.5
10	湘黔线	低庄—怀化南	124.8	单/双	12	90-100	半自动	SS3 双	4000	69	火马塘—花桥	19		21	30	60	19.5
11	湘黔线	怀化南—玉屏	121.1	单	12	90-100	半自动	SS1 双	4000	69	冷水铺—新店坪	14		21	35	39.4	20
12	焦柳线	西斋—大庸北	165.5	单	5	100-110	半自动	DF4	3000	52	苗市—慈利	9		16	52	27.6	17
13	焦柳线	大庸北—怀化南	235.6	单	12	100	半自动	DF4	1550	52	永茂—官坝			25	38	37.8	24.5
14	焦柳线	怀化南—牙屯堡	178.6	单	5	100	半自动	DF4	3000	52	流坪—江口	5		23	40	36	28.5
15	娄邵线	娄底—邵阳	97.8	单	8.4/12.0	65	半自动	DF4	2550/1550	45	金星铺—廉桥	4		7	44	32	21.6

第三节 运输方案和列车编组计划

一、运输方案

运输计划是国民经济计划的重要组成部分之一。

铁路计划的研制和执行经历了 4 个时期。中华人民共和国成立初期，实行的月、旬、日计划时期。货主要车计划要提前 1 个月，每月 10 日前提交。1956 年 7 月，实行广州铁路管理局试编的“月间运输实施方案”时期。开始集中各分局技术计划人员编制，后来各车务段参与编制。1958 年 3 月起，推行铁道部“月间运输综合作业方案”时期。其间，铁道部颁发《运输综合作业方案的编制和执行规则》。1978 年，又将运输综合作业方案改称“运输方案”。1979 年 6 月，铁道部召开 6 个铁路局跨局运输方案会议，结合京广线具体情况，研究确定各铁路局分界口的跨局运输方案。广州铁路局要求正确处理管内和跨局运输方案的关系，做到先跨局后管内。20 世纪 90 年代进入使用电子计算机编制运输方案时期。

运输方案主要包括货运工作方案、直达列车方案、列车工作方案、机车运用方案和施工计划等。运输方案的编制以货运计划为基础，根据货运月编计划确定主要站装车计划、货物品类装车计划，通过广铁集团公司传输的分界口交接计划和主要卸车站到重计划，确定总公司及站段生产指标，再进一步制订列车工作方案、机车工作方案等。进入 20 世纪 90 年代，新技术的开发和发展，电子计算机在生产上的广泛应用，从 1998 年起，技术计划和运输方案的编制不再集中于广铁集团公司，而在各总公司进行，其方案是先编好程序，然后以微机为主，人工为辅，人机结合编制，编制效率和运输方案的精确度大大提高。

经过历年的不断完善充实，运输方案的执行，促进了计划运输、合理运输、均衡运输和直达运输，积极合理地运用机车车辆，促进了铁路内外产、供、运、销各个环节的紧密衔接与配合。

二、列车编组计划

中华人民共和国成立之前，铁路按线设局，每条铁路设 1 个管理局，货车亦分各局所有，没有统一的车流组织办法和列车编组计划。中华人民共和国成立后，车辆产权统一归属铁道部，采用全国统一的列车编组计划。1952 年，铁道部公布全国各铁路局间列车编组计划。广州铁路局根据铁道部关于北方、南方各铁路局间列车编组计划的规定，制订了管内列车编组计划。这是广州铁路局史上第一份管内列车编组计划。以后，根据货源、车流、编组站能力以及中间站段车种需要，结合列车运行图，制订和实施相应的列车编组计划。列车的编组作业在编组站进行。

1972 年 10 月，株洲北站三级三场及机械化驼峰投入运营，集结开行广州北、柳州南站技术直达列车。次年，江岸站开行株洲北及其以远直通列车和广州北以远技术直达列车。株洲北集结开行柳州南及其以远技术直达列车和衡阳以远区段列车。平顶山直达煤车开始进入株洲洗煤厂。

1975 年 1 月，湘黔线全线投入运营，株洲北至贵阳南站相互集结开行技术直达列车。初期线路通过能力有限，列车基本定数 1200 吨，大部分车流仍迂回衡阳、柳州南及湘桂线。是年，路口铺到深圳的石油产品，粤北运煤，编组循环直达列车。1980 年，编组整列货物快运列车，运期按《货物运输规程》办理，加收 30%的快运费，运期超限退款。

20 世纪 80 年代初，随着运量的增长，各编组站均达到或超过查定能力。广州铁路局加强运输组织工作，确保编组站畅通。1985 年，编组快运直达列车扩大，包括整车、集装箱、零担货物，加收快运费，保证每天500运价公里运程。是年，枝柳线投入运营，襄樊北至怀化南站、怀化南至柳州南站相互间集结开行直通列车。

从1987年开始，调整编组站部分列车分工，减少编组站编组分类和重复作业，组织始发阶梯、技术直达列车纳入编组计划，缓和主要干线和编组站压力。

1990年，调整湘黔线列车编组计划，重新明确娄底和株洲北站的分工，协调株娄间运输。是年12月，长沙东站投入运营。长沙北站区段任务移于长沙东站办理，保留京广线下行整列到卸车进站。京广线上行整列卸车经黑石铺站进入长沙南站。

1991年，广州铁路局根据全路新的列车运行图，对广州北、衡阳北、株洲北编组站作业分工进行调整。货物列车编组计划广州北、衡阳北站集结武昌南及其以远车流，株洲北站集结广州北及其以远车流，柳州南及其以远车流改由衡阳北集结。株洲北站增加集结新余至刘家间车流，开行至新余的列车。衡阳北站增开桂林北及以远直通列车2列（不含柳州南及其以远），要求桂林南卸成组。广州地区原来需在株洲北站集结的加冰保温车，指定由衡阳北及其以远办理。衡阳北集结的加冰保温车应成组挂区段列车至株洲北站。衡阳北站集结到长沙南、黑石铺卸车不再单独选编成组，按长沙东及以远办理。为减少娄底站至冷水江地区卸车的积压，娄底站可按区段列车开行整列到冷水江东、西站卸车不分组。

1992年，为适应三茂线第三步分流，北京、郑州、济南、上海、广州局（衡阳以西除外）与柳州局河茂线、黎湛沿线河唇至湛江间各站，按最短径路相互间装的重车，均经由京广、广三、三茂、茂（唇）河线运行。

1997年4月1日，实行新的货物列车编组计划，株洲北、衡阳北编组站增开至石家庄、郑州北技术直达列车。交出的定线空敞车直达列车必须整列交口，直通、技术直达列车不得编挂零星空敞车。醴陵东口增开至向塘西直通列车。取消衡阳北站至武昌南、长沙东站技术直达列车。衡阳北站至株洲北分上、下行系统区段列车编组。是年，安排郴州站挂运供港鲜活车。

1998 年，调整列车编组计划。蒲圻口取消石家庄及以远技术直达列车。广州北站取消集结开郑州北站及以远列车。新增捞刀河口开行摘挂列车 3 对。长沙铁路总公司与石长铁路公司的始发和终到为长沙东和长沙西站，编组内容均为空重车分别成组。

1999 年，襄樊至株洲北集结开行直通列车。

2000 年增开益阳至株洲北列车 2 对，编组内容分别为株洲北及其以远和益阳及其以远。是年，列车编组计划取消株洲北、衡阳北站的石家庄及其以远组号，该股车流按郑州北及其以远办理。

第四节　车站作业组织

车站管理和车站作业组织的基本法规是《车站行车工作细则》（简称《站细》）。《站细》的制定是广州铁路局按照铁道部 1954 年颁发的《铁路技术管理规程》（技规）和《列车运行规则》（行规），以及铁道部有关文件，结合广州铁路局的实际制定。1973 年，制定《车站行车细则编制办法的补充说明》，对编组、区段站及中间站《站细》编制进行补充说明。编组、区段站及中间站都编有本站的《站细》，而且根据不同的实际情况，及时修改补充，以规范和加强车站的基础工作和管理工作。20 世纪 90 年代，铁路总公司和各车站均采用计算机进行编制，便于查阅和修改。

一、日班计划

省内国铁的日班计划是由各铁路总公司（分局）编制下达，每日下午调度所主任或副主任根据收集提供的资料，按照月度运输生产经营计划、列车编组计划、列车运行图、运输方案、施工计划和站、段有关技术作业时间标准，以及有关规章制度和作业方法，分析车流接续、线路设备、装卸能力等方面情况，编制出次日计划。内容有：到发列车车次、时间和编组内容、机车交路及型号和编组要求，列车甩挂计划，装车、卸车和排空计划，空车调整回送计划，施工封锁计划，重点任务，等等。

日计划经铁路总公司（分局）主管领导批准后，于 16：30 前报路局（集团公司），17：30 前以调度命令下达站、段。铁路总公司（分局）根据第一班计划执行情况和日计划任务，对第二班计划内容进行部分调整。车站日常作业计划包括日班计划、阶段计划和调车作业计划。

车站运输工作一日分为 2 班进行（18 点至 6 点，6 点至 18 点）。班计划每班编制 1 次，由主管运输副站长编制，经站长批准后下达执行。一班工作完毕，由站长（副站长）组织召开班完工会，有技术干部，货、装主任（副主任）参加，听取当班领导人汇报组织完成日班计划工作情况及工作中发生的问题。对发生的违章、违纪及事故苗头，在班完工会上及时分析处理。

各铁路总公司（分局）管内各编组站、区段站均按铁道部《铁路运输调度工作规则》的规定，编制和执行车站作业计划。

二、接发列车

20 世纪 60 年代前，省内国铁各站均采用电话闭塞法行车，接发列车由双方车站值班员经电话联系后签发路票，列车凭路票作为进入区间的行车凭证。随着铁路运量的不断增大，电话闭塞的方式逐渐不能适应行车的需要。20 世纪 70 年代开始，各线逐步安装半自动闭塞设备，取代电话闭塞的方式，色灯信号机相继取代臂板信号机。1978年，长沙铁路分局管内各站全部建成半自动闭塞，淘汰电话路签闭塞法。1987年，蒲圻至衡阳间复线自动闭塞建成投产。1988年衡阳至广州复线自动闭塞开通。1989年9月，怀化铁路分局最后一个臂板式信号车站焦柳线谭家河车站电气集中改造完成。从1990年起，该分局进行联锁设备改造，淘汰电锁器联锁。管内的湘黔线电气集中联锁设备和焦柳线电气集中联锁设备分别于1993年和1995年改造完毕。1996年，湘黔线开通双线半自动闭塞。1997年，浙赣线复线自动闭塞开通。1998年，界溪河至石门县北间的襄石复线开通自动闭塞。2000年，湘黔线株洲至百亩井复线自动闭塞开通。

接发列车作业程序和用语，除执行《技规》和《行规》规定外，各站在《站细》中都作了简单的规定，并以广州铁路局制定的《车站接发列车程序及统一用语》为依据，办理接发列车作业。从1984年开始，统一执行铁道部制定的接发列车作业标准。

三、调车作业

20世纪80年代之前，省内国铁编组站、区段站的调车作业计划由线路值班员编制，或由站调室制订，下达给参加调车作业人员。中间站调车作业通知单，由车站值班员编制，交给运转车长，再转交司机。20世纪80年代之后，逐步改善无线调车设备。1985年，株洲北站应用电子计算机建立车站调度信息处理系统，在实现自动采集和处理到达列车编组顺序信息的基础上，及时准确编制列车解体、编组调车作业通知单，下达到驼峰楼、峰上提钩组、铁鞋制动组、编组场尾部微机终端，人手打印1张。在建立方向车流信息库的基础上，编组场按股道、车流方向、顺位车号、货车计长、自重、载重、篷布、危险货物代号等进行现在车追踪管理，将编成的列车自动打印出发列车的编组顺序表，连同货票送往出发场交运转车长接收。每日18点自动计算并打印出中时、停时指标及各种统计报表。此系统为全路首创。衡阳北站开站时，也建立该系统。随后，逐步在长沙铁路分局管内区段站及有大量调车作业的车站推广。1989 年 3 月 25 日，怀化南站编尾调车无线系统正式投入使用，1993 年 4 月 8 日，该站编尾平面调车无线智慧系统大修更新、开通。怀化铁路总公司从 1994 年开始，在部分中间站安装使用 HT-600 型中间站移动式无线灯显系统。

调车作业方法有甩、挂、溜放，大部分以顶送为主。驼峰溜放开始采用铁鞋制动控制车辆速度。1978 年，株北编组场 30 股编组线，安装三级脱鞋道岔，实现 5 公里/时以下脱鞋连挂。同时，峰上提钩改用铁鞋叉子提钩。1985 年，在编组场第三制动位安装液压小车辆缓行器。1 至 3 制动位上的缓行器安装雷达测速、音频测长；小缓行器后安装减速顶。驼峰车辆溜放速度由驼峰楼半自动控制，取消铁鞋制动。1986 年 9 月，张家界站实行溜放调车作业。1987 年，郴州站北场编组场头部建非机械化驼峰一座，采用铁鞋制动。1989 年底，长沙东站编组场头部也建有非机械化驼峰一座，采用铁鞋制动。是年，衡阳北站编组场半自动化驼峰建成投产，编组场尾部辅助机械化驼峰亦建成投产。1993 年，郴州站编组场减速顶群建成，车辆溜放为脱鞋道岔加减速顶点联式。1995 年，株北站上行系统编组场头部双推单溜自动化驼峰建成，设有 TJK3 型及 TJK2 型三级车辆缓行器及自动测速、测距、测重、减速顶，车辆溜放制动为点联式，并具有放错提、放追钩、防侧冲的功能。尾部采用 6502 电气集中微机联锁，具有连续溜放、单溜放道岔自动转换功能。1996 年后，怀化南站编组场机械化驼峰溜放实现减速顶制动，取消铁鞋制动，编尾建成平面调车连续溜放计算机联锁系统。1996 年底，娄底站站场改建一级三场后，1998 年，二级车辆缓行器及减速顶半自动化驼峰建成投产。是年，湘潭东站编组场建成减速顶群，车辆溜放为脱鞋道岔加减速顶点联式。1998 年初，怀化南站编组场驼峰自动化改造完成，提高了驼峰解体能力。1998 年底，石长线全线各站调车作业除益阳站小能力驼峰溜放作业外，其他站均采用平面推送方式调车。全线在 11 个车站配有调车组并全部使用 400M 无线平面调车灯显系统作业。

指挥调车作业使用信号旗及红绿白三色灯。20 世纪 80 年代初，株洲北站首先试用无线电台调车。

第五节　调度工作

一、机构设置

省内国铁各总公司（分局）都设立调度所，指挥本总公司（分局）的日常运输组织工作。1983 年，广州铁路局成立总调度室，设置值班科长和各行车台、客调台、机调台、物调台、零担调度台、篷布调度台、车流台和分析室。各分局调度所也对应进行设置。

分局调度所管理地段随着分局限界变化而变化。1973 年怀化铁路分局成立后，设怀化分局调度所。1986 年 10 月，撤销衡阳铁路分局后，衡阳调度所并入长沙调度所。1997 年 8 月，石长线成立调度所。1998 年 10 月石长线全线开通后，撤销原来的临澧调度分所和汉寿调度分所，全线运输组织工作归石长调度所负责。

2000 年，长沙调度所设值班主任台 2 个，计划台 5 个，列车调度台 13 个，机车调度台 6 个，货运调度台 5 个，客运、特运、篷布调度台各 1 个。另设有分析室、机调室、货调室、特调室、篷调室、统计室和确保室，年末人员 244 人。怀化调度所设值班主任台 1 个，计划台 3 个，行调台 10 个，货调台 3 个，机调台 3 个，篷调客调、特调、自备车调、预确保台各 1 个，全所在册职工 138 人。

二、调度日班计划

省内国铁调度日班计划由货运、列车和机车 3 个工作计划组成。具体制订货运工作的装、卸车，直达、成组列车及去向；限制口装车和装卸劳动力的配置，货车篷布的调配等；制订客、货列车的开行计划和编组内容，分界站列车交换计划，管内工作车的输送和各站配空挂运以及线路施工封锁等；制订区段机车周转图、机车运用和检修计划及日车公里计划等。

日班计划分为两个班计划，即当日 18 点至次日 6 点为第一个班计划，次日 6 点至 18 点为第二个班计划。编制调度日班计划由调度所主任负责。分局调度所为主管运输生产的副主任具体主持，货调主任、机调主任及有关人员参加。其具体内容包括装车任务、分界口交车的空重车数、排空任务及卸车等。各工种调度人员须按规定收集分局编制日班计划的资料并及时向调度所主任和主管生产的副主任提供。日班计划的审核由分局运输分处、机务分处负责，经主管运输的副分局长批准后报铁路局，于每日 17 点 30 分前以命令下达到各站。

铁路总公司调度管理信息系统是一个覆盖总公司调度所行调、计划、机调、客调、货调、特调、分析、统计等各工种并延伸至管内所有行车点、车站的信息采集、传输、处理的计算机信息管理系统。至 2000 年，各铁路总公司调度所部分行调、机调开始试用该系统，逐步实现调度工种全部通过调度网络进行，实现信息共享。

三、按图行车

1978 年，铁道部发布《关于进一步加强日、班计划的措施》，广州铁路局作出补充规定，要求各级各单位加强调度工种的集中统一指挥，管内建立日、班计划资料负责制和现在车报告推算制度，整顿调度预报工作，建立健全阶段计划制度。

改革开放后，铁路客货运量随国民经济的高速发展而增长，各区段列车对数逐步增加，区间能力紧张。20 世纪 80 年代，通过加强调度工作，缓解区段运能不适应运量的矛盾。1987 年，铁道部采纳广州铁路局的建议，发出全路实行到广州局和坪石口以远的重车均衡交接的部令。是年，严格实行按图行车，按图定定额作业，坚决贯彻“一卸、二排、三装”的原则，确保局、分局分界口重车接运和排空任务的完成。长沙、怀化铁路分局抓列车运行秩序，以分界口的正点保区段正点，以客带货，以客促货，按图作业。对列车晚点原因及其责任进行分析，组织晚点列车赶正点。

1991 年，广州铁路局对运行秩序长期不好的株洲至娄底和衡阳至冷水滩两个区段进行重点整顿，使湘黔、湘桂线列车运行秩序有了明显好转。1992 年，围绕整顿列车运行秩序、组织分界口列车多出多入、挖潜提效、全路车流调整、强化运输纪律五个方面加强调度组织指挥工作。1997 年 8 月，结合新图的实行，开展声势浩大的整顿运行秩序攻关活动。各级调度坚持“先客后货、先快后慢、先精品后其他”的列车运行调整原则，重点抓好“夕发朝至”及进京、进沪和过港重点快车道正点运行。通过组织攻关，客车运行正点率稳定在双 98%以上水平。

2000 年，调度部门坚持“一接二卸三排四装”的运输组织原则，优化运输组织，充分利用两段一口（长衡段、张怀段、坪石口）的通过能力和通过运输效率，努力增运增收。调度加强分界口列车交接组织，在株衡间开展过车攻关，在怀张间采取不成对运输组织方式，并适当开行大列，在坪石口实行超图运输组织措施，永州口车流适当实行迂回运输。在保证蒲圻口大出大入的同时，加强车流的调整，充分发挥定南口、大龙口、西斋口、醴陵东口通过能力，确保干线畅通。

第二章　旅客运输

1978年改革开放后，湖南省境内旅客发送量、分界口旅客接送量、旅客周转量均大幅度增长。就2000年与1978年对比，全省旅客发送量增加1.9倍多（表7）。

表7　1978—2000年省内国铁各总公司（分局）旅客运输情况表

年份	长沙铁路总公司（分局）					衡阳铁路分局				
	发送（千人）	接运（千人）	运送（千人）	平均行程（公里）	周转（百万人公里）	发送（千人）	接运（千人）	运送（千人）	平均行程（公里）	周转（百万人公里）
1978	14881	7200.8	22082	96	2123.3	9010.9	4974.5	13958	126	1755.8
1979	15320	8411.3	23731	100	2380.1	10361	6050.3	16411	132	2169.3
1980	17037	10306	27343	104	2835.3	11526	7354.8	18881	140	2635.2
1981	18043	11407	29449	107	3164	12778	8170.4	20949	139	2916.5
1982	18509	12120	30629	110	3376.6	13748	8703.4	22451	139	3128.5
1983	19899	14341	34240	116	3958.8	13959	10375	24334	151	3683.5
1984	21650	16681	38331	121	4620.9	14623	12051	26944	157	4237.3
1985	22081	20630	42710	133	5688.8	13947	15019	28967	176	5203
1986	20605	21512	42117	141	10636	12572	15619	28190	191	5381
1987	31484	26309	57739	211	12219					
1988	33684	31157	64841	224	14540					
1989	29997	29717	59714	231	14651					
1990	27541	26022	53563	246	13196					
1991	27560	26800	54300	248	15506					

续表

年份	长沙铁路总公司（分局）					衡阳铁路分局				
	发送（千人）	接运（千人）	运送（千人）	平均行程（公里）	周转（百万人公里）	发送（千人）	接运（千人）	运送（千人）	平均行程（公里）	周转（百万人公里）
1992	28487	36359	64845	286	18518					
1993	31048	42586	73634	300	22109					
1994	31716	45568	77284	306	23649					
1995	31655	46201	77856	312	24315					
1996	29737	40459	70196	303	21244					
1997	34724	45788	80512	304	24514					
1998	35631	48133	83764	306	25608					
1999	38737	54624	93361	303	28258					
2000	39826	59627	99489	320	31794					

年份	怀化铁路总公司（分局）					石长铁路公司			湖南省	
	发送（千人）	接运（千人）	运送（千人）	平均行程（公里）	周转（百万人公里）	发送（千人）	接运（千人）	周转（百万人公里）	发送（千人）	周转（百万人公里）
1978	29999	1673. 2	4671. 9	141	658				26692	4400. 6
1979	3780. 8	2004. 9	5825. 7	139	811. 1				29242	5205
1980	4148. 6	2592. 6	6741. 7	155	1041. 7				32429	6325. 1
1981	4375. 9	2972	7347. 9	163	1200				34858	7070. 2
1982	4475. 3	3085. 8	7561. 1	166	1256. 8				36470	7534. 6
1983	5090	3437	8527	165	1409. 4				38686	8775. 3

续表

年份	怀化铁路总公司（分局）					石长铁路公司			湖南省	
	发送（千人）	接运（千人）	运送（千人）	平均行程（公里）	周转（百万人公里）	发送（千人）	接运（千人）	周转（百万人公里）	发送（千人）	周转（百万人公里）
1984	5541.4	3889.4	9930.8	168	1469.4				41543	8775.3
1985	8582.9	5281.1	13864	180	2496.9				44371	12964
1986	8044.7	5816.3	13861	203	3490.6				41038	13686
1987	12002	7737.6	19739	207	4088.4				43348	15810
1988	13146	8950.8	22096	215	4744.5				46722	18695
1989	11573	8492.5	20065	222	4460				41466	17731
1990	6321.9	6274.8	12597	240	3017.5				33787	15733
1991	6460.7	7169.8	13631	255	3472				34400	18425
1992	7150	8817	15966	270	4307				35561	22204
1993	8446	9880	18326	271	4959				39430	26399
1994	9422	11065	20487	273	5585				41078	28522
1995	9176	11428	20604	280	5769				40772	29367
1996	8722	10267	18989	268	5081				38891	25702
1997	9717	12504	22221	269	5983				39823	28300
1998	8982	13527	22509	282	6354				40046	29858
1999	10423	15232	25655	272	6981	821	1123	486	49921	33004
2000	11215	16181	27396	278	7602	1118	1602		52005	

注：1986 年 10 月 30 日衡阳铁路分局撤销，合并到长沙铁路分局。1998 年 10 月 1 日石长铁路全线开通运营。

第一节 客运设备

随着旅客运量逐年增加，原来的客运设施（客运房屋、候车室、行包房、旅客站台、天桥、地道、站台雨棚等）已经不能适应旅客运输的需要，客运设备亟待改进、更新、扩大。随着包括铁路复线建设、电气化改造工程、各铁路枢纽的建成，主要客运车站也对客运设备进行改造；广铁集团公司和各总公司相应加大客运设施的投入，地方政府也积极配合支持铁路建设，促使省内国铁的客运设施设备不断得到改善和完备（表8）。

1977年，长沙新站竣工，建立了现代化客运服务设施。1981年，株洲新站主楼竣工投产后，又继续建设副楼。郴州站在衡广复线施工中，拆除旧站，1989年建成新站房和新的客运设备。1992年以后，怀化铁路总公司客运设备有了较大的改善，张家界车站、溆浦站、低庄站先后进行了较大的改造。1995年，醴陵新站建成。1996年，娄底站一级Ⅲ场建成后，次年建成新站房和新的客运设备。1999年，株洲枢纽建成京广线C线，以缓解株洲北站（田心）至十里冲站的区间通过能力。石长线各车站的客运设施，由于统一规划较好，候车室、售票厅、问讯处、售货点等便民设施在石长线开通时就比较齐全。2000年9月，武广电气化改造工程完成，长沙新站又扩建2股到发线及站台、雨棚。

表 8　1987—2000 年部分年份省内国铁总公司（分局）客运设备状况表

年份	总公司（分局）	管辖车站（个）	客运房屋总面积（平方米）	候车室（平方米）	行包房（平方米）	旅客站台		天桥		地道		站台雨棚	
						座	米	座	米	座	米	座	平方米
1987	长沙	137	105960	33451	14945	209	63193	3	114	11	538	22	6722
	怀化	124	57639	19352	8126	177	49000	1	28	3	104	9	1640
1991	长沙	154	144082	43672	19137	267	92978	6	234	14	659	29	8764
	怀化	104	49003	15967	6991	148	42051			2	78	7	1565
1993	长沙	154	132370	40705	16955								86789
	怀化	109	47625	15645	6521								13848
1995	长沙	152	143353	49794	17956								97643
	怀化	119	49940	15485	7143								20145
1999	长沙	150	136000	80100	18000	144			6		19	31	129000
	怀化	118											
2000	长沙	148	1367000	80100	18000	146			6		19	33	140100
	怀化	116											
	石长	7	17942	6690	1767	12	2400	2	81	2	58	2	900

第二节　客运业务

一、旅客列车开行

旅客列车开行是根据旅客的流量、流向和旅行目的，确定旅客列车开行对数、运输区段及编组内容等，按编制旅客列车运行图运行。旅客列车分为：特别快车（有直通、管内）、直通旅客快车、管内旅客快车、直通旅客列车、管内旅客列车、客货混合列车、市郊旅客列车和旅游列车。

1975 年，长沙新客站动工建设，以省会为中心的旅客运输网络初具规模。是年 10 月，怀化至长沙旅客快车延伸至广州，长沙铁路分局实现客车开行“南下、北上、东进、西扩”快速发展战略第一个目标。1978 年，增开武昌至湛江直通客车，增开长沙至衡阳、长沙至茶陵、长沙至低庄普通客车，停运茶陵至低庄普通客车。1980 年，增开怀化至柳州直通客车，开创了怀化铁路分局客车跨局运行的先河，迈出了客车运行向西南进军的第一步。1998 年，这趟车改为怀化至张家界、张家界至湛江混编直通快车，怀化、柳州客运段各担当 0.5 对。1981 年增开临湘至郴州普客、长沙至株洲市郊列车（2 对）、娄底至邵阳客货混合列车 1 对；长沙至邵阳普客（不经株洲）改为快客；衡阳至长沙普客、邵阳至长沙普客延至岳阳；停运株洲至韶山普客，长沙至韶山快客改经株洲。1985 年，增开长沙至大庸北快客 1 对，长沙至韶山快客停运，改由长沙至邵阳普客在向韶站折角进入韶山。1986 年 5 月 1 日，增开广州至成都直通快车（1991 年交成都局开行）。

1988 年，增开长沙至广州特快 1 对，以及岳阳至广州、长沙至郴州、衡阳至广州、郴州至广州快客各 1 对，恢复长沙至韶山客车（经由株洲）。另有耒阳至地方铁路新生煤矿客货混合列车 1

对。1991 年，增开张家界至广州特快 1 对，怀化至邵阳快车 1 对。1992 年春运，开行怀化至郑州临时快车，怀化客运段承担 0.5 对，为怀化铁路分局开行进京旅客列车奠定基础。1994 年，这趟车正式图定为直快（1995 年春节前延伸至石家庄，春运后延伸至北京南，1996 年 10 月 1 日，图定改为进北京西）。是年，开行怀化至上海直通快车 1 对，实现了怀化总公司东进的目标。

1995 年，增开邵阳至广州特快，岳阳至广州旅游特快，株洲至茶陵普客；岳阳、长沙至广州特快延至深圳西；岳阳、衡阳至惠州快客延至梅州，改为特快；长沙至吉首快客延至张家界，改为特快；长沙至邵阳、长沙至郴州快客均改为特快；长沙至茶陵普客改为快客；衡阳至白石渡改至郴州止，将三都至郴州交通车延至白石渡；跨局直通旅客列车停运，管内普通旅客列车只保留长沙至茶岭、长沙至韶山、株洲至茶陵、株洲至怀化、娄底至邵阳、株洲至衡阳、衡阳至郴州、衡阳至永州共 8 对。岳阳、长沙至深圳西、长沙至深圳、长沙至惠州特快全部改为空调车，实行全程对号入座。1997 年春运，增开怀化至武昌临快 1 对（1998 年正式图定）。4 月 1 日，京广线第一次提速，以长沙为支点开行夕发朝至列车 4 对，即长沙至深圳、岳阳（长沙）至深圳西、长沙至惠州、长沙至郑州。1998 年，停开岳阳（长沙）至深圳西管特 1 对，增开衡阳至北京西特快 1 对，广州至岳阳、韶山旅游管快 1 对（隔日开行），长沙至福州直快 0.5 对（与广州至福州直快共线），长沙至石门县管快 1 对。1998 年 10 月，石长铁路开通，开行 1 对长沙至张家界管内短途客车。1999 年春运，石长铁路公司开行管内临客 4 对，春运结束后，相继开通临澧至广州、石门县南及长沙的旅客列车和怀化经由石长线到无锡的长途客车。1999 年，长沙铁路总公司增开客车 4.5 对，其中过境直通 3 对，岳阳至广州快车 1 对，长沙至岳阳管特 0.5 对（隔日）。变更运行径路和区段的有衡阳至岳阳管特变更为郴州站始发，怀化至株洲管快改至邵阳，将邵阳至娄底的管客延至株洲。怀化铁路总公司增开广州至重庆1对、怀化至无锡快车1对。2000年，怀化铁路总公司增开杭州至重庆、广州至张家界、怀化至澧县客车3对，停运怀化至吉首1对。石长铁路增开1对石门南至株洲管内旅客列车和4对长途通过列车。6月至10月，试开行1趟长沙至宜昌的临时旅客列车。

二、旅客列车编组

旅客列车编组主要根据各线的机车牵引力、限制坡度和车站列车接发能力以及旅客需求、旅行目的等综合考虑制定。特快运行12个小时以上，又是夜间行车时，编组中硬卧比重较大，直通快车次之，白天运行的快车和普客卧铺车较少。

从20世纪60年代开始，客车客运量增大，运能与运量的矛盾逐步突出。在设备能力有限、增加客车对数受到限制的情况下，有些时段为扩大运能，采取一些权宜措施：

加挂及扩编。进入20世纪80年代，省内国铁客运机车牵引定数增至800至900吨，增加旅客列车车辆数已具备条件。铁道部多次组织在湘黔、浙赣、京广线南段进行扩大编组试验，列车编组从原来的一般14辆增至15—17辆。以北京至广州15/16、47/48次为例，1982年编组16辆，1983年17辆，1984年18辆，1985年以后扩人到20辆。广州至杭州210/209次由1982年14辆扩大到1983年16辆、1985年17辆。上海至广州49/50次1987年由14辆扩大为16辆，1988年以后扩大为17辆。长沙至上海205/208、207/206次由1985年13辆，扩大到1988年17辆。到了20世纪90年代，京广线快车可牵引20辆（全列空调车底限19辆），京沪、湘桂线18辆，湘黔线17辆。

长沙至广州间加挂回转车开行“长大列车”。15/16次自1985年3月31日至1988年6月29日，47/48次自1985年4月30日至1987年6月14日，长沙至广州间加挂回转车（硬卧或硬座）4 辆，编组达 24 辆。315/316 次自 1987 年 6 月 15 日至 1988 年 6 月 24 日，编组由 18 辆扩大到 24 辆。75/76 次于 1988 年 9 月 15 日由 20 辆扩大到 24 辆。

开行组合列车。自 1986 年 10 月 6 日至 1990 年 3 月 30 日，由广州编 YZZ、CA1、RW1、YW4、YW（宿）共 9 辆，在广州挂广州至福州间 268 次（编组 24 辆）到衡阳甩，立即挂 XL1、YZ4（编组 14 辆）组合开 285 次到桂林。286 次回衡阳后，立即转挂 267 次到广州，隔日挂运，使广州、桂林相互间发售直通客票，扩大了运能。

1998 年，为适应运行图提速的要求，铁道部投资 1 亿元，将长沙至北京特快车底更换为 25K 型车辆，时速可达 160 公里，长沙至北京运行时间为 15 小时 57 分，较 1990 年运行时间 22 小时 20 分减少 6 小时 23 分。

三、计划运输

自 1954 年起，广州铁路局根据铁道部有关规定，实行计划运输。1980 年公布《旅客运输组织试行办法》，1989 年又对试行办法进行修改重新公布。其主要内容有分级管理规定、机构体制、客流调查、票额分配、列车定员计算、日班计划、站车预报等。以后，对有关条款进行细化、调整，规定更为明确。实行路局、分局、站段三级管理，规定三级客运计划人员的职责分工和工作质量标准。票额分配以输送直通客流为主，到达或通过的客车所经过的各个停车站，依据规定票额和列车预报数组织售票。做好客流综合、节假日和日常客流调查。如春运，提前 1 个月调查，“五一”、“十一”、寒暑假，提前半个月调查。

春节是旅客运输的高峰期，各铁路总公司（分局）和主要客运站段都成立春运领导小组，抽调机关干部、工人参加春节运输，20 世纪 70 年代还聘用部分家属子弟参加。客流大多属于短途，不出省，开行分局管内的临客。1983 年春运开始，开行跨局、跨省长途临时旅客列车，进入广州地区临客逐年增加。为保证旅客及行车安全，临时旅客列车乘务改由各地区、站段承包，不再聘用家属子弟参与。大站维持旅客进、出站口秩序，聘请支援春运的部队参加。1989 年春节前，滞留广州的湖南籍民工达 25 万人。长沙铁路分局特编一列 27 辆待用客车到广州，接运民工回家过节。省内民工来自益阳、长沙、邵阳、衡阳、郴州、永州、娄底等地区，在岳阳到发的民工来自四川、湖北省长江流域县市。湖南铁路地区春运，主要集中长沙铁路总公司（分局）。1994 年春运 60 天，长沙铁路总公司加开临客 2223 列，运送旅客 630 万人，日均 10. 5 万人，最高峰日达 20. 46 万人。从 1997 年开始，春运临客全部使用客车，不再使用棚车代用客车。铁道部对各铁路局组成的临客车底，可调配其他铁路局使用。特别对滞留旅客甚多的车站，可随时调配临客车底。1998 年，春运 50 天，长沙铁路总公司共发送旅客 639 万人，比上年同期增长 98 万人。是年节后运送南下民工 211 万人，比上年同期多 23 万人，上升 18. 1%，共开行临客 422 列，比上年多开 174 列。1999 年，石长铁路迎战开通后的第一个春运，安全运送旅客 29 万人次，其中发送旅客 16. 1 万人。2000 年春运 40 天，长沙铁路总公司共发送旅客 560. 3 万人，开行临客 424 列，较上年少 19 列，最高峰日开行 37 列。怀化铁路总公司发送旅客 45. 3 万人，比上年同期增长 1. 6%。

20 世纪 80 年代始，铁道部规定 7、8 月为暑期运输。暑期大学生、中小学教师回乡探亲、社会调查、旅游等，开行临客。2000 年，长沙铁路总公司发送旅客 692. 75 万人，比上年同期增长 30. 25 万人。是年起，全国实行五一节、国庆节放假 7 天，称为“黄金周”。第一个五一节假日，长沙铁路总公司发送旅客 154. 57 万人，最高峰日 16. 6 万人，增开旅游专列 4 列，临客 5 对，加挂客车 152 辆。怀化铁路总公司发送旅客 27 万人。国庆节期间，长沙铁路总公司发送旅客 110. 2 万人，日均发送 13. 78 万人，开行旅游专列 2 列，加开临客 6 对，加挂客车 99 辆。怀化铁路总公司发送旅客 27. 73 万人。

第三节　客运乘务

湖南省境内国铁各总公司（分局）下设客运（列车）段，担当旅客列车乘务工作，为旅客运输、行包运输服务。

一、长沙客运段

于 1961 年成立，位于长沙市人民路 2 号，隶属于武汉铁路局，前身为长沙铁路局长沙车务段客运乘务室。1961 年成立后，仅有长沙至郴州、武昌、邵阳、娄底、湘潭、萍乡、岳阳、三都等直客、普客、混合列车 8 对，乘务人员 700 人。1964 年武汉铁路局撤销，长沙客运段改属广州铁路局长沙铁路分局。

随着旅客运输事业的日益发展，20 世纪 80 年代末 90 年代初，段机构不断完善，下设的车队从 8 个增加到 9 个，包括北京、上海、广州、长深、惠州、郴茶、长邵、吉首、综合车队，担当特快、直快、管内特快、管快、管客，从 12 对增加到 13 对。

1996 年，该段担负的列车乘务增加到 14. 5 对，设有 10 个车队，年末职工人数增加到 3025。至 2000 年，该段担负长沙至北京、上海、深圳、福州、张家界、广州、邵阳、郴州、茶陵、韶山、茶岭，岳阳至长沙，至惠州北，邵阳至广州共 13. 5 对旅客列车的乘务工作，值乘区段跨京、冀、鄂、湘、粤、赣、浙、皖、沪、闽 10 个省市，乘务里程 5590 公里。该段行政设段办、劳资、财务、收入、乘务、业务、安全、保卫、路风、教育、总务、企业办、退管办、计划生育、房改房建办 15 个股室，设长京、长沪、长深、长广、长福、长张、长惠、邵广、郴茶、城际

10个车队，旅行服务公司和整备车间。党群组织设党委、纪委、工会、团委。年末职工人数2737，其中干部272人，有技术职称60人（中级10人，初级50人）。2000年末，职工人数达2737。

20世纪90年代以来该段运输生产主要任务完成：1996年前，年旅客运送量保持1900多万人，1996年以后1300多万人；2000年，运送旅客1363.6万人，比1999年增加22.6万人。1995年以后，运输进款收入年均达到6000万元，2000年6785.2万元，比1999年增加951万元，完成年计划的110%。

二、衡阳客运（列车）段

位于衡阳市江东区广西路68号。原名衡阳列车段，成立于1952年，1959年曾改为乘务室，由衡阳车务段管理。1963年恢复列车段，隶属衡阳铁路分局。1963年，担任衡阳至郴州普客1对的乘务。1986年10月衡阳铁路分局撤销后，归长沙铁路分局管理，是以客运为主体的客、货运输综合段。该段1988年设行办、劳资、财务、收入、业务、总务、保卫、教育、企业管理、客运乘务、多种经营、集体企业12个职能股室。党群口设政治处、纪委、工会、团委4个办公室。下设运转、旅行服务、整备3个车间，以及快车、广临、郴岳3个客运车队，担任衡阳至武昌、桂林、广州、临湘、郴州，郴州至三都，岳阳至郴州、白石渡乘务。1992年，根据旅客列车开行方案，设快车、广岳、广桂、临韶4个客运车队。年末职工人数2207。

1998年6月30日，衡阳列车段更名为衡阳客运段。1998—2000年，该段担负衡阳至北京西、上海西、武昌、岳阳、桂林、汕头、广州、株洲、永州、郴州共10.5对旅客列车客运乘务工作和衡阳至长沙、株洲、永州、郴州旅客列车运转乘务工作，值乘区段跨越湘、鄂、豫、冀、京、赣、浙、沪、桂、粤10个省市，乘务里程6836公里。

下设段办、财务、劳资、客运乘务、教育、路风、保卫、收入、总务、退管会10个股室；衡京、衡沪、广武、岳桂、衡汕、慢车6个客运车队及运转、旅行、整备车间（运转车间12月15日成建制划归衡阳站管辖），并代管劳动服务公司。党群组织设党委、纪委、工会、团委。年末职工总数3136，其中干部185人，有技术职称的47人（中级7人，初级40人），评聘6名工人技师。

衡阳客运段运输生产任务完成较好。平均年旅客运送量一直保持在1000万人左右，2000年运送旅客948万人。运输进款收入逐年上升，1997年3210万元，2000年上升到4200.5万元。

三、怀化客运（列车）段

位于怀化市铁北南路，隶属怀化铁路分局。1984年8月，由怀化列车段客车乘务部组建而成。该段设段长办、党委办、人事室、财务室、乘务室、保卫室、总务室、工会和整备车间，有怀广、怀株、怀柳3个车队。职工人数783。1986年增设教育室，增设广成车队。1987年增设怀邵车队（1991年撤销），是年1月开通广州至成都的旅客列车（1991年3月取消）。1991年成立张广车队。1992年增设安全室、路风办，年末职工人数1395。1993年1月开通怀化至郑州的列车（1996年延长至北京）。1994年开通怀化至上海的旅客列车。1998年1月试运行吉首至武昌的临客，7月图定开通怀化至武昌的旅客列车。1999年7月开通怀化至无锡的旅客列车。2000年，该段设段长办、党委办、保卫、工会、团委、总务、路风、安全、人劳、财务、退管、教育和乘务科13个部门，旅游服务、贸易公司、劳动公司3个车间，怀广、怀京、怀柳、怀郑、怀沪、怀武、怀深7个车队。年末人数975。

该段自1984年组建至2000年间，各项运输生产指标逐年增长。年安全输送旅客从143.5万人增加到1003.1万人，增长6倍；年运送行包15.4万件增加到136.9万件，增长8倍。

四、益阳客运公司

益阳客运公司直属石长铁路公司管理，设立1个车队，2个乘务班组，共100多人。在1998年10月石长铁路开通之初，只开行1对长沙至张家界的管内短途客车。1999年春运，临时增开石门南至广州的长途旅客列车，春运后停运。2000年，增开1对石门南至株洲管内旅客列车，4对长途通过列车的乘务工作，由广州、肇庆、怀化客运段担当。是年6月至10月，试开行1趟长沙至宜昌的临客。10月，公司将原设在长沙的直属客运车队搬迁到益阳市，并将机关直属车队扩编组建为益阳客运公司，设立长张车队和石株车队，实行专业化的统一管理。

第四节　客运服务

一、客票发售

按1980年广州铁路局公布的《旅客运输组织试行办法》及1989年进行修改重新公布的关于票额分配的规定，票额分配在每次编制旅客列车运行图时，同时进行。分配方法：硬座票额的计划数量为列车实际定员加超员率。特快始发不超员，途中按超员20%；直快（管快）始发超员10%，途中超员40%。票额分配时以输送直通客流为主，到达或通过的客车所经过的各停车站，依照规定票额和列车预报数组织售票。实行全程对号的列车硬座票额，按实际定员分配。为防止列车虚空，在分配时始发站每车厢增加10张无座号。空调硬、软座车按定员分配，不得超员。软、硬卧铺票额，首先考虑列车始发站的长途旅客的需要，对途中省、市、自治区铁路局所在站和较大旅游城市所在站，分配一定数量的票额。

20世纪70年代始，各车站客运量增大，运输能力越来越不能满足运量的要求，购票难的矛盾日渐突出，“票贩子”（专门排队套购车票，转手以高价卖给旅客）活动猖獗，每年的春运尤甚。打击“票贩子”活动成了一项重要任务，各车站狠抓综合治理，公安部门组织专项打击活动。据长沙车站统计，1988 年全年抓获“票贩子”490 人，查获各种假、废车票 1112 张，公开审理 3 场，刑事、治安处分 42 人。2000 年，全站配合公安部门采取打击行动 236 次，出动警力 6203 人次，抓获“票贩子”1153 人。

为了组织好客流，20 世纪 80 年代始，各客运站先后在各地设立“无轨站”发售客票。如岳阳站在湖北省沙市、四川省万县设售票点。2000 年，长沙站在市内设车票售票点达 39 个，发售车票 108. 13 万张，运输收入 14546. 4 万元。衡阳站加强客运营销计划和售票组织，日均增加发送旅客 1300 多人。春运期间，借用当地农业银行电脑网络联合售票，将售票点延伸至县城、村口。

1986 年 2 月，长沙站与长沙铁路分局、广州铁路局电子计算所联合研制成功的电脑常备客票售票处理系统投入使用，先后在客运量大的车站推广。1998 年，长沙铁路总公司管内 13 个站与广东地区联网售票，实现部分票额上网。1999 年，管内完成 15 个站 3. 0 版和主机系统升级，扩大 7 个站主机内存。石长线开通，管内开行一对客车，发售卡片式客票。1999 年后，客车逐步增加到 5 对，开始实行电子计算机售票。益阳、常德站售票窗口从 1 个增加到 3 个。2000 年，客车增加到 7 对，正常售票外，上述两站还增加客票预售、电话订票、送票上门和车站流动售票等多种售票方式。2000 年 10 月，长沙、岳阳、株洲、衡阳、郴州站席位库上移。上移后，各站 75%卧铺、座位票额上公共网。所有票额调整、生成等全部由广铁集团公司票务中心控制。正常网上票额提前 6 天（含当天）对外发售。车站售票厅大屏幕显示各车次各种票额，提供旅客选择，基本可满足旅客的要求。2002 年，怀化铁路总公司加大科技投入，全面实施电脑联网售票，管内24个直通车停靠站使用客票系统4.0版软件联网售票，电脑售票数占总发送人数的95%以上。

二、站车服务

客运工作是铁路精神文明建设的窗口。客运工作成效集中体现在车站服务和列车服务工作中。进入20世纪90年代，为了适应日益增长的客流以及复线、电气化工程建设的需要，省内国铁车站纷纷进行改建和扩建。不仅各枢纽内有客运业务的车站面貌基本更新（参见第一篇第三章），各铁路线区间许多车站也都进行改造。湘黔、焦柳两线开通，交付使用，怀化铁路分局管内共有站屋108处，建筑面积52007平方米，候车室面积21397平方米，售票房3347平方米，行包房面积6673平方米。1991年，岳阳车站北移3.1公里进行改建，1994年10月启用，总建筑面积13170平方米，售票房644平方米，1座进站天桥长54米，1座出站地道长50米，1座行包地道长34米，车站北头建有旅行服务所835平方米。1979年张家界车站主体站房落成，总建筑面积531平方米；1985年又增建候车室、售票处和小件行李寄存处400平方米；1991年开始扩建，总建筑面积9547平方米，2个站台，1个进站地道，1个出站地道。1999年3月，吉首车站进行改造和扩建，增添和更换部分客货设施；新站候车室3个，面积701平方米；行包房1个，面积181平方米；售票厅1个，面积60平方米；站台2个；雨棚2座；天桥1座；地道1条。20世纪90年代随着浙赣复线建成，醴陵车站一并规划移地扩建，总面积2488平方米，建有2座站台，1座旅客地道，1995年10月启用。车站改建和扩建，为候车的旅客提供服务创造了条件。

中共十一届三中全会以后，省内国铁客运单位广泛开展“人民铁路为人民”的服务宗旨教育，抓紧两个文明建设，开展“五讲四美”活动，客运员工树立为旅客文明服务思想。参加全国铁路较大客运站评比，1988—1996年，长沙站保持全路文明车站称号。1997年，株洲站进入全路文明车站行列。1998年，衡阳站被铁道部、湖南省评为“精神文明建设窗口单位”，被铁道部评为“文明规范站”。涌现了湖南省十佳新闻人物，获全国“五一劳动奖章”、全国劳动模范称号的长沙站客运员梁政辉；获全国“五一劳动奖章”的怀化车站客运值班员刘满香、吉首车站主任值班员王源孝等先进典型。

随着电脑的普及，各大客运站开发旅客电子引导系统，引导旅客顺利进入候车室、候车区候车，了解列车正晚点情况。为了严防个别旅客携带爆炸品、危险品、易燃品上车，大站配设“三品”检查仪。

列车上的服务工作开展系列优质服务活动。石长线上的列车，依托张家界世界自然遗产的优势，提出“营造欢乐旅途，架起沟通桥梁，传播旅游文化，促进世界交流”的口号，立足“人有我有，人有我优，人优我精，人精我新”，持之以恒地在“塑造形象，打造品牌”上下功夫，着重开辟列车特色服务、人文服务、真情服务，提供旅游宣传、景点介绍、旅游路线选择、安排入住酒店、免费保管行李、配备旅游导游等服务。怀化铁路总公司先后涌现出423/4怀柳车队“民族团结号”、怀京六组“共青团号”等先进集体，以及曾信祥等一批铁道部服务标兵。

三、行包运输服务

行李、包裹的运输贯彻先行李后包裹、先中转后始发和长短途列车分工、始发站照顾中间站等原则。行李应随旅客所乘列车装运或提前装运，人到行李到。行李、包裹应根据流量流向有计划地组织运输、均衡运输，经济合理地使用运输能力。

旅客凭客票（市郊定期客票除外）在乘车区间内可托运行李和自行车或不带汽油的单人轻便摩托车1辆。每张客票托运行李不能超过2次，残疾人不限次数。

1984 年 4 月，全国铁路实行保价运输。凡是申明价格的行李、包裹，铁路除核收运费外，还要核收 1%的保价费，但只适用于私人托运的行李、包裹。1986 年 7 月，全面实行行李、包裹保价运输，保价费按申明价格核算，行李为 0.5%，包裹为 1%核收。

1991 年 5 月，全国铁路将运输中的每件行李、包裹最大重量改为不能超过 40 千克，长度和体积以适于装入行李车为限，但最小体积不能少于 0.01 立方米。装载方法：大不压小，重不压轻，大件打底，小件起高，堆码牢固，标签向外，巧装满载，确保安全。1997 年 12 月 1 日，全路实行行李、包裹运输中的行李、包裹每件最大重量为不超过 50 千克。

省内国铁各总公司的行李、包裹运输逐年增长。据 2000 年统计，长沙铁路总公司行包发送量达到 355.4 万件，比上年增加 186 万件；行包进款收入达 5506.6 万元，比上年多 699.7 万元；行包保价收入达 383 万元。怀化铁路总公司行包发送超过 6 万件。石长铁路总公司行包发送量成倍增长，由 1999 年的 9830 件增加到 26299 件。

四、餐营服务

20 世纪 80 年代初，旅客列车曾出现供水不足的问题。1982 年，铁道部为了解决这一难题，规定上水客运站设客车上水工上水，同时，对水井、水栓进行一次全面检修，对水井不够列车长度的车站，扩建上水井及水栓，站台上供水龙头加以检修扩建。暑期，为解决列车上旅客开水供应，各客运站添置送开水车等工具，雇人到站台上给旅客列车送开水，还组织职工上站台，为旅客义务送水。

旅客列车配有餐车，负责旅客列车的饮食供应工作。从 20 世纪 80 年代开始，餐车实现做饭蒸汽化、灶台燃料液气化、食品储藏冰柜化，保障旅客饮食卫生。同时，明确职责，餐车烟囱趟趟检，防止列车火灾。餐车供应炒菜、团体包餐、快餐盒饭、卤菜，扩大茶点品种，提高档次，还采用高、中、低档次相结合的办法，旅客就餐丰俭由人。餐车经营方式从1992年开始实行承包制。1997年，旅客列车提速，开行“夕发朝至”列车，旅客列车在晚上过境多，白天少。餐车为适应发展，提高服务质量，增加供应花色品种，并创造出每一趟车适合地域的口味餐饮供应，满足旅客的要求。2000年，省内铁路4个客运段（公司），共配置餐车98辆。

五、综合服务

铁路局设立旅行服务所，下设旅行服务分所和旅行服务组。1980年末，郴州、衡阳、冷水滩、株洲、长沙、岳阳、怀化设立旅行服务分所，耒阳（属衡阳分所）、低庄（属怀化分所）设旅行服务组。

车站服务供应形式多样，品种繁多，范围广泛，逐步发展。20世纪70年代，广州铁路局提倡饮食、住宿、购物、娱乐“一条龙服务”。株洲车站率先建起餐厅、旅店、商场和歌舞厅。20世纪80年代提高档次，开展综合服务。1992年以后，长沙、株洲、衡阳、郴州、怀化、岳阳、娄底、耒阳、冷水滩、醴陵、汨罗、湘潭、新化、低庄、吉首、张家界车站的旅行服务所，站台建立售货亭，设立售货车，供应快餐（包括点心、汤、稀饭、卤菜）烟酒、饮料、水果、日用百货、土特产、中成药及书报杂志等商品，旅行服务业务开展活跃。2000年，依托张家界旅游资源的优势，开出旅游专列37对，提供多种旅游服务。

第三章　货物运输

20 世纪 80 年代以来，随着改革开放不断深化，国民经济的高速发展，铁路货运量的增长较大。1988 年底，衡广复线开通和京广线自动化闭塞改造工程完工，湖南省境内国铁运输能力大为提高。1978 年至 2000 年，年货物发送从 3546. 85 万吨增加到 4611. 7 万吨，年货物到达从 3648. 57 万吨增加到 4846. 8 万吨，年货物周转量从 237. 57 亿吨公里增加到 400 多亿吨公里（表 9、表 10）。

表 9　　1978—2000 年部分年份湖南省国铁货物运输主要经济技术指标表

年份	铁路总公司（分局）	货物发送吨（千吨）	货物到达量（千吨）	货物周转量（百万吨公里）	平均运程（公里）	日均装车（辆）	日均卸车（辆）	静载重（吨）
1978	衡阳分局	11298. 9	8780. 2	11699. 9	265	641	504	48. 4
	长沙分局	19023. 4	23534. 4	11785. 3	188	1139	1363	45. 8
	怀化分局	5251. 2	4267. 7	1353	168	296	255	48. 7
	湖南省	35468. 5	36485. 7	23757. 3		2076	2122	
1980	衡阳分局	10589. 6	8483. 6	10944	265	588	474	48. 4
	长沙分局	19640. 8	24293. 7	13069. 7	197	1151	1376	46
	怀化分局	5706. 2	4259. 2	3088. 6	244	313	251	48. 8
	湖南省	35833. 5	36916. 7	25934. 4		2052	2101	
1984	衡阳分局	11139. 8	9188. 9	13476. 1	272	590	489	51. 7
	长沙分局	20623. 1	26095	16090. 7	207	1146	1396	49. 1
	怀化分局	6498. 7	4387. 9	3916. 5	252	341	241	52. 2
	湖南省	38141. 8	39571. 9	31981. 3		2077	2126	

续表

年份	铁路总公司（分局）	货物发送吨（千吨）	货物到达量（千吨）	货物周转量（百万吨公里）	平均运程（公里）	日均装车（辆）	日均卸车（辆）	静载重（吨）
1987	长沙分局	28837	33665. 3	35932. 1	343	1503	1717	52. 5
	怀化分局	14237. 9	11545	13089. 9	339	707	602	55. 2
	湖南省	42917. 2	45086. 3	47213. 2		2210	2319	
1989	长沙分局	29775	34397. 7	40602. 4	356	1516	1717	53. 8
	怀化分局	15272. 1	11365. 8	14932. 6	348	739	576	56. 6
	湖南省	44865. 9	45658. 6	53473. 2		2255	2293	
1991	长沙分局	35778. 3	38382	47594. 3	381	1794	1885	54. 6
	怀化分局	10345. 4	7249. 5	14722. 6	376	495	364	57. 2
	湖南省	45944. 3	45485. 3	60070		2289	2249	
1994	长沙总公司	37005	38788	54358	398	1805	1876	56. 2
	怀化总公司	11412	7781	17866	374	538	386	58. 1
	湖南省	48276	46490	70157		2343	2262	
1998	长沙总公司	34361	37936	46018	358	1614	1784	
	怀化总公司	9243	8334	19247	373	425	407	
	石长总公司	135						
	湖南省	43489	46147	63408		2093	2191	
1999	长沙总公司	35114	37489	41661	339	1661	1754	
	怀化总公司	8118	7901	19621	360	374	375	
	石长总公司	944	931			46	58	
	湖南省	44059	46174	59715		2081	2187	
2000	长沙总公司	35748	39124	42323	334	1673	1826	
	怀化总公司	9097	8523	20865	359	420	396	
	石长总公司	1389	939	769		65	62	
	湖南省	46117	48468			2158	2284	

表 10　1978—2000 年部分年份湖南省国铁主要品类货物发送表

单位：千吨

货物＼年份	1978 年	1984 年	1988 年	1993 年	1997 年	2000 年
总　量	35468.5	38141.8	43307.9	48752	44842	46117
煤	10983.3	11260.3	10804.3	10902	12220	11862
焦　炭	502.7	488.5	509.2	702	1084	825
石　油	1733.8	1876.5	2056.6	2294	1773	2983
钢　铁	1317.8	1734.5	2464.1	2976	3526	4504
金属矿石	1398.2	8191.3	1625.8	2394	1599	1666
非金属矿石	3632.2	2891.1	3991.8	7069	6534	6432
矿　建	5481.4	5457.7	5862.5	4673	3641	3809
水　泥	1029.4	2185.6	3031.5	5012	2763	2193
木　材	1290.8	896.6	564.8	975	768	1267
化肥农药	793	1639.9	1574.3	1645	2977	2611
粮　食	1028.6	1519.8	1550.6	1637	829	1457

第一节　货运设备

20 世纪 70 年代，湘黔、枝柳和醴茶线先后通车，建成怀化、低庄和醴陵站货场。枝柳铁路正式运营后，怀化南站成为湖南省西部最大的货运站。有货物线 6 股道，零担仓库 4 座，危险品仓库 1 座，建筑面积 4600 平方米。1976 年，株洲新货场建成，成为全国七大中转零担货场之一，有货物线 8 股道，零担仓库 2 座，危险品仓库 1 座，零担站台、中转零担货物站台 2 座，跨线雨棚 1.35 万平方米。

20 世纪 80 年代，长沙铁路分局建成长沙北站北货场，拆除北三角线，建成货 2 线及 5000 平方米整零卸车库，随后北货场改建成大型集装箱货场；拆除货 1 线整零发送雨棚，改建成新型整零发送库；拆除货 8 线，建成货 3 线大型笨零及集装货场，使长北站成为零担、集装箱发送为主的大型货场。衡阳站建成湖南省境内第一个大型集装箱货场。衡阳北站投产后，衡阳站北场货场进行改建。郴州站北场货场建成，郴嘉地方铁路货物交接线开通。汨罗车站货场建成。长沙东站树木岭（专线）大型整车货场，是全路第一个集资修建的货场，一期工程于 1989 年 7 月建成投产。1983 年，怀化铁路分局有硬化货场 2 万多平方米，修建货仓、货房办公室 2000 多平方米。

20 世纪 90 年代，长沙铁路总公司建成娄底东、荣家湾、永州站货场、醴陵站集装箱货场，扩建岳阳南站货场。1993 年，怀化铁路总公司货场改造 6 个，有硬化货场地面 40000 平方米，修建仓库 700 平方米，慈利、新晃等 16 个站货场硬化动工。1994 年，利用保价专项款源 861 万元新建吉首南货场，改造会同、张家界、新安镇货场，为张家界、冷水江东、涟源、吉首车务段各添置汽车 1 台，改造吉首、杨市、金竹山、石泉站货运室，改善近 40 个站货场照明设备及 30 个货运设施项目。1995 年，保价货运设施 983.7 万元（其中铁道部投入 250 万元，广铁集团公司投入 474 万元，怀化铁路总公司投入 259.7 万元），更新吉首站门吊、怀南站设电视监控，以及该站货场综合改造、货运电子计算机制票协调，慈利、新晃、吉首站货场照明（使用高架灯），改造新建冷水江东等 6 个站的货运室等建设项目 60 项。至 2000 年，长沙铁路总公司货场面积达 143.4 万平方米；货物仓库 183 座，建筑面积 89000 平方米；货物雨棚 41 座，建筑面积 66000 平方米；货物站台 120 座，建筑面积 193000 平方米；装卸线 165 股道，长 62000 米，装卸有效长 38500 米，堆货量 274000 吨。石长线开通后，不断新建改建货场设备。至 2000 年底，有 8 个车站建起货运仓库，建筑面积10456平方米；站台14座，面积35266平方米；装卸线20条，总延长6772米，有效长6096米。

第二节　货运业务

一、整车运输

整车运输是铁路大宗货物运输的主要装运方式，历来占铁路货运总量的绝大部分。需要一辆或一辆以上货车装运货物，按整车办理。根据货物的状态和性质，有些货物按整车运输办理。如，没有包装的散堆货物，需冷藏、保温或加温运输的货物，危险物品中的炸药及爆炸性物品，容易污染其他货物的污秽品和超长货物等。

省内国铁整车运输以煤、石油、钢铁、金属矿石、非金属矿石、矿建材料、水泥、化肥、农药、粮食、木材等为主。为了提高整车运输效率，20世纪80年代以后，各铁路分局（总公司）在组织开行各类产品的直达列车同时，采取各种科学、先进的方法，实行巧装满载。1984年，怀化铁路分局运输部门各单位开展了“满吨、满载、满线”的三满竞赛。由于加强了自备车的管理运用，货运量有明显提高。据统计，该分局1984年货运量比1983年增长4.1%。1985年起，货运运能与运量的矛盾突出，运输部门采取排空、增加列车对数、提高牵引定数等办法，挖潜提效，扩大运能。1998年6月开始，改革货物运输方式，解决铁路货物承运、交付手续繁杂，多窗口、多层次办理问题，方便货主，将货物承运或交付需办理的所有票据手续实行一次办理。1998年以来，石长线货物到发量一直呈现逐年稳步上升趋势，且年涨幅在19%以上。长沙铁路总公司2000年统计，全年整车货物发送占发货量97.7%。

运输效率提高，促进了省内铁路货物运输发展。2000 年与 1987 年年发送量比较，煤炭增长 923.7 千吨，石油增长 1249.2 千吨，钢铁增长 3186.2 千吨，化肥增长 1818 千吨，粮食增长 428.4 千吨。

二、零担运输

零担的运输组织贯彻“多装直达，合理中转，巧装满载，安全迅速”的原则。

20 世纪 70 年代，长沙铁路分局京广线开行快运零担货物列车 1 对，沿途不进行货物车辆摘挂作业。1 对沿途零担货物摘挂列车所占用的线路通过能力，相当于 2 至 3.5 对直通货物列车。怀化铁路分局零担运输组织工作 1972 年开始，开展“合理装配好、站顺隔离好、分批堆码好、破件修补好、货票核对好”的“五好”活动，零担货物的发送量和批数逐年增加，整装零担车的平均净载重达到 25 吨，直达率达 50%以上。

20 世纪 80 年代，长沙北站为解决零担货物运出难题，组织零担货位每日早晚 2 次进货，充分发挥货位效应。株洲站是全路 7 个路网性零担货位中转站之一，在货场堵塞时，将部分笨零送长沙北站办理。新货场建成后，仍未能满足零担货运日益增长的要求。株洲北站 524 专用线租用 4180 平方米货仓办理零担中转。

1985 年，为提高铁路通过能力，对零担运输进行重大改革，停开京广线、浙赣线和湘桂线的沿途零担货物摘挂列车，以整车分卸办法解决中间站的零担运输问题。怀化铁路分局停办零担业务站 11 个，大多数中间站停止办理零担货物运输。1991 年 6 月，铁路局要求怀化铁路分局和有关站段互相配合，组织好湘黔线怀化南至株洲间的沿零货物运输，开好 3019/3020 次沿零列车，确立怀化南站是铁路局管内的零担辅助中转站地位。1992 年初，因沿零车货源枯竭，铁路局决定取消此趟沿零车。是年 4 月，怀化铁路分局贯彻铁道部有关会议精神，依靠自身优势，拓宽多种经营渠道，管内各货运站开展重质货物机零为整（以零担承运）和轻浮货物以零担优先（以整车承运）运输业务，并制订“集零为整”“零担优先”的运输组织办法。到20世纪90年代中期，取消湘黔线、醴茶线沿途零担摘挂列车。2000年，长沙铁路总公司组织零担货物满载7480辆，提高零担货物装载率28%，节省货车4820辆；轻泡货物加宽加高装载11252辆，提高装载率29.8%，节省货车5064辆。全年共节省货车9884辆，按每列50辆计算，等于增开列车198列。至2003年底，怀化铁路总公司管内零担办理站仅有怀化南、冷水江东、新化、涟源、吉首等站。

三、集装箱运输

1979年，广州铁路局发布《关于成立集装箱运输营业所的通知》，省内国铁中，长沙北站成立集装箱营业所，为车站的组成部分之一；衡阳、株洲站增设货运员定员2人，专门负责集装箱运输业务工作。为加强国际集装箱海铁联运及包干运输的组织工作，积极开展国际集装箱内陆运输，长沙铁路分局及长沙北、醴陵站均安排专人负责此项工作。20世纪70年代末至80年代初期，3吨集装箱被淘汰，陆续开办国家标准1吨、5吨、10吨和国际标准20英尺和40英尺集装箱。1987年，衡阳站建成分局管内第一个大型集装箱货场。翌年，长沙北站北货场改造集装箱货场竣工。两货场均设36吨、20吨门式吊车。长沙北站与市汽运公司签订协议，成立集装箱运输汽车队，使“门到门（上门收货并送达指定地方）”达到100%。1996年5月，长沙铁路总公司成立集装箱运输中心，下设长沙北、衡阳、株洲、岳阳北站4个营业中心，湘潭、郴州、岳阳南、汨罗、长沙东、株洲北、醴陵、永州站8个集装箱营业所。1998年，办理集装箱运输站达到16个。

1990年3月，开辟九龙至长沙北、长沙东站及株洲地区国际集装箱业务，是年5月，又增加长沙南站。2000年，经铁道部批准，继续开展长沙东、醴陵站使用国际集装箱和铁路通用箱运输出口烟花鞭炮业务，吸引上海华洋货运公司和广州宏光货运公司的国际代理运输业务，争取公路、水运的烟花鞭炮集装箱货源；发展长沙南、醴陵、长沙北、永州站铁路箱经连云港出口港铁联运业务。同时，开发长沙北、永州、邵阳铁路箱经上海港出口的港铁国际联运；开发娄底、汨罗、郴州、湘潭、三塘站20英尺标准箱使用中铁提单发送出口外贸货物；开发棋梓桥、木根桥站散装水泥罐式集装箱运输业务，打通水泥供港运输通道。是年集装箱货物发送量占该总公司货物发送量的1.89%（1991年只占0.9%）。

长沙铁路总公司注重发展自备集装箱运输，积极与货主商谈，利用铁路价格优势，让货主租用自备集装箱。1999年，七松站开展自备集装箱运输。管内办理自备大型集装箱的专用线有：醴陵站外贸专用线，为外贸单位专用，只办20英尺集装箱；株洲北站国家储备336处专用线，各单位共同使用，办理20英尺、40英尺集装箱；长沙东站外贸专用线，办理20英尺、40英尺集装箱。

怀化铁路分局集装箱发展较慢。1991年底，怀化南站开办集装箱业务。1994年，怀化铁路总公司集装箱运输实行计划优先、装车优先、挂运优先的“三优先”原则，做好宣传发动工作，扩宽货源范围，扩大货物品种，努力组织箱源，这一年，较好地完成集装箱运输任务。1996年2月26日，成立怀化铁路总公司集装箱运输中心，由总公司货运部负责业务指导。从1998年开始，怀化铁路总公司集装箱运输有较大发展，运输量每年以15%的速度递增。1998年，办理集装箱运输的车站仅怀化南、张家界、吉首、慈利、涟源5个站。怀化铁路总公司根据山区铁路的实际情况，增设集装箱办理站。溆浦站由办理回送空箱，采用协议运输形式，开办集装箱运输。龙山、石门开办集装箱运输代办点，实行“门到门”“一条龙”的运输承诺和保价赔偿承诺。怀化铁路总公司为了扩大集装箱运输量，扩大适箱货源，对怀化南站货六道门吊基础延长、张家界站门吊增吨改造等项目进行投资。2000年，怀化铁路总公司集装箱清算收入比上年增长70%，集装箱发送箱增长13%。

石长铁路公司德山货场和益阳东货场开办了集装箱运输业务。据2000年统计，是年德山货场共发送1276箱，发送货物12199吨，到达1338箱。

省内国铁集装箱运输逐年上升，2000年，集装箱发送74.9万吨，到达96.7万吨。2000年5月，按照铁道部要求，实行“货运营销及生产管理”系统，实现车站、总公司、集团公司、铁道部四级联网，10月1日，正式开通使用集装箱“一口价”系统，统一规范集装箱“一口价”收费。

四、特种货物运输

（一）鲜活货物运输

铁路运输的鲜活货物指在运输过程中需要采取制冷、加温、通风、上水、加冰等特殊措施，以防止腐烂变质或病残死亡的货物。

怀化铁路分局管内鲜活运输开始于1974年，运输主要品类有柑橘、活猪、冻肉、禽蛋等。开始主要是新化车务段杨市站运输“雪峰牌蜜柑”，通过国际联运满洲里站运往苏联。苏联解体后停止运输。1980年1月，实行整车货物快运办法，鲜活货物按快运办理，加收快运费30%。涟源、新化等站的活猪是供应香港3趟快车的主要原料基地，3趟供应港澳地区鲜活货物的快运列车优质、适量、均衡、及时地向港澳地区输送了大批鲜活货物，对保证港澳地区居民的正常生活需要，稳定两个地区鲜活商品的市场价格起到了重要作用。1996年以前，95%的柑橘经铁路运输。1997年，张家界车务段所管辖各地方县、市柑橘产量达21

万吨，其中铁路仅运送 11 万吨。1998 年开始，对管内柑橘发送运费下浮 15%，扩大了市场份额，为管内柑橘之乡石门等地提供了运力保证。

为了保证鲜活货物运输，1989 年在株洲北站出发场原址建冰厂及加冰设备，成为铁路局管内两个加冰厂之一。该厂日产冰 60 吨，车站设加冰货运员，检查过路保温车及组织加冰。1993 年，长沙铁路总公司制订始发站加冰、补冰措施，对没有加冰条件的 95 个站停止办理冰保运输。全年装运冰保及鲜活货车 1.34 万辆。是年，株洲北站充分发挥设备潜力，提高冰产量，全年办理加冰 6226 辆，做到不停、不限、不漏、不堵。各上水站对 9.8 万辆禽蓄鱼车（其中运港车 3355 辆）做到上水及时。1994 年，长沙铁路总公司拨款 25 万元，对各上水站上水设备和株洲北站的制冰、加冰设施进行检修改造，配备了必要的加冰、上水工具用品，增加了加冰、上水能力。全年加冰作业 1.76 万辆，上水 3.48 万辆，无一遗漏。1998 年 12 月，湖南省金罗肉类联合加工厂成为怀化铁路总公司一个新客户。1999 年 1 月开始，每月运往香港 15 车左右肉类、鲜活产品，保证香港市场供应。部分车经石长线到株洲北站，挂 3 趟运港专列。2000 年，株洲北站加冰厂产冰 17492 吨，共办理中转冷藏加冰 10224 车，加冰 32447 吨（其中外购冰 14955 吨），加盐 299 吨。

20 世纪 90 年代初期，供港鲜活货物快运列车中的 751 次逢单日由江岸西站、双日由长沙东站始发开行，755 次每日由郑州北站始发开行，两列车均在广州北站编解，开往深圳北站过轨香港。753 次每日由新龙华站始发，在株洲北站、广州北站分别编解后，在深圳北站过轨香港。邵阳站每逢 2 日、6 日开行 3174 次（758 次），沿线挂鲜活车到株洲北站，接挂 753 次，达到鲜活商品快运的要求。至 2000 年，供港澳 3 趟快运货物列车运作正常。是年，82751（751）次蒲圻口接入 179 列，长沙东站始发 178

列，到达深圳北站 172 列，平均每列挂运外贸鲜活货物 30 车；82753（753）次醴陵口接入 363 列，到达深圳北站 240 列，平均每列挂运外贸鲜活货物 30 车；82755（755）次蒲圻口接入 363 列，到达深圳北站 164 列，平均每列挂运外贸鲜活货物 31 车。

（二）危险货物运输

危险货物指运输过程中易燃易爆的货物。1980 年后，危险品运输量进一步增长，为保证安全，便于管理，将危险品运输业务集中到设备齐全、安全条件好、能力较大的车站。设备差、能力小的车站和市区车站不再办理危险货物到发业务。在长沙铁路分局管内，郴州、衡阳、衡阳西、冷水滩、株洲、黑石铺、醴陵、湘潭东、岳阳北、邵阳、娄底等站，为危险货物办理的车站。1980 年 11 月起，易家湾农药基地产品，使用毒品专用车装运农药。株洲、湘潭有大量酸、碱、煤焦油外运，使用各企业的自备车；路口铺、云溪是湖南省境内石油、化纤生产基地，路口铺站备用各种罐车装运石油产品。至 1985 年，危险货物运输已有 10 类、3000 多个品种。

1988 年，铁道部对《危险货物运输规则》作了补充规定：禁止铁路运输拉炮、摔炮、打火纸等。危险品货物运输从作业程序、作业标准、消防规定等都建立严格的管理制度。1993 年，为确保石油液化气罐车的运输安全，组织参加运输单位对罐车充装和接卸设备进行检查。1994 年，敦促产权单位，对参加运输危险货物运输的自备罐车进行检修。确定岳阳化工总厂、长沙市煤气公司、株洲 430 厂、衡阳铁路液化气站为罐车液化气泄漏急救处理站。对生产烟花爆竹的 25 个厂家的生产条件、产品性质、包装进行调查，重新办理入户登记手续。1996 年，长沙铁路总公司结合铁道部颁发新危险货物运输规则的实行，整顿危险货物罐车及液化气卸车的管理，对重点办理危险货物的 23 个站、90 个单位进行危险货物运输及包装改革全面检查，确保全年发送危险品货物3万多车，130万吨；到达1.6万车，49万吨。1999年，开办街洞站专用线鞭炮烟花运输业务和开发郴州站通用箱运输鞭炮业务。

怀化铁路总公司管内有15个站专用线办理危险货物发送，23个站专用线办理危险货物到达。年平均到发2万多车，100吨左右。1988年，广州铁路局指定怀化南站为洗刷除污站，经过总公司的危险货物、活动物车辆进行洗刷。1995年，川水站利用86360部队军用铁路专用线兴建80米液化石油气罐车卸车设备，新化站煤坪铁路专用线末端100米处兴建液化石油气卸车台1座。

（三）超限货物运输

超限货物指发电、变电、冶金、化工化纤和石油设备及大型机械、桥梁构建等，其重量有数十吨至上百吨，长度达40至50米。1984年3月，将超限车的最大宽度定为距线路中心2.1米。衡广复线开通后，重新规定超限车宽度为距轨道中心线1900毫米至2000毫米。运输这类大型设备时，需要采取一些特殊措施。从1983年7月起，指定每月10—15日、25—30日为超限货物装车日期，将超限货车集中在一趟列车挂运。

株洲桥梁厂是生产铁路混凝土预制桥梁构建的大型工厂，有运送桥梁构建的专用平车。每次装运桥梁构件时，株洲北站都派专人进行检查验收，确认合乎装车及加固规定标准后，才准许挂运出厂。1995年7月，实行铁道部新的《铁路货物装载加固规则》，长沙铁路总公司举办车站办理大件货物货运员学习班，坚持大件货物装车方案的审批关，制定笨重零担货物装载加固办法。2000年，在株洲北、衡阳北、娄底站设货物装载安全监控点，对管内各装车站的货物装载质量进行安全检测，查处“三重（超重、集重、偏重）、一超（普货超限）、一坠落”等装载不良问题186个。广铁集团稽查大队3月至6月，在株洲北站检查，发现株洲、娄底、祁东车务段管内及娄底、邵阳、湘潭、湘潭东、醴陵、郴州站等共装超载车66辆，平均每车超载14.3吨。

第三节　联合运输

由于全国铁路运营归铁道部统一管理，铁路内部不存在联合运输。联合运输主要在铁路与公路、铁路与水运、铁路与空运及国际间进行。

一、省内水陆联运

包括铁路与公路联运和铁路与水路联运。

20世纪80年代开始，随着改革开放的深化，铁路运量的增长，省内长沙铁路分局管内较大的货运站、客运站、客货运站均在经济吸引区内设立无轨站，组建联合企业，办理联运服务业务，对整车、零担货物，实行一次托运、一次收费、一票到底、全程负责的办法。1986年，怀化铁路分局和各站段业务部门到不通铁路的边远山区建立办事处13个，上门为货主服务，承担铁路公路联运、储运保管等业务。货主还可以打电话向有关业务部门申报车皮计划，非常方便。《人民日报》于1986年12月27日对此予以表扬肯定，显示铁路与公路联运有广阔的发展空间。

早在20世纪50年代，广州铁路管理局与湖南省航运厅轮船运输局签订《铁路与水路货物联运试行办法》，各有关车站与当地港务局制定《水陆联运实施细则》，共同开展联运业务。1978年城陵矶车站和城陵矶港间建成铁路专用线和车辆交换站，成为全国铁路与水路联运的重要港口。到20世纪80年代中期，由铁路与海运、航运、港务、交通部门联合成立联运企业，办理中转运输、异地托运、代购代销和代运业务，联运运价较一般运价减少15%。由于上述办法主要靠行政命令组织，未按经济活动规律办事，实际执行效果并不如预期效果理想。

二、国际联运

20 世纪 50 年代，长沙铁路分局开办国际联运业务。办理这方面业务的车站有长沙、长沙北、衡阳、长沙南、五里墩、岳阳、株洲、湘潭东、湘潭等站，出口的物资有大米、柑橘、冻肉、卤鱼等，运往东欧、东南亚、港澳等地。20 世纪 80 年代后，省内办理集装箱联运业务。1988 年 8 月，怀化铁路分局石门站正式开办国际联运业务，主要运输柑橘出口苏联。1989 年 1 月，吉首站开办出口湘西土家族苗族自治州粮油食品出口公司的冻牛肉等土特产国际联运业务。1990 年 12 月，金罗、新凤凰站开办国际联运业务，1991 年办理湖南省澧县对外经济贸易公司出口苏联的化工原料立德粉 4000 吨、冻猪肉 1000 吨，凤凰县的牛羊肉 2000 吨。上述货物源源不断销往欧洲各国。石长线办理国际联运业务有德山、益阳东站，货物主要是常德卷烟厂的烟草，在满洲里过国境。

第四节 装卸

一、组织管理

20 世纪 70 年代初期，为解决装卸作业能力严重不足的问题，广州铁路局从农村抽调大批劳动力参加铁路委外装卸作业。1978 年 12 月，农村知青回城。为安排他们的工作，车站成立“大集体”企业，一部分人做服务工作，一部分人干装卸工作。长沙北站指定货 4 库整零卸车全部由大集体承办。

1982 年 4 月，广州铁路局撤销装卸作业所，局货运处设装卸作业科。各分局同时相应撤销装卸作业分所，装卸工作的管理职能由分局货运科负责。各基层站段装卸作业所划归所在车站、车务段领导，相当于车站、车务段所属的一个车间，财务上实行独立核算。1985年，各专区（市）级以上所在地的车站，招收部分临时农民轮换工参加装卸工作。1986年1月，广州铁路局规定，招用18至35岁农民轮换工，用工单位要与本人或乡（镇）签订劳动合同，经当地县以上劳动部门签认后方可使用，一年签一次，使用年限不超过10年。是年10月，广州铁路局明确规定，铁路装卸队伍是国家计划指标内的固定工、合同工、农民轮换工，统称路内装卸工。由农民、知识青年、地方装卸搬运组织组成的装卸工，则统称为计划外用工，按委外装卸管理。

1989年，铁道部颁布了《铁路装卸作业标准》和《铁路委外装卸管理办法》，委外装卸管理工作走向程序化、规范化、科学化。车站组织委外装卸时，经分局装卸管理部门审定报地方人民政府批准后，由车站与委外装卸的承办单位签订合同。合同期限为1至5年，委外人员在合同期间发生的病、伤、残、亡所需劳保费用及口粮等，均由承包单位自行处理。委外装卸责任造成各类事故，由承办单位负责赔偿。委外人员与铁路职工共同承担路风建设和抢险救灾等工作义务，同时享受有文明车站（货场）等竞赛奖励待遇。是年9月18日至10月28日，怀化铁路分局先后对涟源、芷江、新化、吉首等站为委外进行“标准化装卸队”达标检查验收，靖县城站委外装卸队获得“标准化装卸队”检查的第一名，芷江、新化、新晃、麻阳、石门县委外装卸队达到“标准化装卸队”标准。1994年，怀化铁路总公司靖州、会同、黔城、溆浦、慈利、石门等队推出“服务质量信息反馈卡”，每装一个车，请货主、车站外勤值班员签署意见，受到车站、货主的好评。是年，长沙铁路总公司完善《委外装卸管理细则》和《临时轮换工管理办法》，调整轮换工工资计算办法，拨款120万元新建轮换工生产和间休房舍2260平方米，新建、改造委外装卸工间休房、工具房、澡堂及食堂1945平方米，拨款50.6万元，添置老虎车、铁铲等部分生产工具。1997年，长沙铁路总公司对管内6400名委外装卸工的劳动合同进行审批，开展委外装卸“安全生产、优质达标”活动，有18个委外装卸队评为达标队，27个班组评为先进班组，365人评为先进个人。利用委外装卸管理费165万元新建和改造部分工间休息室、工具房，添置一批生产工具。1999年，对5208名委外装卸工劳动合同进行审批，及时处理人身意外伤害保险事故25宗，理赔金额10.3万元。

1996年，铁道部装卸体制改革，5月，广州铁路（集团）公司撤销货运处装卸科，成立装卸运输管理中心，日常工作隶属货运处领导，实行自主经营，独立核算。各铁路总公司也成立装卸运输公司。1998年，怀化铁路总公司成立委托装卸管理办公室，站段相应成立委托装卸委员会，由站段长或主管运输生产副职任主任委员，成员由装卸组织员、货运主任、公安负责人及委托装卸承办单位负责人组成。2000年4月，该总公司装卸运输公司撤销，路工装卸全部移交各车务站段管理。是年，成立长沙铁路装卸公司，实现运输企业与多元经营企业分开。11月9日，撤销长沙铁路装卸公司，成立长沙铁路多元经营发展集团公司，下设装卸业务部和旅服业务部。

石长公司自1994年1月组建以来，陆续在沿线开展装卸工作，装卸车大多采用人力作业方式。1998年10月全线通车后，部分车站开始机械化作业。2000年6月5日，正式成立常德车务段装卸作业所，隶属常德车务段，下辖9个委托装卸分公司，在籍装卸工近600人，主要负责石长公司管内办理货运业务的石门县南站、临澧站、盘塘站、常德东站、德山站、汉寿站、益阳东站、宁乡站、望城站9个货场的装卸业务及其他相关延伸服务。10月，石长铁路公司改革，调整生产布局，常德车务段一分为二，改为常德车务段和益阳车务段。原来的常德车务段装卸作业所相应改为常德车务段装卸作业所和益阳车务段装卸作业所。常德车务段装卸作业所主要负责石门县南站、临澧站、盘塘站、常德东站、德山站、汉寿站货场的装卸业务及其相关延伸服务。益阳车务段装卸作业所主要负责益阳东站、宁乡站、望城站货场的装卸业务及其相关延伸服务。

二、机械化作业

1975 年 3 月，广州铁路局开展机械化装卸大会战，以广州铁路局驻长沙工作组为主，组成局驻长沙装卸机械化会战领导小组，加强对湖南省内长沙、衡阳、怀化铁路分局装卸机械化工作的指导。通过会战，铁路局装卸机械逐年增加，装卸机械化的物质基础得到强化。1978 年后，为实现湘黔线装卸作业机械化，先后调拨给怀化铁路分局 12 种装卸机械 80 多台，其中国外引进 10 台。由于该分局管内装卸清退交接工作与委外装卸单位发生争执，造成这批设备有不少长年放在露天环境中，遭受日晒雨淋而生锈腐蚀。1981 年 12 月 1 日《工人日报》发表读者来信曝光此事。广州铁路局与怀化铁路分局积极与有关地方政府联系，将这批装卸机械陆续投入使用。

20 世纪 80 年代后期，装卸作业机械进一步增加，机械化作业比重明显提高。1985 年，长沙铁路分局各大货场共拥有 1 吨电瓶叉车 180 台。在新建和改建货场的同时，均考虑装卸机械配套。新建的郴州北运转场货场，衡阳、长沙北集装箱货场，树木岭货场，均建有大型龙门吊。1988 年，怀化铁路分局管内主要装卸作业站都配备了门吊。慈利站配备 20 吨 C 型门吊。1996 年 11 月，娄底站娄底东货场启用，建有 20 吨龙门吊 1 台。1997 年 12 月永州站新货场建成，建有 36 吨门吊 1 台及下河线货场 20 吨门吊 1 台。

装卸机械设备增多，每年用于更新改造及大修的费用增加，各分局为加强这方面的工作，制定了管理办法。1991 年，怀化铁路分局对管内装卸机械进行了一次全面的验收检查，检查机械设备 36 台，全部达到合格，红旗设备达 36. 1%，培训考核合格的装载机、门吊、叉车司机有12名，新增购装卸机械设备2台，维修改造设备4台，修建房屋1320平方米，硬化货场8087平方米，改造货物线4条，新铺货物线1条，机械设备更新改造、大修共投资88.7万元，货场设备更新、改造、大修共投资85.6万元。1994年7月，吉首站原使用的10吨门吊更新为20吨门吊，造价180万元。是年，长沙铁路总公司装卸机械更新费用520万元，更新大型装卸机械93台，新购1.2吨电瓶叉车46台，内燃牵引车8台，新建20吨门吊1台；大修费用100万元，大修设备38台（项）。对341台机械设备年检，其中一级190台，二级148台，三级3台，年检合格率为99.1%。1998年，长沙铁路总公司引进两套中国科学院第三代惯性制动器，引进两套新型液压副感式限载器，分别在永州、株洲、长沙北、长沙东站20吨门吊上使用，对防止设备超负荷使用效果良好。当年，装卸机械更新改造投入264万元，更新、改造装卸机械设备21台（项）；装卸机械大修费95万元，修复装卸机械28台（项）。完成岳阳北、邵阳站36吨门吊和湘乡站10吨门吊的按期投产。2000年，长沙铁路总公司有装卸机械设备324台，其中门吊36台，轨道吊2台，固定吊1台，卸煤机1台，电瓶叉车214台，内燃叉车15台，牵引车21台，装载机32台。是年，投入装卸机械设备更新、改造资金200万元，更新、改造设备23台（项）。年检鉴定装卸机械323台，其中一、二类设备分别为151、172台，无不合格设备。评出优秀设备79台，优秀司机272人，优秀维修及技术人员125人。

2000年6月5日，常德车务段装卸作业所成立，以路工机械化作业为主，兼以人力搬运作业为辅，装备有2台36吨门式起重机，4台1.5吨内燃叉车，4台5吨轮式装载机。

第四章　运价

第一节　客运运价

自1980年1月1日起，调整外籍公民旅客票价及行李、包裹运价，票运价水平为国内旅客的175%。

自1985年8月15日起，调整短途旅客票价、杂费标准，部分包裹运价及短途行李、包裹加附加费。

一、调整短途旅客票价

100公里以内硬座票价（不含市郊）由现行每人公里0.01755元提高到0.024元；软座票价由现行0.03071元提高到0.042元。100公里以内票价提价后，100公里票价将高于101至120公里。为解决远近票价倒挂，对101至160公里的票价做顺坡调整。加快票价仍按硬座票价20%（普快）、40%（特快）计算。

二、杂费标准

站台票每张0.05元改为特一等站每张0.2元，其他车站每张0.1元；订票费每人每张0.1元改为每人每张0.2元；手续费每人每次0.2元改为0.5元；车上签证费每人每张0.05元改为每人每张0.1元；行李、包裹变更手续费每票每次1元改为装车前每票每次1元，装车后5元。

包用餐车使用费每日每辆300元改为600元，合造车每日每辆150元改为330元。餐车、合造车的包车停留费用标准与包车费相同，同时产生两种费用时，只收其中一种费用。

包车停留费：软座、软卧、软硬卧、硬卧、公务、软座硬卧合造车，每日每辆104元改为230元。硬座、行李、软硬座合造、行李邮政、软座行李合造、硬座行李合造、硬卧行李合造车，每日每辆83元改为183元。棚车每日每辆42元改为92元。

租用、自备车辆在旅客列车挂运时，空车每轴每公里0.16元改为0.352元。重车、客车按标记定员票额，行李车按标记载重运费，餐车按租用费的80%核收挂运费。利用自备动力运行时，不论空、重车均按每轴每公里0.14元改为0.308元核收行驶费。

三、部分包裹加价

对体轻和有特殊运输条件的包裹实行加价。根据包裹类别，分别按二、三类包裹运价加价100%、200%、300%、400%；行李不加价。但行李起码计费里程10公里改为20公里，包裹起码计费里程50公里改为100公里。对运送距离在200公里以内的行李、包裹，加收短途附加费。

四、湖南省境内国铁各站7种客运杂费标准

1. 订票费，凡合同单位和30人以上的团体订票，每人每票收取0.5元。

2. 行李、包裹保管费，从行包到达之日起，免费保管3天。从第4天起，不分重量每件每天收取0.5元，从第6天起，特一、二等车站每件每天收取2元，其他站每天每件收取1元。

3. 行李、包裹装卸费，由车站行包承运地点装至行李车上，或由行李车上卸至交付点，不分重量每件收取0.5元。

4. 行李、包裹及携带品搬运费，行李包裹由行包交付地点搬至车站广场，或由车站广场搬至承运地点，旅客携带品由站台搬至出口站，或由候车室搬至站台，不分重量每件收取0.35元。

5. 携带品暂存费，手工存放：每天每件20公斤以内收0.4元，20公斤以上收0.6元；电动双控存放：大柜每天每个收2

元，小柜每天每个收 1 元。

6. 送票费，市区范围内，不分远近，客票每人票 1 元，卧铺票每人票 2 元。

7. 行李、包裹接取送达承办费，登门办理包接取送达手续的单件起票的，每票 1 元，多件起票的每件 0.5 元。

经国务院批准，自 1989 年 9 月 5 日起，客运价格上调：1. 基本票价率人公里由 0.01755 元调整为 0.03861 元，上调幅度 120%；2. 100 公里以内票价考虑到 1985 年上调 36.75%，为保持与公路客运合理比价，票价人公里由 0.024 元调整为 0.03861 元，上调幅度 60.8%；3. 市郊票价率人公里由 0.015 元调整为 0.033 元，上调幅度 120%；4. 外籍旅客票价为国内旅客票价的 2.0125 倍，考虑到上调幅度较大和与民航的比价关系，调整为国内旅客票价的 1.7 倍；5.《铁路军事运输计费办法》中的《军运人员票价表》按同幅度调整；6. 考虑到邮资未调，运邮价格不变；7. 改革行李运价办法，采用各交通部门统一的行李运价办法，即：每 100 公斤为一个普通硬座票价，折合公斤公里 0.0003681 元；8. 减少包裹运价等级，调整各类包裹内容和各类包裹运价的比例关系，由七类调整为五类，并取消行李、包裹短途附加费，外籍旅客包裹运价不再分种类，只按一种价格计费；9. 新行李包裹运价未包括装卸费，由发、到站分别另行核收；10. 地方铁路三茂线票价、行包运价按部颁票价上浮 50%；11. 客运杂费收费标准亦进行了相应调整。

因人民币汇率变动，按照保值原则，自 1991 年 3 月 1 日起，外籍旅客票上调 10.6%。自 1992 年 9 月 1 日起，由 25 型客车编成的全列空调列车：北京至广州 15/16、47/48 次，长沙至深圳 57/58 次票价在各种票价的基础上提高 50%。但外籍旅客客票和行李包裹运价及邮政有关费用暂不提高。自 1991 年 12 月 15 日起客运杂费，统一由铁道部公布项目及标准。

经国务院批准，决定自 1995 年 10 月 1 日起，调整铁路客运价格。提高铁路客运基价，即普通旅客列车硬座票价每人每公里从 3.861 分提到 5.861 分，提高 2 分。快车和行李、包裹等运价同幅度调整。硬座、软座、硬卧、软卧的席别比价由 1∶1.75∶1.8∶3.85 调为 1∶2∶2.2∶3.85。经调整后，升降相抵，客票平均提价幅度为 54%。

铁路旅客票价对大、中、小学生家庭住址与学校不在同一城市，每年可享受 4 次半价硬座客票。现役和非现役革命残废军人，可使用半价软、硬座客票及加快票、卧铺票。每一个大人可免费随带身高不够 1 米的儿童 1 人。

1997 年春运首次在客流期对直通优质优价列车票价下调 31%。1998 年后，春运期间实行旅客票价上浮政策。1996 年 6 月，将包裹分类进行调整，由五类调整为四类，品名的运价按类别进行调整。长沙至茶岭、株洲至茶陵、娄底至邵阳慢客及三都至白石渡交通车的行包车改为自理行包车。

2000 年根据新图特点和客流变化，长沙铁路总公司管内始发的 7 对客车票价实行上下浮动。衡阳至北京按新空调运价上浮 30%；岳阳至福州、岳阳至惠州、长沙至郴州运价上浮 50%改为上浮 30%；长沙至张家界、长沙至岳阳运价上浮 50%取消。

石长铁路通车以来，石长铁路公司捞刀河至石门县北站间，根据湖南省物价部门批复，票价和行李、包裹运价分别在国铁基础上上浮 50%，行李、包裹每票起码运费 1 元。站台票每张 1.5 元；补票手续费卧铺每人每张 8 元，其他每人每张 2 元；退票费按国铁规定执行；行包变更手续费，装车前每票/次 8 元，装车后每票/次 15 元；行包查询费每票/次 8 元，货签费每个 0.25 元；安全标志费每个 0.3 元；送票费送到集中送票点每人/张 3 元，送到旅客手中每人/张 5 元；行李包裹保管费每日/件 3 元；行李包裹装卸费每件 2 元；行李包裹搬运费每件 2 元。

第二节　货物运价

铁路货物运价为国家制定，全国铁路统一。20世纪60年代，先后2次进行运价制度改革。1967年为第二次运价制度改革，将整车按技术装载标准计费，改为按货车标记重量计费，运价号简化为整车7个，零担5个。高低运价号差距，整车为2.14倍，零担为4.73倍。1983年12月，提高铁路货物运价。按1981年运量测算总水平提高1.58%。整车和零担运价号分别为10个和5个。

1985年5月15日起，200公里以内的货物运费加收短途附加费，整车每吨增加4元，零担煤10公斤增加0.04元，以此促进公路合理分流，减轻铁路短途运输压力。1990年3月15日，实行重新修订的铁路运价规则，改革运价结构，整车运价号改为12个，零担运价号仍为5个（表11、表12）。

表11　　1990年3月国家调整的整车货物运价表

品　名	每吨公里运价提高（厘）	提高幅度（%）	品　名	每吨公里运价提高（厘）	提高幅度（%）
煤	5.4	27	棉　花	3.7	30.5
焦　炭	7.9	53	日　工	3.7	18.7
石　油	5.7	39.6	化　工	4.6	22.4
钢　铁	6.6	38.8	工　机	6.4	32.8
金属矿石	4.8	24.6	农　机	3.8	40.3
非金属矿石	4.8	29.6	农　副	3.8	29.1
矿　建	4.9	26.7	磷矿石	2.3	12.4
水　泥	6.9	33.7	鲜　活	4	
木　材	6.6	44.6	其　他	4.6	24.6

表 12 1990 年 3 月国家调整的整车货物运价率表

运价号	运价率（吨公里）	适用的主要货物品类
1	0.017	农业机具、竹、藤、棕、革制品
2	0.017	盐、书报、竹、藤、蔬菜、大牲畜
3	0.017	化肥、农药、其他肥料
4	0.018	沙石、砖瓦、金属矿石、非金属矿石
5	0.02	煤、焦炭
6	0.02	粮食、棉花、油料作物、瓜果、生铁
7	0.024	钢铁、木材、水泥及其制品
8	0.024	纯碱、土碱、沥青、炭黑
9	0.03	工业机械、运输机具、鱼、肉、蛋、列名以外货物
10	0.565	挂运与自轮行驶的铁道机车车辆及轨道机械

1990 年，军运运价每吨公里提高 5 厘，实际只提高 4 厘，和棉花一样按 6 号价计算。零担每吨公里运价提高 7 厘，提高幅度为 15.5%。提高集装箱运价，建立集装箱运价体系。在集装箱运价提高 7 厘的基础上，分别制定 1 吨、5 吨、6 吨、10 吨大型集装箱系列运价。冷藏车货物运价提高幅度为 83%。

铁路运价起码里程为 100 公里，101 公里以上每区段运价率按区段的中间里程计算，凡运价里程在某区段内，即适用该区段运价率。铁路货物运价每吨公里平均提高 0.5 分，由 2.09 分提高到 2.59 分。为支援农业生产，稳定市场物价，对粮食、食用植物油、盐和普通车运输的肉类、蔬菜等群众基本生活必需品的运价不予提高；铁路整车化肥运价暂缓 1 年提高。水陆联运特价优惠一律取消。对一般图书的运输收费继续给予优惠，与大、中、小学课本和教材执行同一运价。短途附加费仍继续核收。

1997 年，经国务院批准，国家计委和铁道部发文，自 6 月 1 日起，提高铁路货物运价，每吨公里提高 0.5 分。1998 年，从 4

月 1 日起，铁路货物运价每吨公里上调 1 分。

自 1998 年 10 月 1 日起，石长线与全路营业线相互间办理货物直通运输，计费里程为 20 公里，不足 20 公里按 20 公里计算。发到石长线的货物运价为：整车货物每吨公里 0.2 元；零担货物每千克公里为 0.002 元；自轮运转货物每轴公里 0.38 元；集装箱货物每箱公里运价率分别为：1 吨箱 0.022 元，5、6 吨箱 0.97 元，10 吨箱 1.92 元，20 英尺箱 5.8 元，40 英尺箱 11.6 元，空自备箱按重箱的 50%计算。1999 年，铁道部下达下浮政策。长沙铁路总公司争取运价下浮 23 项，其中一次性下浮 1 项，每月增加运量 15 万吨，增加运输收入 500 万元。1999 年 1 月 1 日起，实行货物分流运输。通过石长线运输的货物运价为：整车货物每吨公里 0.08 元；自轮运转货物每轴公里 0.24 元；集装箱货物每箱公里运价率分别为：1 吨箱 0.048 元，5、6 吨箱 0.40 元，10 吨箱 0.672 元，20 英尺箱 1.28 元，40 英尺箱 2.72 元，空自备箱按重箱的 50%计算。

2000 年，全国铁路正式营业线货物平均运价每吨公里提高 0.2 分，其中整车 1 至 5 号运价和零担、集装箱货物运价每吨公里平均提高 0.9 分。

第五章　军事运输

第一节　军运管理

1978 年 6 月，根据新颁布的《军事代表条例》，驻铁路局、分局、车站三级军运机构均改称军事代表办事处。

为使驻铁路沿线各级军代处的体制更趋合理，适应军队建设的需要，1979 年春，驻铁路局、分局和车站（地区）军代处分别定为师、团、营级单位。1983 年 4 月，将原驻长沙航务军代处并入驻长沙铁路军代处，对外使用原番号。1986 年 10 月，撤销衡阳铁路分局，并入长沙铁路分局，驻衡阳、郴州站军代处划归长沙铁路军代处，同时增设驻长沙站军代处。1993 年 3 月，随着分局撤销和总公司成立，长沙铁路分局军代处改成长沙铁路总公司军代处，怀化铁路分局军代处改称为怀化铁路总公司军代处。至 2000 年，湖南省驻铁路总公司军代处有长沙和怀化 2 个团级军代处。石长线开通运营后，该公司范围内的铁路军交运输工作由长沙铁路总公司军代处负责。驻站的军代处有岳阳、长沙、株洲、衡阳、娄底、怀化 6 个营级军代处。从驻铁路沿线军代处成立起，中共中央组织部就有明确规定，其党政工作实行双重领导。

1978 年 4 月，总后勤部将军事专用线改由驻局军代处管理。1980 年 5 月，总参、总后、铁道部联合颁发《铁路军专线修建、维修和管理办法》，驻局军代处在株洲军械仓库召开有军区后勤有关分部、基地兵站、陆海空军专线单位、铁路财务、工务部门参加的军专线工作会议，统一了加强军事专线管理与落实战备、准备打仗的认识。1986 年，军专线管理费改由驻局军代处管理，使之管线、管物、管事相统一，军代处与铁路局拟发《军专线维修养护经费包干办法》，不仅完成正常维修任务，还挤出部分款源安排部分军运设施大中修项目，得到总后勤部的肯定和好评。1983 年始，军专线开展“红旗线路”检查评比活动，2000 年，境内 30 条军专线 100%达到红旗线路标准。军供站基本形成了有效的供应保障网络。

军运管理逐步实行现代化。1989 年 1 月，长沙铁路分局军代处与广州铁路局军代处、运输处，实现微机联网。驻株洲北、衡阳北站军代处，先后在驻站全部使用微机进行编制列车编解作业计划。车站帮助研制成《铁路枢纽军运处理系统》，数据高度共享，与车站同步监控本站通过的军车。1995 年，长沙铁路总公司拨专款为各驻军代处购置电子计算机，建成长沙铁路总公司军事运输调度指挥系统，实现查询、跟踪、上呈下达指令一次性完成。1997 年 11 月，长沙铁路总公司电子所和军代处共同研制全路首套新兵输送指挥管理计算机软件系统。

第二节　军运业务

一、人员运输

1981 年，广州铁路局对新老兵运输进行较大的改革。第一，在运输时间上把当年征兵与退伍时间改为 10 至 12 月，新老兵运输的时间定在 11 月前后，从而避开春运、暑运高峰期。第二，在运输工具上把棚车改为客车，1983 年起全部使用客车。其他如抢险救灾、调防、部队拉练、演习、特种、特运等运输，都是奉命成建制同装备的运输。1987 年 7 月，武汉地区发生洪水，驻耒阳、衡阳某部奉命赴武汉抢险救灾，开行 8 个军列 2888 车。1988

年9月1日，柳州地区发生特大洪灾，衡阳某部工兵团赴柳州抢险，开行2个军列61车，运送人员270人，各种机械车辆143台。1994年6月5日，驻湘舟桥部队再次赴柳州抗洪救灾，从接命令装车至列车运行出发用时17小时21分。1998年8、9月，长江流域发生百年不遇的特大洪灾。从8月5日至9月17日，装载始发军列23列1000多辆车。往返输送抗洪抢险部队143列4600多车，输送人员8.3万人，物资109批15.8万吨。组织紧急抢险的零星人员180多车卸载24列，为过往的抗洪抢险部队10.05万人供应饮食167批。

二、物资运输

1978年后，军品物资运输多是铁水联运。此项运输除执行军品运输的特殊要求外，又增加一项时限性要求，确保车船接运的紧密衔接。由于改革开放后进坪石口的装车激增，运能与运量矛盾突出，一度影响军用油供油运输。铁路局与驻军代处密切配合，保证铁道部和总后核准的进坪石口限量有效完成，使军用油料及时入库。

从1983年10月1日起，军运计划权由总后、军区扩大到驻铁路局军代处。广州铁路局军代处有权审批部分军、师单位的重点和一般军运计划。1987年，广州铁路局对军运计划做出修改，只保留月度和临时计划两种，提高了军运计划实施的准确性。同时根据新形势新特点，又进一步明确了军品运输范围，即武器、弹药、油料、车辆、军需、器材、建材、其他共8类。

第三篇

运输保障

第一章　机务

铁路机务部门负责机车运用、检修和生产生活供水、供电以及牵引供电工作。20 世纪后 20 年期间，湖南境内国铁长沙总公司（分局）管内有郴州、衡阳、株洲、长沙、岳阳、娄底 6 个机务段，株洲、衡阳 2 个水电段，衡阳、长沙 2 个供电段。怀化总公司（分局）管内有怀化和张家界 2 个机务段，以及怀化水电段和怀化供电段，由总公司机辆分处主管。1998 年，石长线开通后，在益阳设立机车车辆段。

第一节　机车配属

机车是铁路的牵引动力。1978—2000 年，省内国铁机务段机车配属是从蒸汽机车过渡到内燃机车、电力机车时期（表 13、表 14）。这一时期，唱主角的是内燃机车。1999 年后，蒸汽机车退出历史舞台。怀化机务段地处湘西山区，1992 年就开始配属电力机车，是电力、内燃共存的运作模式。电力机车担负湘黔线株洲（长沙）—贵阳的客运牵引和怀化—株洲的货运牵引任务。内燃机车担当怀化—张家界的客货牵引和管内的调车任务。至 2000 年，该段拥有的各类电力机车 120 台。随着湘黔复线和电气化工程上马，株洲、长沙机务段也开始使用电力机车牵引。

表 13　1978—2000 年部分年份湖南省国铁机务段机车配属情况表

单位：台

年份	郴州机务段			衡阳机务段			株洲机务段			长沙机务段			岳阳机务段			娄底机务段			怀化机务段			大庸机务段		
	蒸汽	内燃	电力	蒸汽	内燃	电力	蒸汽	内燃	电力	蒸汽	内燃	电力	蒸汽	内燃	电力	蒸汽	内燃	电力	蒸汽	内燃	电力	蒸汽	内燃	电力
1978	48			52			60			1	52					57								
1987	36			67			59				97		57			70			49			33	3	
1990	18			63			35	116			111		16			59			41	63		3	25	
1992	13			65			29	150			121					40			23	56	22	3	34	
1996	14			62				205			164		16			28			16	75			39	
1997	12			30	25			210			210					23				12	94		42	
1998	9			30	25			213			256									12	115		42	
1999					68			200			221									16			40	
2000		64			66			199	20		211	2		66			34			18	120		47	

表 14 湖南省内国铁机务段 1993—2000 年部分年份机车车型配属情况表

单位：台

年份	机务段	内燃									电力						蒸汽			合计
		ND2	ND3	DF						小计	SS1	SS3	SS3b	SS6b	SS8	小计	QJ	JS	小计	
				DF4	DF4K	DF4D	DF5	DF7c	DF12											
1993	郴州																3	11	14	14
	衡阳																36	26	62	62
	株洲			164						164							13			177
	长沙	101	20							121										121
	岳阳																4	9	13	13
	娄底																32		32	32
	怀化			54			5			59		27				27	17		17	103
	大庸			34			3			37							1			38
1996	郴州																3	11	14	14
	衡阳																36	26	62	62
	株洲			199			6			205										205
	长沙	104	32		28					164										164
	岳阳																16		16	16
	娄底																28		28	28
	怀化			63			12			75		61				61	16		16	152
	大庸			37			2			39										29
1998	郴州																	9	9	9
	衡阳			25						25							11	19	30	55
	株洲			199			14			213										213
	长沙	103	32		31	90				256										256

续表

年份	机务段	内燃									电力						蒸汽			合计
		ND2	ND3	DF						小计	SS1	SS3	SS3b	SS6b	SS8	小计	QJ	JS	小计	
				DF4	DF4K	DF4D	DF5	DF7c	DF12											
1998	岳阳																			
	娄底																			
	怀化						12			12		115				115				127
	大庸			40			2			42										42
1999	郴州																			
	衡阳			38	30					68										68
	株洲			184			14	2		200										200
	长沙	99	32			90				221										221
	岳阳																			
	娄底																			
	怀化	4					12			16		120								136
	大庸			38			2			40										40
	益阳			15			1			16										16
2000	郴州	（14）		（50）						（64）										（64）
	衡阳	（28）		33	30			3		66										66
	株洲		（24）	184			2	13		199				20		20				219
	长沙	89	32			90				211					2	2				213
	岳阳	（16）		（50）						（66）										（66）
	娄底			（25）			（9）			（34）										（34）
	怀化	6					12			18		94	26			120				138
	大庸			45			2			47										47
	益阳			（17）		（10）	（1）		（2）	（30）										（30）

注：ND、DF，SS，QJ、JS，分别为内燃、电力、蒸汽机车型号。

上述各表表明，从 1999 年起，省内国铁各机务段取消蒸汽机车牵引。至 2000 年，省内机务段共拥有机车 877 台，其中内燃机车 735 台，电力机车 142 台。怀化铁路总公司电力机车牵引达 120 台，占 87%。

第二节　机车运用

一、机车交路

从 1975 年开始，铁道部提出内燃、电力机车实行长交路、轮乘制。长沙机务段改包乘制为轮乘制，1977—1985 年，又改长交路为大轮乘制。自此，北至武汉，南至广州、深圳、九龙，衡阳至冷水滩及各支线的旅客列车，均由长沙机务段的机车担任牵引。1985 年 5 月，该段 ND2 型内燃机车牵引的客车已从娄底牵引至广西玉屏。当时，该段 ND2 型内燃机车牵引的长沙直达深圳的客车，全长 872 公里；由 DF4 型内燃机车牵引广州直通衡阳的货车，交路长达 538 公里，均是全国铁路客货机车最长的交路。1988 年 12 月衡广复线郴韶段电气化铁路运营后，郴州至韶关的货物列车由 DF4 型内燃机车牵引。

1986 年 3 月至 1990 年 11 月，怀化至娄底间，由张家界机务段的 DF4 型内燃机车担当货车大列双机牵引。1992 年 8 月怀化至玉屏电气化铁路开通，客货列车改为 SS3 型电力机车牵引。

1997 年 3 月娄底至怀化间电气化铁路开通，货车全部改为 SS3 型电力机车牵引，8 月客车亦全部改为 SS3 型电力机车牵引。1998 年 9 月，执行铁道部跨局长交路机车制，西线客车牵引交路延长至贵阳。1999 年 5 月，SS3 型电力机车货车牵引交路延长至株洲。2000 年 11 月，由于张家界至怀化南间运能不足，下行开始开行双机牵引。益阳机车车辆段内燃机车担当长沙至张家界间的客运机车交路和石门北至株洲间的货运机车交路。

2000 年广铁集团公司货车机车交路图

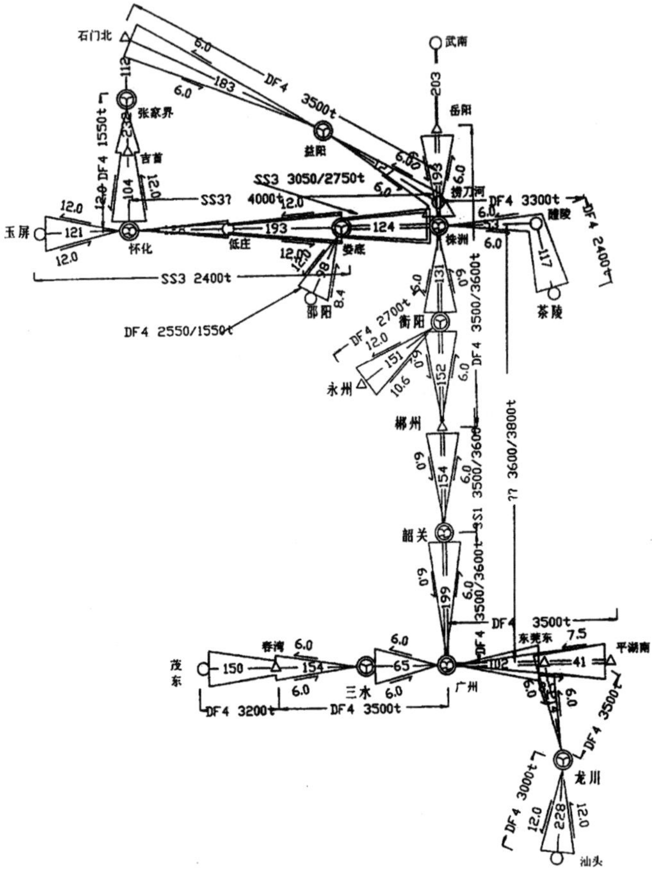

2000 年广铁集团公司客车机车交路图

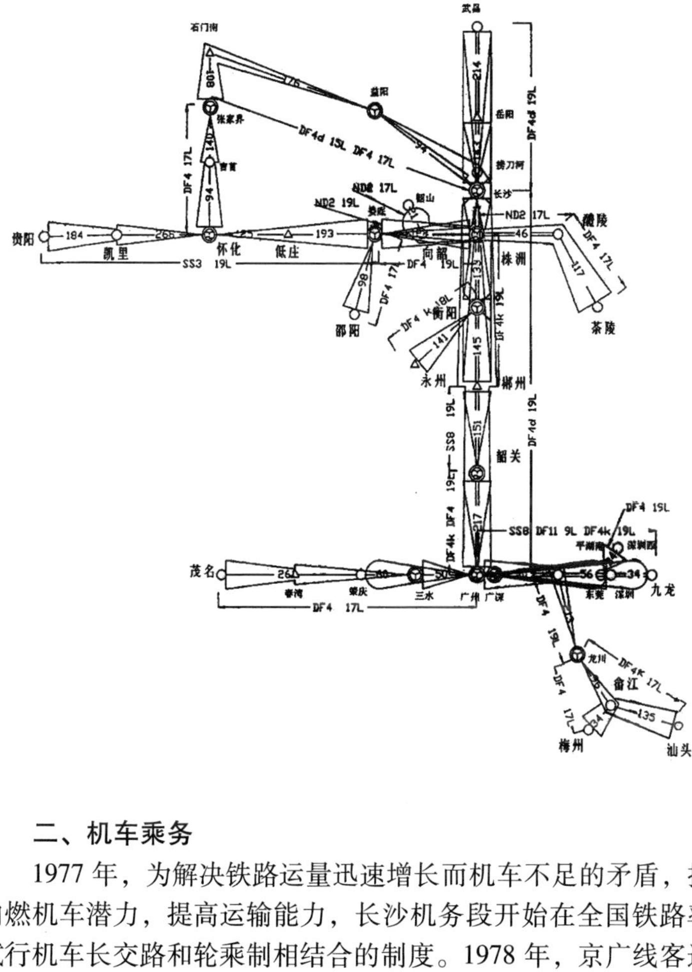

二、机车乘务

1977 年，为解决铁路运量迅速增长而机车不足的矛盾，挖掘内燃机车潜力，提高运输能力，长沙机务段开始在全国铁路率先试行机车长交路和轮乘制相结合的制度。1978 年，京广线客运机车交路跨越 4 个换乘点，货运机车交路跨越 3 个换乘点，节省 20.5 台机车，显示长交路和轮乘制的优越性，即省车省人、调度灵活，运用效率较高，乘务员劳逸均衡，有利于保障运输生产正常进行，获得较好的效益。

1979 年，广州铁路局为加强乘务工作和乘务员管理，制订《机车乘务员一次出乘作业程序》；1980 年制定机车乘务员作业标准化考核评分办法；1981 年对全体乘务员进行乘务标准化鉴定，机车乘务工作轮乘制得以进一步巩固和推广；1982 年，取消机车队制，实行指导司机制。

1983 年 4 月，吸取湘桂线五塘正面冲突重大事故的教训，重新调整乘务员乘务时间，值乘武昌至长沙间的乘务员在岳阳换班；值乘长沙至郴州、冷水滩间的乘务员在衡阳下班，由衡阳机务段的乘务员继续值乘。岳阳机务段因乘务员不足，蒲圻至株洲北间货物列车的蒸汽机车，开始实行轮乘制。

1985 年，长交路广州直达衡阳的内燃机车，乘务工作由广州、韶关、郴州 3 个机务段的乘务员轮乘，打破段管范围。5 月 26 日起，怀化机务段使用长沙机务段 ND2 型内燃机车牵引客车，乘务员与在娄底长沙机务段乘务员轮乘。

1986 年 3 月，怀化机务段 DF4 型内燃机车担当的怀化南至娄底货车牵引，乘务员与娄底机务段乘务员在低庄轮乘。

1988 年 12 月，郴州至韶关段电气化铁路通车运营，该区段由 DF4 型内燃机车牵引，全部采用轮乘制。

1998 年 9 月，怀化至贵阳的客车牵引乘务交路，在凯里换乘。

石长线边建设边运营阶段和运营初期，机车实行包乘制。随着运量的增长，客货机车均实行轮包结合制，但调小机车仍实行包乘制。

三、机车运用效率

1978 年，省内国铁各机务段机车组开展学习“毛泽东号”机车组经验，整顿机车运用秩序取得实效，超轴牵引不断发展，牵引定数逐步提高。

1982 年，在运能十分紧张的广州至衡阳单线区间，先后在 14 个牵引区段组织 23 次超轴牵引试验，该区段以每列货车每年递增 100 至 200 吨的速度，连续三年提高牵引定数。1985 年 6 月，广州至郴州单机牵引 2600 吨和广州至衡阳间载重 4837 吨组合列车相继试运行成功。

1988 年，广州铁路局对机车运用体制进行改革，由段、车间、队、班组 4 级管理改为段、车间、班组 3 级管理，减少中间层次，抓技术培训，增加指导司机。同时，制定指导司机聘任管理办法和司机管理办法，运用管理基本形成程序化、网络型。是年，铁路局组织 4 次牵引试验，广州至衡阳间由 2800 吨提高到 3000 吨；岳阳至衡阳间由 3300 吨提高到 3500 吨。

整个“七五”计划期间，由于坚持长交路、轮乘制，以及专业化、集中修，既提高运能和机车运用效率，又提高了劳动生产率（部分年份货物牵引定数见表 5）。

附 1996—2000 年湖南省内国铁机车综合指标统计表（表 15）。

表 15　　1996—2000 年湖南省内国铁机车综合指标统计表

年份	机务段	总重吨公里（万）	总走行公里（万）	日车（公里）	日产量（万吨公里）	平均牵引（吨）	技术速度（公里/小时）
				完成/计划	完成/计划	完成/计划	完成/计划
1996	郴　州	1524769.3	650.7	433/427	129.7/129.0	3199/3209	42.9/43.0
	衡　阳	894674.4	875.2	312/305	63.3/62.0	2169/2197	34.9/34.5
	株　洲	1713791.4	838.1	407/403	122.2/122.4	3210/3230	45.8/45.0
	长　沙	1205555.6	1373.4				
	岳　阳	2303724.5	930.3	504/494	150.7/144.5	3175/3135	43.1/40.9
	娄　底	1191242.6	736.5	360/361	69.2/68.2	2549/2485	38.4/39.0
	怀　化	1206246.9	975.6	427/418	71.8/69.0	2838/2680	44.6/45.0
	张家界	649101.9	520.1	478/478	69.6/63.0	1550/1531	42.4/40.0

续表

年份	机务段	总重吨公里（万）	总走行公里（万）	日车（公里）	日产量（万吨公里）	平均牵引（吨）	技术速度（公里/小时）
				完成/计划	完成/计划	完成/计划	完成/计划
1997	郴州	1456255.9	655.3	378/434	113.8/129.7	3212/3201	43.4/42.6
	衡阳	831732.2	806.9	323/312	69.2/63.7	2298/2172	37.6/34.6
	株洲	1670339.5	835.8	411/407	123.3/122.4	3193/3204	45.6/45.5
	长沙	1444936.4	1668.8				
	岳阳	1995784.7	860.6	501/504	143.5/150.9	3112/3178	45.8/42.8
	娄底	1251153.9	735.5	373/362	76.5/69.6	2650/2553	41.5/38.1
	怀化	1326635.4	1023	391/430	69.6/73.0	2946/2835	46.4/45.0
	张家界	664159.9	542.4	478/482	69.5/71.8	1551/1520	43.5/43.8
1998	郴州	1378374.3	692.3	378/341	113.8/98.7	3212/3107	43.4/43.5
	衡阳	887508.4	873.3	323/324	69.5/73.2	2298/2444	37.6/38.9
	株洲	1572315	832.9	411/362	123.8/106.2	3193/3126	45.6/44.6
	岳阳	1566662	1748.7	476	54.4	1143	26.6
	岳阳	1872167.6	870.5	501/438	143.8/123	3112/3051	45.8/44.1
	娄底	1457645	867.5	373/399	77.5/83.5	2650/2660	41.5/43.8
	怀化	1276969.9	1040.2	402/410	71.5/73.5	2946/2816	46/46.8
	张家界	664450.2	552.6	470/478	66.9/68.5	1536/1553	40/43.1
1999	郴州	11830028	7769680	337/378	93.2/88.7	2982/3090	45.6/43.5
	衡阳	4506168	9082251	332/323	74.1/69.2	2403/2434	39.9/38.9
	株洲	14317694	7886891	331/441	93.2/100.0	2987/3116	46.3/44.0
	长沙	81788	19513909	487/	58.5/	1201/	27.5
	岳阳	15831665	7694130	430/501	115.2/113.0	2901/3040	45.2/44.1
	娄底	13156715	8595585	397/373	87.6/80.0	2791/2650	47.5/43.8
	怀化	4866709	11025698	397/402	71.7/71.5	2600/2630	47.7/46.0
	张家界	5344023	5655116	472/470	65.2/65.0	1520/1536	43.2/40.0

续表

年份	机务段	总重吨公里（万）	总走行公里（万）	日车（公里）	日产量（万吨公里）	平均牵引（吨）	技术速度（公里/小时）
				完成/计划	完成/计划	完成/计划	完成/计划
2000	郴　州	1487976	8896413	313/337	89.9/93.6	3071/2991	45.2/45.6
	衡　阳	926709	9907711	334/332	73.9/74.6	2428/2415	39.3/39.9
	株　洲	1566245	9148157	335/331	91.4/93.6	2857/2998	47.4/46.3
	长　沙	1965780	22581949	458/	52.4/	1145/	25.2/
	岳　阳	1704603	8539303	411/430	111.2/115.6	2856/2911	43.9/45.2
	娄　底	1515283	9548043	402/397	92.4/88.0	2893/2802	47.1/47.5
	怀　化	1255490	13084371	419/402	73.0/71.5	2383/2600	47.9/46.5
	张家界	676027	6642260	469/472	62.1/65.0	1506/1530	42.3/40.0

四、推广机车安全新技术、新设备

至 1983 年，省内国铁所有客货机车全部安装机车接近报警、自动停车、无线列调、车长电台。到 1992 年，微型电子计算机机务系统已普遍应用于计量、控制、统计和牵引计算等各个领域，机车“三大件”（机车信号、自动停车、列车无线）装车率达到 100%，良好出库率 100%，正确使用率也进一步提高。至 2000 年，大多数内燃、电力机车安装使用 JK-2H、LKJ-93、LKJ-93AH、LKJ-93H 型监控记录装置，监控记录装置覆盖面已达 100%。

第三节　机车检修

一、检修制度

1979 年，铁道部在广州机务段召开全路机务工作会议，向全路机务系统推广“四按三化”记名修理制度。“四按”，指按范围、按“机统28”机车状态、按规定的技术要求、按工艺；“三化”，指检修程序化、文明化、机械化。蒸汽机车执行蒸汽机车的检修规定。

1982年内燃机车上马后，内燃机车检修执行铁道部《DF4型内燃机车段修规程》和广州铁路局《DF4型内燃机车中修范围》和《DF4型内燃机车中修工艺》等文件规定。

1992年电力机车上马后，电力机车检修执行铁道部《韶山1、韶山3型电力机车段修规程》和广州铁路（集团）公司《韶山3型电力机车中修范围》和《韶山3型电力机车中修工艺》等文件。

随着各项检修制度健全，机车质量逐年提高，内燃机车、电力机车的检修工作逐步规范。

二、修程和修期

20世纪70年代，蒸汽机车的修程仍沿用厂修、架修和洗修三级。厂修由铁路专业工厂施行，架修和洗修由机务段自行组织。厂修周期为25—30万公里，检修项目为对机车进行全面检查修理。架修周期为10—11万公里，检修项目为锅炉除锈、抽换部分烟管、局部整修锅板、走行部分修理和镟车轮。洗修周期为0.55—0.6万公里，检修项目包括洗炉和对气缸、汽室的分解检查及机车走行部的检查。

1978年和1981年，铁道部先后公布韶山1型电力机车的大修规程和段修规程。1984年，内燃机车修程改为厂修、架修、定修三级。1987年，DF4型内燃机车的修期定为厂修51—63万公里，架修17—21万公里，定修1.7万公里及以上。

1988年开始配属电力机车，其修程周期为：大修120—140万公里，架修30—35万公里。1988年，广州铁路局发出《关于修改内燃机车扩大架修范围及费用补贴问题的通知》，将ND2型机车扩大架修分为 A、B、C 三种范围，以便在机车不能进厂修理的情况下，保证机车基本性能，达到质量高、成本低，减少机车在修率的目标。同时规定，扩大架修 A 和扩大架修 B 每台折合为定修 16 台，扩大架修 C 每台折合为定修 24 台。1990 年 10—11 月，广州铁路局组织对 ND2 型机车按铁道部确定的简易大修范围进行试修，并制定简易大修周期实施方案，规定机车走行 192 万公里后做一次简易大修，直至报废，原则上不再做简易大修。

1992 年 8 月，铁道部召开全路内燃、电力机车修制改革会议。广州铁路局提出建议，以机车走行公里为主要测算依据，延长机车检修周期。其中株洲机务段 DF4 型机车架修 25 万公里，扩大架修 23 万公里；大庸机务段 DF4 型机车架修为 23 万公里，怀化机务段按部颁标准韶山 1、韶山 3 型电力机车修程执行。1994 年始，铁道部规定机车修程分类为：大修、中修、小修、辅修。中修、小修、辅修由各机务段检修，大修由铁道部统一安排机车车辆工厂修。同时规定各种修程的基本技术标准。大修修程：对机车全面检查修理，恢复机车基本质量状态；中修修程：对机车主要部件检查修理，恢复其可靠使用的质量状态；小修修程：对机车关键部件和易耗损零部件检查修理，有针对性地恢复机车运用可靠性，有诊断技术条件的机务段可按其状态进行修理；辅修修程：对机车例行检查，诊断故障，按状态修理。1995 年，铁道部为缓和电力机车厂修能力，将客、货电力机车大修周期延长为 160—200 万公里；内燃机车大修周期延长为 70—90 万公里，中修周期延长为 23—30 万公里，小修周期延长为 4—6 万公里；辅修周期为 2 万公里。

三、检修能力

蒸汽机车检修。各机务段洗检包修队每日洗检机车 1 台，岳阳、株洲机务段每日各洗检机车 4 台，衡阳、郴州、岳阳机务段每日各洗检机车 3 台。20 世纪 80 年代末，蒸汽机车逐步退役，省内国铁各机务段对蒸汽机车检修大都停止，仅有衡阳机务段保留此项工作。1987 年，株洲机务段停止蒸汽机车架修。1988 年开始，衡阳机务段承担湘、粤两省蒸汽机车的厂修。至 1998 年，长沙铁路总公司仍有蒸汽机车架修段 1 个（衡阳机务段），以及岳阳、郴州、娄底 3 个蒸汽机车洗修段，主要是为地方提供服务。

内燃机车检修。1972 年，长沙机务段开始使用国产东风型机车双机牵引，当年轮修 1 台机车需要 2 天。1974 年底，怀化机务段蒸汽机车架修上马。1983 年 1 月，焦柳线开通，大庸机务段成立，配属 DF4 机车定检，1984 年架修上马。1985 年，株洲机务段配属国产 DF4 型内燃机车，定修 1 台机车需要 2—3 天。衡阳机务段仅承担 DF4KB 内燃机车的小辅修。1983 年长沙机务段建成架修库后，正式开始 ND2 型内燃机车的架修工作。1988 年，怀化机务段蒸汽机车转内燃机车，配属 DF4 机车。1989 年 10 月，该段 DF4 机车定检开始。是年，株洲机务段内燃机车架修库投产，承担 DF4 型内燃机车的架修工作。长沙机务段 20 世纪 80 年代开始，对 ND2、ND3 型内燃机车进行简易厂修。1992 年 8 月，湘黔线电气化开通，怀化机务段配属 SS3 型电力机车，是年 10 月，SS3 型机车辅、小修上马。1995 年开始电力机车中修。1997 年，怀化铁路总公司管内蒸汽机车全部报废，至此，蒸汽机车的检修工作停止。1999 年，益阳机辆事业部建成的二线 2 台位辅修、小修、临修库投入检修使用。

附 1980—2000 年部分年份湖南省内国铁机车检修情况表（表 16）、2000 年湖南省内国铁各机务段内燃电力机车鉴定成绩表（表 17）。

表 16 1980—2000 年部分年份湖南省内国铁机车检修情况表

年份	长沙铁路总公司内燃机车						怀化铁路总公司							
	厂修		架(中)修		定修		内燃机车辅、小修				电力机车辅、小修			
	台	停时(天)	台	停时(天)	台	停时(天)	台	均停	检修率(%)	段修率(%)	台	均停	检修率(%)	段修率(%)
1980			20	13.8	402	27.8								
1985			48	11.7	725	33.5								
1990	12	14.1	119	13.7	2004	32.5								
1993							508	45.2	15.9	12.7	98	41.5	9.1	8.7
1995	17		117	7	1915	31.1	659	41.7	18.4	12.7	114	36.4	9.1	7.8
1996	17		133	7.3	1847	32.8	649	43.4	15	10.5	113	29.7	10.8	6.5
1997	18		119	7.1	2014	39.9	364	41	12.7	8.7	224	29.4	8.1	6.7
1998	17		114	11.7	2193	33.2	297	36.7	8.1	6.2	388	24.9	5.7	5.4
1999	23		146	5.4	2359	29.2	336	37.5	8.2	7	387	26.4	5	4.9
2000	12		113	6.8	2448	27.3	316	33	8.6	7.3	436	30.5	7.5	7.3

表 17　　2000 年湖南省内国铁各机务段内燃电力机车鉴定成绩表

机务段	配属机车	不鉴定台数				鉴定台数			鉴定等级							
									优良		良好		合格		不合格	
		一	二	三	四	应监	实监	%	台数	%	台数	%	台数	%	台数	%
内燃机车																
衡阳	68	4	5	2		57	56	98.2	31	55.4	21	37.5	4	7.1		
株洲	201	21	23	16		141	140	99.3	111	79.3	24	17.1	5	3.6		
长沙	221	10	7	7		197	192	97.5	131	68.2	27	14.1	34	17.7		
怀化	16		1	3		12	12	100	6	50	3	25	3	25		
张家界	42	1	4	5		32	32	100	13	40.6	15	46.9	4	12.5		
小计	548	36	40	33		439	432	99	292	58.7	90	35.62	50	13.18		
电力机车																
怀化	120	2	19	18		81	81	100	54	100	25	30.9	2	2.5		
小计	120	2	19	18		81	81	100	54	100	25	30.9	2	2.5		

第四节 给水 供电

20世纪70年代末至90年代初，湖南省国铁有衡阳、株洲、怀化3个水电段，负责管内铁路运输生产和生活用水；有长沙、衡阳、怀化3个供电段，担负电气化铁路牵引供电。

20世纪80年代初，怀化水电段由东西两线车间管理湘黔线各给水站，至90年代中期，先后成立新化、怀化、吉首、张家界给水领工区。1990年9月，怀化供电段成立，负责湘黔线怀化—大龙段104.60公里正线和怀化枢纽供电，以及娄底—怀化电气化改造工程竣工新增电气化里程307.7公里的供电。至2000年，实行“水电合一，运检分开”管理模式，给水与电力领工区合并为水电管理所，并成立检修车间。

1997年4月，生产力布局调整，将原来的长沙供电段、衡阳供电段、衡阳水电段、株洲水电段合并，组成长沙供电段。长沙供电段担负京广线蒲圻—坪石北、沪昆线株洲—团结山间电气化铁路，以及管辖京广、沪昆、湘桂、洛湛、石长干线和娄邵、资许、韶山支线的铁路运输生产及生活供水供电和管线维修养护任务。管辖接触网3592.88条公里、电力线路11555.73换算公里。

1997年，石长铁路贯通，建成管路92公里，年供水量80万吨的铁路专业给水系统，采用铁路专用10千伏电力贯通线集中供电与地方电源供电相结合的供电方式。全长321公里，投用电力变压器145台，总供电量10603千伏安，年供电量760万千瓦小时。

附1993—2000年部分年份湖南省内国铁水电和电力安全技术指标完成情况表（表18）。

表 18　1993—2000 年部分年份湖南省内国铁水电和电力安全技术指标完成情况表

年份	水电段	水电指标完成情况						电力安全技术指标情况					
		供水量	扬水耗电	扬水耗油	净水合格率	消毒水合格率	供水损失率	发受电量	力率	负荷率	利用率	自损率	节电
		万立方米	kw. h/ktm	kg/kt. m	%	%	%	kw. h	%	%	%	%	kw. h
1993	衡阳	2283. 3	4. 1	1. 89	999. 4	99. 2	16. 4	5836. 8	97. 5	62. 9	40. 2	3	216. 3
	株洲	2324. 3	4. 31	1. 8	98. 9	98. 9	11. 1	6757. 1	97	64. 1	39. 2	3	224. 28
	怀化	1326. 5	4. 19		99. 1	99	13. 1	3964. 7	96. 8	64. 1	31. 7	1. 7	93. 55
1997	衡阳	1957. 2	4. 17	1. 8	99. 7	99. 6	11. 4	8026. 9	95. 5	61. 5	32	3. 5	170. 2
	株洲	2513. 8	4. 41	1. 74	98. 9	99	15. 9	9880. 9	95	64. 5	33. 6	3. 9	221. 6
	怀化	1338. 2	4. 5		99	99. 1	22. 4	5753	96. 1	64	26. 2	1. 8	97. 5
1998	衡阳	1996. 8	4. 77	2. 01	99. 5	99. 4	15. 4	7525. 2	95. 5	62. 5	31. 8	3. 6	177. 1
	株洲	2746. 5	4. 42		99. 1	99. 3	20. 3	10785. 4	94. 4	60. 9	34. 2	3. 8	184. 8
	怀化	1261. 2	4. 56		98. 8	98. 9	21. 7	6024. 2	96. 2	63. 7	29. 9	1. 8	123. 8
1999	衡阳	1796	4. 98	2	99. 4	99. 6	23. 6	7180. 9	95. 4	60. 7	27. 5	2. 7	136. 1
	株洲	2391	4. 11		99. 5	99. 5	22. 5	10350. 1	91. 6	55. 1	26. 4	3. 6	84. 6
	怀化	1025	4. 53		99. 3	99. 3	17. 2	6210. 7	96. 2	63. 7	32. 9	2	145. 7
2000	衡阳	1754. 6	4. 9	1. 9	99	99	23. 8	8673. 6	95. 9	65	30. 9	4. 3	229
	株洲	2492	4. 2		99	99	28. 1	11388	94. 3	57. 9	28	3. 6	203. 6
	怀化	1129. 6	4. 6		99	99. 7	25. 1	6577. 4	97. 7	62. 2	34. 3	1. 8	131. 8

第二章　车辆

铁路车辆部门负责客货车辆的定期检修和运用维修工作。2000年，省内国铁有由长沙铁路总公司车辆分处主管的长沙、株洲、衡阳3个车辆段，怀化铁路总公司机辆分处主管的怀化车辆段，石长铁路总公司管内的益阳机车车辆段。长沙车辆段为客车车辆段，是长沙铁路总公司客车厂修、段修的基地；株洲车辆段为货车检修运用段，衡阳车辆段、怀化车辆段是集运用、检修为一体的客货混合车辆段。

第一节　车辆配属

一、客车

铁路客车实行固定配属，由各铁路局负责维修使用，列为铁路局固定资产。各铁路局获得客车配属后，再配给负责保养的车辆段。随着各式新型客车配属数量的增加，到20世纪70年代，省内国铁简易客车、代用客车已全部淘汰，旧、杂型客车也在1985年淘汰完毕，仅在春运高峰期以棚车作加开临时客车运输用。1985年8月至1986年，长沙—北京1/2次特快、长沙—上海、广州的直快和长沙铁路分局管内快车各配属1辆22型单元空调软卧车。1989年4月25日，国产第一列新型空调列车在广州至长沙间正式投入运营，此型客车全封闭式，有制冷、取暖系统，冬暖夏凉，每节车厢长度达25.5米，硬座车定员128人，硬卧车为66人，软卧车36人。1994年1月，1/2次列车全部改用新配属的集中供电空调客车。1996 年 9 月，长沙—上海的 205/6 次快速列车配属 25G 型集中供电空调客车和大功率发电车。1997 年 6 月，25 型双层客车在长沙—深圳的 201/2 次特快列车运用。1998 年 9 月，25K 型快速空调客车运用于长京 1/2 次。该车型是新一代 25 型客车，其结构、性能、材料、技艺、工艺诸方面均优于 25G 型。允许速度 160 公里/小时，引进飞机、地铁车辆上的新设备、新材料、新工艺，为旅客提供较为安静、舒适的旅行环境。2000 年，长深 K517/8 次新增 199 辆 25B 型客车。双层客车车底编为岳阳—惠州 511/2 次。怀化铁路总公司成立后，配属客车 384 辆。1997 年，配属客车 478 辆，其中软卧 22 辆，硬卧 151 辆，硬座 251 辆，餐车 30 辆，行李车 25 辆，发电车 5 辆，其他特种车 1 辆，并开行怀化—北京西大列空调车。2000 年，配属客车 605 辆。2002 年，配属客车 709 辆。

石长铁路公司 2000 年 5 月开始配属客车，首批 18 辆；7 月，又配属 1 辆发电车。年底配属第二批 16 辆，所有客车均为 25G 新型客车。运行于长沙至张家界、吉首间。

附 1992—2000 年部分年份湖南省内国铁车辆段客车配属表（表 19）。

二、货车

铁路货车由铁道部管理，全路通用。随着国民经济发展，铁路货运量大幅增长。广州铁路局货车保有量增长很快。1992 年，货车配属 780 辆，冷藏车 462 辆。至 2000 年，P65 型行包快运列车专用货车配属 1061 辆，XIL 型集装箱专列货车 163 辆，机械保温车 544 辆。省内日均运用车达 18799 辆。

表 19 1992—2000 年部分年份湖南省内国铁车辆段客车配属表

单位：辆

年份	车辆段	公务车	软卧车	双软卧车	软座车	硬卧车	双硬卧车	硬座车	双硬座车	餐车	双层餐车	行李车	空调发电	试验车	救援车	软硬卧车	合计	其中空调	代管邮政
		GW	RW	SRW	RZ	YW	SYW	YZ	SYZ	CA	SCA	XL	KD	SY	JY	RYW			UZ
1992	长沙	1	24			129		350		29		27		1					
	衡阳					27		223		16		18							
	怀化		20			72		175		17		17							
1997	长沙	1	33	3	1	193	20	372	8	41	3	41	23	1	2	1	734	348	17
	衡阳	4	9			80		331		22		20			2		464	25	4
	怀化		30			142		247		31		31	6		2	1	490	123	
1998	长沙	1	36	3	1	177	20	289	8	36	3	36	21	1	1		633	332	13
	衡阳		24			122		309		33		29	5				522	108	5
	怀化		26		60	171		271		32		28	16			1	605	279	
2000	长沙		37	3	1	173	20	292	8	38	3	31	22	1			629	333	13
	衡阳		24			114		265		28		24	5				460	105	5
	怀化		23		60	164		263		29		25	16			1	581	280	

第二节 车辆运用

车辆运用工作主要负责运用客货车辆日常维修和保养，保证规定范围内客货车辆运输安全。客车运用由客车整备所（简称库列检）、旅客列车检修所（简称客列检）、客车包乘组承担。货车运用主要由列检所负责。

一、客车运用

客车运用工作的基本任务是贯彻“安全第一、预防为主”“以质量保证安全”的原则，认真维修保养好配属的客车车辆，保证行车安全，为旅客运输服务。客车日常维修由库检人员负责，对运行完毕入库的列车进行全面检修，消除故障，做好整备工作，符合运用质量标准才出库，然后交给乘务检车人员，由乘务人员在列车运行途中继续保证其良好的技术状态；站检人员协助乘检人员进行维修保养和应急处理车辆故障，保证由该站发出的列车技术状态良好。客车乘务实行固定人员、固定车组的包乘负责制。20 世纪 70 年代，怀化车辆段怀化列检所担当怀化至广州、长沙、邵阳的乘务检车工作。1981 年，该段怀化客车整备所担当怀化至广州、株洲，大庸北至广州的乘务检车工作。1994 年，该段担当怀化至广州、北京南、上海，张家界至广州的乘务检车工作。1996 年 8 月，成立怀化车辆段怀化客车分段。担当怀化至北京西、上海、深圳西、武昌、无锡、株洲、张家界、靖州、塘豹、吉首，以及张家界至广州、湛江共 12 对旅客列车的乘务检车工作，其中怀京、张广、张湛三对列车为空调列车。2000 年，长沙车辆段担负长沙至北京、上海、福州、广州、深圳、惠州、张家界、韶山等 28 趟旅客列车的乘务检修工作，并为石长公司提供长沙至石门两趟旅客列车租借车体。衡阳车辆段担负衡阳至北京西、上海、广州、汕头、桂林、武昌、岳阳等19趟旅客列车的乘务检修和入库整备以及衡阳站始发、到达、通过旅客列车的站检工作。

为了规范车辆乘务员的作业过程，使对乘务员的管理由人控向机控转变，2000年3月22日，广铁集团公司车辆处和长沙车辆段与珠海快达工业公司联合研制的“列车乘检巡检记录系统”，通过了铁道部运输局组织的技术鉴定，并在所有的进京列车上安装。此外，广铁集团公司车辆处、广州车辆段和集团公司科研所研制和开发的空调发电车“柴油发电机组安全运行监控仪”，用于自动记录柴油电机组有关的各种安全信息，分析机组的安全质量情况，减少机破和临修故障，完成20辆车的安装，全部用于进京列车上。10月1日，株洲客列检正式投入使用，对图定始发终到列车，运行于湘黔至浙赣线间的旅客列车，分别从湘黔或浙赣线经株洲沿京广线下行的旅客列车，从京广线上行经株洲转向湘黔或浙赣线的旅客列车，进行技检作业。

二、货车运用

20世纪70年代，货车发展为金属钢结构，辗钢一体车轮，铸钢转向架、滚动轴承，货车制动机发展为有空重车调整装置的GK阀和制动波速、紧急制动可靠性有较大改进的103型分配阀。到了20世纪90年代，货车运用基本以载重60吨的大型车为主，货车滚动轴承车辆占80%以上，成为载货运输的主车型。1998年，又开发新型P65型行包快运棚车，此棚车是以提速、扩容为目标研制的新产品，运行速度可达到120公里/小时。2000年，货车运用的主要车型：棚车有P62、P63、P64、P65型，敞车有C61、C62A、C62B、C63、C63A、C64、C64T型，平板车有N17、N17A型，集装箱平板车有X6A、X6B、X6C、NX17A、NX17B型，油罐车有G17、G60、G70、G70B型，矿石车有K18型，冷藏车有B6、B6B型，水泥车有U60、U60W型，守车有

S12、S13型。

列检所是货车运用维修基地，负责所在车站货物列车的检查和维修，发现并处理故障，扣留定检到期、过期车以及需要施修的车辆，维护运用货车质量，保证列车安全正点运行。

第三节　车辆检修

按照车辆修理的一般分工，厂修（大、中修）由铁道部部属工厂负责，段修（年修、甲检）在各铁路局所属车辆段，辅修（制动检查）以下的修程由列检所、站修所施修，部分车辆的轴箱检查可以利用列车停站时间不甩挂作业。

一、客车检修

客车检修包括乘务检修、区段检修、库内检修和客车定期检修。乘务检修由车辆乘务员负责。车辆乘务人员随车往返，途中停站时对车辆走行部位巡视检查，应急处理发现的故障。20世纪80年代后期，车辆先进设备不断增加，编组25型干线空调客车上线后，发电车配空调乘务员。1981年，株洲车辆段在1/2次、105/6次列车上安装轴温报警器，解决了快车速度高、区间运行时间长、轴温变化大的监控问题。1992年，长沙车辆段在北京航空学院和长沙国防科技大学帮助下，研制安装列车轴温集中报警装置，车辆乘务员坐在车厢集中台上，能随时观察到全列车的轴温变化情况。1999年9月，长沙车辆段在长京1/2列车上安装“空调车巡检监控系统”，段值班室值班人员可通过微机查核乘务员途中作业情况。2000年，长沙总公司在管内16列干线空调列车以及27辆发电车上，全部安装巡检监控系统，实现快车运用“机控”管理。

1977年6月，长沙客车技术整备站（简称客技站）建成，长沙东库列检迁入客技站。20 世纪 80 年代中期，长沙铁路分局有衡阳、长沙 2 个客车列检所。1986 年 11 月，衡阳车辆段划入长沙总公司时，已设立客车技术整备车间（简称客技车间），负责客车整备、站检及乘务，后乘务扩充为乘务检修、库整备、客列检 3 个车间。20 世纪 80 年代末，开始开行干线空调列车。1997 年，长沙车辆段成立上部车间，负责检修水暖、车电、轴温报警器、电开水炉、车内设备、发电车、制冷等新设备的检修。是年 4 月、10 月 2 次大提速，长沙、衡阳车辆段的日常维修，重点抓走行部、基础制动装置、车钩缓冲装置和空调、电器等危及提速安全的关键部位的检查质量。1999 年，两个车辆段客车库检实现重点列车、重点部位定期、专人、记名检查把关制度，对外段折返进库的列车，也负责进行全面检查和重点故障处理。2000 年，总公司根据株洲车站旅客列车接发量增大的情况，10 月 1 日起，正式设立株洲客列检。

怀化车辆段 1984 年开始在怀化站南侧设客车技术整备所，1990 年，以怀化站存车线为基础，建成怀化客车技术整备所，专门负责配属客车的运用维修保养工作。1991 年，该所扩建为 703 平方米，修车台位 4 个。1996 年 8 月，怀化客车运用分段成立后，设乘务、空调及库检车间。库检车间承担走行部日常检修及上部设施、设备的整备。空调车间负责电器、空调三级及车电装备的维修保养。乘务车间负责车辆乘务组的管理，包乘车辆上部服务设备检修维护，以及运行中车辆状态的监护，保证出乘期间不发生责任事故。2000 年 12 月，怀化客车运用分段划归广铁集团公司管理。

20 世纪 70 年代起，铁道部每年都对进京、进沪旅客列车进行客车质量检查评比，要求达到一级标准。1995 年秋进京、进沪旅客列车质量鉴定，长京 1/2 次和长沪 205/6 次 6 列车，全部达到一级列车标准，辆均故障仅 0. 11 件，名列全路前茅。1997 年，怀化铁路总公司参加铁道部鉴定的列车，全部达到一级。2000年客车秋季鉴定，1/2次、135/6次、185/6次、497/8次均被铁道部评为一类列车。

客车的厂修由铁路局安排。1986年，铁道部采取“扩大段修”和“简易厂修”的办法解决客车增多而厂修能力不足的问题，衡阳车辆段开始替代广州车辆段“简易厂修”。长沙车辆段从1996年做简易厂修，是年完成2辆；1998年，完成38辆；2000年，完成22辆。1995年，长沙铁路总公司内部集资2950万元，由长沙车辆段施工，将49辆普通22型客车改造成集中供电空调车，上线运行良好。1998年3月，该段承担35辆31D型市郊车改造成行包专用车辆并做简易厂修，供广州开行至沈阳的17/18次行包快运专列挂用。

二、货车检修

（一）列检所设置

20世纪70年代，全国列检所按其工作量和所处位置分为主要列检所（设在编组站）、区段列检所（设在区段站）、一般列检所（设在尽头站或业务量仅次于区段的车站）。在大厂矿企业专用线和编组量较少的车站，设管车驻站检车员。列检所的布局，随着铁路运量增加、铁路干线、支线的增加，也有增加和变更，至2000年，省内主要列检所有衡阳出发场、衡阳北到达场，株洲北上、下行到达、出发场，怀化南到达场和东、西出发场列检所；区段列检所有郴州北场、永州、岳阳北、娄底、湘潭东、张家界、益阳列检所；一般列检所有衡阳、东阳渡、三都、衡阳西、衡阳货房、路口铺、长沙东、长沙北、喻家坪工业站、株洲洗煤厂、棋梓桥、邵阳、茶陵、低庄、怀化北、靖州、吉首、怀化东直通场等。

（二）列车技术检查

随着列车速度提高和编组辆数的增加，车辆热轴、车钩分离、制动配件3大惯性事故增多，常因故障车甩车修理而造成列车晚点。20世纪80年代开始，广州铁路局各列检所开始全面推行列车作业标准化活动。1989年，深化列检标准化创优活动，推广衡阳车辆段“同出同归，作业成对，缺一不走，少一不回”的作业标准，强化作业纪律和劳动纪律，定期进行标准化考核。是年，在大庸举行全局列检技术表演赛。1990年，开展“双优”活动，各列检所完善管理细则，制定“一辆、一列、一班工作标准”，是年，全局20个列检所中，13个被评为标准化列检所。1997年，全面实行的《广州铁路（集团）公司货车列检所技术作业过程及质量标准》和《广州铁路（集团）公司列检工作管理细则》，对列检所各项工作进行规范管理，强化运用基础。在安全基础建设、创建标准化活动过程中，怀化南到达场列检所、株洲北下行到达场列检所被铁道部评为“三星”级优秀标准化列检所，岳阳北站修所被评为铁道部优秀标准化站修所。

（三）货车定期检修

1965年，铁道部将货车定期检修修程改为厂修、段修、辅修和轴检。厂修一般5年1次，由工厂施修（衡阳车辆段兼做家畜车厂修，株洲车辆段兼做厂矿企业自备车厂修）。车辆段修一般1年1次。辅修、轴检两项定期抢修和临修在站修所进行，周期不变。2000年，省内国铁有衡阳南场站修所、衡阳北场站修所、株洲站修所、岳阳站修所、长沙北站修所、株洲北上行站修所、株洲北下行站修所、娄底站修所、萍乡站修所、石门北站车辆技术交接所、石门南技术交接所等，均按上述修程对货车检修。

（四）红外线设备使用

20世纪70年代末，省内国铁各分局管内开始安装和使用红外线测轴温装置，及时向前方列检所提供热轴车辆预报，列检人员按预报做好检查及修理，减少超时列检，影响列车在车站的编解。特别是对旅客列车的热轴预报，确保了旅客列车的安全。

1978 年 8 月，衡阳、株洲车辆段成立红外线轴温探测试验小组，年底，株洲车辆段在株北南场及株北到达场安装使用，1979 年又在城陵矶列检所安装使用。1980 年，铁道部开始推广使用 HZT-Ⅰ型（第一代机）红外线轴温探测器。1982 年，怀化车辆段在低庄列检所安装第一台红外线轴温探测设备，到 1991 年，共安装 40 台。1991 年，铁道部又推广使用 HBDS-Ⅱ型（二代机）红外线轴温探测系统。1992 年 5 月，长沙铁路分局车辆科建立红外线轴温监测中心，实现联网运行，达到铁道部对京广线上每 30 公里设一个点的要求。1995 年 10 月，怀化车辆段引进美国进口红外线二代机 9 台，分布 9 个探测站，同时在怀化铁路总公司调度大楼建立怀化车辆段红外线中心站，建立 2 个复示站。1997 年开始，湘黔线、焦柳线全面上马美国 WCO-32 型二代机，建立 4 个复示站。至此，全段的红外线二代机达到 1 个中心站、6 个复示站、39 台探测设备，逐步取消了红外线一代机。1999 年 10 月，长沙总公司管内京广、浙赣、湘黔、湘桂 4 大干线所有红外线二代机探测站全部实现与监测中心联网。1999 年开始，逐步将红外线二代机更新为 WCO-32 型进口设备。2000 年，怀化车辆段成立红外线车间，把红外线维修人员纳入车间管理。是年 1 月，石长线沿线 9 个红外线探测站和益阳复示中心、长沙监测中心建成验收并正式投入使用。

附 2000 年湖南省内国铁各车辆段客、货车检修情况表（表 20）。

表 20　2000 年湖南省内国铁各车辆段客、货车检修情况表

客车检修				货车检修			
项目	衡阳	长沙	怀化	项目	衡阳	长沙	怀化
检修车数合计	6059/-	8357/1801	5466/-				
其中临修				日均检修合计	167	172	93
修竣车数段修合计				在场	9	2	8
段修合计		206/224		在段	158	170	85
其中软卧车		11/15		其中临修	36	28	17
国际车				修竣车数			
软座客车		1/-		段修	4800	4100	2700
餐车		12/19		其中一般车	4407	3692	2209
软硬卧车				特种车	393	408	495
软硬坐车				临修	331	1518	942
双层客车		-/32		辅修	6600	16950	3041
发电车	24/-	-/5		轴箱检查	200	305	35
硬卧车		60/73		修车时间			
硬座车		106/68		段修合计（日）	21	26	24
行李车		16/12		待送	15	18	22
邮政				待修	4	6	—
其他				修理	2	2	2
段做代客厂修		22/-		其中一般车	21	25	22
修车时间（日）				特种车	26	29	32
段修		59/55		临修（小时）	186	291	344
其中修理		30/30		辅修（小时）	193	299	151

第三章　工务

铁路工务部门负责铁路线路、桥梁、隧道、涵渠、道口等设备的大中修、更新改造及采石工作。1978 年至 2000 年，长沙铁路总公司（分局）管内有郴州、衡阳、株洲、长沙、岳阳、娄底 6 个工务段，以及衡阳线路工程公司（1998 年前为第二线路大修队）和衡阳桥隧工程公司，由总公司工务分处主管。怀化铁路总公司（分局）有新化、怀化、张家界、吉首、靖州 5 个工务段和怀化线路工程公司（1998 年前为第三线路大修队）、怀化桥隧工程公司，由总公司工务分处主管。益阳工电段管辖石长线其中 K0+780—K258+300 区段 344. 136 公里线路。

附 2000 年湖南省内国铁各工务段管辖的主要技术设备情况表（表 21）。

第一节　线路养护修理

线路的养护修理划分为大修、中修和维修。线路的大修、中修主要由线路大修队（工程公司）按铁路局（集团公司）确定的大、中修计划进行施工。线路的维修由工务段组织养路工区进行综合维修、日常保养和临时维修 3 项工作。

一、线路大、中修

线路大、中修工程，除成段大中修外，还有单项大修，如成段更换新轨、成段更换再用轨、更换全组新道岔、新岔枕、更换道岔下道砟，加强曲线、路基大修及补修等。1989 年，又增加成

表 21　　2000 年湖南省内国铁各工务段管辖的主要技术设备情况表

工务段	线路(公里)				道口(个)		钢轨(公里)		道岔(组)	桥梁(座)					
	营业长度		延展长度												
	总计	其中双线	总计	其中正线	总计	其中有人看守	总延长	无缝线路		座数	延长米	特大桥	大桥	中桥	小桥
岳　阳	133.3	133.3	397.4	266.6	5	3	397.4	236	449	78	3080		4	24	50
长　沙	162	148.7	451.5	299.2	16	15	451.6	219.5	632	61	3416	1	5	17	38
株　洲	340.7	172.8	859.9	511.7	48	30	859.8	163.4	1278	140	10372	4	7	47	82
衡　阳	245.9	106	638.5	376.4	23	13	638.5	192.2	907	56	4401		9	17	30
郴　州	186.4	151.4	509.4	340.1	15	13	509.4	22.3	585	82	7361.6		22	43	17
娄　底	237.1	109.7	519	347	2	2	519	36	634	93	4633		10	32	51
新　化	198.7	186.6	499.9	381.3	7	7	499.9		509	120	8970		27	45	48
怀　化	218.9	179.3	595	403.3	2	2	595		680	163	13660	1	29	77	56
张家界	208.2	49.8	356.7	259	4	4	356.7		349	153	12841	2	28	70	53
吉　首	185.7		248	185.7	9	8	248		179	102	13502	1	38	52	11
靖　州	171.5		224.7	171.5	3	3	224.7		146	101	10699	2	27	45	27

段更换新混凝土枕和再用混凝土枕，成段铺设混凝土宽枕、成段更换混凝土枕扣件等。

20世纪60年代，开始淘汰8号、10号道岔。70年代后期，道岔更换为12号道岔。90年代后期，提速改造，连接正线的道岔，逐步用16号道岔，取代11号、12号道岔。

20世纪70年代后期，京广线、浙赣线、湘桂线更换50公斤/米新轨和混凝土枕。80年代中后期，京广线铺设60公斤/米新轨、无缝线路和混凝土枕；浙赣线铺设60公斤/米新轨；湘桂线铺设50公斤/米无缝线路90公里，铺设60公斤/米新轨51公里。90年代，主要干线使用60公斤/米新轨。80年代后期，主要客运站、隧道内铺设轨枕板（宽轨枕）。正线铺轨枕数量由每公里1600根，提高到1760—1840根。

路基翻浆冒泥，是线路的主要病害，是历次单项大修、中修的重点解决问题之一。解决的办法是全面清筛道床，补充石砟，增加道床厚度。郴州、衡阳、岳阳、株洲工务段先后试铺氯丁橡胶版封闭层，长沙分局于1983—1987年先后5次对试铺地段挖开检查，效果良好。此方法编入中国铁道科学研究院《铁路路基基床变形防治措施》一书，向全路推广。

1958年前，线路大修工程施工，一直采用劳动力密集型手工操作。以后，开始机械化作业，逐年配套完善并成建制。1974年、1978年，衡阳、长沙配备一列K13型风动卸砟车，至此，结束了人工卸砟历史。20世纪70年代，实现了起拨道、捣固作业机械化。在铺轨方面，不断改进铺轨机械，采用龙门架进行铺轨施工。第一、第二线路大修队多次实践，取得经验。1981年5月，第三线路大修队在坪口至烟溪间的隧道群和长隧道线路上，成功进行换轨施工。1987年，衡阳工务机械厂无缝线路作业机械化基地建成气压焊和电阻焊两条平行的焊接长轨流水作业线。90年代后，先后建成路口铺、三塘、耒阳、易家湾、石湾、槐树下、银田、横阳山、坨院、二家河等11个大修基地。

20世纪80年代末，按照铁道部颁发《铁路线路设备大修规则》，对线路设备进行周期性的中修，每年任务为55至150公里左右。大部分中修为手工劳动。

二、线路维修

线路维修实行总公司（分局）、工务段、领工区、工区四级管理。各级根据上一级下达的线路维修任务和主要技术指标计划，制定自己的年度生产、财务计划，各线路工区要编制月度及日计划组织实施，养路工区还要执行三班巡道和防洪巡查等工作。建立起以检查、计划、作业、验收为主要内容的维修管理制度。线路维修的单项工作主要有钢轨及配件、道岔、轨枕、道床、路基五项。

1979年，铁道部工务局组织全路维修改革调查，1980年公布线桥维修改革办法，1992年公布《铁路线路维修规则》，对线路设备质量标准、作业要求、质量评定、设备检查、巡守工作、工务计量等都作了明确规定。根据上述规则，各工务段逐步完善维修制度，实行按巡回图巡查和换牌，按划分责任区搞小补修，培训和提高巡道工技能。长沙铁路分局对巡道工每季实行评分制，修建巡道工交接班棚。怀化铁路分局巡道工从1985年起，穿黄色工作服，增强了巡道工的责任感。

20世纪70年代，线路综合维修基本是一年安排一遍，1978年，将计划维修划分为综合维修与一般维修。1980年，根据铁道部改革维修工作方案精神，试行依据每年通过总重吨公里及线路允许速度为定量，确定维修费和维修工作量来制定维修周期，以延长设备使用寿命。这一变化，突破了一年维修一遍的模式。按铁道部公布的周期性综合维修、经常保养和紧急补修相结合的规定，安排维修工作。1985年，铁道部在全路工务部门开展安全优质活动，各分局下发有关通知，并制定安全优质活动规则，公布优质曲线、道岔、道口、桥隧标准及评分办法，安全优质工区、领工区、工务段条件及检查评定办法。怀化铁路分局还组织工务人员到郴州工务段参观学习。自1985年至1999年开展安全优质活动以来，局级、部级安全优质工务段逐年增加，省内11个工务段都曾获得部级工务段称号。怀化工务段连续15年被铁道部命名为安全优质工务段。2000年，长沙工务系统质量指标完成统计，线路状态合格率94%，路基状态合格率90%，两项合格率均与上年持平。线路保养合格率95%，工务设备保养合格率93%，优质曲线保存率100%，年度轨检车合格率99.7%。

三、养路机械化

1978年9月，衡阳工务段开始使用衡阳工务修配厂生产的GD型液压捣固机。1979年、1980年，铁道部连续召开会议和发出文件，从组织形式、机械利用率、安全防护、机具管理等方面提出具体要求，强调混凝土轨枕地段不得再使用手工捣固，要求把机械捣固公里数、机捣率列入调度汇报表，养路机械化工作再次全面铺开。1981年和1982年，衡阳、岳阳工务段先后购买铁道部定型的XYD-2型液压捣固机。1983年上半年，各养路工区都配备了防撞型起道机，从当年7月1日起不再用齿条式起道机。1984年，开始配备无线对讲机，强化了机械施工的防护。1986年，长沙工务段购置内燃液压捣固机，免除了移动发电机的困难。各工务段陆续配置了液压拨道、方枕、直轨器，更新了液压调整轨缝器，完成了液压小型机具的配置。1989年，各工务段开始配备轨底清筛机。为了保护小机群上道作业的安全，郴州、株洲、广州工务段与局科研所共同研制列车接近报警器成功，各工务段相继推广。1989年10月，从奥地利引进大型养路机械，成立长沙机械化线路维修段（直属广州铁路局工务处。后搬迁至广州，更名为广州大型机械化线路段）。大型养路机械曾在韶山线、京广线、广深线、焦柳线捣固作业，效果良好。自1992年公布

《铁路线路维修规则》后，工务的维修工作朝着“轨道重型化、作业机械化、管理科学化”的方向发展。2000 年 5 月，石长铁路公司益阳线路机械化工队成立，配备捣固机 4 台，起道机 1 台，收砟机 2 台，螺栓松紧机 2 台，发电机 2 台。经过一个多月的机械试用及人员适应性培训，8 月正式上道作业，每月完成线路捣固 3.5 公里，实现了正线以捣固机为主的养路机械化作业。

线路维修工作落实“科技兴路”战略，推广应用新技术，提高工务设备技术含量。1966 年开始铺设无缝线路，并一直使用铝热焊，质量不稳定，裂伤折断率高。1985 年该套设备由衡阳机械厂设计制造 GHJ-60 型夹轨底式 60 型钢轨移动气压焊机及其配套设备，在蒲圻岳阳段施工中使用，取代铝热焊，提高了工地焊缝的力学强度和安全可靠度。1985 年通过广州铁路局技术鉴定，获得科技进步二等奖。2000 年，广铁集团公司引进德国史密特公司先进的铝热焊技术参与法国铝热焊竞争，既提高了无缝线路焊缝的质量，又降低了成本。引进德国史密特公司 MT 绝缘接头，提高了绝缘接头的可靠性，大大降低了因绝缘问题引发信号故障。利用厂焊长轨更换现场曲磨轨，保持轨道结构强度。鉴定和推广长沙工务段研制的《钢轨接头安全紧固机械及专用螺帽紧固套筒》新设备，加强工务设备防盗、防破坏的能力。推广应用工务维修养护计算机管理系统。

第二节　桥隧养护修理

一、维修管理

1978 年以前，按照铁道部公布的桥隧养护维修规则，规定“桥隧建筑物应每年维修一遍，本着预防为主、防治结合、综合维修的原则和季节特点，并适当考虑保养工作，制定年、季、月计划”；大修工作由铁路局负责安排计划并组织实施。1984 年，铁道部公布线桥维修办法，将桥隧维修周期定为钢梁桥 1 至 2 年，圬工桥、隧道及涵洞为 2 至 3 年；同时修订状态评定标准，每年进行一次秋季设备大检查，桥隧状态评定合格率归入工务设备完好率中，作为桥隧设备维修保养工作的一项考核指标。2000 年，铁道部对铁路桥隧建筑物大维修规则进行了一次较大的修改，包括部分技术标准和维修管理办法。桥隧维修工作按照“钢桥梁（含混合桥钢梁）2 至 3 年，圬工桥（含混合桥圬工梁）4 至 5 年，隧道、涵洞、框架桥等设备的维修周期以技术状态而定”的原则进行。

桥隧的维修管理严密，铁路局工务处设桥隧科，分局工务科有专人负责，工务段设桥隧室，沿线设桥隧领工区和桥隧工区，按桥隧换算长度每 100 米配 2.4 人，在大桥上设巡守工。工务段建立桥隧技术履历书，领工区建立检查登记本，详细记录桥隧设备的现状。

二、维修作业

1977 年，广州铁路局部署设备整治大会战，按桥梁维修质量分为三类，制定“发展一类、改善二类、消灭三类”的规划和措施，开展设备标准化活动，桥隧维修工作得到恢复和加强。1985 年，工务部门开展安全优质活动，桥隧涵的维修工作按铁道部新的周期和标准有序循环进行，有计划地逐年消灭不合格项目。

在桥隧维修中，采用新材料，推广新技术。湘黔线、枝柳线运营后，隧道漏水、腐蚀、翻浆、道床损坏等病害多，工务段把它们列为桥梁维修重点工作，采用环氧树脂胶修补圬工梁裂纹，采用垫环氧树脂胶砂浆和整修锚螺栓等整治桥梁支座病害，采取截、堵、排的综合治理方法整治全线占 75.5% 的隧道漏水，采用耐酸水泥和排水处理的方法整治隧道衬砌腐蚀掉块病害，采用线路大中修拨移线路的方法整治隧道限界不足、桥梁梁跨偏心病害，通过疏通排水设施的方法减缓隧道内、桥上的线路翻浆病害等，各工务段相继效仿。怀化铁路分局处理大江口、红砂溪隧道腐蚀脱块时，用耐酸水泥修复取得成功。1983 年至 1987 年，娄邵线也因工业废水腐蚀致涵洞坍塌，中断列车三次。娄底工务段采用耐酸水泥贴瓷板和环氧树脂石英砂浆贴花岗岩板防护，效果较好。1985 年，株洲、衡阳工务段采用拨移曲线的方法，使昭陵桥、418 小桥、仙人湾隧道、洪桥等处由限界不足达到合格。1988 年起，在隧道内采用"三防"照明灯。1989 年起，开始在明桥面上推广使用 K 型分式扣件。1990 年起，在有砟桥上推广使用道砟桥面混凝土轨枕。

20 世纪 70 年代末至 80 年代初，各工务段相继成立桥隧维修机械化工队，负责段管内的桥隧重点病害整治工作，进行风动除锈、喷漆、铆钉、压浆、上盖板喷漆等工作，在桥梁下部加装活动吊篮，使桥隧维修作业机械化初具规模。80 年代后期，各工务段陆续配置液压顶管设备，用以顶入直径 0.75 米以上的涵管取代非标涵洞。

三、桥隧大修

1972 年后的桥梁大修主要是将 4.5 米至 20 米跨度的钢梁更换为钢筋混凝土梁。1982 年更换浏阳河上行大桥第 2、3 孔 48 米下承桁梁为 48 米拴焊梁。1985 年，抬高并更换破塘口桥 5 孔 31.7 米跨度的 E.S.T.B 梁为下承钣梁。1987 年至 1988 年，将汨罗下行线桥 8 孔 47.24 米跨度的 E.S.T.B 梁更换为下承钢桁梁并抬高 2.46 米。1990 年，更换渌口下行桥第 9、10、11 孔 45 米跨度的 E.S.T.B 梁为下承钢桁梁。1991 年，更换渌口上行桥第 6、7 孔 40 米跨度的 E.S.T.B 梁为下承钢桁梁。1992 年，将洣河下行桥第 2、3 孔和耒河下行桥第 2、3 孔 48 米跨度的 E.S.T.B 梁更换为下承钢桁梁。20 世纪 80 年代后期，长沙铁路分局所属各工务段陆续购置液压顶管设备。在涵洞大修中安排顶入 0.75 米以上涵管工程，以取代原有非标涵洞；此做法延续到 20 世纪 90 年代。

从1989年起，铁道部规定桥隧综合状态评定合格率指标：桥梁89%、隧道50%、涵洞97%，每年秋季进行一次，由各工务段汇总报分局，分局汇总报铁路局（工务处），铁路局汇总报铁道部。2000年，据长沙工务系统治理指标统计，桥梁Ⅰ、Ⅱ级状态合格率达97.6%；隧道Ⅰ级状态合格率95.9%，Ⅱ级状态合格率75.5%；涵洞Ⅰ级状态合格率98.8%，Ⅱ级状态合格率98.9%。

第三节　防洪抗灾

一、洪灾状况

湖南省境内国铁地处湖南东部、中部和西部山区，年降雨量在1200—2000毫米，多集中在4—7月。铁路所在地区地形、地质条件复杂，设备抗洪能力不足，几乎每年都有较大的水害发生。据怀化铁路总公司（分局）统计，1978—2000年，管内共发生中断行车水害134件，累计中断行车1070小时。省内铁路最突出的洪灾有：

1982年6月17日，京广线新霞流至大浦街间左侧80米处水库堤坝决口，冲毁线路20米，上行线中断行车4时11分，下行线中断行车9小时10分。6月18日，洣江防护堤决口，将醴茶线河滩桥4个护锥冲坏，中断行车50小时30分。

1983年7月，汨罗江上游连降大雨，10日桥址水位36.83米，下行桥纵梁被淹，中断行车30小时10分。

1994年6月16—22日，京广线上行浏阳河水位超警戒水位，其中6月18日水位达36.22米，超历史最高洪水水位，水浸钢梁。抢险队伍将一列煤车压在桥上，增加梁身稳定。洪水造成中断行车40小时15分。

1996年7月，湖南省普降暴雨，洞庭湖、长江均超过1954年的最高水位，对京广铁路岳阳地区路段构成巨大威胁。17—20日，麻塘至荣家湾区段，多处水库溃堤、泄洪，造成路基大堤泄漏、坍方，多处桥梁洪水超过警戒水位，水淹线路1.75公里。集团公司抗洪指挥部设在最危险的麻塘车站。地方政府为保京广铁路畅通，投入大量船只和材料，加上一千多名部队官兵奋力抢险，保障了大堤安全。经专家论证，列车只能以限速25—45公里/小时通过。

1997年6月7日5时35分，湘黔线坪口至渠江间普降大暴雨，日降雨量143.3毫米，大量地表水从K266+254处施工未完成的吊沟冲向线路，冲空道床，致使1901次货物列车脱轨，机后1—3位车辆颠覆，机后4—9位车辆在沂滩隧道内脱轨，机后10、11位车辆颠覆，中断行车124小时25分。

1998年长江发生了百年一遇的特大洪水灾害，8月20日城陵矶水位达35.94米，超1996年历史最高水位0.63米。23日20时，洞庭湖最大入湖水量每秒63800立方米，导致水位急剧上涨。京广线云溪至荣家湾间K1446—K1453的路基和桥梁被洪水浸泡时间长达60多天。京广、湘黔、焦柳干线共发生各种险情340处，发生影响行车的水害34处，中断行车282小时19分。

1998年9月2日，在不到4小时内，焦柳线连续发生两起列车颠覆的水害事故。

1999年7月，由于洞庭湖出口的长江高水位，洞庭湖水无法排出而保持长时间的高水位，加上暴雨袭击，京广线岳阳至荣家湾间路基和桥梁被洪水浸泡达20多天，京广、湘黔、焦柳等干线共发生水浸路基、边坡溜坍、滑坡等各种险情255处，影响行车的水害64处，中断行车的水害24处，累计中断行车270小时41分。

2000年6月6日，京广线上行K1493+000—500，水淹钢轨，限速45公里/小时，限速1小时57分；8月8日，京广线上下行K1574+900—K1575+200，水淹钢轨，封锁线路40分钟；8月12日，该处再封锁1小时5分，上下行共限速4趟列车后恢复正常。

二、防洪管理

工务部门坚持“全员防洪”的原则和“预防为主，安全第一，全力抢修，当年复旧”的方针，努力实现“少断道，不翻车，消灭责任水害事故，确保汛期行车安全”的目标。每年汛期前，成立防洪指挥部，召开防洪工作会议，1、2月，组织检查组检查山塘水库，安排部署防洪工作。1979年起，在防洪命令中公布危险地点一览表，提醒运输指挥部门和机车乘务员注意。1985年起，在坍方落石和岩溶塌陷的危险地点，安装坍方落石自动报警装置和遮断信号防护装置。各工务段在汛期前按规定开展“三清一砍”工作（清理排水沟、清除山坡松动危石、清理疏通涵洞、砍伐沿线危树），并及时修理或更换破损失效的设备。各分局和各工务段与当地气象部门分别签订气象服务合同，提供灾害性天气预报。1985年后，配置虹吸式雨量计，铁路局、分局和工务段建立起151个雨量观测站，仅怀化铁路分局管内就有41个。1991年，又在分局、工务段配置24台DC-1500计算机处理统计雨量的雨晴监测仪。1992年，按铁道部防洪办《“八五”科学防洪规划要求》，岳阳、长沙、衡阳、郴州建成防洪专用计算机、传真信息网。1999年，益阳工电段会同石长铁路沿线地方有关部门，对101座水库、山塘进行调查，逐个分析水库各方面情况和存在问题，提出改善意见，共同做好水库的安全和铁路防洪工作。

各铁路分局在防洪工作中，都建立了相应的制度，如防洪值班制、汛期安全行车制、冒雨检查制、病害地点看守制、巡山巡河制、“三加岗一联控”制等，各项制度对职责、工作范围、汇报等都作了明确规定。《中华人民共和国防汛条例》公布后，

1992 年，铁道部公布了实施细则。广州铁路局成立防洪指挥部，建成防洪计算机、传真机信息网，建立多项防洪制度。各分局和站段建立防洪指挥部、领导小组。2000 年 2 月，长沙铁路总公司在管内 6 个工务段组织 285 人进行防洪检查，在洪水到来之前，做好防洪工作。经过几十年的维修、大修和技术改造，抗洪能力有了较大的提高。

三、水害抢修

铁路局每年都从运输成本中抽出资金用于防洪预抢和水害抢修工作费用，向各铁路工务段、电务段、采石场下达防洪储备料定额和流动资金定额。1990 年，营业外支出下放铁路分局管理后，各分局每年结合本分局的实际，继续投入。据怀化铁路总公司（分局）统计，1990 年至 2000 年投资防洪预抢工程 4781.5 万元，整治病害 635 处。各段按照铁路局、总公司（分局）的命令，储备适量的钢轨、枕木、草袋、土箕、电线、电缆、发电机及照明设备，采石场储备片石、石砟，必要时装车待命，一遇险情，能很快组织人力物力到位。雨季前，各防洪抢险队进行防洪演习。洪灾发生，分局领导亲临一线指挥，勘察灾情，制定抢修方案，调集人员、材料进行抢修。调度所优先调拨车辆装运抢修物资。抢修中，采取措施优先保证开通线路，再继续施工，由限速逐步恢复正常运行速度。1982 年，京广、浙赣、醴茶、娄邵各线多处发生库堤决口，冲毁路基，引发坍方等水害事故。湖南省副省长周政由广州铁路局工务处处长陪同，到沿线视察，召集分局和沿线地、市、县负责人会议，协商处理涉及双方共同防洪的有关问题。1983 年 7 月，汨罗江下行桥受洪水威胁，中共湖南省委第一书记毛致用等领导上桥了解险情，慰问抢险护桥的干部职工。

第四节　道口

铁路道口是铁路与汽车、拖拉机、马车、行人道路平面交叉的处所。根据道口交通繁忙程度，分为有人看守道口和无人看守道口两类。

一、道口管理

20世纪70年代前，道口的看守由养路工区负责。工务段设主任巡道员，管“三工”，即巡道工、巡守工、道口工。1973年，广州铁路局公布了第一个道口管理文件，初步规范道口管理和道口作业要求。1978年，贯彻铁道部的《防止工务惯性事故七项措施》中，提出防止道口事故12条要求；1979年，贯彻国务院178号文件精神，提出机动车辆通过无人看守道口要“一慢二看三通过”。广州铁路局同时对道口铺面宽度要求在2.5米及以上。1981年，又对道口管理机构、制度等10个方面作出较全面规定，班制也作了改变。各工务段设立道口工区，道口工区较集中的地区还设立道口领工区。1984年，株洲、娄底、衡阳、郴州工务段成立道口室，其他工务段在线路室或安全室内设专职道口管理技术人员。1985年末，京广线正线道口看守率达100%。1986年，铁道部颁发《铁路道口管理暂行规定》，广州铁路局分别与湖南、广东省联合转发贯彻执行。铁路局、分局成立道口安全领导小组，与地方政府联合交叉、整顿道口，封闭一些不适宜的道口。两省交警总队负责对道口管理人员进行培训后，对道口工发给交通安全员执勤臂章，对道口管理人员发给交通安全检查证，便于指挥交通。1988年，铁路局编制企标《道口管理细则》（Q/GT134-88），使道口管理工作规范化，道口设备标准化。1995年后，怀化铁路总公司对道口进行干部逐级包保安全责任制。2000

年，又发布《怀化铁路总公司道口安全管理办法的通知》，进一步细化道口安全管理。

二、道口整治

随着国民经济的发展，铁路运量迅速增加，铁路、公路、城乡建设规模不断扩大，铁路道口数量逐年增加，据长沙铁路分局统计，20 世纪 70 年代初，道口达到 323 处。1983 年，焦柳线正式运营后，增加三个工务段，怀化铁路分局道口最多时有 46 处。道口多了，安全隐患也多了。从 70 年代中期开始，各分局加强道口管理，结合铁路更新改造和复线改造，通过取消、合并一些道口，增建立交，严格审批新建道口等措施，道口数量逐年下降。1985 年，长沙铁路分局管内所有正线上的无人看守道口改为有人看守道口。1985 年、1986 年，湖南省经委牵头，会同省公安厅，长沙、衡阳市政府，对私设道口复查处理，取缔所有私设道口。1990 年，长沙铁路分局道口数量降至 184 处。1998 至 2000 年，平交道口改立交道口 28 处（其中京广线 26 处）。总公司管内道口数量减至 127 处。怀化铁路总公司（分局）1985 年至 2000 年结合更新改造和复线改造，修建立交桥、涵，拆除有人看守道口 18 处。1997 年，该总公司对焦柳线白云、泸天冲两处无人看守道口派人看守，从此，消灭正线道口无人看守，提高了道口安全系数。

三、道口设备

20 世纪 60 年代，道口设备简陋，用枕木、石块或水泥板铺路面，以杉木或毛竹做栏木，道口看守全靠眼睛瞭望。70 年代后，道口设备有所改善，繁忙的国道、省道平交道口，安装自动报警器。1980 年以后，逐年加大道口设施的投资，通过大修改造，整修路面，增设报警器、防护桩、道口警标、停车止步让行标等安全设施。1981 年，郴州工务段首创道口简易自动报警器，并向其他工务段推广。1984 年，浙赣线羊石道口安装第一个道口自动信号，到1990年末，长沙铁路分局安装77个。是年，省内正线道口90%安装了自动报警器或工务简易报警器，并根据铁路局《道口管理细则》，规范了道口标准，设立刊载《铁路道口暂行规定》的宣传牌，按道口数量配备道口维修人员，道口设备质量明显提高。1980—1995年，怀化铁路总公司（分局）投入370万元，安装道口电务自动信号、自动通知40处，无线对讲机120台，正线全部铁路道口与车站接通对讲电话，其余道口设无线报警器或太阳能简易报警器，100%安装了自动防护报警器或工务简易报警器，轨道压铃、对讲机、大功率道口电台，有人看守的道口具有两套以上安全设施。韶山、醴茶铁路道口也实现与车站接通对讲电话，安装了无线报警器或太阳能简易报警器，有人看守的道口具有两套以上安全设施，道口安全保障能力有效地加强。1999年11月，石长铁路全线9处有人看守的道口，安装了无线列车接近语音自动报警器。从2000年起，该线16处平交道口开始进行立交道口改造。

四、道口安全

20世纪70年代以前，铁路道口交通事故时有发生。1983年开展先进道口和先进道口工区评比活动。1989年开始，开展安全优质道口和安全优质道口工区评比活动，促进道口管理、设备和作业标准化。2000年后，每年对道口进行安全评估，每年铁路和地方政府至少组织2次以上道口安全联合检查，道口安全明显好转。

据长沙铁路总公司（分局）统计，1985年道口交通肇事为95件，1990年降至40件，1994年降至8件。1995年起，已基本杜绝道口交通事故。怀化铁路总公司1998年起，道口安全连续2年实现无责任重大、大事故。

第五节 采石 绿化

一、采石

广州铁路局采石场几经变迁，原来由广州铁路局工程总公司管辖，后由广州铁路局工务大修公司管辖，1998 年，划归各总公司管辖。

铁路采石场主要生产石砟，为工务部门铺垫线路道床所用。省内铁路原来采石场大多生产石灰石道砟。自禁止石灰石道砟上道后，有的倒闭，有的转产。至 2000 年，只剩下小水铺采石场、西河采石场、吉首采石场。小水铺采石场位于耒阳市，占地面积 52 万平方米，固定资产 465 万元。场内设有两个开采区，小水铺开采区生产石灰石石砟，衡南鸡笼街开采区生产花岗岩道砟，年产铁路线路和建筑工程用石料 14 万立方米。衡南鸡笼街开采区当年 10 月投产，至年底，生产花岗岩道砟 2371 立方米。西河采石场（含辰溪分场、安化一级道砟场）占地 48 万平方米，固定资产 480 万元，年生产能力 18 万立方米。吉首采石场占地 42.4 亩，拥有固定资产 700 多万元，年生产石料 15 万立方米。其分场（凤凰木江坪）年生产一级道砟 10 万立方米。

20 世纪 70 年代末之前，铁路采石场大多人力采石，人工凿眼，平板车搬运，手工锤砟，肩挑装车，生产能力差。80 年代后期，实现机械化作业，生产能力大大提高。

二、林业绿化

铁路的林业工作，除 1988 年至 1992 年 5 月由房地产部门管理外，均为工务部门林地科（所）管理。1993 年 10 月撤销林地科（所）后，由总公司工务分处管理，铁路沿线绿化工作由各工务段林务领工区或林务工区管理。2000 年，省内铁路主要林场有衡阳、泸阳和枫林林场。林场负责提供各工务段沿线绿化树苗。

1979 年，广州铁路局制订铁路沿线林带标准，要求按“适地适才、速生茂盛、三至五行、林带不断、整齐美观、四季长青、乔灌结合、护路安全”，抓好沿线绿化。1984 年起，采取分片包干的办法，实行六包（包挖洞、施肥、种植、浇水、管理、成林），以实现千里铁路千里林。1985 年起，配合地方政府抓绿化达标，采取“增加绿化费，营养杯苗造林，加强抚育管护”等办法，加快铁路沿线造林绿化进度。至 1997 年，京广、湘黔、浙赣、湘桂、焦柳、娄邵、醴茶等单线延长 2926 公里，宜林长度 2106 公里，已绿化 2072 公里，线路绿化率为 98.4%。1999 年，益阳设备段投入 37 万元，在铁路沿线及站场种植樟树 4000 多株、夹竹桃 20 万株。2000 年，再次投入 10 万元，在铁路沿线种植夹竹桃 40625 株、刺槐 13450 株，沿线绿化工作基本走上正轨。当年，长沙铁路总公司铁路沿线植树 42.5 万株，为年度计划 100.5%；造林长度 28 公里，植树成活率 87%。完成育苗 45.5 万株，为年度计划 101%。

1982 年，省内国铁各分局都成立绿化委员会，每年植树节前后，都组织各单位职工参加义务植树活动，做到有计划、有布置、有检查、有总结，完成地方政府分配的和铁路自身的植树任务。每年，各总公司都有超过半数的职工参加义务植树活动，职工每年每人平均植树超过 3 株。各基层站段每年还安排资金搞单位庭院绿化工作，指定专人或专职人员管理养护，庭院绿化水平逐年提高。1986 年，张家界机务段被评为湖南省城市园林绿化先进单位，1989 年，又被评为湖南省城市花园式单位。1994 年，怀化工务段被评为湖南省绿化先进单位。2000 年，长沙铁路总公司管内有省、部、地、市绿化园林式和花园式单位 35 个，有庭院乔木 12.9 万株、草坪 5.98 万平方米、绿篱 1.8 万多米、花卉盆景 2.83 万盆。

第四章　电务

改革开放以来，铁路的电务工作随着铁路运输事业的发展，使用先进的程序控制自动交换机、传真电报，传输数字化，传输电路增200倍以上；信号采用自动闭塞、电气集中、驼峰机械化或半自动化、机车自动信号等，对保障铁路运输安全起到重要作用。至2002年末，省内国铁共有8个电务段和1个工电段，其中，长沙铁路总公司有长沙、株洲、衡阳、郴州、娄底5个电务段，怀化铁路总公司有怀化、新化、张家界3个电务段，石长铁路公司有益阳工电段。长沙铁路总公司的电务段管辖京广、湘黔、湘桂、浙赣、醴茶、娄邵、韶山、资许线的电务业务。怀化铁路总公司的电务段管辖焦柳、湘黔线的通信、信号设备。石长线的信号工作由益阳工电段负责。

第一节　通信

一、通信线路

20世纪七八十年代，长沙铁路分局管内通信线路由架空明线逐步向架空电缆和地下管道式发展。到1995年，长沙铁路总公司有通信电缆3068.38公里，同轴电缆473.33公里，光缆154.68公里，另有站场电缆1313.46公里。架空明线长度则降至465.31公里。2000年，通信电缆长度增至4295.1公里，其中光缆1106.8公里。架空明线降至401.2公里。电话装机总容量46067门，其中程控交换机45867门，地区纵横电话交换机200

门。车站无线列车调度固定电话 190 台，机车电台 739 台，便携电台 2167 台，无线列调开通里程 1318 公里。

怀化铁路总公司（分局）通信发展经历三个阶段。第一阶段为 20 世纪 70 年代的创业起步阶段，第二阶段为 80 年代模拟化发展阶段，第三阶段为 90 年代数字化发展阶段。20 世纪 70 年代，怀化铁路分局通信线路以架空明线为主要方式。进入 20 世纪 80 年代，新建、大修或技术改造中，多用电缆取代架空明线。到了 80 年代中期，架空明线逐年减少。1990 年，电缆的长度已超过架空明线的长度。进入 90 年代，怀化铁路总公司通信迎来了一个历史性的变革，数字通信取代模拟通信，通信电缆（光缆、光电综合缆等）取代了架空明线，程控数字电话淘汰了纵横、步进制电话，形成了一个大容量、多通道、多业务、可靠性高的综合通信网。1991 年，怀化至贵阳全长 476 公里 300 路小同轴电缆建成，怀化载波室开通 DZT-6 型 300 路小同轴载波机，贯通了全路西南方向的通信网络。1996 年，怀化至株洲 1920 路 SDH-155 数字微波系统在怀化开通使用。这是全国铁路第一条 1920 路 SDH-155 数字微波系统。该系统电缆长 460 公里，路话可达 1920 路。是年，怀化至株洲全长 486 公里数字对称电缆建成，能提供端对端的连接，为湘黔沿线小站实现了自动电话直拨。1998 年，怀化至张家界的光电综合缆工程竣工。

石长铁路公司通信设备始建于 1995 年，1996 年 10 月完成。采用程控交换机方式组建电话网络，总装机容量为 3000 门。运输生产专用电话采用 DC-7 程控调度系统，不仅建立完整行车调度组织指挥系统，还建立完整的广播、会议电话、电报、光缆、电缆传输、无线列调等系统，光缆、电缆总长 300 公里。

二、电话

（一）长途电话

20 世纪 70 年代，技术设备落后，设备稳定性差，故障频繁，长途电路有限，长途电话严重不足，有的处于半开放状态，怀化铁路分局全年有3%的电话不能接通。80年代，铁路干线逐步采用中距12路、高12路和超24路载波系统。各地区均安装自动总机，长途话路大为增加。分局对铁路局、对地区和部分站段开通了长途电话，但使用长途电话仍有限制。

1986年，怀化铁路分局对湘黔线各站闭塞电话实行全面改造，淘汰CZH-Ⅰ型总机，更新功能齐全的CZH-Ⅲ型车站总机。随着焦柳线接管运营，怀化铁路分局实现了以怀化为中心，辐射东西，贯穿南北，连通全国铁路的通信交换网。此时，通信交换容量发展到2800门，比20世纪70年代初期增加7倍。

1988年，衡广间长途对称电缆工程竣工后，长沙铁路分局开通脉码调制数字传输系统（PCM）。1989年武衡间小同轴电缆建成后，武株、株衡间开通300路载波设备各2个系统。1990年末，衡阳安装大容量程控交换机，衡阳以南各地区实现联网，用户都有长途电话使用权。至20世纪90年代中期，各电务段均安装大容量程控交换机，长沙总公司管内实现长途联网，用户均有长途自动机。

（二）地区电话

20世纪70年代，地区电话全面向自动化转变，在制式上由步进制向纵横制转化。80年代，长沙地区电话经过2次扩容，由600门增至1300门，1989年更新为纵横制3000门。1983年，衡阳地区由1000门增至1500门，1990年更新为程控式交换机，其中衡阳1800线、衡阳北站400线、耒阳200线、郴州800线，计3200线。1987年，株洲地区更新为1000门纵横制总机，1988年，株洲北站扩容至500门。2000年，长沙、路口铺、岳阳、汨罗地区电话容量达13200门，醴陵、茶陵、湘潭、湘潭东地区9212门，衡山、祁东、永州地区13900门，耒阳、郴州、三都地区5000门，娄底、韶山、湘乡、邵阳地区3848门，全部为程控电话。

1985 年，怀化地区步进制交换机由 400 门扩容至 1200 门。20 世纪 90 年代，地区电话除继续扩容外，全面向程控式转化，并开始向个体用户提供服务。1992 年，引进英国 GPT 公司 X 系统 3000 线程控电话交换机，怀化地区自动电话进入程控系统。1996 年，新化、张家界地区 1500 门程控电话建成并投入使用。

石长铁路开通后，石长线采用程控交换机方式组建电话网络，总装机容量为 3000 门。其中长沙、益阳、常德 3 个通信站装机容量分别为 1000、1000、600 门。

（三）专用电话

行车调度划分为行车、货车、客调、机调等系统。20 世纪 70 年代后期，建立起衡阳、株洲、长沙北等编组站和较大区段站的站内调度电话，形成“铁道部总调度—各铁路局总调度—各分局调度所—各站调度行车调度组织指挥系统”。利用区间的通信设备，各站段所管辖的沿线车站、工区，还可对所属的班组召开电话会议。80 年代以后，各站、车务、水电、供电、电务和事故救援等部门都拥有了自动化的专用电话；仅养路工区仍使用磁石式携带电话机。铁路部门很早就建立会议电话网，可收听铁道部、铁路局、分局的电话会议，并可对答回话。

（四）无线列调

1978 年 2 月，京广线正式开通使用 TW-8A 无线列车调度电话。是年 6 月，湘桂线开通使用频率为 151 兆赫、TW-8C 机型和 TW-1 型无线有线转接机，沟通“列车调度员—车站值班员—机车乘务员”三角通话，此后，又增加“车站值班员—机车乘务员—运转车长”小三角。1987 年，衡阳、长沙北、路口铺、郴州、衡阳西、冷水滩、株洲、株洲北、长沙、城陵矶、岳阳、娄底、邵阳、张家界、低庄等站陆续使用铁路局研制、广州电务工厂生产的“带指令表示灯”400 兆赫站场平面调车无线系统。郴州至韶关电气化铁路投入使用后，该区段400兆赫无线列调于1988年开工，1989年1月竣工，在隧道内设同轴漏泄电缆，使沿线能清晰通话的10dB场强覆盖率提高到98.3%。是年，湘黔线151MHZ无线列调系统初次投入运用，初步形成了湘黔线小三角无线网络。1995—1997年底，400MHZ系统相继改造完毕并投入使用，形成大三角无线列调系统，在隧道内新铺设漏泄电缆，克服了弱场区。20世纪90年代，省内铁路车站无线列调装备率达100%。据长沙铁路总公司统计，至2000年，车站配备无线列调电话190台，机车上配备无线列调739台，便携无线列调2167台，开通里程1381公里。

三、电报

20世纪70年代后期，载波电路增多，采用ZB-319多路载波电报机，电报通路随之广泛更新为电传打字电报机，并逐步以凿孔机、译报机辅助以提高效率。1980年，普报又更新为传真机，后逐步增设电报交换机，重新调整电报网络。从1987年起，逐步采用电子计算机终端替代电传打字终端。1988年，株洲北站确报电路用电子计算机做报设施研制成功，并向其他车站推广。1988—1991年，逐步组成以广州通信枢纽为龙头，广州、长沙、怀化铁路分局为中心的初具自动化程度的普报网。1990年采用JK-312智能电报终端代替机械电传终端，淘汰人工电报机。随着ISDX程控传真电报交换机投入使用，开通各分局局线传真网。同时，以分局调度所为中心连接分局管内各区段编组站、枢纽编组站的确报交换网。进入20世纪90年代，电报从人工四码译报跨越到传真智能终端，确报工作先后移交给车站管理，仍由电务部门提供确报线路。20世纪末，长沙铁路总公司有岳阳、长沙、株洲、衡阳、郴州、永州、娄底7个电报所，电报时限率年年都超额完成铁道部所定的80%的指标，1996年达到96%，1998年后达到100%。

第二节　信号

一、信号及联锁设备

（一）长沙铁路总公司（分局）管内

20 世纪 80 年代，京广线建成自动闭塞，正线各站均建成电气集中联锁；湘桂线除衡阳西站外，亦都建成电气集中联锁。同时建成电气集中联锁的车站还有湘黔线 5 个站，资许线 1 个站。90 年代，随着浙赣复线及自动闭塞工程、湘黔复线电气化及自动闭塞工程的竣工，京广、湘黔、湘桂、浙赣 4 大干线已基本实现车站电气集中联锁。1999 年，在京广线电气化工程施工的同时，对电气集中联锁设备进行技术改造，用微机集中联锁取代继电器集中联锁，是年完成 15 个站（场），2000 年完成 40 个站（场）。2000 年总公司管辖业务里程 1415.65 公里，有 169 个站（所），其中电气集中联锁车站 86 个，计算机联锁站、场 55 个，色灯电锁器联锁车站 27 个，辅助所 1 个。编组场中有自动化驼峰场 2 个，半自动化驼峰场 2 个，非机械化驼峰场 8 个。管内有联锁道岔 4051 组（其中电气化集中联锁道岔 3833 组，非集中道岔 218 组），复线自动闭塞 878.64 公里，半自动闭塞 511.23 公里，区间调度监督 909.97 公里，机车信号开通长度 1575.68 公里。

（二）怀化铁路总公司（分局）管内

20 世纪 70 年代末，开始采用 XDB-A 型（干电池）电动臂板预告信号机，除怀化车站道岔可以由车站值班员在室内操作外，其余车站的道岔均由扳道员扳动，每天傍晚扳道员要上信号机上挂灯。接发列车和调车作业的进路需要扳道员人工扳动道岔，人为确认进路，向值班员报告进路准备情况。1983 年焦柳线全线交付分局临管运营（1985 年正式运营），同时建成了怀化枢组大规模信号联锁设备，形成一个纵列式二级四场的列车编组场和机械化驼峰场。1989 年管内车站 104 个，其中电气集中信号联锁设备从原有的怀化站 1 个增加到 13 个，色灯电锁器联锁设备有 86 个站，臂板信号有 5 个站。至 2000 年，管辖设备 1035. 91 公里，有信号联锁车站 96 个，信号换算工作量 15668 组，现场共设维修、检修车间 18 个，班组 91 个，总人数 1084 人。

（三）石长铁路公司管内

1998—2002 年，石长线开通 22 个站、1 个自动化驼峰的铁路信号设备。石长线采用单线半自动闭塞、6502 大站电气集中联锁方式，正线电码化叠加发码，微机联锁、微机监测、道口信号等设备。管内有色灯信号机 525 架，电动联锁道岔 264 组，轨道电路 483 个。

二、区间闭塞设备

（一）长沙铁路总公司（分局）管内

20 世纪 70 年代，管内铁路区间均采用 64D 型半自动闭塞。1973 年，广州铁路局向铁道部提出京广线蒲圻至衡阳间更改为自动闭塞方案，初步概算 2639. 53 万元，平均每公里造价 6. 39 万元；设计方案未全部完成，采取边勘察、边设计、边施工的办法，1979 年 6 月停工。1981 年 7 月修正概算 3276. 36 万元，平均每公里造价 7. 93 万元；10 月重新开工。1987 年，施工进度加快，年内开通。该段自动闭塞工程站间区间 49 个。衡阳至坪石间自动闭塞工程是衡阳至广州复线工程的一部分，基本与复线工程同步施工。衡阳北至坪石自动闭塞工程计站间区间 219. 6 公里。其中，郴州至坪石间于 1988 年 11 月竣工；衡阳至郴州间于 1989 年 6 月开通。至此，蒲圻至坪石间 625 公里，有闭塞分区间 679 个，区间信号机 537 架。

浙赣线老关至株洲间自动闭塞工程，管内站间区间 6. 5 个 54. 65 公里。1995 年 12 月开始施工，1997 年 12 月竣工投产，共完成电气集中站6个，区间闭塞分区62个，区间信号机50架。

湘黔线株洲至娄底间自动闭塞工程，线路长27公里，安装信号机97架，轨道电路133个，1998年9月开工，2000年12月完工。

（二）怀化铁路总公司（分局）管内

湘黔东线从20世纪70年代末至80年代末，10年间增加12个6502电气集中联锁站和2个线路辅助所。1992年，怀化至玉屏间电气化开通。1992—1995年，增加电气集中连锁站8个。1995—1997年10月，开通5个区间的双线插入段。随着复线建设工程的开通，又逐步取消以上新建复线工程过渡会让站。1997年，随着娄底至怀化间电气化开通，湘黔线全部由电力机车牵引，全线信号设备改造为电气化装备。怀化枢纽信号联锁又一次全面改造。1998年，界溪河至石门北间复线自动闭塞开通投入运营，全长49.01公里。

（三）石长线管内

石长线22个站均为6502大站电气集中站，室内采用6502继电器控制电路，微机监测系统，微机联锁，大、中站电源屏，模块化控制台，鼠标控制台；室外采用色灯信号机，ZD6-D、E、J型电动转辙机，JZXC-480型轨道电路。

三、驼峰信号

1972年，株洲北站编组场机械化驼峰投产，1981年大修扩建，采用ZK2型带关节型锁闭器风动转辙机取代ZD5和ZD7电动转辙机。1983—1986年，再次进行技术改造，成为半自动化驼峰。1989年投产的衡阳北站编组场驼峰亦为半自动化驼峰。至1990年，长沙铁路分局管内有半自动化驼峰2座，非机械化3座，简易4座。1995年，长沙铁路总公司管内有自动化驼峰1座，半自动化2座，非机械化4座。1998年，娄底站半自动化驼峰建成。1999年株洲北站上行系统竣工，编组场采用自动化驼峰。2000 年，自动化驼峰 2 座，半自动化 2 座，非机械化 8 座。

2000 年初，怀化南站驼峰自动化信号设备开通投入使用。

2002 年，石长铁路公司开通宜阳驼峰场，采用了 TYWK 型驼峰信号计算机一体化控制系统，实现了驼峰自动化。

四、机车自动信号

为配合京广线自动闭塞工程，1973 年 3 月，铁道部批准在机车上安装与自动闭塞相适应的机车信号和自动停车装置（移频连续式机车信号），1978 年完成初步设计。是年底，铁道部吸取郑州局杨庄站旅客列车重大事故的教训，决定全路分四步实现机车自动信号。一是安装双频点式机车接近信号；二是机车接近报警加装自动停车（机务）；三是增设第二接近报警；四是实现机车自动信号。1980 年初，长沙铁路分局在京广线长沙北—长沙—长沙南站地面及 ND2 机车上试验，后又扩大到黄秀桥、汨罗、高加坊三个站进行牵引列车试验取得成功。是年，该分局安装机车接近报警器和自动停车装置 79 台，178 个车站等地面设备。1981—1983 年，京广、湘桂、浙赣等主要干线逐步安装使用。1984 年，完成湘黔线机车接近报警及自动停车装置，其中娄底机务段机车安装了 49 台。是年，娄邵、资许、醴茶线机车接近报警及自动停车装置开始安装，陆续交付使用。1985—1986 年，长沙铁路分局安装机车报警及自动停车装置 284 台，地面设备 626 台。浙赣线株醴段地面设备安装完毕。焦柳线怀化至大庸建成接近连续式移频机车自动信号。随着自动闭塞开通使用，点式机车接近报警全部为连续式机车自动信号所代替。1987 年 5 月，为配合年底拉通蒲衡自动闭塞的要求，加紧安装机车信号设备。先在长沙机务段，后在株洲、岳阳机务段的机车上安装移频机车信号，由通信信号公司大津工程公司在长沙电务段、机务段配合下施工，是年 9 月完成 88 台 ND2 型机车的安装。京广线衡阳以南，则随衡广复线工程的进展，到 1989 年全部安装移频机车信号设备并投入使用。至2000年底，配合武广电气化工程，完成86台新到电力机车无线列调电台的安装。

从1980年末开始，在电锁器联锁车站到发线增设了轨道电路，接近车站区段也加装了轨道电路。1984年12月至1985年1月，株洲北站、衡阳北站、怀化南站等驼峰推峰线上，先后安装了驼峰移频机车自动信号。据2000年统计，广州铁路（集团）公司的轨道电路合格率达99.50%。

第三节　通信、信号设备维护

通信、信号设备维护实行大修、中修、维修3个修程，实行铁道部、铁路局、分局3级负责制度。铁路局、分局、段具体执行并结合实际制度有所补充。

一、大修

大修周期和范围有具体的规定，通信线路根据材质15—20年不等；通信机械、信号设备一般10—15年，驼峰设备5—10年。由于通信、信号设备具有系统性强，技术进步快、更新换代频繁等特点，大修工作除年限外，还对设备的技术状态作了明确的大修标准，凡耗损超限、强度不足、电气特性不符合标准的设备，须进行彻底整修、更新、换型、增容或技术改造。涉及铁路干线、路网通信等较大项目，由铁道部（电务局）掌握，铁道部通信信号总公司承担设计、施工任务；其他项目由铁路局电务处负责。在广州铁路局，工作量较大的项目由铁路局勘测设计院设计，工程总公司电务工程公司施工，或委任铁道部通信信号总公司设计施工；室内通信设备一般由电务处或电务段设计、施工；质量检查验收均由电务处负责。

20世纪90年代，怀化铁路总公司（分局）管内对焦柳、湘黔两条交叉干线进行电气化集中信号联锁设备改造，同时湘黔线也进入电气化复线工程。管内100多个车站先后由臂板电锁器联锁—色灯电锁器联锁—6502电气集中联锁—计算机联锁—自动化控制。1998年9月30日，总公司管内最后一个车站（谭家河）机械臂板信号设备下马，原始、落后的设备彻底淘汰，全部改为电气集中联锁设备，信号装备逐步向高新技术转变。1992年，怀化—玉屏电气化开通；1997年，娄底—怀化电气化开通，湘黔线全部由电力机车牵引，全线信号设备改造为电气化装备，怀化枢纽信号联锁又一次进行全面改造；2000年初，怀南驼峰自动化信号设备投入使用，湘黔复线18信息移频自动闭塞信号设备工程随即上马。

1993—1994年，长沙铁路总公司完成株洲站、湘潭东站及岳阳新客站的电气集中大修和新建工程，开通浙赣复线源门铺站和板杉铺站电气集中改造工程。工务电务联合整治道岔1000组。株洲北站上行系统三级四场新建及原下行三级三场改建扩建的部分工程。岳阳新客站行车及公用电话的设计与安装。湘黔线四电线路迁移工程及湘桂线通信光缆工程。湘黔线微波工程。2000年，完成通信信号设备大修工程12项；投入283.92万元，整治和大修通信信号设备10项。

二、中修

通信、信号设备中修是按周期对通信、信号设备进行整修、补强和恢复工作。通信设备中修，长途架空线路按4—6年的周期，长途电缆和地区站场、线路按5年的周期；信号设备中修，周期一般为5年。每年秋季由电务段中修队对通信、信号设备进行中修调查，编制次年度中修计划，报分局批准后，由通信、信号两个中修队分别实施。

1979年，通信、信号的中修制度，实际上只有通信线路一项。历年的规章修改，对通信中修都作了修改、补充。1988年，广州铁路局对通信中修作了明确规定，确保费用到位，强调中修必须坚持强度与性能并重，中修后区段建立各样台账、图纸资料，强化中修质量验收制度。1989 年，铁道部电务局公布了《通信线路（明线、电缆）中修管理办法》，1991 年又公布了《通信线路基础工作实施细则》。这 2 个文件对通信中修工作范围、管理、质量标准、施工安全，长途通信电缆中修防护措施、接头工艺、验收评定办法等，都作了具体规定。1989 年，铁道部电务局第一次检查评比，长沙电务段被评为铁道部优秀电缆中修段。1993 年长沙铁路总公司通信中修电缆 186 公里，明线 42 公里。在通信中修评比中长沙、郴州电务段评为广铁集团公司通信优秀中修段。1994 年，总公司通信中修电缆 200 公里，明线 40 公里。在通信中修验收中，长沙、娄底电务段被评为广铁集团公司优秀中修段。2000 年，该总公司电务系统完成电缆、明线、光缆中修合计 550. 69 公里。

在信号设备中修方面，1979 年，铁道部发布《关于电务部门试行信号设备中修项目的通知》后，长沙、株洲、怀化、郴州、广州等 5 个电务段建立信号中修队，将信号设备逐站整治轮修转为中修试点。1983 年 11 月，广州铁路局召开试点段和分局座谈会，总结试点经验，将信号设备中修工作逐步推向全局。1985 年 11 月 6 日，铁道部正式发布《关于全面开展信号设备中修的通知》，并于 1986 年 1 月 10 日将信号设备中修正式作为一个修程纳入铁道部《信号维护规则》。1990 年 12 月 7 日，广州铁路局公布《信号设备中修管理办法》，对管内干线、支线信号设备中修的周期、费用、施工要求、质量标准、验收评分办法等都作了具体规定，使信号设备中修走上规范化。

根据中修工作的需要，怀化 3 个电务段分别设置了信号检修所、信号修配所（怀化含驼峰机械修配所）、信号中修队，怀化、张家界电务段还设置了机车信号检修所，简称“三所一队”。自此，信号中修采用大量的先进机具和检测手段，实现中修制度化、规范化、标准化，逐步改善野外作业条件和生活设施。1993年，怀化总公司信号中修换算道岔659.38组，完成比例18%，到2000年，换算道岔2246.14组，完成比例21%。

长沙铁路总公司电务部门1993—1994年共完成信号设备中修78.5站，联锁道岔1231组。1993年，郴州电务段荣获铁道部优秀中修电务段称号，连续2年荣获广铁集团公司优秀中修电务段，娄底、衡阳电务段也分别荣获广铁集团公司优秀、先进信号中修电务段称号。2000年，该总公司信号设备完成中修车站38个、机车79台、道口12处、区间88公里、缓行器36组、换算道岔3325.12组。

三、维修

维修作业是在各电务段内实行段、领工区、工区3级管理和段、工区2级核算制度，对管辖的通信信号设备进行养护维修，保证正常使用，确保行车安全。从20世纪70年代末开始，通信、信号设备的技术状态不断由简单的机械更新为技术性较为密集的电气设备。按照铁道部要求，各电务段建成较为适用的建修、修配综合楼，配备必要的检修、修配仪器等设备，抓紧对技术工人培训，完善通信、信号维护管理各项制度，严格对通信、信号的测试。每年通过测试总结分析，按规定内容逐级上报，并针对性采取整治维修措施。1978年，各电务段开展“标准通信区段”“标准通信站”“标准电路”“信号标准站”等评比竞赛。各段先后设立通信检修所、信号检修所，实行巡回检修、细检细修、重点整治。推行通信、信号机械设备轮修制，将沿线通信通用机械设备和信号能拆卸更换设备都集中入所检修，工区与检修所执行交接制度。

在信号检测方面，1979年，广州铁路局配备了信号试验车，1980年开始，在车上设置机车自动信号测试仪等检测手段。1980

年、1981年，铁道部正式公布了《电务试验室技术管理办法》《铁路信号设备电气特性措施方法》，1986年1月10日，信号设备测试工作又并入经修改后重新公布的《信号维护规则》，对信号工区、电务段、铁路局（分局）3级测试职责范围、管理制度作了具体规定，信号设备的测试工作走上了规范化管理。20世纪80年代后期，列车密度和车站作业量逐年增大，通信、信号新设备不断增加，原有的维修组织和维修方法不能适应运输生产的需要。各电务段按照铁道部1986年颁布的《信号维护规则》、1987年颁布的《铁路通信技术维护规则》，强调“多巡、多测、少检、少修”，预防为主的原则，减少人为故障，避免干扰运输生产。随着机车4大件（无线列调电话、自动报警、自动停车、自动信号）的配套和大量使用，各电务段先后设立无线检修所和机车检修所。各电务段的通信维修基地有二所一队（通信检修所、无线检修所、通信中修队），信号维修基地有四所一队一室（信号检修所、信号修配所、机车信号检修所、驼峰机械修配所、信号中修队、信号试验室）。1989年，各电务段计量定级工作取得常用仪表检定资格证书，开展常用仪表检定和管理工作。

1997年以前，各电务段信号维修按照管辖范围和交通便利情况，分别设置沿线信号工区（管辖3—4个站），大、中等站设置室外信号工区和室外值班工区，当时的信号日常维护工作全部利用行车间隙要点进行，设备检修周期一般为每月2次，按年度工作量100%完成。1997年底，铁道部下发关于信号维修体制改革意见的通知。从1998年开始，怀化、石长、长沙铁路总公司先后实施信号维修体制改革，实行“天窗修（给一定的维修时间，在这段时间里，封锁线路不允许列车通过）”。各电务段分别制定“天窗修”的标准和规定。“天窗修”的实行，原来日常维修工作“日巡视、月检查、季检修、年整治”的维修修程，改变为“日常维护、集中检修”2个修程，维护与检修基本分开。各电务段机构重组，班组调整，建立健全适应维修体制改革的管理机制。实施“天窗修”，改善了现场信号工的劳动条件，提高了检修质量，有利于确保行车安全。

1998 年，长沙铁路总公司对设备检修周期作了合理延长，推行电务设备状态修，质量达到第二轮中修标准的设备，检修周期延长为：道岔转换设备每 2 个月 1 次，轨道电路设备每半年 1 次，调车信号机实行故障修，其余室外设备每半年 1 次；安全型无极继电器和各类变压器实行大修期内故障修。优化通信信号工区设置，将小工区合并为大工区，京广、湘桂、浙赣线和株北、衡北编组场等，分别按车间或站区设置值班工区或集中修工区，将单独作业改为集中作业。每个车间原则上设置 1 个值班工区和 1 个集中修工区，管辖范围较大的车间、交通不便的车间可增设工区。是年，电务系统完成设备维修工作总量 35276.96 换算道岔组，比上年增加 4854.36 换算组，其中信号维修 18521.91 换算道岔组，比上年增加 1693.65 组。年内完成的 8 项指标，与铁道部部定指标相比，超 6 项，平 2 项。

通信、信号设备维修还有季节性的四防（防洪、防寒、防雷、防风）工作。1998 年 4 月，长沙铁路总公司根据历年防洪情况，安排电务系统防洪费 111.56 万元，主要用于长沙、衡阳、娄底电务段区间和站内 40 架信号机的基础加固，株北Ⅳ场、长沙、株洲、衡阳、郴州段通信电缆经路的塌方整治及防护等，有效地防止和减少了洪水对信号、通信设备的损坏。5 月 21—22 日，娄底地区突降特大暴雨，降水量达 316 毫米，娄底站Ⅰ场、Ⅱ场驼峰信号设备被洪水淹没，无法正常使用，K3 线路所邵阳方向进站信号机倒塌，信号和通信电缆多处被严重拉伤。娄底电务段 200 多名干部职工在兄弟单位人力、物力支援下，连续抢修 60 多个小时，使受损的通信信号设备恢复正常使用。

第五章　运输安全

1979年1月，广州铁路局公布《关于1979年安全工作的几点要求》，把全局工作重点转移到以运输生产为中心、安全质量第一的轨道上来，铁路行车事故逐年下降，趋于稳定。

第一节　行车安全

一、安全管理

20世纪70年代初，广州铁路局、各铁路分局安全监察逐步恢复。70年代末，广州铁路局、各铁路分局运输生产各部、处（科）设专职安全干部，分局设安全监察科（室），有专职分管安全工作的副分局长，各基层站段先后设立安全室，配备专职管安全工作的副站（段）长和工程技术人员，重新选拔、聘任业务水平高，工作认真负责，敢于与违章违纪现象作斗争的职工担任班组安全员，逐步形成领导干部、工程技术人员和工人群众“三结合”的安全管理网络。1987年，怀化铁路分局24个主要运输站段成立安全室，未设安全室的站段，设专职行车安全管理人员。至80年代末，省内铁路分局都设安全监察科（部），主要行车站段都有安全室，形成分局、站段、车间（室）、班组间的纵向联锁和单位之间、车间之间、班组之间的横向联锁完整的行车安全管理网络，实现了从铁路局到站段、车间、班组一套完整的安全管理体系。1990年9月7日，《中华人民共和国铁路法》颁布实施，安全生产走上法治轨道。铁路局、分局、站段大力宣传《铁路法》，并组织职工学习，增强职工遵章守纪的自觉性。1994 年 2 月，按铁道部要求，加强安全基础建设工作，各铁路总公司机关有关部门抽调人员组建安全基础建设办公室，负责安全基础建设工作。1995 年，为适应安全标准线建设，调整充实安全基础建设办公室力量，安全基础建设办公室成为独立的机关科室。1996 年，长沙铁路总公司基础建设办公室并入安全监察室，主要负责总公司管内的行车安全监察、安全基础建设工作、防火工作及路外伤亡事故的处理。怀化铁路总公司安全基础建设办公室与运输联网办公室合并，成立安建联网室。1999 年，省内铁路部门贯彻执行《广州铁路（集团）公司运输安全规范管理，强基达标实施办法》和制订的 181 个主要行车工种的《岗位规范手册》，“规范管理，强基达标，突出重点，全面防范”，开展自控型班组建设活动，安全工作开始落实到班组。2000 年，贯彻落实《广州铁路（集团）公司安全评估实施办法》，安全评估工作进入规范化、科学化轨道。省内国铁 40% 左右的运输站段建立并实行符合 ISO9000 标准的质量保证体系，加强自控型班组建设，强化现场作业控制，运输安全比较稳定。

二、安全措施

为防止行车事故发生，铁路运输不仅有完整的安全管理体系，常抓不懈，而且根据安全生产的实际，制定许多具体的落实措施。

（一）百日无事故竞赛

1975 年 4 月，广州铁路局为开展百日无事故竞赛活动，制定各分局、编组站、机务段、三等以上车站、中心站、段、队“百日无事故标准”，自 1975 年 1 月 1 日起计算，凡实现“百日安全”者，授予奖旗，颁发奖金。各分局、站段不断补充、细化、完善该项活动，制定百日无事故竞赛办法、百日无事故承包奖励办法、百日安全夺杯赛评比奖励办法、百日无险性事故奖励、百日安全风险抵押等。这一举措，有效地促进了安全生产。1981 年 12 月 16 日，怀化铁路分局实现连续 1000 天无行车重大、大事故，首创近年来全路安全生产最好成绩，铁道部、铁路局分别下发了表彰、嘉奖通知和命令。1986 年 7 月 18 日，怀化铁路分局又实现连续 2674 天无责任行车重大、大事故，行车安全天名列全路分局之首。1995—2000 年，怀化总公司连续实现 6 个安全年。1986 年 3 月，衡阳铁路分局实现连续 10 个“百日安全”；10 月，长沙铁路分局实现连续 13 个“百日安全”；1989 年 10 月，长沙铁路分局又实现连续 10 个“百日安全”；1998 年和 2000 年，长沙铁路总公司当年都实现了 3 个“百日安全”。

（二）安全责任制及逐级安全负责制

省内国铁各总公司（分局）逐步完善行车安全责任制，实行分局、站段、车间、班组逐级安全责任制。1989 年，学习临汾经验，第一管理者对安全负第一位责任，管生产必须管安全，逐级配齐安全副职，党政工团齐抓共管。安全承包制、干部分工包保制，以及以行车安全为重点的干部“五定三率”考核制、干部查岗查哨制等逐步推行。1991—1992 年，学习《铁路法》，开展安全优质达标活动，实行安全包保。1993 年，怀化铁路总公司提出“严紧细实、分秒不松”的安全工作方针和坚持三个不变原则，即：安全第一位置不变，主要领导抓安全不变，党政工团齐抓共管不变。实行安全包保，领导安全责任制考核。1994 年，怀化铁路总公司贯彻“安全第一、预防为主”的方针，坚持“三主、四尽”（各级主要领导把主要精力放在抓运输安全生产的主业上，做到尽职、尽责、尽心、尽力）的原则，实行综合包保、领导干部安全责任制考核、百日安全风险抵押、百日安全夺杯评比等考核奖励办法。1996 年，该总公司坚持以围歼旅客列车事故为重点，以安全标准线建设为载体，全面推进五项（规章制度、设备质量、人员素质、干部作风和班组建设）安全基础建设，对责任事故单位（个人）有限赔偿，追究干部安全管理失职行为。

（三）大检查、大反思、大整治

1988 年，省内国铁深入开展“三学、三查、四整顿”活动（三学即学习国务院关于 80 次特快旅客列车颠覆事故的处理决定，学习铁道部《关于加强领导，狠抓基础，打好运输安全翻身仗的通知》，学习小东车站“一点不差，差一点也不行”的安全生产经验；三查即查安全思想，查违章违纪，查设备隐患；四整顿即整顿纪律，整顿作风，整顿管理，整顿治安）。在此基础上，又开展四查（查思想、查管理、查纪律、查隐患）、“回头看”和四攻关（安全、效率、质量、任务）活动。1990 年 8 月下旬，针对运输安全工作较被动的问题，开展群众性的“五查、三反、一整治”（查领导、查思想、查作风、查纪律、查制度；反对干部中的官僚主义、好人主义、形式主义和个人主义，反违章违纪，反内盗赌博；整治设备）活动，开展安全优质达标升级活动，大打安全翻身仗。

1997 年 4 月 29 日，长沙铁路总公司荣家湾车站发生两列旅客列车冲突的行车重大事故。铁道部领导把长沙铁路总公司的安全不稳定状况，称之为“长沙现象”。为此，他们在全体职工中开展“查思想、查设备、查规章制度”的安全大检查，并形成制度，每年不少于 1 次。对查处的问题、隐患，限期整改。2000 年，总公司先后进行 3 次安全大检查，历时 230 天，共查摆问题 3436 个，其中属站段整改的 3200 个，属总公司整改 219 个，报集团公司整改 17 个。是年，站段的问题已整改 3072 个，整改率 96%，总公司问题已整改 207 个，整改率 95%。

（四）大学习、大练兵、大比武

20 世纪 50—60 年代，休班职工每周学习 1 至 2 次业务技术成为制度，60—70 年代开始技术比武。首先是调车作业比武，车站、分局逐级选拔，参加铁路局的比赛。80 年代逐步发展到机务、电务、工务、车辆、客运、货运、调度等系统，并由单项发展为多项、全能、各主要工种间的比武。90 年代后已形成制度，各系统每年 1 次，对取得前三名者，给予表彰、奖励。

（五）联锁制

20 世纪 50 年代的联锁制，主要在班组内部及上下道工序之间进行。司机与副司机、司炉间的 16 字呼唤应答制，扳道组内的要道还道制，值班员、助理值班员，助理值班员与运转车长，扳道组与调车组，调车组与调车机车乘务组之间的呼唤应答、要道、对道等制度。80 年代开始，逐步发展到“车机联控”“调车联控”，以及班组的“自控”“互控”等制度。1990 年，把抓好“车机联控”作为贯彻铁道部“三防”（防冲突、防切轴、防断轨）工作的重要措施，落实到站所、工区、班组，使当年的安全生产出现转机，开始走出低谷。1993 年 7 月 15 日，铁道部制定下发的《关于颁布〈车机联控作业及信息管理标准〉的通知》正式实施。各单位还把“车机联控”作为安全工作的一项内容进行考评和考核。自此至 1996 年，省内铁路部门都以贯彻铁道部“巩固、完善、深化、提高”的八字方针，强化车机联控负责制，有机地与“围歼旅客列车事故”“安全标准线建设”相结合，重基础、严管理、练内功、上水平，健全三级联控机构，从体制上形成个人到班组，从岗位到车间，从站段到总公司上下贯通，纵横相联的联控网络系统，以保证车机联控的发展。1997 年以后，省内铁路部门加大对车机联控工作的管理力度，坚持第一管理者任联控小组长，做到 4 个亲自：第一，齐抓共管，亲自上手；第二，检查指导，亲力亲为；第三，设备整治，亲自把关；第四，经验交流，亲自组织。车机联控工作发展平衡，卓有成效，是年机务部门消灭了“冒进信号”事故，车务部门消灭了“错误办理信号、进路”事故。截至 1997 年底，机务部门实现连续 1361 天无列车冒进信号险性事故，车务部门实现连续 1417 天无错误办理进路、信号险性事故的好成绩。

（六）路地联防

随着列车密度增大，列车运行速度提高，因压牛、路外伤亡、机动车撞火车而造成的事故日益增多。农村机械化发展，私设道口现象也显著增加。为确保铁路运输安全，从1975年开始，铁路公安部门和部分车站、工务等单位，在当地政府领导下，在部分区段开展义务护路活动，深入沿线、农村，进行护路防伤的安全宣传教育。

1992年，湖南省社会治安综合治理委员会发文，成立省铁路护路联防领导小组及办公室，明确其为省综治委属下的专门机构，省综治委领导兼领导小组组长。湖南省政府副秘书长、综治办负责人兼省护路办主任、常务副主任。广铁集团公司有关人员为省护路办专职副主任和办事人员。此后，省内国铁沿线各市、县均成立了护路办。广铁集团公司驻湘护路办，与省护路办专职办事人员为两块牌子、一套人员。广铁集团公司1996年和2001年先后发文，明确驻湘护路办编制、人员和行政关系。湖南省政府自1992年以来，先后4次发文，在省内铁路发送货物中提取一定的费用，作为铁路治安费，用于重点区段沿线护路联防。

1992年11月起，陆续在重点区段组建了以铁路公安管理为主、地方有关部门协管的专业护路联防队伍。至2000年，省内有120个护路队，近千名护路队员，每队一个标准化的岗营，巡护里程占省内国铁32%。护路队昼夜轮班巡路；开展集中性、规模性和随机性、一人一事的护路宣传；积极协助公安破案和抓获不法人员；及时拾缴和上交遗落的运输物资；及时防范各种影响行车及人身安全的事故。

20世纪90年代后期，省护路办陆续在部分区段聘请沿线村民，实行低酬的或一事一奖或定期承包等模式的义务护路。省综治委每年召开铁路护路联防工作会议，总结、部署铁路护路联防工作，表彰先进的护路工作干部和专业、义务护路队员；省内铁路沿线所有地级市与省综治委领导签订年度铁路护路联防责任状，并严格奖罚兑现。省护路办每年组织专人严格考核各市铁路护路联防工作，并将此纳入省综治委每年对各市治安综合治理全面考核的内容。铁路综治、公安、安监等部门和相关站段，坚持每年开展集中性护路宣传教育，逐步完善沿线安全设施、整治安全隐患，形成护路联防的良好格局。

三、行车安全情况

20 世纪 90 年代，省内国铁行车安全情况比较稳定。长沙铁路总公司统计，至 1993 年末，实现安全无重大、大事故 394 天；1994 年，连续 135 天安全无事故；到 1995 年年末，实现安全无重大、大事故 455 天；1998 年，连续实现 3 个百日安全无重大、大事故，到年底，安全生产 272 天；2000 年，连续实现 3 个百日安全无重大、大事故。怀化铁路分局 1991—1993 年，连续实现 3 个安全年。至 1994 年 1 月 29 日，实现安全生产 1315 天；1995—2000 年，连续实现 6 个安全年。石长铁路公司自投入运营至 2000 年底，安全生产 823 天，实现临管运营后的第 2 个安全年。

四、行车事故

表 22　1978—2000 年湖南省内国铁各总公司（分局）行车事故一览表

单位：件

年度	重大事故			大事故			险性事故				一般事故			
	长沙	怀化	衡阳	长沙	怀化	衡阳	长沙	怀化	衡阳	石长	长沙	怀化	衡阳	石长
1978	1		4	4	2	2	53	17	23		766	239	436	
1979	3	1	2	3	1		27	10	28		631	141	359	
1980	1			5		4	26	7	10		497	125	292	
1981	2			4		1	22	13	13		486	128	300	

续表

年度	重大事故			大事故			险性事故				一般事故			
	长沙	怀化	衡阳	长沙	怀化	衡阳	长沙	怀化	衡阳	石长	长沙	怀化	衡阳	石长
1982	3		1			3	19	11	27		363	110	252	
1983	1	1	2	19				4	20		211	77	177	
1984		1				2	4	1	4		50	25	35	
1985							6	10	4		56	53	35	
1986	2	1	1	1			5	4	3		53	56	50	
1987	1			2	1		8	16			114	50		
1988	1						17	7			101	48		
1989	1	4					17	1			99	61		
1990	2	1		3			13	8			96	37		
1991	1			1			4	1			64	21		
1992	4						4	1			46	15		
1993	2						10	1			49	12		
1994	1	1		1			2	2			31	8		
1995							6	2			49	6		
1996	1						4	1			27	7		
1997	2						2				61	17		
1998	2						2				38	12		
1999	2						1				30	16		
2000	1						1	1		1	32	38		

重大事故实例（表22）：

（一）1979年3月22日，怀化机务段1223机车牵引运行至荷叶站与耕牛相撞，构成列车颠覆重大事故，直接经济损失27万元。

（二）1979年12月5日，149次旅客列车驶入怀化站时，因旅客周某、李某携带48包猎枪打火纸引起火灾，造成旅客19人死亡，9 人重伤，构成重大事故。

（三）1980 年 1 月 22 日 18 时 15 分，长沙至广州 403 次列车驶入株洲车站时，因旅客违章携带的猎枪打火纸碰撞车厢地板着火，19 时 05 分扑灭，酿成重大火灾，造成旅客死亡 22 人，烧伤 4 人，客车报废 1 辆。

（四）1981 年 10 月 18 日 20 时 41 分，株洲机务段司机胡森值乘 3491 次进株洲站 5 道。由于不注意瞭望，冒出警冲标，与正在进站的 2022 次侧面冲突，机车脱轨，侵入 4 道，又将 4 道通过的 1528 次机车刮坏，造成司机重伤，机车小破 2 台，货车报废 4 辆，影响行车 26 小时 46 分，直接损失 11.7 万元，构成重大事故。

（五）1983 年 4 月 3 日 2 时 26 分，长沙机务段 ND20028 机车担任 179 次旅客列车值乘，行至湘桂线五塘站时，由于司机郑新涛、副司机张衡来打盹，机车越过出站信号，与机外 1218 次列车正面冲突，致死亡 4 人，重伤 3 人，轻伤 14 人；机车报废 1 台，中破 1 台，货车大破 1 辆；中断行车 13 时 19 分，直接经济损失 22 万元，构成重大事故。

（六）1988 年 1 月 7 日 23 时 20 分，广州至西安 272 次旅客快车在京广线马田圩站通过时，机后第 6 位 YZ34492 中部起火，紧急停车后于 8 日零时 50 分火灭。旅客死亡 34 人，伤 30 人，客车报废 1 辆，大破 1 辆，中断正线行车 46 分钟，直接经济损失 16.3 万元。事故发生的主要原因是韶关车站站务员玩忽职守，不执行严禁“三品”进站上车的规定，将携带易燃品人员送上列车，同时西安客运段乘务人员组织纪律松弛，擅离职守，没有巡视车厢。

（七）1989 年 3 月 23 日 22 时 30 分，841 次货物列车计划进入湘黔线酒店塘站 3 道，停车交会 71 次旅客列车，办理同时接车。由于 841 次冒进 3 道出站信号机，冲出土挡，机车及机后 1

至 3 位脱轨，侵入正线，与正进站的 71 次旅客列车发生侧面冲突。71 次机后 1 至 3 位脱轨，中断正线行车 10 小时，机车小破 2 台，货车报废 2 辆、中破 3 辆；客车小破 3 辆。事故原因是 841 次机后第 8 位后端折角塞门被关闭。

（八）1989 年 11 月 4 日 3 时 38 分，湘黔线龙家桥至冷水江西站间 K201+691 处，1918 次货物列车与冷水江西站调车溜逸出站的 2 辆货车正面冲突，中断正线行车 12 小时 51 分，机车大破 1 台，货车报废 1 辆，大破 7 辆，中破 1 辆，小破 3 辆。

（九）1989 年 11 月 22 日，湘桂线祁阳至南河岭间 K94+630 处，机后第 6 位车制动梁脱落至该车后台脱轨，中断正线行车 7 小时 54 分。事故原因是由于机后第 6 位车闸瓦扦丢失导致第 4 位制动梁脱落。

（十）1990 年 2 月 10 日零时 37 分，395 次旅客列车行至马田圩至栖凤渡间，闯过通过信号机 18661 红灯，与 15 次特快列车追尾，造成 X14715 报废 1 辆，机车小破 1 台，中断下行线行车 1 小时 8 分。

（十一）1991 年 11 月 26 日，1824 次列车行至太阳坪—连山间 K1291+805 处时，由于钢轨突发性断裂，造成机后 12、29、37、38、40 位脱线，中断行车 3 小时 45 分，构成重大事故。

（十二）1992 年 5 月 21 日 17 时 24 分，71 次旅客快车行至湘黔线湘乡站下行信号机外 K65+580 处，与湘乡市个体户出租车司机违章相撞，造成 5 人死亡，汽车报废，构成重大路外伤亡事故。

（十三）1992 年 12 月 2 日 18 时白石渡至坪石间 K1957+061 处，1731 次货物列车机后 23、24 位分离，车钩脱落在道心，第 23、26 位脱轨，24、25 位颠覆，中断下行正线行车 10 小时 14 分，中断上行线 7 小时 55 分。事故主要原因是机后第 25 位折角塞门关闭列车制动前半部停车，后面车辆拥挤。

（十四）1994 年 1 月 30 日零时 07 分，267 次旅客列车在新安镇车站 3 道开车时，行至 9 号道岔处，机后 11、12 位颠覆，13 位脱线，中断行车 3 小时 43 分。事故原因是本次列车行李车卸在月台上的 3 捆篷布在列车起动时滑动侵入线路。

（十五）1994 年 2 月 15 日 21 时 35 分，衡阳站在组织 617 次客车旅客进站上车时，第五批旅客行至三站台天桥南侧楼梯下台阶第二平台处，由于两个旅客行包坠落，绊倒后继旅客，导致顺势而下的人流互相挤踩，造成 22 名旅客当场死亡，送往医院抢救的受伤旅客中又有 22 名旅客死亡，共计死亡 44 人，重伤 7 人，轻伤 36 人。经湖南省、铁道部联合调查处理，定为重大旅客意外伤亡事故。

（十六）1994 年 5 月 19 日，浙赣线 K668 线路所至樟树大桥上，2116 次货物列车因机后第 16 位 N660968 和 17 位 N1261100 装载的 4 台履带式挖掘机中 1 台侵入限界，打坏桥梁，造成列车颠覆。事故原因是未派押运人上车监护，无法对该机械装载加固的动态变化实施保护。

（十七）1994 年 8 月 18 日 3 时 05 分，157 次货物列车在京广线朱亭至石湾间 K1684+775 处，与因机故停车的 1791 次货物列车尾部相撞，将 1547 次机后 1 位、2 位车辆颠覆，机后 1 位 P60604595 前端墙板侵入邻线，将上行通过的 934 次本务机车 158 号前进方向右侧挡风玻璃击破，机后 1—9 位车辆车体一侧强行挤压通过，迫使 934 次货物列车于 3 时 12 分停于 K1684+500 处，造成机车小破 1 台，车辆报废 5 辆，大破 2 辆，中破 1 辆，小破 1 辆，货物损失 45 万多元，中断京广线上行正线行车 6 小时 12 分，中断京广线下行正线行车 10 小时 48 分。

（十八）1996 年 12 月 27 日 4 时 43 分，3126 次货物列车在湘桂线大村甸至祁阳站区间 K101+166 处，与从坦头岩黎家坪水泥厂专用线溜逸至安全线土挡脱轨侵限车辆发生冲突，走行 101 米后本务机停于 K101+065 处，机车脱轨，机后 1—5 位颠覆，6—9 位脱轨。造成机车中破，车辆报废 5 辆，大破 1 辆，中破 1 辆，小破 5 辆，中断湘桂线正线行车 21 小时 56 分。

（十九）1997 年 1 月 10 日 8 时 28 分，在浙赣线醴陵—老关区间下行线 K899+150 处，株洲工务段轻型轨道车与 3115 次货物列车相撞，造成车上工务人员死亡 20 人，4 人重伤，1 人轻伤，构成重大职工伤亡事故。

（二十）1997 年 4 月 29 日 10 时 48 分，昆明开往郑州的 324 次旅客列车，行至京广线荣家湾车站 K1453+910 处，与停在站内 4 道的 818 次旅客列车尾部冲突，造成 324 次旅客列车机后第 1—9 位车辆颠覆，第 10 位、第 11 位车辆脱轨；818 次旅客列车机后第 15—17 位车辆（尾部 3 辆）颠覆。造成死亡 126 人，重伤 48 人，轻伤 182 人；机车报废 1 台，客车报废 11 辆，大破 3 辆，中破 1 辆，小破 1 辆，报废钢轨 17 根、轨枕 446 根，中断上行线行车 29 小时 12 分。事故是长沙电务段荣家湾信号工区信号工违规作业所致。

（二十一）1997 年 7 月 9 日 21 时 36 分，2740 次货物列车行至京广上行线小水铺—耒阳间 K1836+994 处，机后第 1 位、第 2 位空油罐自备车脱轨，中断上下行正线行车 4 小时 50 分，构成行车重大事故。

（二十二）1998 年 2 月 14 日 14 时，长沙车站广场 1 名民工携带危险“三品”爆炸，导致死亡 1 人，重伤 3 人。

（二十三）1998 年 4 月 3 日 4 时，京广线郴州站北场专调机车 ND2—102 在 5 道作业时，机车上 6 人有 5 人睡觉。司机不认真确认信号，盲目动车牵出，与 8 道开出的 2786 次货物列车侧面冲突，造成内燃机车小破 1 台，车辆报废 1 辆，大破 1 辆，小破 7 辆，损坏线路 150 米，中断京广线上行正线行车 1 小时 50 分。

（二十四）1998 年 5 月 18 日 7 时 13 分，8833 次货物列车在京广线云溪—岳阳北 K1413+640 处，机车及机后 1—8 位脱轨，中断京广线下行正线行车，13 时 18 分修复开通。事故原因为 K1413+600 处下行东股钢轨接头鱼尾板人为被拆，直接损失 165 万元。

（二十五）1998 年 6 月 4 日 10 时 58 分，由柳州局 DF4-7019 号机车牵引的 2835 次列车行至焦柳线江口—通道间 K1350+480 处，线路左侧山体突然崩塌，大量泥石、树木导致机后第 2—9 位车脱轨，中断正线行车 9 小时 02 分，构成非责任行车重大事故。

（二十六）1998 年 6 月 17 日 1 时 50 分，4148 次货物列车行至焦柳线相见至江市间 K1255+246 有人看守的江市道口处，与 1 辆由广东开往贵州省印江县的卧铺客运汽车相撞，构成重大路外非责任伤亡事故。事故死亡 20 人，重伤 5 人，轻伤 4 人，轻微伤 23 人，事故直接经济损失约 150 万元。贵州省印江市长途客运有限公司对此次事故负主要责任。

（二十七）1998 年 6 月 18 日 16 时 50 分，湘黔线棋梓桥站涟邵水泥专用线上，调车机与个体户中巴相撞，机车小破，死亡 2 人，伤 13 人。

（二十八）1999 年 7 月 9 日 22 时 48 分，由长沙机务段 DF4D293 号机车牵引的武昌开往湛江的 416 次行至京广线茶山坳至耒河间 K1743+833 处，机后第 1—10 位车辆颠覆，第 11 位、第 12 位车辆脱轨。事故造成客车报废 5 辆，大破 4 辆，中破 2 辆，小破 1 辆，线路损坏 210 米，直接经济损失 617 万元。人员伤亡 49 人，其中死亡 9 人，重伤 15 人，轻伤 25 人。事故原因是 416 次机车乘务员违规操作。

（二十九）1999 年 11 月 23 日 3 时 10 分，566 客车行驶在京广线 K1696+534 处机后的第 6—15 位动轮脱轨，机车第 3 位、第 5 位、第 6 位动轮脱轨。中断行车 21 小时 43 分。事故定性为人为破坏。无人员伤亡。

（三十）2000 年 9 月 25 日 21 时 13 分，2767 次列车行至哲桥站内 K1805+851. 8 处时，机后第四位车辆脱轨，行至 3 号道岔时，机后第 5 位至 29 位车辆颠覆，第 30 位车辆脱轨。颠覆车辆侵入上行正线，中断京广线上下行正线行车 56 小时 46 分。事故造成货车车辆报废 13 辆，中破 2 辆，小破 1 辆；60 公斤/米钢轨报废 750 米，50 公斤/米钢轨报废 175 米；混凝土轨枕报废 319 根，普通轨枕损坏 303 根，岔枕损坏 747 根；60 公斤/米 1/2 型道岔损坏 6 组，50 公斤/米 1/2 型道岔损坏 3 组，ZD6E、ZD6J 型转辙机各损坏 5 台，ZD6 型转辙机损坏 4 台；货物损失约 100 万元。事故原因是衡阳桥隧工程公司哲桥跨线桥施工队违反规定，抬道作业，造成线路几何尺寸严重超限，致使列车脱轨颠覆。

（三十一）2001 年 5 月 28 日 2 时 45 分，41032 次货物列车行至焦柳线猛洞河—施溶溪间 K1037+153 处西水大桥上，机后 9 位左侧轮对脱轨，继续运行 1483 米至野鸡坨隧道内 K1035+670 处，机后第 11 位、第 13—17 位车相继脱轨，第 8 位、第 9 位、第 12 位车辆与第 13 位车辆分离，中断正线行车 41 时 12 分，构成行车重大事故。造成货车车辆报废 3 辆，大破 2 辆，中破 1 辆，小破 2 辆，直接经济损失 160 万元。

（三十二）2002 年 10 月 15 日 22 时 42 分，70001 次超级超限货物列车行至湘黔线酒店塘至大龙间下行 K538+257 处，机后第 23 位轮对脱轨继续运行至大龙站 K547+015 处，机后 6 辆车脱轨，中断湘黔线上下行正线行车 10 小时 38 分，构成行车重大事故。造成客车中破 1 辆、货车中破 3 辆、架桥机组中破 2 辆，直接经济损失 915 万元。

第二节　客运安全

湖南省国铁客运部门始终坚持“客车无小事，生命高于一切”的指导思想，本着“人民铁路为人民”的服务宗旨，20世纪70年代之后，采取各种有效的防范措施，杜绝事故发生，保证旅客生命财产安全。

一、严格查堵“三品”

20世纪70年代中期，全省各地大量生产烟花、炮竹、发令纸，有的旅客携带大量鞭炮等危险品乘坐火车贩运，还有旅客携带汽油、油漆等化工易燃品或炸药、雷管等易爆品上车，直接危及旅客生命财产安全。携带易燃、易爆、危险品“三品”上车的情况，在春节运输期间较为严重。省内国铁就多次发生火灾爆炸事故。1977年12月5日，武昌开往贵阳149次列车进怀化站。从长沙上车的旅客周正学，携带的5000张猎枪打火纸发生爆炸燃烧，造成旅客死亡19人，伤9人，客车中破、小破各1辆。1980年1月22日，长沙开往广州403次列车进株洲站，从黑石铺站上车的旅客张柏桥携带的5000张发令纸，从行李架上掉下发生燃烧，造成旅客死亡22人，伤4人，客车大破、餐车小破各1辆。1988年1月7日，广州开往西安272次列车运行到马田墟车站，从韶关站上车的广铁工程总公司六公司工人郭中奇携带的防锈漆从罐中渗出，被点烟的火柴棍引燃，造成旅客死亡34人，伤35人，客车报废1辆，小破1辆。

为此，1980年11月，国家经济委员会、公安部、铁道部、交通部、民航总局、轻工业部、农业部、商业部和供销合作总社等9部联合发出的《关于严格控制生产出售和严禁携带易燃易爆危险品乘坐车船飞机的紧急通知》，1987年1月铁道部下发电报，明确规定对携带、托运“三品”处罚、处理、奖惩办法。1988 年 1 月，铁道部发出《关于维护站车秩序严禁铁路职工携带“三品”进站上车的规定》和《查堵“三品”工作标准》。1995 年，长沙铁路总公司发出关于《围歼旅客列车事故的实施意见》，多渠道多形式向旅客、铁路职工家属宣传，主要候车室、售票所以及旅客通道等场所张贴“三品”宣传画。查堵“三品”做到经常化、制度化，人人检查，件件开包或仪器检测，一件不漏，严格把住检查“十道关”，即：客车出库检查、站台清理、通道看守、进站检查、候车检查、站台检查、门岗查验、边门管理、车室管理即车厢复查关，中间小站条件较差的把住候车室检查、站台流动检查和客车两头堵查关。1993—1995 年 3 年春运期间，长沙铁路总公司共查出鞭炮 219.6 万响，花炮 3 万个，发令纸 8 万张，拉炮 518 个，气体打火机 728 个，还有汽油、煤油、油漆、发胶、化学类等易燃、易爆“三品”4.7 万件（公斤、瓶）。1999 年 1 月，怀化铁路总公司制订了《旅客列车安全的 100 条措施》。由于措施得当，查堵有力，有效地堵住“三品”进站上车。1989 年至 2002 年，省内国铁再也没有发生因“三品”进站上车而导致的火灾、爆炸事故。

二、开展安全基础整顿

1994 年，广铁集团客运会议通过了《关于加强铁路旅客运输工作的决定》，要求实现客运工作“一年上水平，两年大变样”的奋斗目标。同时，开展安全基础整顿工作。整顿从干部作风、职工两纪、整章建制、设备整治和班组建设 5 个方面进行。经过 2 年的努力，至 1996 年，省内国铁客运安全趋于稳定，不仅实现了“一年上水平，两年大变样”的奋斗目标，还做到了“六消灭”，即消灭了客运责任行车事故，责任行包重大、大事故，火灾爆炸事故，责任旅客食物中毒事故，责任旅客重伤以上事故，责任职工重伤以上事故。是年 9 月，广铁集团公司在长沙客运段召开客运“上水平、大变样”现场会。首批评选“安全优质旅客列车”，长沙—上海 205/208、207/206 次，岳阳—深圳西 59/60 次获得称号。

三、以安全标准线建设为载体，开展安全基础建设活动

1995 年，衡阳车站着眼内涵抓基础，依靠管理上水平，克服困难加快推进客运安全标准线建设，在比较短的时间内，各方面工作出现了显著的变化。是年 8 月 28 日，广铁集团公司在该站召开客运系统安全标准线现场座谈会，通过观摩学习，总结推广该站的经验。

四、开展站车竞赛评比活动

为了提高中间站、管内开行的客车安全和服务质量，从 1995 年开始，长沙铁路总公司恢复中断 4 年之久的一年一度的客运站、车竞赛评比。是年底，对评出的 6 个车站和 6 个车队列车给予表彰奖励。客运部门的站车竞赛评比形成制度，集团公司、各总公司年年举办。省内国铁客运部门还积极参与铁道部红旗列车、文明车站竞赛评比活动。从 1993—2000 年，长沙—北京西 1/2 次年年保持“红旗列车”称号，长沙站保持“文明车站”称号。1996 年，怀化—上海 281/282 次获得“红旗列车”称号。怀化铁路总公司也相继涌现出 423/4 次、怀柳车队“民族团结号”、怀京六组“共青团号”等先进集体。

五、加大硬件投入，科技进步保安全

长沙铁路总公司统计，1993 年，投资 125. 8 万元改善客运设备；1994 年，由广铁集团公司和总公司共同投资完成客运部、客调、长沙站、长沙客运段、车辆段客流微机联网；1995 年，设备更新投资 358. 78 万元；1996 年，投资 180 万元，为 5 个车站安装旅客运输电视监控系统；1998 年，投资 160 万元，在长沙、株洲、衡阳、岳阳、郴州站配备安全检查仪的基础上，又在娄底、邵阳、耒阳、永州站配置安全检查仪；1999 年，投资 305. 42 万元用于改善管内客运设施；2000 年，投资 260.99 万元改善客运设施，其中衡阳站彩色电视监控系统 1 套 63 万元，安全检查仪 3 台 19 万元。怀化铁路总公司逐步完善客运安全设施，启用电子引导和安全检查仪等设备，确保旅客旅行安全。

六、加强安全管理

省内国铁客运部门严格执行各项规章制度，加强站、车组织工作。各车站合理使用天桥、地道，出入站通道，保持畅通，流向合理。组织旅客按指定路线出入站，严禁旅客钻车底和横跨股道。各服务场所严禁堆放杂物，停放车辆，冬季采取防滑措施，及时清除积水积冰。列车乘务员加强车门管理，坚持执行停开（门）、动关、锁（门）、出站台 4 门检查瞭望，以及与邻车相互检查车门的制度，防止列车运行中旅客上下碰伤及爬车事故的发生。列车通过大桥、隧道时，关闭车窗，锁闭厕所并巡视车厢和行李架。坚持物品摆放平稳、牢固，较重物、锐器、杆状物、玻璃制品等放在座位下等安全措施。每年春运，暑期以及“五一”、国庆等黄金周，长假旅客运输开始之前，对车站建筑物和为旅客服务的设备普遍检查，保持设备状态良好，备品齐全。消防设施定期检查和补充齐全。严格执行锅炉、炉灶、电茶炉的操作规定和保养、保管。

第三节　货运安全

一、货运事故分类和统计

20 世纪 70 年代，铁路货运事故分为火灾、被盗、丢失、损坏、货票分离及其他 6 项，另按性质分为重大、大、一般事故 3 类。1982 年起，货运事故划分增加腐坏、污染、湿损 3 项，性质仍分为重大、大、一般 3 类（表 23）。

表23 1978—1993年湖南省内国铁货运事故统计表

单位：件

年度	件数	分局			按损失分类			按性质分类					
		长沙	衡阳	怀化	重大	大	一般	火灾	被盗	丢失	损坏	票货分离	其他
1978	1653	1160	424	69	0	6	1647	1	117	402	248	215	670
1979	932	649	226	57	10	6/4	909	7	202	142	201	71	375
1980	931	529	362	40	1		930	0	189	214	163	71	264
1981	1055	543	481	31	0	3	1052	1	420	234	116	69	215
1982	836	516	290	30	0	0	836	0	224	284	81	58	179
1983	810	514	283	13	0	3	807	4	223	379	55	22	97
1984	784	560	219	5	0	0	784	0	135	265	43	53	269
1985	361	253	98	10	0	0	361	0	88	221	36	4	7
1986	449	337	103	9	0	0	449	0	120	297	16	5	3
1987	463	447		16	1	1	462	1	141	299	10	0	2
1988	346	330		16	0	0	346	0	95	172	6	46	20
1989	212	196		16	0	0	212	0	36	128	2	30	16
1990	196	190		6	0	0	196	0	19	66	4	61	42
1991	118	118		0	0	0	118	0	17	31	0	48	22
1992	11	9		2	0	0	11	0	3	5	0	0	3
1993	3	3		0	0	0	3	0	2	1	0	0	0

注：1. 衡阳铁路分局1987年合并至长沙铁路分局。

2. 1996—2000年，消灭了货运责任重大、大事故，故没有统计。

二、货运安全措施

货运安全是铁路安全工作重要内容的组成部分。1978—2000年，省内国铁货运部门想方设法，采取一系列措施，保证货运安全。

（一）1978年，开展以岗位责任制为中心的货场红旗竞赛评比。评比承运、监装、交接、交付、事故处理、篷布管理及清扫消毒工作。

（二）1980 年，通过分析衡阳站装载加固不良造成列车颠覆事故的教训，货运部门开展整章建制工作。在各站段教育室，对技术业务不精的职工强制进行“双补工作”（补文化、补技术）考试不合格不准上岗。自此，货运安全开始稳步改善。1984—1990 年，7 年未发生货运重大、大事故。

（三）1994—1995 年，开展创建文明货场工作，重新制订《文明货场竞赛评比办法》。衡阳西、长沙北、湘潭、衡阳站货场被集团公司评为一级货场，怀化南、冷水滩货场被评为二级货场。

（四）1996 年，开展创建优质货场工作，制订《优质货运站（货场）考核标准及验收办法》。年底，长沙北、株洲、衡阳、湘潭、冷水滩货场被评为二星级优质货场，怀化南、郴州、衡阳西被评为一星级货场；货运部门实现安全年。

（五）1997—2000 年，开展“装一辆重车，保一路平安”竞赛活动和优质货场工作。长沙北、株洲、衡阳、衡阳西、郴州、湘潭、怀化南、永州、冷水滩货场为广铁集团公司优质货场，长沙北、株洲、衡阳站货场被评为全国铁路二星级、三星级优质货场。1993—2000 年，均未发生货运责任行车重大、大事故，实现安全年。

三、货运赔偿

货运事故的赔偿分三个阶段：第一阶段是 1985 年前，由分局赔付，纳入成本；第二阶段是 1985—1991 年，由保险公司赔付；第三阶段为 1991 年以后，由货运保价运输“保价收入”赔付（表 24）。

表 24　1978—1991 年湖南省内国铁货运事故及赔款统计表

单位：件/元

年份	责任赔款		赔款种类									
	件	款	火灾		被盗		丢失		损坏		其他	
			件	款	件	款	件	款	件	款	件	款
1978	905	172031			110	21673	439	89117	235	41243	121	18308
1979	611	207576	6	81913	181	39514	158	29312	239	44005	27	12832
1980	673	139471			241	49996	247	33737	227	52627	15	3112
1981	1164	408437	3	118639	495	141749	391	57344	264	176909	11	2011
1982	1075	250499			261	99386	520	101615	286	46875	8	2626
1983	816	331006	4	45177	267	96052	422	135682	76	28026	8	2822
1984	784	150257			135	57076	265	55141	43	21249	269	3654
1985	352	157565			77	53370	220	72741	38	16634	2	3834
1986	445	348589			120	132336	298	131762	16	13085	3	1885
1987	463	513589	1	228272	141	113638	299	99655	10	6822	2	983
1988	283	19270			95	89998	172	91582	6	2605	3	2047
1989	169	82338			36	25067	128	51932	1	102	4	5237
1990	94	76509			19	18400	64	35882	3	8193	7	12835
1991	48	46678			21	30681	25	13877			2	2120

注：1991 年后，与保险公司共同开办保价保险业务，货运保价运输事故由“保价收入”赔付，故不作统计。

第四节　路外安全

1978 年后，随着国民经济的发展，铁路运量增长，行车密度加大，列车速度提高；城乡经济发展，机动车辆大幅度增加，人行（特别是流动人口）密度增大，以致路外伤亡事故呈逐年上升趋势。1979 年，国务院转发铁道部、交通部、公安部关于《火车与其他车辆碰撞和铁路路外人员伤亡事故处理暂行规定》，对路外伤亡事故的范围、事故调查和善后处理工作作了新的规定，对铁路沿线各级人民政府、厂矿企业、部队、学校、居民提出了明确的要求和职责。是年，铁道部重新修订《铁路路外伤亡事故报告、处理、统计办法》。1980 年和 1981 年再次制定、修订和补充、建立严格的管理制度，湖南省政府和省内各铁路分局相应制定防止路外伤亡事故发生的措施。

一、路外伤亡防范措施

（一）强化路外安全宣传工作

1. 印发宣传品宣传。1982 年 1 月，怀化铁路分局下发《路外安全宣传牌的埋设及管理的通知》，明确护路防伤宣传牌的运输、埋设、养护职责。1992 年，为确保湘黔西线（怀化—玉屏）电气化铁路开通，怀化铁路分局印发 3000 份湖南省人民政府防电击伤公告，并在湖南电视台播放。1998 年，京广线再次提速和湘黔线株洲—娄底间电气化铁路开通，长沙铁路总公司印发安全宣传挂图、湖南省人民政府《关于保障电气化铁路安全通告》及其他宣传资料 45000 份，并在株洲、湘潭市分别召开湘黔铁路电气化开通安全宣传动员大会，沿线 97 万人受到教育。1999 年，该总公司在铁路沿线张贴印发通告 50 万份，与 178 万户签订护路防伤合同。石长铁路公司成立以来，发放宣传资料 24000 多份，制作宣传牌（标识）400 多块，与沿线耕牛户、机动车主签订安全协议 2 万多份，签约率达 99%以上。

2. 组建路外防伤宣传队伍宣传。1980 年后，省内各铁路分局都配备了专用宣传汽车，每月都带宣传资料和电影放映队，深入沿线 2.5 公里以内的农村、厂矿企业、部队和学校，进行护路防伤的安全宣传教育。怀化铁路分局路外安全宣传队每年不少于二分之一的时间深入铁路沿线做护路防伤宣传工作。1996 年，为确保娄底—怀化间电气化铁路开通，长沙铁路总公司对管内娄底东—百亩井区段沿线两侧6个乡、34个村、27所中小学校，采取多种形式，进行护路防伤宣传教育。石长铁路公司共放映路外安全宣传电影21场次。

3. 配合公安部门开展宣传。1995年长沙管内各公安派出所召开铁路沿线5华里以内的护路防伤、路地联防会64场次。在各学校、厂矿宣传铁路安全常识、法律知识，使5华里内的路外伤亡下降37.1%。

4. 各级护路联防组织将铁路护路宣传教育作为护路联防的主要任务，1994年开始，每年都组织开展多形式、多场次、声势大的“爱车护路宣传教育月”活动。1996年，共印发相关宣传资料50多万份，贴标语、挂横幅12.7万多条，集中宣讲7200场，省内地方各级广播、电视宣传2000多次。1999年，省护路办下发宣传资料3万份；各级护路联防组织集中宣讲2600多场，各级广播、电视宣传1600多次，铁路沿线50多万群众接受教育。

（二）抓好道口安全管理

道口是为机动车辆、牛马车、行人跨越铁路的平面交叉设施，历年在道口肇事所占比重很大。1984年，省内铁路分局下发《关于正式启用湖南省交通厅“交通安全员”证件及执勤臂章的通知》，规定道口执勤人员佩戴“交通安全员”执勤臂章。1985年起，道口改造开展7大项工作，即平交改立交、道口自动信号、道口无线对讲机、无线对讲盲区保留道口间对讲电话、道口设报警、道口自动通知、部分道口进行大修，继而道口看守班制进行调整，又开展安全优质道口活动。1986年，国家经委、铁道部、交通部、公安部、农牧渔业部、城乡建设环境保护部、劳动人事部下发《铁路道口管理暂行规定》，对减少和防止路外伤亡，发挥了积极的作用。1995年，长沙铁路总公司突出以道口安全为路外安全工作的重点，先后7次组织工务、公安及地方政府对管内道口进行检查，纠正违章97处，主要干线封闭非法道口24处，督促地方投资172万元改造专用线道口，是年实现无道口重大路外伤亡事故。1997年后，怀化铁路总公司加快平交道口改立交道口的进度，并在人口稠密区修建人行过道，在公路和铁路平行区段安装防撞护栏。1998年以来，石长铁路公司对道口逐年实行平改立，已改立交15处，撤出非法道口50多处，对现存的15处道口实行看守或派人监护，对沿线1座隧道、7座桥梁实行看守，对沿线线路路肩进行整治，从源头减少路外伤亡事故发生。1999年，长沙铁路总公司对京广、湘黔、浙赣线道口全面检查，发现问题132处，整改道口78处，撤除非法道口20多处；投资30万元，对株洲枢纽等5处人口稠密道口设备更新改造，补充铁路沿线鸣笛标398块。

（三）加强路外安全管理

1992年，湖南省社会治安综合治理委员会发文，省和省内国铁沿线各市、县均成立铁路护路联防领导小组、办公室、护路办。广铁集团驻湘护路办与省护路办专职办事人员为两块牌子、一套人员，定员6人。省内国铁明确路外安全工作由总公司（分局）安全监察室负责，贯彻上级文件精神，狠抓管理和检查。1988年，怀化铁路分局发布《路外安全管理标准》，明确分局内部路外安全管理基本规定、宣传教育、日常管理、事故报告等制度。1989年，制订路外安全承包办法，确定考核标准。各车务段、三等以上的车站按每件（人）数处理经费承包，节约奖励、超支由单位自付。各机务段按全年机车走行公里定基数，每减少1件奖励40元，每超1件扣百日承包奖20元。对轨道车压人，每件扣所属责任单位百日承包奖20元。

（四）成立专业护路联防队伍。从1993年11月起，在重点区段组建以铁路公安管理为主、地方有关部门协管的专业护路联防队伍。1994年，组建23队、160人；1996年，组建110队、800余人；至2000年，省内有护路队107个、700余人，每队一个标准化的岗营，巡护里程占省内国铁32%。护路队昼夜轮班巡路，发挥了较好作用。1996年，护路队协助公安破获刑事案件和查办治安案件423起，抓获不法人员810人，排除危及运输安全的险情150多起；1996年，拾捡和收缴运输物资等挽回损失价值283万元，防止治安及路外伤亡事故10098起；1999年，拾捡和收缴运输物资等挽回损失价值528.5万元，防止治安及路外伤亡事故1019起。20世纪90年代末期开始，省护路办陆续在部分区段聘请沿线村民，实行低酬的或一事一奖或定期承包等模式的义务护路的做法，并进行培训，规范管理，严格考核，奖惩兑现，亦收到一定效果。

二、路外伤亡事故

1978—2000年，省内国铁路外伤亡事故26289件，死亡17150人，受伤8939人，车辆受损253辆，耕牛肇事1133起（表25）。

三、省内国铁重大路外伤亡事故

（一）1977年11月25日，2584次货物列车运行至醴茶线攸县至新市站间K69+820米处无人看守道口，与汽车相撞，造成死亡9人、重伤22人。

（二）1980年2月21日14时42分，湘黔线泉塘子站，91次旅客列车通过站内无人看守道口，与三轮摩托车相撞，造成死亡9人，重伤1人。

（三）1992年5月21日17时24分，71次旅客快车行至湘黔线湘乡站下行进站信号机外K65+580米处，与湘乡市个体出租汽车相撞，死亡5人，汽车报废。

（四）1998年6月17日，4184次货物列车在焦柳线相见—江市间江市道口与1辆载有68名乘客的大巴相撞，造成汽车内乘客死亡20人、重伤5人、轻伤30人，汽车报废。

1994年、1996年，省内铁路消灭路外重大伤亡事故。至1999年，长沙铁路总公司创造了连续22年无责任路外伤亡事故的成绩。

表 25　1978—2000 年湖南省内国铁路外伤亡事故统计表

年度	长沙分局(总公司)				衡阳分局				怀化分局(总公司)				石长公司				
	件数(件)	人员伤亡(人)		车辆受损(辆)	件数(件)	人员伤亡(人)		车辆受损(辆)	件数(件)	人员伤亡(人)		耕牛肇事(起)	件数(件)	人员伤亡(人)		车辆受损(辆)	耕牛肇事(起)
		死亡	受伤			死亡	受伤			死亡	受伤			死亡	受伤		
1978	349	217	143	18	294	171	129	3	192	140	57	11					
1979	337	213	145	19	290	190	116	3	193	126	68	16					
1980	374	249	140	31	319	219	109	1	175	105	70	20					
1981	376	257	137	27	307	200	109	8	141	79	62	46					
1982	361	261	102	18	333	206	143	5	205	136	69	40					
1983	358	226	142	25	273	194	88	4	244	193	52	12					
1984	336	232	111	12	255	189	78	2	208	119	89	69					
1985	329	214	122	14	227	167	62	3	241	146	95	45					
1986	589	429	164	6					251	128	123	58					
1987	655	462	225	4					279	193	90	77					
1988	857	551	323	5					282	200	86	74					
1989	989	622	399	8					275	167	90	58					
1990	840	544	325	1					295	158	137	56					
1991	1036	660	406	2					257	146	111	57					
1992	1140	750	419	8					235	133	109	35					
1993	1304	863	483	8					258	145	115	58					
1994	1253	801	497	5					252	131	121	38					
1995	1049	729	358	1					252	136	119	47					
1996	894	594	322	5					258	152	112	56					
1997	935	648	321	0					390	183	207	54					
1998	1084	734	378	0					305	194	113	65	21	19	2	1	
1999	1158	801	385	4					490	281	209	68	35	26	9	1	11
2000	1101	799	344	0					506	283	282	55	47	39	8	1	7

注：1986 年，衡阳铁路分局合并到长沙铁路分局，故没有统计。

第四篇

科技　教育　环保　卫生

第一章　科学技术

1978 年，在邓小平“科学技术是第一生产力”的思想指引下，省内国铁加快了科学发展的步伐，机构健全，队伍建立，管理体系形成，并结合铁路的实际，围绕扩能、安全、服务、信息技术等，开展攻关和新技术推广、应用，多个科研项目成果获全国、铁道部、湖南省奖励。“七五”计划期间，长沙铁路分局获广州铁路局“科技先进单位”“合理化建议先进单位”称号，科技水平跨入全国铁路先进行列。

第一节　机构设置

一、长沙铁路分局科技管理机构

1977 年，长沙铁路分局成立科学技术研究室，为分局科技管理专门机构。1978 年，成立分局长为领导的科学技术委员会。1987 年，加强分局科学技术委员会，站段成立科技开发室，机关各部门指定专人负责科技工作。分局形成“三维”结构（分局、基层、业务科室）的科技工作保证体系。日常工作由分局科学技术研究室负责。1990 年，科学技术研究室改名为科学技术委员会办公室，简称科委办，工作内容不变。1993 年，科委办划归总工程师室，对外仍保留科委办。科委办主任由一名副总工程师兼任，负责总公司科研技革，新技术推广，合理化建议等管理工作，直至 2000 年。

二、怀化铁路分局科技管理机构

1980 年，怀化铁路分局成立总工程师室，为分局的职能机构，负责分局管内的技术改造、科研技革、TQC、标准化、计量和铁路专用线管理。1982 年，成立电子计算所。1986 年，成立合理化建议领导小组，建立科技档案室。1987 年 10 月，成立科学技术委员会，科委办公室与总工程师室，为“两块牌子，一套班子”。负责分局科技管理工作，统筹制定分局科技发展规划，评审和组织论证重大科技项目，协调解决重大科技项目所需人、财、物等问题，对重大科技项目组织鉴定、验收和审批奖励等。科委办日常工作由 1 名工程技术人员负责。机关各科（分处）室有 1 名工程技术人员兼任科技管理工作。是年，成立标准化工作领导小组，由分局企业改革办公室具体负责。基层站段各有 1 名站段长或总工程师负责科技管理工作，配 1 名工程技术人员专（兼）职从事科技管理工作。人数较多、工作量较大的单位，设科管组。1992 年，成立科技开发中心。1993 年，成立科学技术委员会专业领导小组。1998 年，成立职工技术协会，组织科技人员在业余时间开展咨询、培训、服务等。

三、石长铁路有限责任公司科技管理机构

1999 年，成立石长公司科学技术委员会，下设科委办公室，属综合技术部统一管理。2000 年，撤销原综合技术部，成立技术工程物资中心，科委办职能划归技术工程物资中心。

第二节　管理制度

科技管理制度是在 20 世纪 80 年代以后逐步建立起来的。20 世纪 80 年代末，省内国铁执行广州铁路局制订了 6 个科技工作管理办法：《技术工作管理办法》《广州铁路局科技成果评审和鉴定

办法》《广州铁路局科学技术发展基金管理暂行办法》《广州铁路局科技项目技术合同管理暂行办法》《广州铁路局技术转让暂行规定》《广州铁路局科学技术进步奖励办法》。20世纪90年代，广铁集团公司推出一系列科技工作管理制度，省内国铁均遵照执行。1993年，修改公布《科技成果鉴定管理办法》《科委系统档案管理细则》；1995年，发布《关于转发国家科委〈科学技术成果鉴定办法〉〈科技成果鉴定规程（试行）及铁道部实施意见〉的通知》；1996年，公布《关于加速广铁集团科技进步的决定》《广铁集团科技进步"九五"规划》；1998年，公布《广州铁路（集团）公司科学技术进步奖励办法》，废止1978年公布的《广州铁路局科学技术进步奖励办法》；1999年，出台《广铁（集团）公司、广铁（集团）公司党委关于依靠科技进步、推动集团发展的决定》《关于加强知识分子工作的若干意见》等5个政策性文件，印发《广铁（集团）公司科技进步"十五"规划》。

长沙铁路分局于1981年制定有关科技管理制度，规定基层单位必须建立5个台账（成果鉴定台账、合理化建议台账、成果技术资料包括合理化建议技术革新档案、奖励台账、科技计划与规划台账），7项制度（合理化建议评审制度、技革项目分项领料制度、奖励制度、成果试用期使用报告制度，成果鉴定制度、成果转化交接验收制度、成果使用、保修、保养制度）。20世纪80年代至2000年，长沙铁路分局相继公布11项科技工作管理办法（实施细则）：1987年公布《长沙分局新技术开发、推广、维修、使用办法》《合理化建议和技术改进创造经济效益换算办法》，1989年公布分局《科技工作管理细则》，1990年公布《科技成果鉴定办法实施细则》《奖励范围和评审标准实施细则》，1991年公布《科技进步奖励办法》，1992年公布《关于技术市场管理实施办法的通知》《科学技术管理（合理化建议组织管理）工作考核办法》《推广新的科技成果、管理、维修、使用办法》

《关于颁发高级专业技术干部课题攻关的决定实施办法》，1996 年公布《科技成果转化办法》。同时，做出了一系列尊重知识、尊重人才的政策规定和表彰决定。

1991 年，怀化铁路分局下发了《专业技术人员“四个一”人才工程管理办法》《科技进步量化工作法》，使管内科技进步单位评选做到公平、公正、公开，使各单位第一管理者抓科技工作成绩与效益与科技承包合同直接挂钩。1993 年开始，先后公布贯彻落实广铁集团公司知识分子政策补充规定，以及广铁集团公司《充分调动知识分子积极性，促进铁路现代化建设的若干补充规定》等一系列措施与办法，调动了科技人员工作的积极性。

第三节 合理化建议

省内国铁坚持开展合理化建议活动和群众性的技术改革、技术创新活动联系在一起。自 1982 年国务院颁布《合理化建议和技术改进奖励条例》，铁道部、广州铁路局制定了实施办法。合理化建议走上了经常化、制度化、规范化轨道。20 世纪 80 年代中期，各分局相继制定合理化建议管理办法、管理实施细则、组织考核办法，开展合理化建议活动月活动，组织合理化建议攻关课题，成立合理化建议领导小组和技术改进评审委员会，并把合理化建议活动纳入铁路分局的方针目标管理、站段工会工作达标考核和班组民主管理内容，逐级负责，层层考核和落实，做到有组织网络、有制度、有课题、有建议、有评审奖励。每年职代会把提案中属于合理化建议内容集中整理，交合理化建议办公室处理。

合理化建议活动集中围绕安全、扩能、效益开展。每年开展的活动内容都紧扣中心。怀化铁路分局，1986 年发动全分局职工围绕“大包干”进行；1987年响应全国总工会“增产节约，增收开支”的号召开展；1988年试行《合理化建议活动评比计分办法》；1989年把每年5月、9月定为合理化建议活动月；1991年表彰了5个合理化建议先进单位、27个先进集体和76名先进个人，评选了7项最佳合理化建议，发布了3项成果；1992年被湖南省总工会、省经委授予“合理化建议和技术改造活动先进集体”；1996年被广铁集团公司表彰为“合建月先进单位”；1997年以营销为主要内容攻关组织职工提合理化建议。据长沙铁路总公司（分局）统计，20世纪80年代，共提合理化建议81560条，实施采纳10106条，创经济效益4.1亿元，完成科技开发、技术革新、新技术推广2622项。90年代，共提合理化建议6万多条，实施采纳1.2万条，创经济效益4.1亿元，完成科技开发、技术革新、新技术推广2740项。2000年5月，长沙铁路总公司合理化建议活动月提出合理化建议9016条，采纳2785条，采纳率31%；实施1488条，实施率达53.4%。1997年开始，连续3年获广铁集团公司合理化建议活动月优胜单位称号。

第四节　科技成果

长沙铁路分局，1978年至1992年，获国家科技进步奖1项，获全路、铁道部科技进步奖18项，获湖南省科技进步奖15项，获广州铁路局科技进步奖622项。怀化铁路分局，1978年至1992年，获铁道部、湖南省科技进步奖5项，获广州铁路局科技进步奖23项。

附1993—2000年省内国铁各级科技进步奖项目数量统计表（表26），1994—2000年省内国铁获国家、部、省奖励科技成果表（表27）。

表 26　1993—2000 年省内国铁各级科技进步奖项目数量统计表

单位：个

年份	获国家、部、省科技进步奖	通过部、省组织鉴定的科技项目	获广州铁路（集团）公司科技进步奖项目
1993		2	23
1994	2		19
1995	4	7	27
1996	2		26
1997	3		30
1998		2	29
1999	3	2	24
2000	1	4	25
小计	15	17	203

表 27　1994—2000 年省内国铁获国家、部、省奖励科技成果表

序号	项目名称	奖励等级	获奖年份	主要完成单位
1	NJ－1 调速器试验台	铁道部科技进步二等奖	1994	广州铁路（集团）公司科研所、长沙机务段星光器材厂、大庸机务段
2	减缓钢轨剥离掉块速度的研究	广东省科技进步三等奖	1994	广州铁路（集团）公司工务处，广深、广州、韶关、乐昌、郴州工务段
3	焊修高锰钢辙岔 KD－286 焊条及工艺	国家发明奖四等奖	1995	怀化铁路总公司、广州康泰科技实业公司、广州铁路（集团）公司
4	双流道散热器	铁道部科技进步三等奖	1995	大连内燃机车研究所、戚野堰机车车辆厂、长沙机务段
5	SS3 电力机车横向连接装置	铁道部科技进步三等奖	1995	长沙铁道学院、大同机车工厂、怀化铁路总公司

续表

序号	项目名称	奖励等级	获奖年份	主要完成单位
6	微阻缓闭水上底阀及推广使用	湖南省科技进步三等奖	1995	株洲水电段
7	12LDA28 型柴油机曲轴箱体大变形量修复工艺	铁道部科技进步四等奖	1996	长沙机务段
8	湿式泵井综合利用技术	湖南省科技进步三等奖	1996	怀化水电段
9	ZZ741T-10 液控自动闸阀及推广应用	铁道部科技进步三等奖	1997	株洲水电段
10	房地产管理图文信息系统	湖南省科技进步四等奖	1997	怀化铁路总公司电子计算中心、房地产开发公司
11	GY-Ⅱ型曲线轨道涂油机	湖南省科技进步四等奖	1997	吉首工务段
12	铁路地区中心客票发售和预订系统	铁道部科技进步一等奖	1999	铁道部科研院、长沙铁道学院、上海铁道大学、长沙铁路总公司电子计算所
13	TIMS 货票信息管理系统	铁道部科技进步二等奖	1999	铁道部电子计算技术中心，哈尔滨、沈阳铁路局计算中心，长沙铁路总公司、北京铁路局电子计算所等
14	JD745X-10、JD745X-16 多功能水泵控制阀	湖南省科技进步三等奖	1999	株洲水电段、株洲市南方阀门公司
15	铁路地区中心客票发售和预订系统	国家科技进步一等奖	2000	铁道部科研院，长沙铁道学院，上海铁道大学，西南北方、华东交大、长沙铁路总公司电子计算所（共 11 个单位）
16	湘江特大桥	铁道部优质工程一等奖	2000	石长铁路有限责任公司

第五节　电子计算技术

一、省内铁路电子计算技术状况

省内国铁电子应用技术是继 1980 年广州铁路局开发精密统计和工资管理起步的。至 2000 年，电子计算技术已应用到铁路的运输、货运、客运、调度、机务、车辆、电务、收入、物资、办公、工程、科技、干部、财务、劳资等部门。

1981—1983 年，怀化、衡阳、长沙铁路分局电子计算所相继成立。1986 年，衡阳铁路分局撤销，电子计算所合并到长沙铁路分局电子计算所。1993 年 11 月，怀化电子计算所更名为电子计算中心。随着分局对电子技术投资逐年增加和电子计算机技术的广泛应用和推广，机构增加，人员增多。2000 年，长沙铁路总公司电子计算所有职工 81 人，设 6 室（办公室、财务室、技术室、运用室、软件室、软票室）、4 站（长沙维修站、衡阳维修站、蓝色快车服务站、金色快车服务站）、1 部（经营部）、1 队（空调维修队）。总公司拥有各类电子设备总量 3432 台（件），其中 TMIS 设备 866 台（件），固定资产总额达 15043. 70 万元。怀化铁路总公司电算中心有职工 49 人，下设系统保障室、工程实施室、软件技术室、张家界电算工作站、新化电算工作站、吉首电算工作站、怀化电算工作站。

二、长沙铁路总公司（分局）电子计算技术应用项目开发和推广

（一）调度信息处理系统：1983 年，铁道部、广州铁路局电子所、长沙铁路分局电子所共同研制“株洲北站调度信息处理系统”。1985 年 12 月，试投产成功。1986 年，优化完善。是年 9 月，通过铁道部技术鉴定，获铁道部 1986 年科技进步一等奖、

国家科技进步二等奖。1987 年 7 月，衡阳站“调度信息处理系统”正式投产。10 月，通过分局评审验收。1991 年，完成衡阳北调度信息处理系统。1992 年，通过局级鉴定。12 月，其军调子系统通过军运处组织的技术鉴定。

（二）常备客票售票处理系统：1983 年，广州铁路局与分局电子计算所共同开发。1985 年，在长沙车站 20 个窗口顺利安装成功。8 月，广州铁路局科技处通过鉴定，推荐铁道部推广使用。1988 年，广州、长沙车站全面安装投产使用，7 月，推荐铁道部鉴定，并在分局管内各大站推广使用。1986 年，与北京站、牡丹江站、株洲站、怀化站签订 67 个窗口价值 110 万元的合同。该项目获湖南省科技成果二等奖。常备客票售票处理系统一直应用至 1997 年全路实现软件系统。

（三）车流预报与普译报系统：1984 年初研制，11 月装机运行。1986 年进一步优化，并通过分局级鉴定，推广应用到分局管内各编组站。

（四）司机报单统计系统：1985 年 12 月研制，1986 年 5 月试运行，7 月 1 日投入使用，12 月通过分局技术鉴定，在分局各机务段推广应用。

（五）水电调度信息管理系统：1995 年，该系统在株洲水电段顺利投产，11 月 20 日长沙铁路总公司通过验收，全面推广。

（六）货票制票工程系统：1996 年，完成长沙北、株洲北、衡阳北、株洲、衡阳、郴州、冷水滩、湘潭东、娄底等 16 个站系统软件安装调试、技术指导和业务培训，实现计算机制票、收费和财务收入等业务处理，并着手总公司货票库的建库工作。1998 年，管内 26 个货运站原有的货票制票程序全部更新成铁道部统一制票软件。

（七）计划生育微机管理系统：该系统 1996 年开发设计。至 2000 年，已举办 5 期总公司计划生育微机管理培训班，培训计划生育专干。

（八）收入账证处理系统：1996 年 6 月，完成了总公司及站段两级程序编制与调试工作和对有关人员的培训。7 月 1 日，该系统在总公司管内各站段投入使用，实现运输收入管理计算机化。

（九）TMS 分局调度信息处理系统：2000 年 4 月，铁道部电子计算中心组织全路 11 个铁路局的计算机应用人员，集中到长沙进行 Java 语言及行调、列调、客调、货调、机调 5 大子系统的设计方法培训。长沙铁路总公司电子所成立课题组，移植、开发“长铁总公司调度信息计算机综合处理系统”。其中“行车调度指挥子系统”开发取得突破性进展。7 月 12 日 18 点，行调南四台正式使用。其后，技术人员针对各种不同情况对软件进行修改、程序编制和人员培训，行调 12 个台全部顺利投入使用。11 月 25 日，“分局调度信息处理系统”正式投产运行。总公司率先在全路实现行车调度指挥自动化。

（十）办公自动化系统：按二期工程设计施工。2000 年，完成第一期工程的 6 个项目：以行办、党办为主的办公信函处理及公文流传；18 点统计、客票等生产信息查询；劳资、计划、财务、干部、人事等报表信息查询；安全生产信息处理；新闻处理；对外发布有关信息的 Internet 网站启用。第二期工程目标是建立一个覆盖总公司机关、直属单位、主要站段的完整、综合办公系统。二期工程 2001 年全部完成。

在网络建设方面，1989 年，建成分布在管内京广线、湘黔线、浙赣线、湘桂线、娄邵线等 1200 多公里的 35 个基层网点。1991 年 12 月，“分局运输统计计算机网络处理系统”通过铁道部技术鉴定；1992 年 4 月，铁道部在长沙电子所召开现场会，向全路推广。1991 年底，完成衡阳西站局域网。该网共建 8 个工作站。1992 年 4 月，该项目参加全路“运输统计计算机基层网络处理系统”现场会。1996年7月，完成“客运组织信息计算机网络系统”，实现管内长沙车辆段、客运段，长沙、岳阳、株洲、衡阳、郴州、耒阳、冷水滩、娄底、醴陵、湘潭等12个站段联网。

三、怀化铁路总公司（分局）电子计算技术应用项目开发和推广

（一）收入审核系统：1985年12月使用Basic语言在运科机上开发并投入使用。1989年，移植到超级微型计算机VAXⅡ上，通过终端窗口操作。1996年，引进郑州铁路局电子计算所开发的基于数据库的收入审核系统，并作了大量改进，以满足总公司收入审核工作的需要。

（二）财务系统：1985年，铁道部给分局财务科配备运科机，试行汇总表上机处理，拉开财务电算化序幕。经过10多年的更新发展，至2000年，全面使用铁道部财务软件，完成总公司范围内超文本分局域网和拨号网络建设。财务分处可以有条件地看到站段数据。

（三）统计18点信息系统：包括总公司统计18点信息系统、站段新版18点信息系统，均在1989年正式在总公司和怀化、新化、吉首、张家界、靖州5个车务段和怀化、怀南、张家界车站投入使用。

（四）现车系统：怀化南站现车系统于1992年7月开始研发，12月试运行，1993年正式投产，1995年通过局级技术鉴定，1999年12月机器更新，软件升级。1999年，张家界站现车系统投入使用。

（五）旅客列车引导系统：1994年11月，怀化站旅客列车引导系统开始安装、调试，1995年1月投入使用。1999年11月，吉首站和张家界站旅客列车引导系统开始建设，2000年1月投入使用。

（六）客票发售和预订系统：1996—1997年，怀化车站和张

家界车站开始使用自行开发的客票系统软件版本，怀化车站成为湖南省第一个电脑售票站。1998 年，各大站推广使用铁道部统一软件，每个站一套独立的服务器。从 1999 年开始，逐步从独立模式转变为联网站模式，软件版本从 2.0 升级到 4.0，实现全路联网。

在网络建设方面，1996 年，以客票系统为依托，逐步在每个客票站建立小型的局域网；1997 年，建成总公司机关网；1998—1999 年，实现客票大站联网；2000 年，总公司调度系统网络开始建设。

（七）物资管理系统：1997 年，总公司 16 个站段推广运用铁道部“铁路运营部门基层单位材料核算、物资管理系统”。

（八）办公信息系统：1998 年，办公网络开始建设。

（九）行包系统：1998 年，行包制票子系统开始研制，投入怀化站使用。行包统计子系统、行包交付子系统分别于 1999 年和 2000 年开发成功并投入使用。

（十）确报系统：1998 年 10 月正式运行。

（十一）集装箱追踪系统：1998 年，怀化南站开始使用铁道部推广的第一期集装箱追踪系统。2005 年 5 月开始，涟源、溆浦、张家界、慈利、七松站逐步推广使用第二期集装箱追踪系统。

（十二）货运制票系统：铁道部电算中心组织开发。1998 年 12 月，管内 55 个货运制票点全面推广使用。1999 年 9 月 1 日，集装箱货运采用一口价方式制票。

（十三）机车统计查询系统：1999 年 6 月，由总公司电算中心组织开发。2000 年 6 月在怀化机务段投入使用，8 月在张家界机务段投入使用。2000 年 12 月通过广铁集团技术鉴定。

（十四）调度系统：包括列车调度、计划调度、机车调度、客运调度、货运调度、车站报点、调度命令、列车查询子系统。

2000 年 7 月，开始在总公司调试，10 月在调度所试运行。

四、维护管理

省内铁路系统执行广州铁路局规定，建立计算机三级（铁路局、分局、站段）维修体制，建立健全铁路局内计算机的维护管理。

铁路局维修中心：负责铁路局机关内设备的维修及全局计算机的大修、功能扩展。

铁路总公司（分局）维修站：负责总公司（分局）机关计算机的维修及管内计算机的二级维修。至 2000 年，长沙铁路总公司建立了长沙、衡阳维修站和蓝色快车、金色快车服务站，怀化总公司有 IBM 蓝色快车维修站。

站段维修点：在主要站、段设维修点，负责本站、段计算机的日常维护、保养和管理。在二等以上的重点站、重点段设电算室，负责本站、段电算设备管理、生产运行和应用软件研制。

第二章 职工教育

第一节 管理机构

20世纪70年代以前，职工培训只是在基层站段由老工人自发地采取师傅带徒弟的形式进行。1978年，广州铁路局恢复教育处，省内各铁路分局成立职工教育科，各基层站段恢复教育室。职工教育管理体制开始实行铁路局、分局、站段三级管理。1979年，成立长沙、衡阳铁路分局电视大学函授辅导站。怀化铁路分局职工学校建成。1980年，创办株洲、衡阳职工学校，由长沙铁路分局管辖。1985年1月，长沙铁路分局成立教育委员会，对教育工作加强领导，归口分级管理。撤销电大函授站，成立长沙铁路分局干部学校。1986年，衡阳铁路分局撤销后职工教育科并入长沙铁路分局职工教育科。1987年，长沙铁路分局在各地区成立职工教育办公室，作为分局职教科的派出机构，负责制定、协助地区职教工作。1988年，长沙铁路分局撤销教育委员会，实行分局长统一领导，主管教育副分局长组织实施，教育部门归口管理。自此，职工教育领导体制趋于稳定。1993年，长沙铁路分局职教科更名为长沙铁路总公司职工教育部，1996年，职教部升格为职工教育分处，主管总公司的职工培训工作。长沙铁路总公司职教分处继续主管株洲、衡阳职工学校。怀化铁路总公司报请铁道部、集团公司批准，1996年5月成立怀化铁路技工学校。20世纪90年代后，职工教育逐步走向制度化、规范化的轨道。

第二节　文化教育

1981—1985年，广州铁路局开展青壮年职工“双补”（初中文化补课、初级技术理论补课）为重点的职工教育。据长沙铁路分局统计，至1985年末，全分局完成初中补课96.6%，占候补对象的90.3%，超过国家规定的标准10.3%。同时，各业余学校、职校开办高中文化班。从1979年开始，开展正规学历培训，逐年选送预备干部去大专院校委培、代培，或参加电大、高校函授。1979—2000年，该总公司（分局）培训职工高中4936人，中专2502人（另有函授中专315人），大专（以上）4873人。2000年，组织500多名职工参加全国成人统考，选送458名职工进大中专院校深造，并在总公司职工学校开办运输、机务、车辆非脱产中专班28个，学员1347人。从1979年开始，怀化铁路职工学校承担职工初、高中文化补习和初、中、高级岗位培训任务。至2000年，怀化铁路总公司高中以上文化程度占职工总数64%。石长铁路公司1994—2000年，有96人参加成人大专学历培训，33人参加党校成人大专学历培训，13人参加本科成人学历培训，11人参加党校本科学历培训，攻读硕士学位6人。

第三节　技术教育

一、新工人培训

20世纪70年代末，新工人培训工作有了加强。长沙铁路分局新工人的入路培训坚持“六定”，即定时间、定内容、定要求、定制度、定检查、定考核。规范签订师徒合同，在师傅指导下学习基本功，学习期满考试合格，颁发“顶岗证”才能正式上岗。1981年8月，广州铁路局转发国家劳动总局《关于加强和改造学徒工培训工作的意见》，重新修订新工人培训管理法。1982—1985年，长沙铁路分局组织青年工人初级专业技术补课19629人，占应补对象99.1%，工人技术等级从人均3.15级升为4.1级。1986年，衡广复线上马，所属单位执行分局制订《新工人培训管理办法》，严格培训新工人12305人，保证了运输生产及安全。1988年，该分局重申“先培训，后上岗”“技能考试不合格，不准定职”的规定。自此，新工人培训形成严格制度，岗前培训纳入正轨，对特殊工种定期考核、颁证。1987年，各铁路单位执行路局规定的《广州铁路局新工人培训实施细则》，新工人岗前培训制度化、规划化。1990年，铁路局决定变招工为招生，将企业自然减员指标主要用于中专、技工学校招生，培养主要行车工种工人，补充企业缺员。怀化铁路总公司（分局）自成立以来，采取适应性培训方式，对新入路员工、改职转岗工人进行安全知识及岗位业务知识培训。1996—2000年，怀化铁路技工学校结合运输生产实际，共培养铁路信号、铁道运输、铁道车辆、内燃机车、铁道工程等5个专业的技校毕业生585人，缓解总公司运输一线技术工人紧缺问题。1996年，石长铁路公司招收500名新工人，根据不同的分工，全部送到衡阳铁路运输学校、衡阳铁路工程学校、株洲铁路机械学校进行为期一年的专业技能培训。

二、技术等级培训

1978年，铁道部再次修订公布《铁路工人技术等级标准》（草案），恢复工人技术等级培训和考核制度。1980—1981年，广州铁路局结合工资调整，开展全局性的技术工人考工。1982年，组织青壮年职工进行初级技术理论补课，规定3级以下技术工人凡未经专业培训的，必须补初级技术理论课，并要求每年补课合格人数中，主要工种和关键岗位不少于50%。1982—1985年，长沙铁路分局补课人数19692人。1986年，转入中级技术理论学习。规定职工学校以中级技术教育为主，并在机务、车辆、工务主要大段试办中级技术理论培训。1987—1994年，开始考工升级、考试认级工作。据长沙铁路总公司（分局）统计，1987年，参加考工升级7358人，合格5134人，合格率为69.8%；1988年，28917人参考，合格24373人，合格率85.8%；1989—1991年，参加考工93680人，合格率达99.4%；1994年，参考51540人，合格47583人，合格率92.3%。是年，参加该总公司进行等级业务培训25888人，参加行车主要工种应知应会培训20406人。1995—1996年，省内铁路各基层单位开展职工业务素质攻坚活动。各工种开展岗位练兵和技术表演活动。1996年，全员进行一次性增加工资专业考试。1998年，省内铁路各基层单位按铁道部、广铁集团公司要求，修订岗位基本作业标准，开展学标、对标活动，全面提高职工业务素质。1989—1995年，进行技师考核评聘。长沙铁路总公司（分局）共评聘工人技师230人。1999年，135人通过技师考试。2000年，实行新颁发《技规》，各铁路总公司在培训骨干基础上，全员组织学习，考试。长沙铁路总公司参加考试71308人，合格率达100%。怀化铁路总公司自建分局以来，采用规范化培训方式，每年培训铁路各工种初级、中级、高级技术工人约900人，培训特种作业人员约600人。至2000年，该总公司具有中专毕业以上学历，并具有初级以上技术职称的专业人才超过职工总数20%，工人中技工学校毕业以上和通过规范化岗位培训的超过70%。

三、岗位职务培训

1984年开始，落实铁道部推行的职工岗位职务培训制度。1986年，长沙铁路分局在株洲试点，开办首期制动员培训班，学员40名，学习期为半年，目的在于摸索经验。1987年，长沙铁路分局把新工人培训纳入岗位职务培训轨道，按岗位职务标准进行考核。培训形式多样化，有脱产学习、函授、业余进修。1988年开始，在主要行车工种中进行岗位职务培训。1988—2000年，长沙铁路总公司完成初级岗位职务培训22082人，中级岗位职务培训14881人，高级岗位培训1620人。1993—2000年，该总公司进行三轮工班长岗位职务培训，参加培训的工班长达26448人次。1995—2000年，怀化铁路总公司共培训各类工人62832人次。

1983年下半年开始，干部岗位职务培训全面推行。长沙铁路分局182名站段长参加路局在株洲机械学校举办的统考班。1984—1987年，长沙铁路分局12名领导干部分批到北方交大、铁道部党校学习3个半月，并参加大中型企业经理国家统考。参加上述统考人员，全部合格。1986年，执行铁路局制定公布的运输系统“七五”期间岗位职务培训试行办法，长沙铁路分局派出了386名三等站以上领导干部参加铁道部、广州铁路局举办的岗位培训班，还举办13期592位副科以上干部职务培训班，153名站段正职干部全部参加培训。1987—1991年，长沙铁路分局举办130期岗位培训班，6180人参加培训。长沙铁路总公司（分局）成立后的1994—2000年，举办348期岗位培训班，培训干部8918人；选送6302名干部参加铁道部高校学习，选送25人攻读工商管理硕士。怀化铁路分局1983—1987年，轮训各级各类干部1560人，584名副科以上干部接受了现代化管理为主要内容的业务培训。据统计，至2000年，怀化铁路总公司（分局）每年完成干部岗位培训及各类适应性培训约2660人次，干部继续教育每年培训约2450人次。省内铁路各分局基本形成分局、地区、基层3级领导岗位培训网络。

四、岗位练兵，技术比赛

岗位练兵、各种技术比赛是铁路行业的光荣传统。20世纪60年代末至70年代一度中断，以后逐步恢复。1979年，各单位开展扎实练功、层层比武的群众性岗位练兵活动。1981年，推行“作业标准化”，岗位练兵、比武活动走向正轨。据长沙铁路总公司（分局）统计，1979—1995年，组织技术表演赛21808次，313926人参加。在铁道部和广州铁路局组织的2次比武中，获团体前三名34个，个人单项前三名418个。1998年，组织岗位练兵比武1897场，4万人次参加。1999年，组织客、货、机、工、电、辆、运、安8大系统，开展专业大比武，40名选手获“技术标兵”称号，80名选手获“技术能手”称号。是年，参加广铁集团公司大比武，车辆系统囊括所有团体及单项奖，电务系统获70%的项目第一；株洲机务段获团体第一。2000年组织练兵比武1892场，60299多人参加。长沙东站彭承文在广铁集团公司计算机比武中获第一名，参加全路比武获优胜奖。据怀化铁路总公司统计，1996年，参加广铁集团公司运转车长比武，获团体第一；接发列车比武，获团体第二；平面溜放调车，获团体第三。1997年，组织练兵比武310场，5778人参加。2000年，组织练兵比武137场。

第三章 环境保护

省内国铁的环境保护工作是随着国家经济发展而逐步开展的。随着铁路基本建设的发展，排放的废水、废气、废渣急剧增加，环境污染日趋严重，环境保护工作势在必行。

第一节 环保机构及管理

一、机构设置

国铁的环境保护实行铁路局、分局、站段3级管理。广州铁路局与分局、站段之间为业务指导关系。广州铁路局设有广州环境监测站，各分局设置环境监测科，广州环境监测站对各分局环境监测科为业务指导关系。1979年，分局的环境保护工作划归总工程师室管理，设2名专职人员。基层机务段、车辆段设专职技术员1人，归口技术室管理，其他基层单位设兼职技术员1人。各防疫站建立环境监测科，定员10人。1993年，怀化铁路总公司成立环境保护委员会。1994年5月，长沙铁路总公司成立环境保护委员会，由总经理、总工程师任主任、副主任，委员由19个部室领导兼任，设办公室，制定职责范围。长沙铁路总公司环保机构、工作人员职责共12条，主要有：贯彻国家环境保护工作的方针、政策、法令，编制总公司环保工作长远、年度计划，参加本单位新建、改建、扩建、技改以及大修项目的方案研究、设计审查、竣工验收，严格把住“三同时”关（环境保护防止污染设施与新建、改建、扩建的建设项目工程同时设计、同时施工、同时投产）等，职责中还强调组织并参加本单位污染源的监测工作，掌握污染物种类、排放量、排放浓度、排放规律，建立污染源档案及每年应对各种防治污染物设施的技术状态、能力及经济、环境效益提出分析报告，采取相应环保技术措施。1999年1月，石长铁路成立环境保护委员会，管内各单位相应成立环境保护领导小组。

二、环保管理

1978年9月，广州铁路局召开三级干部会议，环保工作作为会议重要内容，印发《广州局环保工作情况及意见》，提出把环保工作列入运输生产组成部分、对环保工作进行一次认真全面检查、防止新的污染源产生等3点要求。20世纪80年代开始，国家、湖南省、广州铁路局先后制定环保管理征收“三废”超标排污费，新、扩、改建的大、中型项目提报环保部门审批，从更改资金中拿出不少于3%的经费用于治理污染，建立环境保护统计报表。依据国家《污水治理设施环保监测管理办法》，铁路局制订《广州铁路局“八五”环境保护规划》《广州铁路（集团）公司环境保护工作管理办法（试行）》《集团公司环境保护五项指标及考核计划》《广州铁路（集团）公司环境保护“九五”规划》和《广州铁路（集团）公司环境保护目标责任制实施办法》《广州铁路（集团）公司环境保护五项指标计划考核办法》等制度和规定。1997年，长沙、怀化铁路总公司先后制定《环保管理办法》。长沙铁路总公司公布《长沙铁路总公司基层单位环境保护指标考核办法（试行）》，怀化铁路总公司建立环保达标责任包保制度。从1997年起，层层签订环境保护目标责任状。每年年初，长沙铁路总公司总经理分别与管内各主要站段的主要领导人签订“长沙铁路总公司环境保护目标责任状”，同时公布考核办法及奖惩条例，以促进环保、治理工作。至2000年，长沙铁路总公司每年对管内各站段的考核成绩，均在90分以上。1998

年，各铁路总公司执行集团公司制定的“广州铁路环境保护发展规划”。1999—2000 年，石长铁路公司实行环境保护责任制，下发《石长铁路有限责任公司环境保护目标责任制实施办法的通知》《石长铁路有限责任公司环境保护工作实施细则》，总经理对公司的环保工作负总责，主管副总经理亲自抓环保工作。对公司的环境保护机构与职责、环境管理、防治污染与综合利用、科研与教育、奖励与罚款等，作了明确的规定。

重视环境保护，完善管理制度，层层落实责任制，省内铁路环境保护工作成绩显著。1988 年 7 月，湖南省授予怀化铁路分局环保科为环境保护先进单位。1993 年，长沙铁路总公司获国家环保局颁发的“全国铁路环保宣传先进单位”称号。1994 年，长沙铁路总公司又获湖南省政府颁发的环保三等奖。1994 年起，怀化铁路总公司成立环卫队，由建筑段承担怀化铁路地区职工生活区生活垃圾清扫清运，配备城管卫生执法队 12 人，购置了环卫车辆 5 台。1999 年，怀化铁路总公司制订《怀化铁路总公司整顿怀北、怀南铁路地区环境卫生秩序方案》，2000 年，整顿武陵路、城北路铁路门面 555 家、路外门面 535 家、桌球室等店铺 196 家。是年 12 月，铁道部授予怀化铁路总公司为“九五”铁路环境保护先进单位。

第二节　预防污染

为有效防止污染，国铁系统执行“三同时”规定，即环境保护防止污染设施与新建、改建、扩建的建设项目工程同时设计、同时施工、同时投产。1978 年以来，省内铁路部门基本兑现“三同时”。

1978 年，长沙铁路医院迁建新址时，按“三同时”的规定，进行污水处理设计。是年，长沙机务段异地新建段址，主要车间均建有含油污水集中处理设施。

1981 年，岳阳铁路医院搬迁工程完工，含菌污水治理同时投入使用。

1986—1987 年，执行广州铁路局转发国家《建设项目环境保护管理办法》。文件对“三同时”和改造项目“环评”的开展、落实、报批手续、程序、审批权限，对“同时设计”的各个阶段设计文件都作了详细具体的规定，并决定今后的设计任务书增加“环保部门”审批意见栏。

1986—1992 年，完成《改建铁路株洲枢纽株北编组站上行系统扩建环境影响报告书》，经国家环境保护局审查通过的“三同时”项目有：株北制冰厂噪声治理、株北机务折返段含油污水治理。完成《株洲火车站站场改造及浙赣铁路外包线环境影响报告书》，经湖南省环保部门审查通过，将原站场货车洗刷线废除，货车送衡阳站货洗所洗刷。完成《改建湘黔铁路株洲至怀化段部分复线及电气化工程环境影响报告书》，经国家环保局审查通过的“三同时”项目有：娄底机务段含油污水集中处理工程、娄底车站缓行器空压机房噪声治理工程、株洲机务段株洲客车折返段含油污水处理工程。完成《改建京广铁路衡韶段增加二线工程衡阳枢纽衡阳车站技改工程环境影响报告书》，经湖南省环保局审查批准的“三同时”治理项目有：衡阳车辆段客车整备所含油污水治理、衡阳铁路货车洗刷消毒所、衡阳站充电房充电废水治理工程。

1987 年，“株洲机务段内燃改造工程”由株洲市环境保护研究所编制环境影响报告书，经湖南省环保部门审查通过的“三同时”项目有：全段各车间含油污水集中处理工程、动力锅炉除尘脱硫处理、充电防酸雾处理、喷化库漆雾处理。

1989 年，“长沙机务段内燃机车扩大架修工程”由长沙市环保研究所编制环保影响报告书，经湖南省环境保护部门审查通过的“三同时”项目有：全段含油污水集中处理系统、充电房废水废气处理设施。

1993 年，“京广线武昌至衡阳、衡阳至广州电气化技术改造工程”由铁道部第四勘察设计院编制环境影响报告书，经国家环境保护局审查批准的“三同时”治理项目有：岳阳机务段含油污水集中处理工程、长沙机务段含油污泥焚烧处理工程、衡阳北机务段折返段污水处理加强工程。是年，“郴州医院搬迁工程”由郴州市环保所编制环境影响报告书，经郴州市环保局审查批准的“三同时”治理项目有：全院含菌污水集中治理工程，医院垃圾无害化焚烧处理，4 吨、2 吨锅炉除尘处理。“岳阳车站搬迁工程”由岳阳市环境保护研究所编制环境影响报告书，经岳阳市环保局审查批准的“三同时”治理项目有：岳阳车站地区供热中心必须与 4 吨锅炉两台的除尘脱硫工程同时进行。

1996 年，石长铁路环境影响评价报告书通过国家环保局的评审。

1998 年，组织开展对永州机务折返段内燃改造工程和衡阳机务段内燃改造工程环境影响评价和预审。

2000 年，长沙车辆段（含客技站）污水处理工程纳入车辆段基建工程，款源得到落实。

1997—2000 年，各铁路总公司有关单位的“三同时”项目执行率均达到百分之百。

第三节　污染治理

铁路的污染源主要是煤、油燃烧产生的煤尘、油污、废气以及污水。随着国家对环境保护的重视，污染治理提上铁路各单位的议事日程，每年都有明确的治理目标，措施落实，奖惩分明。

1978 年，长沙、衡阳等地开展治理卸煤机煤尘污染。

1979 年，长沙机务段完成对再生油产生的“三废”污染的治理（含 H_2S、SO_2 废气，油污水，酸渣）。是年，株洲铁路医院发动群众，自己动手，治理医院污水的项目建成投产。

1981 年，锅炉消烟除尘从土法改炉向改变燃烧方式，提高燃煤效率方向转变。衡阳机务段附属工厂制成驼峰式能复炉排，长沙客运段 0.5 吨锅炉改为平推式往复炉排。

1982—1983 年，长沙铁路医院、株洲机务段污水处理项目建成投产。

1985 年，省内国铁客货车全部改为内燃机车牵引。沿途排放的烟尘、SO_2 大幅度减少。

1986 年，怀化南站、怀化车辆段、怀化铁路医院污水处理项目建成投产。

1987 年，怀化机务段污水处理厂建成投产，利用氧化塘工艺处理机务段含油污水。

1988 年，衡广复线建成，郴州至韶关客货列车改为电力机车牵引，彻底消灭了烟尘和废气污染。

1990 年，大庸机务段污水处理项目建成投产。

1993 年，衡阳机修厂锻工炉消烟除尘改造采用链条炉排，不需要安装除尘器就达到了消烟除尘的目的，受到衡阳市环保部门的表扬。是年 3 月，在长沙车站举行 57 次长沙至广州绿色列车开行发布会。这是中国首次开行绿色列车。中央电视台在新闻联播中报道了这一要闻。后相继开行长沙至惠州、上海、北京 3 趟绿色列车。

1995 年，长沙客运段洗衣污水处理采用气浮—纱滤—活性碳吸附工艺，当年投资，当年建成，处理效果良好。是年，长沙铁路总公司完成主要环保治理项目 16 个。

1997 年，长沙机务段水阻试验台噪声治理工程完工。株洲车辆段 4 吨锅炉水膜除尘、长沙北站充电房酸雾处理项目竣工。是年，长沙铁路总公司完成环保治理项目 9 个。

1998 年，完成既有污染源治理和既有设备更新改造的项目有：长沙铁路医院污水处理易地扩建，株洲车站充电废水处理，娄底车站、长沙车站、郴州机务段的 4 吨锅炉除尘脱硫处理，怀化铁路医院医疗垃圾焚烧炉。是年，岳阳机务段因历史原因，未能采取污染治理措施，所排含油污水影响下游渔场，经长沙铁路总公司总工程师室、法律顾问室和岳阳机务段出面协商，一次性赔偿岳阳梅溪乡渔民 35 万元。

1999 年，完成衡阳生活段洗涤中心污水处理，永州机务折返段、娄底机务段含油污水处理，衡阳机务段 2 台 4 吨锅炉、岳阳机务段 4 吨锅炉除尘脱硫等治理项目 11 个。

至 2000 年，长沙铁路总公司环境治理投资逐年增加，由 20 世纪 70 年代初的 11 万元增至 955 万元。

附 1997—2000 年长铁、怀铁总公司环保五项指标完成情况表（表 28）。

表 28　1997—2000 年长铁、怀铁总公司环保五项指标完成情况表

单位：项

年份	单位（总公司）	工业废水处理率（%）		工业废气处理率（%）		工业固体废物综合治理率（%）		工业废水排放达标率（%）		固定锅炉排放废气达标率（%）	
		计划	完成	计划	完成	计划	完成	计划	完成	计划	完成
1997	长沙	81	89	85	91.2	90	99.4	83	91.3	90	93.4
	怀化	95	95	93	98.3	96	100	95	95	92	95.4
1998	长沙	87	91.1	90	91.3	95	99.7	88	85.5	93	95.7
	怀化	95	100	95	98.7	97	97.6	93	97.8	95	98.1

续表

年份	单位（总公司）	工业废水处理率（%）		工业废气处理率（%）		工业固体废物综合治理率（%）		工业废水排放达标率（%）		固定锅炉排放废气达标率（%）	
		计划	完成	计划	完成	计划	完成	计划	完成	计划	完成
1999	长沙	90	90.1	90	98.2	95	100	85	86.6	94	99.3
	怀化	96	99.8	96	99.7	97	100	94	99.8	96	98.8
2000	长沙	92	92.7	93	96.5	98	100	86	91	95	97.7
	怀化	100	100	98	100	98	100	96	97.9	98	97.5

第四节　环保监测

省内国铁设有长沙铁路环境监测科，衡阳、怀化铁路环境监测站，担负管内排污单位污染源监测、监视工作，履行定期环境监测制度。各总公司落实环境保护目标责任制，为铁路监测科、站购买一定数量的环境监测仪器设备，每年初下达定期监测任务，确保环境保护考核指标年年完成，为环境管理和污染治理提供科学的数字依据。2000 年，长沙铁路环境监测科、衡阳铁路环境监测站全年完成监测数据 1585 个，其中，监视性监测数据 1271 个，其他监测数据 314 个。

第四章　卫生防疫

第一节　医疗

一、机构设置

1978—1980 年，省内国铁各铁路分局设生活卫生科，负责分局医疗卫生、计划生育、卫生防疫、职工生活供应等工作。生活、卫生机构分分合合，至 1996 年，合并为生活卫生分处，管理职能不变，隶属广铁集团生活卫生处指导管理。

2000 年，省内铁路医院有郴州、衡阳、株洲、长沙、岳阳、娄底、怀化、张家界 8 所，地区设卫生所，较大的车站设保健站。其中长沙铁路总公司有 6 所医院、19 个卫生所、42 个保健站，开放床位 1423 张。怀化铁路总公司 2 所医院，开放床位 425 张。

二、医政管理

1978 年，贯彻铁道部《整顿铁路医院试行方案》，制订《卫生事业和技术建设八年规划要点》，整顿各医院领导班子、医疗作风、规章制度，调整科室，整章建制，规范技术操作规程。

1983 年开始，各铁路医院进行改革，对内实行多种形式的经济责任制，对外向社会开放，增加医院的活力，调动职工的积极性，医护质量和业务技术水平有明显提高。

1984 年，执行《全国医院工作条例》《医院工作制度》《医院工作人员职责》，贯彻党委领导下的院长负责制，严格管理铁路医院各项工作。

1986年，按铁道部《三优文明医院标准》要求，对各铁路医院进行检查验收，衡阳、郴州、岳阳3家铁路医院被湖南省评为“省双文明先进单位”。

1980—1989年，广州铁路局卫生系统完成计量改制工作。各铁路医院对医用压力器具进行全面改制，处方、检验报告单等均开始改用国际法定计量单位。1989年，卫生部颁布《综合医院分级管理标准（试行草案）》后，各铁路医院均设立质量管理机构，进一步强化质量管理工作，建立健全完整的考核标准和质量管理体系。

1990年，广州铁路局卫生处下发《急诊抢救工作的规定》《手术管理有关问题的规定》《医院感染管理的规定》等文件。

1993—1995年，长沙、株洲、衡阳、岳阳铁路医院先后被评为卫生部“二级甲等”医院。1995—1996年，株洲、长沙、衡阳铁路医院先后被省卫生厅评为“爱婴医院”。1999年，岳阳铁路医院获“全路优质十佳医院”和铁道部抗洪先进单位。

1997—2000年，开展医疗制度改革试点，推行《广铁集团职工医疗保险暂行规定（讨论稿）》。1997年10月、11月，怀化、长沙铁路总公司先后相应成立医疗改革领导小组，下设医改办公室，根据集团公司的指导性意见，结合本公司的实际，制定相应的医疗保险暂行规定。1998年，怀化铁路总公司启动医改试点。2000年，长沙铁路总公司完成职工医疗保险制度改革。

三、药政管理

1978年，根据国务院批发的《药政管理条例》《麻醉药品管理条例》，整顿健全各医院药剂科的管理制度。1980年，各铁路医院根据卫生部《药剂工作条例》，逐步开展临床药学工作，并按有关规定，逐步解决医院制剂的建设。各铁路医院自制制剂及大输液，经各级药物鉴定所鉴定合格。衡阳、株洲、长沙、怀化铁路医院的制剂室均取得当地卫生局颁发的“制剂生产许可证”，岳阳、娄底铁路医院获得当地卫生局颁发的“普通制剂生产许可证”，各种制剂都能满足本院临床需要。1986 年，贯彻《中华人民共和国药品管理法》和铁道部《关于加强铁路药政工作的通知》，各铁路医院加强对药库药品的存放、请领手续、药品质量管理。1989 年，继续开展《中华人民共和国药品管理法》的宣传教育，各医院建立药事管理委员会，加强国家规定的特殊管理的药品管理和使用，按卫生部颁发的《医院药剂管理办法》，制订出医院的实施细则。“七五”期间（1986—1990 年），加强对生物制品和血液制品的管理，同时，各铁路医院都制订医院基本用药目录，在实际工作中不断进行增减。药事管理委员会定期召开会议，研究管理措施。1990—1993 年，按照《进口药品管理办法》《医用毒性药品管理办法》规定，各铁路医院对毒麻、精神药品的使用和管理相继制订严格的交接班制度。1990 年，株洲铁路医院药剂科被卫生部评为先进集体。1997 年 11 月，株洲铁路医院代表广铁集团接受铁道部药政工作检查，通过对药政管理、药品质量、毒麻药品管理、临床药学等方面的检查。铁道部卫生司有关专家认定，该院药政管理水平属于同类医院之首。

四、设备管理

20 世纪 70 年代，铁路医院所需医疗设备均为各铁路分局有计划添置。1981 年，广州铁路局卫生处在株洲铁路医院成立设备维修组，负责长沙、怀化铁路分局各医院、防疫站设备的维修。衡阳铁路分局各医院的设备维修由广州铁路中心医院器具维修组负责。1989 年，执行《广州铁路局卫生部门医疗设备管理办法（试行）》，各铁路医院指定一名副院长分管设备工作，先后成立设备科（室），负责医疗器械的管理、维修，常用器械的购置、发放工作。是年 11 月，广州铁路局在衡阳铁路医院召开医疗设备工作会议，岳阳、衡阳铁路医院设备管理成绩突出，受到表扬。各医院的医疗器械设备添置，从单纯由铁路局、分局投资，发展到集资和合资。怀化铁路医院与深圳一家公司合作，由该公司提供碎石机、人工肾和痔疮治疗机，双方联合经营，收入按比例分成，收到较好的社会效益和经济效益。1991 年，贯彻铁路局《关于进一步加强医疗设备管理工作意见》，各铁路医院年初编制购置设备计划，对新购置价值万元以上的设备，必须事先进行技术、经济论证，办理审批手续；对已有设备严格管理，建立“专管专用”和“专管共用”责任制；对贵重精密仪器的使用实行“两严三定”制度，即严格操作规程、严格交接班制度；定人使用、定人管理、定人维修。据长沙铁路总公司卫生分处统计，截至 1999 年 3 月，总公司各铁路医院共有医疗设备固定资产 7213.76 万元（计 1791 台）。2000 年，长沙铁路总公司购置 800 毫米 X 光机、核磁共振仪、电切镜、彩色 B 超、血透机、多功能监护仪等设备。

五、经费管理

20 世纪 70 年代，根据交通部《关于试行医药卫生费结余上缴调剂补助清算办法的通知》精神，按职工工资总额 5.5%作为医疗卫生经费中的 4%自行安排使用，1.5%上缴交通部作为全路调剂补助费用。1974 年，执行卫生部、财政部《关于享受公费医疗自费药品范围的通知》精神，凡营养滋补药品和贵重药品收全费。1982 年，根据铁道部通知，按工资总额 5.5%提取的医疗卫生经费不再上缴其中的 1.5%。1986 年，铁道部财务司、卫生环保司下发《关于医药卫生费管理等问题的决定》，按职工工资总额 5.5%提取的医疗卫生费；不够使用时，其不足部分企业可在福利费和留利中补助。1989 年，离休干部医疗保健用药由铁路局拨款，单独列账，专款专用。1992 年起，医药卫生经费的提取由 5.5%增至 8%；对职工家属医疗挂号费及出诊费作适当的调整，所收的挂号费和出诊费，全部用于补贴医疗卫生费；铁路医院对经费的管理采用计划和决算制，每季对财务进行分析，经费支出实行财务归口，一支笔审批；铁路医院较大的基本建设和大型医疗器械设备由铁路局、分局计划部门单独下达，项目和款源不列医疗卫生费。

附1994—1999年部分年份省内国铁医院主要医疗指标完成情况表（表29）。

表29　　1994—1999年部分年份省内国铁医院主要医疗指标完成情况表

年份	铁路医院	开放床位（张）	总诊疗人次（千人次）	出院人次	病床使用率（%）	临床治愈好转率（%）	危重病人抢救成功率（%）	对外开放床日（天）
1994	郴　州	130	298	2366	85.74	97.39	86.21	6088/
	衡　阳	340	1081	6553	82.88	97.83	93	25665/
	株　洲	300	1041	5766	99.56	95.35	92.06	36425/
	长　沙	320	1006	5634	75.47	96.3	87.21	19965/
	岳　阳	163	403	3012	68.47	97.57	94.52	11512/
	娄　底	105	237	2165	91.93	97.29	92.5	7342/
	怀　化	200	546	4086	82.77	98	81.4	11220/
	张家界	100	299	1554	50.55	98.26	96.43	6230/
1996	郴　州	150	271	2214	71.6	97.14	87.25	4986/7042
	衡　阳	340	829	7609	94.43	97.85	93.13	24965/7481
	株　洲	300	910	5951	96.67	96.29	93.91	28486/28468
	长　沙	320	953	5982	75.2	97.47	91.2	18808/16954
	岳　阳	163	378	3009	75.7	96.74	88	11527/11319
	娄　底	105	219	1914	82.3	98.09	94.6	7130/7052
	怀　化	200	551	4044	70.1	98.01	90	12279/11204
	张家界	110	416	3845	86.2	98.77	97.84	14750/12623

续表

年份	铁路医院	开放床位（张）	总诊疗人次（千人次）	出院人次	病床使用率（%）	临床治愈好转率（%）	危重病人抢救成功率（%）	对外开放床日（天）
1997	郴　州	150	280	2367	67. 54	97. 13	91. 5	7042/6301
	衡　阳	340	833	7214	89. 19	97. 86	87. 1	7481/25006
	株　洲	300	946	5902	91. 34	96. 06	91. 9	28468/28867
	长　沙	320	920	5888	78. 31	97. 41	92. 2	16954/19067
	岳　阳	163	378	2898	81. 21	96. 7	92. 5	11319/15829
	娄　底	105	216	1774	70. 43	97. 7	91. 9	7052/7961
	怀　化	200	597	4064	72. 76	97. 7	86. 8	11204/11140
	张家界	160	484	2712	87. 34	98. 71	100	12623/12093
1998	郴　州	150	277	2636	74. 81	97. 34	91. 1	6301/8041
	衡　阳	340	762	7038	88. 11	97. 31	78. 5	25006/24846
	株　洲	300	1008	6121	88. 27	96. 04	93	28867/25565
	长　沙	320	850	6100	79. 06	97. 59	92. 6	19067/18274
	岳　阳	163	370	3253	79. 74	96. 67	94. 4	15829/12224
	娄　底	85	218	1525	76. 32	96. 34	91. 7	7961/8078
	怀　化	200	536	3898	67. 12	97. 77	91. 8	11140/13174
	张家界	200	354	3149	79. 42	97. 73	96. 4	12093/25899
1999	郴　州	150	252	2526	66. 55	97. 51	88	8041/6007
	衡　阳	340	711	7072	86. 22	97. 8	90	24846/22345
	株　洲	300	898	6373	91. 3	95. 96	93. 6	25565/23733
	长　沙	320	782	6799	89. 46	97. 13	91. 8	18274/23378
	岳　阳	163	372	2871	66. 82	95. 77	91	12224/10790
	娄　底	105	207	1784	82. 38	97. 99	93. 1	8078/10464
	怀　化	200	346	3567	53. 56	97	93. 1	13174/11051
	张家界	137	217	2361	73. 92	97. 7	94. 1	25899/19574

第二节　防疫

一、卫生防疫站设置

1978—2000 年，省内国铁有长沙、株洲、衡阳、怀化 4 个铁路卫生防疫站。长沙、株洲、衡阳铁路卫生防疫站属长沙铁路总公司（分局）管辖，怀化铁路防疫站属怀化铁路总公司（分局）管辖，各铁路防疫站基本设有 5 科 1 室，即流行病科、劳动卫生科、卫生科、站车卫生科、检验科和宣教室。1998 年 8 月，石长铁路公司管内的各项卫生监督工作，由长沙铁路总公司卫生行政主管部门统一归口管理。长沙铁路卫生防疫站代表同级卫生行政主管部门，承担对石长铁路的具体卫生监督监测工作。2000 年，由湖南省卫生防疫站评审委员会组成联合评审组，分别对长沙、衡阳铁路防疫站进行综合评审考核。长沙、衡阳铁路防疫站分别以总分 913. 1 分、898. 5 分的成绩通过等级评审。长沙铁路防疫站获铁路甲级一等防疫站称号，衡阳铁路防疫站获铁路甲级二等防疫站称号。

二、传染病防治

省内国铁有关部门传染病防治侧重如下：春运、暑运卫生防疫。每年春运、暑运期间，各铁路防疫站都组织卫生防疫小分队深入铁路运输生产第一线，开展传染病预防控制。开展防寒、防冻、防一氧化碳中毒工作，搞好卫生防病宣传，对车站、列车、地区食堂等单位，加强督促检查，确保食品卫生和饮水卫生。

三、重点传染病预防控制

1981 年 10 月间，衡阳市发生霍乱疫情，波及铁路。衡阳铁路地区发病 6 例，5 例系民工，1 例属机务段职工，为管内首次报告病例。衡阳铁路防疫站及时处理，共预防投药 18005 人次，消毒16365平方米，杀虫14580平方米，疫情迅速扑灭。

1984年8—10月，郴州地区和衡阳市先后流行副霍乱疫情，铁路防疫站及时采取扩大防治安全措施和重点保护方法，对坳上、水龙、良田、水塘、槐树下、东阳渡、大浦街、小水铺8个车站和10个养路、水电工区的526户住家进行消毒，面积达到56000平方米；预防投药7974人次；对路内和列车上发生的4起疑似2号病人，采取紧急治疗措施，杜绝了疫情的发展。

1994年8—9月，粤湘发生我国20世纪80年代以来最严重的霍乱疾病流行，疫情还严重威胁着湘西铁路管内地区。各铁路防疫站密切配合，落实霍乱防治方案，防止疫情扩散蔓延。设立衡阳、长沙、岳阳、怀化4个临时观察点，驻站、上车，尤其是加强对进京列车的疫检。由于预防工作落实，年内，管内职工没有一例霍乱发生。

1995年，广铁工程总公司衡阳二公司衡北工地民工霍乱暴发。衡阳铁路防疫站组织人力赶赴疫区，及时隔离治疗，开展疫源检索等有效措施，迅速控制疫情，附近铁路地区职工、家属无一例霍乱发生。

1998年，粤湘两省霍乱流行，衡阳、怀化铁路地区各发生6例。各单位落实霍乱防治方案要求，做好对病人隔离治疗、密切接触者采便检验及投药、疫点消毒、卫生宣传工作，使霍乱疫情控制在较小范围。

四、事故救治防疫

1997年4月29日，荣家湾车站发生旅客列车冲突重大事故，岳阳、长沙、株洲、衡阳铁路医院和长沙铁路防疫站迅速组织500多人赶赴事故地点，进行现场抢救和现场卫生处理。3家医院收治旅客伤员230人，完成大小手术47台，大面积消毒10.4万平方米，杀虫2.5万平方米。最大限度地减少了事故造成的旅客生命财产损失和社会负面影响。

1999 年 7 月 9 日，茶山坳至耒河区间发生列车颠覆重大事故。衡阳铁路防疫站组成救援小组赶赴现场进行消毒、杀虫和食品、饮水卫生监督指导及防病服务。对事故现场消毒杀虫 5 遍，面积 1.5 万平方米。对衡阳站临时候车厅、事故处理接待厅和旅客行李消毒 2 次，面积约 6000 平方米。受到集团公司奖励。

五、洪灾、疫情防治

1994 年 6 月、1995 年 6—7 月、1996 年 7—8 月、1998 年 7—9 月、1999 年 4 月，省内铁路都受到不同程度的洪涝袭击。洪涝期间，铁路各卫生防疫站都派出防洪防病小分队，在受灾地区开展预防食物中毒、肠道传染病、血吸虫病、钩端螺旋体病等防病工作。

1995 年 7 月，管内阳桥、桥头驿、新化等站区遭受水灾，有关铁路卫生防疫站及时派出抗灾防病小分队奔赴受灾站区，开展水退后的环境消毒、饮水净化消毒、卫生宣传和预防投药等防病工作。共处理水灾点 10 个，内外环境消毒 9670 平方米，并投放氟哌酸片、漂白粉精片等预防、消毒药品。水灾后当地无急性传染病流行和异常疫情变化。

1996 年 8 月，湖南省部分地区遭遇百年不遇的洪灾，铁路生产和卫生、生活设施遭受严重破坏。铁路各卫生防疫站共派出抗洪防病小分队 6 支 25 人，深入受灾地区开展以预防食物中毒、肠道传染病、血吸虫病、钩端螺旋体病为重点的防病工作，内外环境消毒杀虫 40392 平方米，预防投药 1444 人份，接种钩体疫苗 4169 人份。

岳阳地区属湖南省血吸虫病重点疫区，职工、家属容易感染血吸虫病。为此，岳阳疗养院设立岳阳血防所，安排 40 张床位，专门收治血吸虫病人。岳阳铁路医院设血防组、血防门诊，常年接受血吸虫病人的治疗并开展预防工作。每年尤其是洪涝期间，对疫区发放有关宣传教育材料，投放预防药物，填埋有钉螺寄居的沟渠，接种疫苗等。岳阳铁路医院被评为血防先进单位。1998年10月，岳阳地区车、机、工、电等重点部门职工，进行一次血防普查，受检人数1033人，感染138人，感染率13.4%，全年共诊治病人1021人次。1999年，普查3278人，31例感染治疗，门诊收治病人2203人，住院165人。2000年，检查2967人，感染24人，感染率0.81%，完成门诊诊疗2168人次，住院治疗198人，发放宣传教育资料5142份。

第三节 爱国卫生运动

1978年，广州铁路局贯彻中央爱国卫生会议和铁道部爱国卫生电话会议精神，重新成立铁路局爱国卫生运动委员会（简称爱卫会），各分局爱卫会也相继重建。20世纪80年代，由于机构改革人事变动，分局、总公司爱卫会多次进行调整。爱卫会办公室分别设在卫生科、卫生部、生活卫生处、卫生分处。各基层单位设爱卫会领导小组，配备专兼职干部，做到层层有人负责，具体工作有人抓。1997年，长沙铁路总公司还调整爱卫会组成人员。

1978年，各单位按照“加强领导、动员群众、措施得力、持之以恒”的方针，大力开展以除害灭病为主要内容的爱国卫生运动，分别于“五一”“十一”和春节前开展专项活动。

1979年，继续发动群众，大搞爱国卫生运动，实现文明生产、文明生活。是年，为了迎接国庆30周年，开展爱国卫生运动，并进行检查，长沙铁路分局被评为广州铁路局卫生红旗单位的有长沙车站、韶山车站、岳阳机务段、娄底工务段、株洲材料总厂。

1981年，中央爱卫会发出《密切配合全民文明礼貌月，大力开展爱国卫生运动》的指示，各分局爱卫会与地方政府密切配合，把爱国卫生运动与创建“三优文明单位”结合起来，积极开展“文明礼貌月”活动，建立“门前三包”等卫生责任制。

1985 年，怀化机务段被湖南省命名为首批“文明卫生单位”。

1989 年起，广州铁路局组织各分局爱卫办协助 25 个二等以上客运站和管内各次旅客列车开展卫生车站和卫生列车的创建工作，并按照卫生车站 8 条标准 22 项内容和卫生列车 8 条标准 25 项内容进行考核。是年，衡阳车站货场被命名为全路一级文明货场，长沙北站评为全路二级文明货场，株洲车站被评为广州铁路局文明货场。

1987—1997 年，长沙铁路总公司（分局）获得广铁集团 10 年公共场所管理先进单位。长沙车站、长沙铁路分局机关大院连续多年被长沙市评为“卫生先进单位”。衡阳地区有 12 个单位被衡阳市评为“卫生先进单位”。

1991 年，长沙—北京 1/2 次列车获“全国卫生旅客列车”称号。

1992 年，湖南省境内 119 个铁路单位有 72 个被评为省级文明卫生单位，其中长沙、怀化铁路分局分别有 37 个、35 个。

1993 年，长沙车站获“全路爱国卫生先进单位”称号，衡阳西站获全省城市卫生窗口单位第一名。

1995 年，开展创建国家卫生车站活动。长沙车站被全国爱卫会命名为“国家卫生车站”称号。衡阳铁路医院、娄底铁路医院被评为湖南省文明卫生单位，株洲铁路医院获湖南省爱国卫生文明先进单位，长沙客运段获全国爱国卫生先进单位称号。

1996 年，怀化铁路总公司 428/427 次旅客列车被集团推荐到铁道部爱卫会，参加全国第三批全国卫生站车单位检查考核命名。是年起，各总公司执行铁道部《铁路综合治理沿线垃圾监督管理办法》和《广铁集团公司贯彻执行铁路综合治理垃圾污染监督管理办法实施细则（试行）》，以京广线为重点，突出抓好铁路沿线白色垃圾污染综合治理工作。从 1985 年起，怀化铁路分局管内 40 个站段单位有 35 个站段逐年被省地命名文明卫生单位，12 个站段单位被当地政府命名为花园式单位。1995—1998 年怀化铁路总公司连续三年安全标准线建设，基本改变了白色垃圾污染面貌。

1999 年，长沙铁路总公司在全国第十一个“爱国卫生活动月”中，组织大型卫生突击活动 3 次，参加突击活动 14980 人次，投入车辆 410 台次，清运垃圾 2050 多吨。

第四节　计划生育工作

一、机构职能

20 世纪 70 年代，省内铁路分局成立计划生育领导小组。1985 年和 1991 年，长沙、怀化铁路分局分别将计划生育领导小组更名为计划生育委员会。计划生育办公室设在卫生生活科。站段设计划生育领导小组。1982 年，按照广州局下发《关于计划生育工作定员的通知》，各地区办事处配备计划生育专干 1 人，1500 人以上的单位配计划生育专干 2—3 人，500 人以上单位配计划生育专干 1 人，400 人以下单位指定 1 人兼管计划生育工作。1991 年后，各级计划生育委员会主任（或小组长）均由党政一把手担任，计划生育专干具体抓管理。

铁路总公司（分局）计划生育办公室负责制订计生工作规则和工作目标，组织、指导、督促、检查基层站段开展计划生育工作，同时与省、市加强联系，协调工作关系。组织召开计划生育工作会议，表彰先进单位和先进个人。各基层站段建立职工计生档案，积极开展计生宣传教育工作，提供义务咨询服务，免费发放计生药具，组织职工家属进行孕前检查等，把计划生育工作真正落到实处。

二、主要规定

计划生育是中国的基本国策。1978—2000 年，从中央到各省市，从铁道部到铁路局，在计划生育方面制定了许多政策、规定、管理办法、实施细则等，使计划生育工作有章可循。结合铁路实际，主要规定有：

党政一把手亲自负责，切实加强对计划生育工作的领导。实行计划生育经济责任承包制。1988 年，怀化铁路分局管内 44 个单位层层承包，投入经费 20 万元。从 1991 年开始，省内铁路各单位执行计划生育“一票否决权”制度。凡出现计划外生育的单位，取消评先资格。党政一把手、分局领导和计划生育干部不能评为先进，不得授予各种荣誉称号，不发计生承包奖及减发其他奖金等处罚。

继续推行晚婚晚育。强调青年要 100%落实晚婚晚育的规定。按法定的婚龄推迟 3 年以上者为晚婚，已婚妇女 24 周岁以后生育第一胎为晚育。对晚婚晚育者给予鼓励。长沙铁路分局 1981—1982 年发文，强调执行基本国策控制人口增长，坚持不懈地开展宣传教育，坚持奖励和经济限制、行政约束相结合。对晚婚者增加婚假 12 天，晚育者增加产假 1 个月，在产假期间领取独生子女证的增加产假 1 个月，产假期间工资照发，不影响评奖评先。对独生子女发一次性奖励，独生子女在满 14 周岁前每年发医疗保险费和医疗补助费。各单位在分配住房时应留有 20%的新房优先照顾独生子女的家庭。对计划外怀孕二胎和多胎的职工，每月分别征收夫妇双方各 20%的超孕费和各 10%的社会抚育费（从工资中扣除），超生的小孩不能享受直系亲属劳保待遇；夫妇双方 5 年内不能评先，且影响一次提级、晋升、调资。职工发生计划外生育则扣减所在单位当年利润留成基金 1%至 2%，并取消评先资格。

生育规定。按照《湖南省计划生育条例》的规定，一对夫妇只能生育一人孩子；符合政策规定可以生育二孩的，生育间隔必须在4年以上，生育妇女的年龄必须在28周岁以上。严禁生育第三胎，违反者按政策给予行政处分，直至开除路籍。

节育措施。根据中央和省市要求，贯彻以避孕节育为主的方针，已有1个孩子的育龄妇女上环，2个或2个以上子女的夫妇一方结扎，不适合上环结扎的，要采取药具综合措施，计划外或避孕失败怀孕者及早采取人流、引产补救措施。对接受计划生育手术者，由所在单位发给营养补助费。育龄夫妇实行结扎手术后，因子女死亡符合政策可以生育的，可以施行输卵管、输精管复通术，费用全免。

三、计划生育成绩

1983年10月，湖南省召开计划生育“双先”代表大会，长沙铁路分局、长沙机务段、长沙客运段、株洲铁路医院、长沙铁路地工委、娄底铁路地工委获湖南省计划生育先进集体，株洲铁路地工委获湖南省计划生育红旗单位，株洲铁路医院妇产科主任厉以慧获湖南省计划生育先进个人。

1986年3月，长沙铁路分局、长沙铁路地工委、株洲铁路地工委、娄底地工委获湖南省计划生育先进单位。计划生育专干陶维秀、张衡春、陈桂英获湖南省计划生育先进个人。是年怀化铁路分局计划生育率99.3%，独生子女领证率99.5%，节育率100%，晚婚率95%，各项指标均完成铁路局和地方政府的规划要求，分局被评为湖南省计划生育先进单位。

1993—2000年，长沙铁路总公司计划生育率、独生子女领证率、节育率、晚婚率等各项计划生育指标均达到100%。1993年5月，长沙铁路总公司被评为铁道部计划生育先进单位，并在铁道部召开的计划生育大会上介绍了经验，总公司计生办主任吴凯英获全路计划生育先进工作者称号。

1994 年 10 月，长沙铁路总公司被国家计划生育委员会、国家人事部授予“全国计划生育工作先进集体”称号，总公司计生办主任吴凯英获湖南省计划生育先进个人，并记三等功。

1997 年，长沙铁路总公司 35 名计生专干、怀化总公司 36 名计生专干，获得国家计生委颁发的计划生育工作者荣誉证书、证章。

1998 年，长沙铁路总公司副总经理唐劲在湖南省城市计划生育工作会议上，代表总公司作了经验介绍。

1995—1997 年，长沙铁路总公司与电子所研究开发的“企业计划生育管理信息系统”，经广铁集团、铁道部鉴定确认，该系统在 83 个基层单位推广应用。1998 年，铁道部计生委发文，在全路推广这一管理系统。

2000 年，长沙北站计划生育专干柔卫宁、衡阳机务段计划生育专干许佳媛获湖南省计划生育工作模范专干称号。

2001 年，怀化车辆段计划生育干部肖红、吉首车务段计划生育干部吴汝芬荣获“全国婚育新风进万家活动先进个人”称号。

第五篇

铁路管理

第一章 机构

第一节 长沙铁路总公司

长沙铁路总公司（分局）管辖的铁路主要分布在岳阳、长沙、株洲、衡阳、郴州、湘潭、娄底、邵阳、永州9个地市。地形以丘陵为主，小部分平原、山地，以湘江为轴，呈东、南、西三方高，向北倾斜的马蹄形。辖区内属亚热带湿润季风气候，年降雨量1100—1600毫米，夏季常暴雨成灾。全年平均气温15.6℃—18.5℃，夏多酷暑，冬少严寒。沿线风光秀丽，景色迷人。有众多名胜古迹，还有韶山、花明楼等革命圣地。总公司（分局）机关设在长沙市二里牌（表30、表31）。

长沙铁路分局成立于1963年4月，其前身为1961年8月成立的武汉铁路局长沙办事处。管辖京广铁路蒲圻（不含）至株洲，浙赣铁路五里墩至株洲，湘黔铁路株洲至湘潭。1965年6月，长沙铁路分局接管铁道兵临营的湘黔铁路泉塘子至金竹山及娄邵铁路支线。1973年，浙赣铁路醴陵至五里墩及新建的醴茶支线、清潞支线移交长沙铁路分局管辖。1986年10月31日，衡阳铁路分局撤销，原管辖范围并入长沙铁路分局。1993年2月8日广州铁路（集团）公司成立后，3月2日长沙铁路总公司正式挂牌。长沙铁路总公司隶属广州铁路（集团）公司，为广州铁路（集团）公司核心企业之一的全资运输子公司。

2000年，长沙铁路总公司管辖京广线蒲圻（不含，属武汉铁路分局）至坪石（不含，属羊城总公司），浙赣线以醴陵站与南昌铁路局为界，湘黔线以百亩井站和怀化铁路总公司为邻，湘桂线以永州站为界与柳州铁路局相接，以京广线捞刀河为界和石长铁路有限责任公司的石长铁路衔接。管内共有京广、湘黔、浙赣、湘桂4大干线和娄邵、醴茶、资许、韶山、清潞等支线，营业里程1305.32公里。

京广线蒲圻—坪石614.47公里；其中，湘黔线株洲—百亩井132.2公里，浙赣线醴陵—株洲55.3公里，湘桂线衡阳—永州143.07公里，娄邵线娄底—邵阳97.6公里，韶山线向邵—韶山21.1公里，醴茶线醴陵—茶陵116.9公里，资许线许家洞—三都34.98公里，清潞线茶陵—清潞12.4公里，石长线5.1公里，其他线72.2公里（长沙地区24.9公里，株洲地区38.6公里，娄底地区8.7公里）。

管内有车站148个，其中特等站4个，一等站6个，二等站9个，三等站7个，四等站108个，五等站14个；线路所2个，旅客乘降所1个，行车辅助站3个。2000年长沙总公司固定资产160.06亿元，比1999年增加47.02亿元。技术设备有：

工务设备：营业里程1305.29公里，线路延展总长3375.66公里（其中正线2140.97公里），道岔4485组；代维修线路293.38公里，道岔414组；有人看守道口98个；桥梁510座33265延米，隧道50座22861延米，涵洞5637座15.32万延米。

机务设备：配属内燃机车387台，其中DF4型217台、DF4D型90台、ND2型80台。

车辆设备：配属客车1330辆，其中普通车849辆，单元空调车92辆，干线空调车389辆；按席别分：YZ680辆，YW375辆，RW72辆，CA83辆，XZ38辆，KD32辆，其他20辆。

电务设备：架空明线404.23杆路公里，电缆3988.47皮长公里，载波电路端机416端，地区电话交换机总容量53139线（安装40838线），机车无线调度电话3546台；自动闭塞802.01公里，半自动闭塞 433.87 公里，电气集中 133 站（场）；自动化驼峰 2 座，半自动化驼峰 2 座，非机械化驼峰 8 座。

供水供电设备：电气化铁路接触网 824.2 条公里，牵引变电所 6 座；架空供电线路 3178.1 公里，电缆线路 1300.1 公里；供水管路 696.6 公里，水塔 48 座。

客货运输设备：办理客运业务房屋 13.67 万平方米（其中旅客候车室 8.01 万平方米、行包房 1.8 万平方米），站台雨棚 33 座，14.01 万平方米，站台 146 座，40.39 万平方米，天桥 6 座，地道 19 座。有货场 87 个，143.4 万平方米，一次堆货量可以达到 24.7 万吨；货物仓库 183 座，8.9 万平方米，货物雨棚 41 座，6.6 万平方米，货物站台 120 座，19.3 万平方米；货物装卸线 165 股，全长 6.2 万米，装卸有效长 3.85 万米，一次客车量 2568 辆。

机械动力设备：1064 台，其中装卸机械 250 台（门吊 36 台、电瓶叉车 214 台）。

2000 年末员工总数 72635 人，其中干部 15248 人，在岗职工 70160 人。

表 30　　2000 年长沙铁路总公司行政组织机构表

总经理				
副总经理		总工程师	总会计师	
总公司机关职能部门				
办公室	总工程师室	企业管理办公室	安全监察(安建)室	运输分处
货运装卸分处	客运分处	机务分处	工务分处	电务分处
车辆分处	计划统计分处	干部分处	劳动工资分处	财务分处
收入检查分处	审计分处	职工教育分处	能源物质设备分处	基本建设分处
生活卫生管理分处	战备武装部	房地产分处	老干部管理分处	多种经营管理分处
集体经济管理分处				
总公司派出机构及直属、附属机构				
退休职工管理办	社会保险中心	医疗保险中心	客货营销中心	岳阳办事处
株洲办事处	娄底办事处	衡阳办事处	郴州办事处	武广电化分指
株六复线分指	调度所	供电调度室	机关事务服务中心	电子技术所
安全宣传队	无线调车维修中心	电务实验室	长沙煤气站	第二招待所
住房公积金管理中心	人才交流中心	收入稽查队	劳力调剂中心	资金结算长沙分中心
再就业中心				
基层单位				
株洲北站(特等)	株洲站(特等)	衡阳北站(特等)	衡阳站(特等)	岳阳北站(一等)
岳阳站(一等)	长沙北站(一等)	长沙站(一等)	娄底站(一等)	郴州站(一等)

续表

路口铺站(二等)	长沙东站(二等)	醴陵站(二等)	湘潭站(二等)	湘潭东站(二等)
耒阳站(二等)	衡阳西站(二等)	邵阳站(二等)	永州站(二等)	长沙南站(二等)
荣家湾车务段(一等)	娄底车务段(一等)	郴州车务段(一等)	祁东车务段(二等)	祁东车务段(二等)
株洲车务段(二等)	醴茶公司	资许公司	长沙机务段(特等)	株洲机务段(特等)
衡阳机务段(一等)	娄底机务段(一等)	岳阳机务段(二等)	郴州机务段(二等)	长沙供电段(二等)
衡阳供电段(二等)	株洲水电段(一等)	衡阳水电段(一等)	株洲车辆段(特等)	衡阳车辆段(特等)
株洲工务段(特等)	衡阳工务段(特等)	郴州工务段(一等)	娄底工务段(一等)	长沙工务段(二等)
岳阳工务段(二等)	株洲电务段(特等)	长沙电务段(一等)	衡阳电务段(一等)	郴州电务段(二等)
娄底电务段(二等)	衡阳线路工程公司	衡阳桥隧工程公司	衡健工程公司	长沙公安处
衡阳公安处	株洲职工学校	衡阳职工学校	干部学校	勘察设计所
多元中心管理单位				
长沙建筑段	株洲建筑段	衡阳建筑段	长铁经开实业公司	长沙装机厂
衡阳装机厂	黎家坪水泥厂	长沙生活段	衡阳生活段	
分立单位				
岳阳铁路医院	长沙铁路医院	株洲铁路医院	衡阳铁路医院	郴州铁路医院
娄底铁路医院	长沙铁路防疫站	株洲铁路防疫站	衡阳铁路防疫站	
普通教育办公室				
岳阳铁中	长沙铁一中	长沙铁二中	株洲铁一中	株洲铁二中
株洲铁三中	衡阳铁一中	衡阳铁二中	衡阳铁四中	衡阳铁五中
郴州铁中	永州铁中	娄底铁中	铁路小学19所	

表 31　　1978—2000 年长沙铁路总公司（分局）主要负责人任职表

总经理(分局长)					党委书记				
姓　名	性别	籍贯	政治面貌	任职时间	姓　名	性别	籍贯	政治面貌	任职时间
张　强	男	黑龙江柯城	中共党员	1975 年 6 月—1978 年 6 月	李　毅	男	山东济南	中共党员	1975 年 6 月—1978 年 6 月
郑　云	男	河北灵寿	中共党员	1978 年 6 月—1978 年 9 月	张　强	男	黑龙江柯城	中共党员	1978 年 6 月—1985 年 8 月
张喜春	男	辽宁沈阳	中共党员	1978 年 10 月—1985 年 7 月	张喜春	男	辽宁沈阳	中共党员	1985 年 8 月—1989 年 3 月
廖济广	男	湖南株洲	中共党员	1985 年 7 月—1991 年 7 月	张振兴	男	湖南湘阴	中共党员	1989 年 4 月—1992 年 2 月
谢巩基	男	湖南郴州	中共党员	1991 年 7 月—1993 年 6 月	石达成	男	北京市	中共党员	1992 年 2 月—1994 年 7 月
尤祥礼	男	江苏邗江	中共党员	1993 年 6 月—1995 年 6 月	张鑫弟	男	湖北武汉	中共党员	1994 年 7 月—1997 年 5 月
邓进瑞	男	江苏无锡	中共党员	1995 年 6 月—1997 年 5 月	冯启富	男	湖北汉阳	中共党员	1997 年 5 月—1999 年 2 月
吴遗全	男	江苏无锡	中共党员	1997 年 5 月—1999 年 2 月	张和光	男	山东单县	中共党员	1999 年 2 月—2005 年 2 月
冯启富	男	湖北汉阳	中共党员	1999 年 2 月—2001 年					

第二节　怀化铁路总公司

1973 年湘黔铁路湖南段经国家验收交付运营后，1973 年 8 月 29 日撤销怀化铁路分局筹备小组成立怀化铁路分局。1993 年 2 月 8 日广州铁路（集团）公司成立后，怀化铁路分局更名为怀化铁路总公司，于 3 月 6 日正式挂牌。隶属广州铁路（集团）公司，为广州铁路（集团）公司核心企业之一的全资运输子公司。

怀化铁路总公司（分局）位于湖南省西部怀化市，地处湘、鄂、黔、桂、渝 5 省（区、市）交接地带。总公司（分局）机关设在怀化市武陵中路 3 号。湘黔线与焦柳线贯穿全境，东端与京广线、浙赣线连接，西端连川黔、贵昆线，北接陇海线，南与湘桂线相通，成为铁路的重要交通枢纽，对开发湘西资源、发展旅游业起着重要的作用（表 32、表 33）。

管内地形复杂，以“桥连洞，洞连桥，千里铁道悬山腰”而著称，桥隧总长占线路总长的 25.4%。湘黔铁路跨资水、沅水、舞水，穿雪峰山，地势险峻。焦柳铁路跨澧水、沅水和融江三大水系，穿越武陵、雪峰两大山脉。沿途山峦叠嶂，峭壁悬崖，高壑深涧，道路险隘。

怀化铁路总公司管界里程：湘黔线东起 K131+800 与长沙铁路总公司娄底工务段交界，西至 K544+097 与成都铁路局贵阳铁路分局凯里工务段交界；焦柳线北起 K798+451 与郑州铁路局襄樊铁路分局枝城工务段交界，南至 K1370+069 与柳州铁路局融安工务段交界。2000 年末，营业里程 983 公里。

怀化铁路总公司管内主要技术设备有湘黔、焦柳 2 条干线，4 条联络线。2000 年线路总延长 1924.3 公里，其中正线长 1400.8 公里，营业里程 983.0 公里。设有车站 96 个（湘黔线 34

个，焦柳线62个），其中一等站3个，二等站1个，三等站4个，四等站57个，五等站31个。道岔设备1933组，桥梁640座，60008米，隧道499座，221840延长米。电务管辖设备1035.91公里，联锁车站101个。电气集中信号联锁设备85站（场），计算机信号联锁设备16站（场）。湘黔复线及怀化枢纽使用调度监督和微机监测二合一设备的有38个区间和35个站，道口信号设备15处。配属机车247台，配属客车603辆。

境内物产资源丰富，主要矿产有汞、锑、锌、铅、铝等有色金属。旅游资源丰富，有革命纪念地多处，武陵源风景区被联合国教科文组织列入“世界自然遗产名录”。

2000年末，怀化铁路总公司员工总数25732人，其中在岗职工25625人，干部6299人。

表 32 2000 年怀化总公司行政组织机构表

总经理				
副总经理	总工程师	总会计师		
总公司机关职能部门				
办公室	总工程师室	企业管理办公室	安全监察（安建）室	运输分处
机辆分处	工务分处	电务分处	货运分处	劳动工资分处
财务分处	计划统计分处	干部分处	房地产分处	物资设备分处
监察分处	基本建设分处	运输收入清算中心	审计中心	职工教育培训中心
生活卫生分处	战备武装分处	房地产分处	离退休管理中心	
总公司派出机构及直属、附属机构				
车务设备检修管理中心	机关事务服务中心	档案史志中心	土地管理中心	劳动力交流服务中心
住房公积金管理中心	资金管理结算中心	票务中心	电子计算信息中心	调度所
收入稽查大队	法律顾问室	信号实验室	房改房产管理室	勘测设计所
张家界地区办事处	工程质量监管站			
基层单位				
怀化南站（一等）	怀化站（一等）	张家界站（二等）	张家界车务段	吉首车务段
靖州车务段	怀化车务段	新化车务段	怀化机务段	张家界机务段
怀化车辆段	怀化供电段	怀化水电段	怀化工务段	怀化线路工程公司
怀化桥隧工程公司	新化工务段	靖州工务段	吉首工务段	张家界工务段
怀化电务段	新化电务段	张家界电务段	公寓管理段	怀化铁路防疫站
怀铁职技培训学校	怀化铁路医院	张家界铁路医院	经技开发总公司	怀化物资供应段
房地产开发公司	多元经济发展集团	公安处		
普通教育办公室				
怀化铁一中	怀化铁二中	怀化铁三中	靖州铁中	吉首铁中
张家界铁中	怀化铁一小	怀化铁二小	怀化铁三小	怀化铁四小
张家界铁小	新化铁小	幼儿园 9 所		

表 33　　1978—2000 年怀化铁路总公司（分局）主要负责人任职表

总经理（分局长）					党委书记				
姓名	性别	籍贯	政治面貌	任职时间	姓名	性别	籍贯	政治面貌	任职时间
李相臣	男	黑龙江富裕	中共党员	1973 年 8 月—1982 年 8 月	周平章	男	江苏涟水	中共党员	1975 年 6 月—1982 年 8 月
张振兴	男	湖南湘阴	中共党员	1982 年 8 月—1984 年 1 月	陈来纯	男	辽宁辽阳	中共党员	1982 年 8 月—1983 年 4 月
张保华	男	河北交河	中共党员	1984 年 1 月—1989 年 4 月	杨义云	男	湖南汨罗	中共党员	1983 年 4 月—1984 年 1 月
尤祥礼	男	江苏邗江	中共党员	1989 年 4 月—1993 年 6 月	张振兴	男	湖南湘阴	中共党员	1984 年 1 月—1989 年 3 月
宾中立	男	湖南株洲	中共党员	1993 年 6 月—1996 年 3 月	尤祥礼	男	江苏邗江	中共党员	1989 年 3 月—1993 年 6 月
陈章连	男	湖南耒阳	中共党员	1996 年 3 月—1999 年 11 月	李泽富	男	湖南郴州	中共党员	1993 年 6 月—2003 年 7 月
李泽富	男	湖南郴州	中共党员	1999 年 11 月—2002 年 6 月					

第三节　石长铁路有限责任公司

石长铁路有限责任公司，前身为石长铁路总公司，1994 年 1 月 6 日在长沙正式成立，下设办公室、工程部、综合技术部、计财部、人劳部、物资部、经济开发部等行政管理机关，下辖益阳、常德工程指挥部两个临时机构。1997 年 12 月 18 日，按照现代企业制度要求，石长铁路总公司改制，更名为石长铁路有限责任公司。

石长铁路有限责任公司是由铁道部、湖南省人民政府共同出资组建的合资铁路有限责任公司。其中铁道部出资三分之二，湖南省出资三分之一。产权代表分别为铁道部、湖南省授权的广州铁路（集团）公司和湖南省经济建设投资公司。石长铁路有限责任公司是广州铁路（集团）公司控股的子公司，公司地址设在长沙市城区。

石长铁路有限责任公司设董事会、监事会，实行总经理聘任制。总经理对董事会负责。董事会是公司决策机构，由 9 人组成，其中广州铁路（集团）公司委派 5 人，湖南省经济建设投资公司委派 3 人，公司职工代表 1 人；监事会是公司的监督机构，由 7 名成员组成，其中广州铁路（集团）公司代表 4 名，湖南省经济建设投资公司代表 2 名，公司职工代表 1 名（表 34）。

石长铁路有限责任公司实行“自主经营、自负盈亏、自我发展、自我约束”的管理机制和客、货运输特殊运价的政策。石长铁路有限责任公司的成立，突破了湖南省内国铁国家投资修路、铁路运输部门只管运营的传统模式，是按《公司法》建立起来的铁路运输企业。

1998 年 10 月 1 日，石长铁路有限责任公司开通临运，运输组织由广州铁路（集团）公司统一归口管理。公司机关行政系统设运输设备部、客货营销部、人事劳资部、计划财务部、经营审计部、技术部、办公室等7个部室，定员62人。公司下辖益阳设备段、益阳机辆段、益阳站、常德车务段、常德站、客运车队和调度所等7个基层单位。2000年10月，为适应改革发展的需要，公司对生产布局进行调整，撤销常德车站，益阳车站单独建制，成立益阳车务段，调整常德车务段管辖范围，客运车队成建制搬迁到益阳。

石长铁路为国家Ⅰ级路网干线，西起焦柳铁路新增的石门北站，东接京广铁路长沙地区的捞刀河车站，途径常德、益阳、宁乡等12个市县。跨越湘、资、沅、澧四大江河。2000年，石长铁路线路营业长度256.62公里，线路延展长度344.136公里。其中，正线长度256.52公里，站线长度87.616公里，道岔231组，桥梁102座，23412延长米，涵渠1361座，30155延长米，隧道18座，4080延长米。配属机车30台。其中，DF4B型17台，DF5型1台，DF4DF型10台，DF12型2台。配属25G客车18辆（其中餐车1辆）、发电车1辆。全线均为电气集中联锁车站，共计21个。通信电缆3364.670皮长公里，其中光缆308.07公里。程控电话总容量达3000线，列调总机2台，列调分机24台，半自动闭塞260.786公里。给水管路330公里，10千伏配电所5座，电力线路526公里，运行中变压器120台，总容量12000千伏安，由地方以及供电的专用电源14路。是年，全线开行货物列车7对，办理全国货物运输到发业务；开行旅客列车8对（张家界—广州、襄樊—广州、常德—广州、怀化—广州东、长沙—张家界、石门南—株洲、怀化—无锡、达县—广州）。2000年年末，石长铁路公司职工总数1913人。

表 34　1994—2000 年石长铁路有限责任公司（总公司）主要负责人任职表

总经理					党委书记				
姓名	性别	籍贯	政治面貌	任职时间	姓名	性别	籍贯	政治面貌	任职时间
刘自湖	男	湖南沅陵	中共党员	1994 年 1 月—2000 年 6 月	刘自湖	男	湖南沅陵	中共党员	1994 年 1 月—1997 年 12 月
					彭培炳	男	湖南衡南	中共党员	1997 年 12 月—2003 年 5 月
韩长卿	男	湖北黄陂	中共党员	2000 年 6 月—2004 年 6 月					

第四节　衡阳铁路分局

衡阳铁路分局位于衡阳市苗圃，成立于1949年11月，为衡阳铁路管理局下属的一个分局。1953年1月1日衡阳铁路管理局撤销，成立广州铁路管理局，衡阳铁路分局改为衡阳铁路运输分局，1956年2月又改为衡阳铁路分局；1958年1月1日全国铁路撤销铁路分局建制，衡阳铁路分局改称衡阳办事处；1963年4月1日，衡阳铁路分局再度成立；1986年10月31日撤销，合并于长沙铁路分局，设衡阳铁路办事处。

1978年7月1日，撤销衡阳铁路分局革命委员会，恢复衡阳铁路分局建制。中共十一届三中全会后，多次改革分局机关组织机构。1982年实行企业转轨变型，1985年，分局机关设办公室、政策研究室、总工程师室、行车安全监察室、多种经营办公室、企业办公室、复线办公室和职工教育、运输、货运、客运、机务、车辆、电务、工务、计划统计、基建、人事、劳动工资、财务、物资设备、卫生、审计16个科，以及人民武装部、郴州办事处、公安分局、电子计算所、教育办公室（表35）。

基层单位有车站和线路所91个，其中特等站1个（衡阳），二等站1个（郴州），三等站3个（耒阳、衡西、冷水滩）；车务段4个（衡山、耒阳、郴州、祁东），分别管理四、五等站。机务段、工务段、电务段各设2个（衡阳、郴州各设1个），车辆段、建筑段、给水供电段、材料厂、生活管理段各1个（均设在衡阳），铁路医院2所（衡阳、郴州各1所）及衡阳铁路卫生防疫站，中学9所（衡阳5所，耒阳、郴州、朱亭、冷水滩各1所），小学13所（衡阳6所，郴州、小水铺、冷水滩、黎家坪、许家洞、白石渡、马田墟各1所）。直管企业有衡阳装卸机械厂、衡阳建筑工程公司、耒阳水泥厂、分局汽车队。1986 年，撤销 3 个车站及线路所，只设 88 个站、所。

衡阳铁路分局管辖京广线株洲至坪石 K1626.5 至 K1969.6（其中双线 221.9 公里）、湘桂线衡阳至冷水滩站西 K0 至 K142.5、资许线 K0 至 K37.4。正线延展长 745.8 公里，站线 261.7 公里，桥隧建筑物换算长 19159.5 米，营业里程 521.2 公里。

至 1986 年 10 月 31 日，衡阳铁路分局共有员工 25004 人，其中干部 4543 人。

表 35 1978—1986 年衡阳铁路分局主要负责人任职表

分局长					党委书记				
姓名	性别	籍贯	政治面貌	任职时间	姓名	性别	籍贯	政治面貌	任职时间
高志远	男	山东宁津	中共党员	1978 年 6 月—1982 年 3 月	于东英	男	山东温登	中共党员	1973 年 2 月—1978 年 10 月
岳方度	男	甘肃榆中	中共党员	1982 年 3 月—1985 年 12 月	秦　声	男	山东荣成	中共党员	1978 年 10 月—1982 年 3 月
尤祥礼	男	江苏邗江	中共党员	1985 年 12 月—1986 年 10 月	孙继会	男	山东威海	中共党员	1982 年 3 月—1986 年 10 月

第二章　计划　统计

1978年后，省内国铁各总公司（分局）设计划统计科（分处），职责是在分局长的直接领导下和铁路局计划统计处的指导下，负责实施和组织全分局运输计划、基建计划、劳动工资计划和统计工作。

各总公司（分局）计划统计部门工作范围主要有：根据铁路局下达的各项计划指标编制总公司（分局）的中长远计划、运输计划、修建计划、更新改造计划、客货服务基金计划、运输进款收入计划、财务支出计划、劳动工资计划，并结合基层单位的实际情况，合理地分劈下达年度（季度）计划，以及计划调整工作；负责专项基金、自筹基金的计划管理；负责运输指标完成情况和固定资产投资计划完成状况和统计分析；负责货车运用、列车运行、货物装卸、机车运用、检修状况的十八点统计报告，以及各项统计质量的监察工作；检查分析计划执行情况，发现问题及时提出措施建议，介绍推广好的做法经验；针对运输生产、基建和经营管理中存在的问题，提出改进措施建议；研究管内资源、货流变化和主要运输设备的利用情况，提出合理运输的建议；做好生产人员定员标准的核定和管理工作，组织编报劳动生产率指标的计算统计和管理，挖掘劳动潜力，提高劳动生产率；做好基建工作的管理，管好用好各款源的基建投资；填报的基本建设、更新改造和部分大修件设计任务书，经领导审批后，转报铁路局（计划处）；指导和组织基层单位准确及时编制上报运输、基建等统计报表和八项经济技术指标统计资料；负责运输、运营、基建、劳动等指标的搜集整理，系统地完整地建立有关技术设备、运输业务、基建大修、经济资料台账，编印统计资料汇编；监督检查和指导基层单位正确贯彻执行部颁的机车、货车、劳资、基建等统计规章制度，培训基层计划统计人员，健全原始记录，提高统计质量；维护计划纪律和统计纪律。

怀化铁路总公司计划统计分处是在怀化铁路筹备组下属计财组的基础上演变过来的，早在1971年5月，广州铁路局为接管湘黔线，成立怀化铁路接管运营筹备组，筹备组下设的计财组就是计划统计分处的前身。1973年8月，随着怀化铁路分局机关正式组建成立，原计财组改为计划统计科，成为怀化铁路分局机关的职能科室。1993年3月6日，怀化铁路分局改为怀化铁路总公司，作为总公司职能科室其名称仍为计划统计科，直到1993年8月改为计划统计部。1996年8月计划统计部改为计划统计分处，其名称一直沿用到2005年3月18日总公司撤销。

2000年，长沙铁路总公司计划统计分处定员10人，现员9人。有分处长1人，副分处长2人，职员6人。其中高级职称者1人，中级职称者6人，初级职称者2人。主要站、段、院、所设经济计划员、统计室主任，分别负责其修建计划和运输、修建统计工作。

第一节　计　划

一、运输计划

20世纪70年代，铁路运输计划实行“双轨制”，即铁路系统和地方系统“双轨”来平衡确定铁路运输计划，实行两本账的运输计划。1977年，重新恢复铁道部集中管理，实行低限和高限计划，使计划留有余地。对受客观因素影响未能完成的运输计划，一般根据计划管理权限分级予以调整。1980年，铁道部颁发新的

《铁路运输计划管理办法》，实行铁道部、铁路局、铁路分局三级管理体制，并对运输计划编制质量和兑现率进行考核奖惩。经济调查工作实行统一领导、分级负责，分别对吸引区内厂矿、重点企业进行经济调查，同时，加强客流调查。

1983年，开展月度经济活动分析，由产量为主转为以经济效益为主。是年，铁路运输计划实行指令性计划与指导性计划相结合制度。铁路局指令性计划由铁道部调整，指导性计划由铁路局自行掌握；铁路分局指令性计划由铁路局调整，指导性计划由铁路分局自行变更。运输计划指令性指标为货物发送量、晋煤外运量（统配煤）、换算周转量、货车周转时间、机车日产量，其余为指导性计划指标，可由分局自行掌握。

1987—1990年，广州铁路局对铁道部实行全面经济承包，运输计划一包4年。铁路局与铁路分局指令性计划列为承包指标，并与经济效益挂钩，超奖欠罚。但年度考核仍以年度运输计划为准。受承包任务指导，根据当年国民经济和运输能力具体情况进行编制年度运输计划。

1998年以前，受各种客观因素影响，省内2个总公司的年度指令性计划指标都有个别调整。1999年和2000年，长沙铁路总公司运输计划指标全部超额完成，兑现率100%；怀化铁路总公司货物发送量、旅客发送量、换算周转量、运输进款收入等运输计划指标都创历史最好水平。

运输计划工作的基本任务是：提报分局客货运输及机车车辆运用指标年度计划建议；编制分局客货运量和机车运用指标年度计划；对分局客货运输及机车车辆运用指标计划完成情况进行综合分析，为领导指导运输生产提供参谋。

编制铁路运输计划采取自下而上提报计划建议，自上而下下达计划和考核办法。一般每年八九月间，分局编制下年度的计划建议，形成铁路局计划建议上报铁道部，铁道部综合平衡后，于年底前下达计划指标到铁路局，铁路局一般在来年初下达至铁路分局，铁路分局综合平衡后，将铁路局下达的运输计划指标分劈到站段，一季度下达到站段，同时报上一级核查备案。

在编制运输计划过程中，通常组织全面经济调查，以决定运量。1978 年以前，国家实行计划经济，每个厂矿的产、运、销由国家统一计划下达。铁路货源调查较为简单，所取得的数据比较可靠，计划准确性较高。改革开放后，按照社会主义市场经济规律运行。计划部门提出"在商品经济条件下铁路运输企业的经济调查方法"，从侧重于企业生产计划预测铁路运量，转变为以掌握经济走势和市场动态预测铁路运量。随着社会主义商品经济的快速发展，经商流、民工流、旅游热相继出现，客运量在客货运输中的比重越来越大。自 20 世纪 80 年代开始，每年进行定期和不定期客流调查，预测客运量变化和发展趋势，提高客运量计划的兑现率。

长沙铁路总公司运输计划工作在 1994 年至 2000 年间，每年都被广州铁路（集团）公司评为第一名。1999 年长沙铁路总公司参加了中共湖南省委宣传部和湖南省统计局组织的《湖南五十年》一书的编写。石长铁路有限责任公司自 1999 年起，由计财部（计划、财务、统计）组织客货运部门对辖内客货源增加状况和运输能力，根据铁道部运行图，开始编制年度运输计划，并报广州铁路（集团）公司备案实施。

二、修建计划

从 1981 年开始，铁路局、铁路分局对修建计划有较多的自主权。就广州铁路局来说，1981 年，铁道部下拨更改资金比上年剧增 60%，大修资金比上年增加 9%。

1982 年，广州铁路局列为全路第一批开展企业整顿和扩权试点单位，在计划、人事、财务、物资 4 个方面，对铁路分局试行扩大企业经营管理自主权。在计划方面，生产、生活房屋和建筑物大修计划交由分局安排；但 1000 平方米以上推倒重建、移地大修，须将图纸、设计文件报铁路局审批；给水、电力设备大修计划，由分局安排；除通信线路大修、全站信号联锁、自动闭塞、驼峰设备、载波机自动电话、新铺电缆外，其余通信信号大修计划，均由分局自行安排；属于劳动保护、环境保护、节约能源、科研方面、零星设备购置更新改造计划，由分局自行安排；劳动工资计划在铁路局下达计划总人数和工资总额内，由分局自行安排劳动力，包干使用。

1983 年，铁道部发布《关于计划体制改革的四个文件的通知》，明确规定修建计划管理实行指令性计划、指导性计划和铁路局自主安排三个层次。1986 年，铁道部文件规定凡指令性更新改造项目立项（含设计任务书）、设计（含概算）、投资均由铁道部审批下达。指导性更新改造项目由铁道部指定，概算及投资由铁道部框定下达。铁路局自主安排项目不能超越铁道部核定下达投资总额。其中，每个独立工程总投资额生产性项目 1000 万元以上，非生产性项目 500 万元以上，需先报铁道部审批。规定铁道部管项目占更新改造总投资比重下调 40%；铁路局自主安排项目占更新改造总投资比重上升 60%，但对铁路局局管更新改造和大修项目资金继续实施统一计提、统一分配办法。

1985 年，部管更新改造项目实行按批准概算或部、局共同商定投资规模实行项目包干办法，广州铁路局与铁道部签订项目包干协议有株洲车辆段两班制改造、衡阳集装箱货场改造等 5 个项目。

广州铁路局对各铁路分局的修建计划管理也实行指令性、指导性和自主安排三个层次。各铁路分局自主安排更新改造资金主要用于零小生产性项目及文教、卫生、住宅等后勤保障和服务性设施、大型设备以外的购置等。各铁路分局自主安排资金额由铁路局根据各分局固资原值，考虑职工人数、运营工作量、地区物价差异等因素，经计算和平衡，切块下达。

1987年至1990年，广州铁路局实行全面经济承包。大包干期间，分局的基本建设、更新改造和大修按铁路局确定的项目承包。1999年以后，广州铁路（集团）公司与各总公司签订生产经营目标责任制。2000年，广州铁路（集团）公司公布了《广州铁路（集团）公司投资计划管理办法》，各总公司也制定下达相应的办法。

1978年至2000年，省内铁路部门完成基本建设、更新改造和大修的主要项目：

（一）衡广复线铁路。1988年11月建成，12月开通运营，完成双线铁路531公里，其中郴州至韶关电气化区段154公里，以及大瑶山隧道、南岭隧道。累计总投资28亿元。

（二）长沙、衡阳地区铁路改造。长沙地区铁路改造为长沙客站迁建后的相关工程，包括长沙东（窑岭）区段站、客车外绕线和长沙南站联络线3项工程，总投资7800万元。衡阳北地区铁路改造与广州北铁路地区改造同为衡广双线铁路遗留工程，至1992年统计，两地铁路总投资10800万元。

（三）石长铁路。铁道部和湖南省人民政府共同投资修建的合资铁路，1991年4月批准立项，1992年12月批复初步设计鉴定，1993年下半年作开工准备，1994年正式动工建设。1995年，石长线列入国家重点建设项目。石长铁路全长263公里，全线设车站31个，工程总投资调整概算42.6313亿元。1998年1月8日全线胜利贯通，是年10月1日全线投入临时运营。

（四）枝柳线更换旧轨。1981年至1985年，投资660万，更换枝柳线旧轨110公里。

（五）怀化至大龙段技改、娄底至怀化段技改、怀化至大龙段及电化工程。1991年至1995年间，怀化铁路总公司基本建设投资26725.2万元，主要实施上述工程项目，其中怀化至大龙段及电化工程1991年末基本建成，因供电问题，延至1992年8月18日正式开通使用。娄底至怀化段部分复线及电气化改造工程紧随开工。

（六）湘黔线娄底至怀化段部分复线及电气化工程、湘黔线娄底至大龙段段复线及电气化工程。1996年12月，湘黔线娄底至怀化段部分复线及电气化工程开通运营。随着湘黔线娄底至大龙段段复线、电气化工程全面开工，焦柳南线13站、焦柳北线20站技改工程先后铺开。1996年，襄石复线工程石门站至界溪河段复线工程开工，1998年10月20日正式开通。

第二节　统　计

铁路部门的统计机构健全，铁路局有计划统计处，分局设计划统计科。1983年后，基层统计机构进一步加强，各机务段和特等、一等、二等站，车务段及铁路局（分局）分界站成立统计室，有的站段配有专职统计员，有的由段办计划员、财务或基建室专人兼任。

1978年开始，应用电子计算机进行统计资料的积累和分析。随后，站段、分局和铁路局进行计算机联网，既减轻统计人员的劳动强度，又实现了统计工作信息共享，同时使统计资料更加准确、及时、规范。

铁路分局统计科负责分局的运输、修建、劳动工资三大统计及与统计相关的社会统计工作。长沙、怀化铁路分局的劳动工资统计分别于1988年和1991年划归劳资科管。总公司（分局）的统计工作为两级管理，总公司有统计科，各机务段、特等和一二等站段、车务段及铁路局（分局）分界站成立统计室。怀化总公司有运输业务统计室，怀化机务段、张家界机务段、怀化南站设有统计室；新化、怀化、吉首、靖州、张家界车务段和怀化、低庄、张家界站，以及怀化车辆段、客运段配有专职统计员，其他单位的统计工作多由段办计划员、财务或基建室专人负责。

一、运输统计

指运输业务 18 点统计。根据铁路运输生产每天 24 小时连续运转的特点，铁道部规定全路统一以 18 点为界对铁路运输生产有关指标进行统计。1978 年，铁路局计划统计处下设运输统计科，负责 18 点运输统计工作。1980 年以前，18 点运输统计报告都通过电话上报，1980 年后，改为“55 型”纸带穿孔传输上报。1982 年起，改用电子计算机汇总上报。实现电子计算机联网后，日常运输统计资料（速报），由分局调度所统计室收集整理，精确统计数据报表（精报）由铁路局统计工厂收集整理加工后，返回分局计划统计科。精确数据报表作为运输生产、劳动工资和财务清算的考核依据。货车统计是铁路 18 点统计体系中最重要、最核心的组成部分。每天 18 点统计，提供大量货车运用信息，为各级运输部门及时准确地掌握运输生产情况、提高货车使用率、促进铁路货运增运增收发挥了积极作用。1999 年，开展成本计算系统客货车辆运用统计，增加客、货车辆公里统计、客货列车分区段、分车种、分空重统计。

长沙铁路分局的运输统计工作依据铁道部《铁路客货运输统计规则》《铁路货车统计规则》《铁路机车统计规则》《铁路运输设备统计规则》以及铁路有关统计法规文件，进行 18 点业务统计等项工作。该分局日常运输统计资料，分局调度所统计室收集正常报送外，各种运输统计数据按月、年报送湖南省和长沙市统计局，并年年获得省、市“统计工作优胜单位”荣誉称号。

二、机车统计

1979 年 7 月，铁路局执行铁道部修订的《铁路机车统计规制》，恢复机车运用成绩报告的统计工作。机车统计主要形成的报表有：机车运用及检修状况报表（机报-1），机车运用效率报表（机报-2），机车工作成绩报表（机报-3），机车燃料消耗报表（机报-4），机车区段燃料消耗报表（机报-5），客运机车车辆运用成绩报表（机报-6），客运机车车辆运用成绩报表（机报-7），货运跨局机车总重吨公里报表（机报-8），机车修竣定检走行公里报表（机报-9）。

1982 年 9 月，各机务段统计室开始应用电子计算机录入司机报单数据，实现机务统计报表自动生成及传输上报。铁路局 18 点机车统计报表原由各机务段电话上报改为各铁路分局（调度所统计室）上报。

1995 年，执行新的《铁路机车统计规则》，对机车运用、检修、成绩、效率及能耗按日、月、季报进行统计，机务段、总公司网络传输数据，由广铁集团公司汇总编制机车运用状况、运用效率、工作成绩、燃料消耗报表，通过网络报铁道部。

1999 年，开展铁路运输成本计算系统机车部分统计，增加七大指标分机型、分运输种别、分成本计算区段统计。是年，进行“机务运行统计信息处理系统”的研发。2000 年，通过广铁（集团）公司科委鉴定，该系统在广铁集团公司各机务段投入应用。

三、综合统计

1979—2004 年，省内国铁各总公司（分局）完成的综合统计工作内容有：

根据国家统一部署，组织力量进行重大国情国力普查工作，完成全国人口普查，全国第一、第二、第三次工业普查，全国投入产出调查，第三产业普查，全国基本单位调查。在这些普查工作中，长沙、怀化两个铁路总公司都获得全国、省、部先进集体称号。

1991 年、1994 年、1997 年和 2002 年，完成全国铁路 4 次货车、守车、企业自备车的清查工作。1992 年 6 月，还完成了全路客车清查。每次清查工作，长沙铁路总公司（分局）均被集团公司评为一等奖。

20 世纪 90 年代中期开始，开展车流监测。1990—2001 年，以株洲北站为中心，实行违流重车监测，共挽回货物周转量 164.63 亿吨公里。按平均价格每万吨公里清算 300 元计算，共为分局（总公司）增加清算收入 49389 万元。据怀化分局统计，1991—2004 年所监测到的违流量为 300 多万吨公里，增加清算收入 10 多亿元。

1999 年 7 月，贯彻实施国家统计局《关于统计人员持证上岗管理办法》，省内铁路许多专兼职统计人员办理了持证上岗统计证。

四、统计制度

1979 年以后，省内各铁路总公司（分局）陆续建立和完善统计管理制度。1982 年，建立经济活动分析制度。每季度参加铁路局经济活动分析会，会上公布主要指标完成情况并提出建议。1985 年起，建立统计法规大检查制度。1986 年，建立统计分析评比制度。1989 年，执行铁路局制定的《广州铁路局统计工作管理办法》。1990 年起，建立年报质量评比制度和统计质量考核制度。每年开展统计年报评比。根据每月对有关统计数据指标质量定期进行情况公布和考核。1999 年 7 月，建立统计上岗证制度。每年组织统计上岗培训和统计上岗证年审。2000 年，按照《广州铁路（集团）公司统计工作管理办法》，从机构、人员、工作制度等方面将统计工作纳入全面规范管理。

长沙铁路分局根据本分局情况，制定下发《长沙铁路分局运输统计质量考核经济奖惩办法》。1995 年 7 月和 1996 年 10 月，长沙铁路总公司两次举办运输统计技术比武竞赛。建立经济活动分析制度后，该总公司各级统计部门每月进行经济预测和统计分析。同时，根据总公司中心工作、运输生产、经营活动、投资建设进行专题调查分析，1990—1997 年，该总公司（分局）共有 16 篇统计分析报告，分别获得广州铁路局（集团公司）一、二、三等奖。

第三章　劳动工资管理

第一节　员工构成

铁路企业员工（亦称职工）由工人和干部构成。中共十一届三中全会以后，国家经济发展很快，铁路建设步伐加大，铁路员工总数呈不断上升趋势。1978 年省内国铁员工 73336 人，2000 年 115991 人，增加 42665 人，其中女工人数从 9000 多人增加到 20000 多人，增加了 12000 万多人，各类干部有 22065 人。员工队伍文化程度有了较大提高，各类技术人员大幅度增多。到 2000 年，长沙铁路总公司拥有高、中、初级职业技术职称 9471 人，怀化铁路总公司拥有高、中、初级职业技术职称 3917 人（表 36）。

表 36　　1978—2000 年部分年份湖南省国铁员工构成表

单位：人

年份	总数	固定职工、合同职工	临时工	其他	计划外用工
1978	73336	71134		664	1538
1982	80096	78072		115	1909
1984	90153	87193		914	2046
1985	91161	89984		1177	
1990	102299	101484		815	
1992	103136	103115		21	
1993	102954	102774	180		

续表

年份	总数	固定职工、合同职工		临时工	其他	计划外用工
		在岗职工	其他从业人员			
1994	132465	103229	29060	176		
1995	131317	103427	27644	246		
1997	131215	106652	24563			
1998	115500	103750	11750			
2000	115991	101644	14347			

第二节 工人管理

一、管理制度

中共十一届三中全会以后，随着企业体制改革的发展，对工人管理制度进行一系列改革。

（一）从抓“双定”（定员、定额）入手，整顿劳动组织。对各单位生产工人下达定员计划，行管人员下达控制数。富余人员进行文化、技术培训或另开辟生产门路，从事多种经营，独立核算，自负盈亏。连续病休一年以上不能恢复工作的，因工、非因工负伤医疗终结后，完全丧失劳动能力的职工，以及脱产学习一年以上的职工，可以暂列编外，不算单位定员。

（二）扩大工人管理权限，提高办事效率。1983 年开始，各铁路分局按铁路局下达的招工指标，根据生产工作特点，有权选用不同的用工形式，自行组织公开招工，择优录用。分局有权审批由其他单位调入的职工，有权审批接收复员军人；对全民合同制工人当年的自然减员，有权自行招工补充。据长沙铁路分局1983 年统计，全年共招收农村、城镇劳动力 883 人，其他单位调入 385 人，接收复退军人 886 人，退休顶职 479 人。

（三）积极推行劳动制度改革，搞活用工制度。1983 年开始，在车站装卸工、养路工中试行农民轮换工制度。1985 年，长沙铁路分局计划外用工中，合同工 88 人，临时工 212 人。1986 年，合同工 904 人，临时工 219 人。1992 年，怀化铁路分局把现行的招工制度改为招生，即所有新招人员必须实行一年的就业前培训，达到初级水平后，再办理招工录用手续。1996 年开始，各铁路总公司执行广铁（集团）公司《关于实行劳动合同制办法的通知》，全面推行劳动合同管理。通过平等竞争，择优上岗，签订劳动合同，劳动用工全面转为合同制。以长沙铁路总公司为例，1996 年办理劳动合同 67962 人。

（四）从 1984 年开始，铁路局试行工资总额浮动包干，除规定工资基数及范围、口径、挂钩指标和考核办法外，核定人员，缺员计算包干工资，超员不参加工资包干浮动。

（五）1986 年，根据国家规定，取消“内招”和子女顶替制度。

（六）加强对主要行车工种的配套管理。1983 年起，坚持在招工补充自然减员、日常调配中，注意充实沿线生产人员及主要工种人员的配备，尤其是“三员一长”（机车乘务员、调车员、列检员、运转车长）的配备，并限制调离本职工作，若需调动、改职，必须经分局批准。1996 年，长沙铁路总公司将接收的各类人员 2396 人充实到车务、机务、车辆、电务、工务等主要运输工种。1997 年，又补充 1185 人到运输主要工种。是年年末，该总公司“三员一长”现员 10852 人。

（七）减员增效，加强劳动力管理。1997 年，执行《广铁（集团）公司运输行业减员增效实施方案》的精神，各铁路总公司制定实施细则，强化减员增效逐级负责制，合理调整生产布局，严格按照定员、定额组织生产。生活、基建、建筑大修等部门走向市场，逐步与主业脱钩。据长沙铁路总公司统计，年内职工总量减少 1098 人，运输业分流剥离减员 3808 人。2000 年，怀化铁路总公司所属装卸、采石、房建、生活后勤单位采取分离，教育、卫生单位采取分立的办法，分离分立 14 个单位 2890 人。1997—2000 年，长沙铁路总公司实现运输业净减员 10014 人，完成减员任务的 100. 3%。

二、劳动力调配和补充

1978 年以后，随着铁路事业的发展和需要，铁路部门执行劳动力管理制度，每年正常性自然减员和调出，政策性向社会招收新工人，以及从路外和其他铁路局调入，合理地实行劳动力调配和补充（表 37）。正常性自然减员包括离退休、退职、死亡、内部退养、因病因伤长期休假、个人和集体劳务输出、除名、开除、辞退、终止和解除合同、调往集体经济等，调出包括调往路外单位和其他铁路局。政策性向社会招工包括：从城镇和农村招收录用复退转业军人，大中专和技工学校毕业生，集体、个人劳务输出回归，集体经济返回等。劳动力调配和补充，保持了在岗职工队伍的稳定。

表 37　湖南省 1978—2000 年部分年份国铁在岗职工增减变动情况表

单位：人

年份	分局（总公司）	增加职工数			减少职工数		
		总　数	新增加数	调入数	总　数	减少数	调出数
1978	衡　阳	1873	640	1233	1704	425	1279
	长　沙	2201	1260	941	1753	888	865
	怀　化	646	244	402	492	79	413
1982	衡　阳	3016	449	2567	1293	286	1007
	长　沙	4360	585	3775	1852	394	1458
	怀　化	3117	519	2598	2091	165	1926

续表

年份	分局（总公司）	增加职工数			减少职工数		
		总　数	新增加数	调入数	总　数	减少数	调出数
1986	衡　阳	3546	1875	1671	2722	1339	1383
	长　沙	2719	1279	1440	1983	873	1110
	怀　化	1925	1003	922	1881	819	1062
1987	长　沙	3279	2086	1193	6674	1170	5504
	怀　化	7561	1859	5702	1314	380	934
1995	长　沙	3854	3541	313	3954	3536	418
	怀　化	2853	2693	160	2835	2689	146
1999	长　沙	10858	2384	8474	9590	1489	8101
	怀　化	3719	792	2927	4084	1073	3011
2000	长　沙	2334	2324	20	2850	2776	74
	怀　化	873	873	——	385	315	70
	石　长	178	178		2	2	

三、工人技师评聘

1989 年，广州铁路局开展技师评聘试点，发出《关于实行技师聘任制的通知》，明确工种范围、职务名称、比例限制、岗位定编、考试考核、综合评审、聘任方法、待遇及使用管理等内容，省内各铁路分局先后下发有关文件，并于 1990 年开始在机务、工务、电务、车辆等系统进行考、评、聘。参加评聘的长沙铁路分局有 28 个单位、怀化铁路分局有 21 个单位，15 个工种。1991 年 5 月，经广州铁路局核准长沙铁路分局有 66 人、怀化铁路分局有 22 人被首批聘任为工人技师，并领到了技师合格证书。工人技师聘任期限为 3—5 年，每月按 30 元标准发给职务津贴。1995 年，广铁（集团）公司发布了《关于加强工人技师聘任工作的通知》，对工人技师有关待遇进行了调整，将工人技师职务津贴由 30 元增加到 50 元。是年，各总公司按照任职条件，在机务、车务、水电、客运、建筑等主要工种评聘。长沙铁路总公司有 729 人参加考试。通过理论考试、实作考核、技术工作答辩，合格率 45.8%。怀化铁路总公司当年聘任工人技师 30 人。1996 年，怀化铁路总公司发布《关于公布技师聘任制实施细则的通知》，对总公司工人技师、高级技师的报考资格、评审程序、技师职责、年度考核、日常管理、技师待遇、技师解聘、续聘等方面都作了具体明确的规定，总公司工人技师管理步入正规化轨道。1996 年长沙铁路总公司对 176 名技术状元颁发工人技师证书，1997 年共有工人技师 200 人，1999 年评定工人技师 135 人、高级技师 6 人，2001 年累计工人技师 244 人。2000 年，怀化铁路总公司发布《关于加强工人技师管理工作的补充通知》，进一步完善了工人技师日常管理工作。石长铁路公司到 2000 年，有初级技工 621 人，中级技工 287 人，高级技工 163 人。

第三节　干部管理

一、机构设置

1965 年，各类干部实行铁路局党委统一管理。铁路分局设干部科，隶属分局政治部。分局政治部任免股级及以下干部，科级及以上干部由政治部讨论后，报铁路局任免。

1982 年，干部实行分管。党群干部由铁路局党委政治部组织部干部科管理，行政、技术干部由铁路局人事处管理。铁路分局党群口干部由分局政治部组织部管理，行政和技术干部由分局人事科管理。

1988 年，政治体制改革，实行“两块牌子、一套机构”，即铁路局党委干部部、铁路局干部处两部门。铁路分局对应为铁路分局党委干部部、分局干部科。1994 年称干部部，1996 年更名干部分处（仍保留干部部名称）。1993年至2000年，总公司干部分处主要负责领导干部、技术干部、一般干部、干部培训、审干、档案管理、人才交流等工作，并负责各基层单位领导班子和后备干部队伍建设，负责对基层领导干部、总公司机关干部、职能部门负责人的考核、选拔、调整，总公司机关一般干部审批，以及技术干部的调配、交流和日常管理。干部分处的级别由正科级升为副处级。干部分处定员长沙铁路总公司为16人、怀化铁路总公司为14人，2000年末分别为14人。1996年6月，石长铁路总公司更名为石长铁路有限责任公司，干部管理机构实行“一套人马、两块牌子”，既是党委领导下的干部管理机构，又是行政领导下的干部管理机构，成立人事劳资部（党委干部部），负责人力资源调配、劳动工资、劳动合同、劳动定额、机构定员编制、劳动安全、专业技术职称评定、人事档案管理等方面工作，统一管理公司内的党群干部、行政管理干部和专业技术干部。

二、干部状况

1978年以来，省内铁路总公司（分局）多次组织考察干部，根据革命化、年轻化、知识化、专业化的要求和标准，选拔、任用干部。干部年轻化，文化程度普遍提高。1988年，省内铁路干部17457人，其中拥有大专以上学历3359人，占干部总数19.2%；35岁以下的干部7283人，占干部总数41.75%，45岁以下、35岁以上6154人，占干部总数35%。至2000年，省内铁路干部22065人，比1988年增加4608人，其中拥有大专以上学历9689人，占干部总数达43.9%；35岁以下干部8569人，占干部总数38.8%；45岁以下、35岁以上7416人，占干部总数34.5%。每年还接收一批军队转业干部和大中专毕业生，充实到干部队伍和各级领导班子中。

附1988—2000年部分年份湖南省国铁干部结构表（表38）。

表 38　　1988—2000 年部分年份湖南省国铁干部结构表

单位：人

年份	总公司（分局）	干部总数	文化程度			年龄构成					接收军队转业干部及大中专生情况			
			大专以上	中专高中	初中以下	35 岁以下	36 岁—45 岁	46 岁—55 岁	56 岁—60 岁	60 岁以上	军队转业干部	大中专生		
												总数	大专以上	中专高中
1988	长沙	12125	2429	6047	3649	4583	4281	2888	367	6	63	130	75	55
	怀化	5332	930	3049	1353	2700	1873	676	78	5	9	62	20	42
	小计	17457	3359	9096	5002	7283	6154	3564	445	11	72	192	95	97
1995	长沙	14953	4246	8090	2617	5731	5376	3081	736	29	13	516	215	301
	怀化	5901	1661	3437	803	2925	2170	670	131	5	2	76	20	56
	石长	198	117	74	7	74	91	24	9					
	小计	21052	6024	11601	3427	8730	7637	3775	876	34				
1998	长沙	14832	5625	7594	1613	3703	4699	5319	1111		17	470	103	367
	怀化	6116	2220	3309	587	3083	1980	984	68	1	1	113	29	84
	石长	411	235	153	23	197	133	70	11					
	小计	21359	8080	11056	2223	6983	6812	6373	1190					
2000	长沙	15248	6722	7082	1444	5787	4938	3970	531	22	19	554	139	415
	怀化	6299	2665	3063	571	2545	2308	1332	104	10	2	31	5	26
	石长	518	302	194	22	237	170	101	10					
	小计	22065	9689	10339	2037	8569	7416	5403	645					

三、管理制度

1979 年，贯彻中共十一届三中全会精神，按照革命化、年轻化、知识化、专业化要求，强化各级领导班子建设。长沙铁路分局对 25 个单位领导班子进行调整，充实了 46 名领导干部，提拔各类干部 208 名。

1981 年 8 月，广州铁路局转发铁道部《科学技术干部管理工作试行条例》，对铁路科技干部管理和使用、培养、教育、考核、晋升、奖励作了明确的规定。

1982 年 3 月，广州铁路局党委颁发《关于干部管理工作的试行办法》，改革干部管理体制，坚持党管干部，下管一级，逐级管理制度。实行党政干部分管，党政干部分别由铁路局党委组织部和铁路局人事处分管及考核。相应扩大分局干部管理权限。副科级干部管理权下放到分局。60 岁以上的领导干部办理离退休，结束领导干部终身制。是年，长沙铁路分局调整 44 个领导班子 102 名领导干部，提拔中青年干部 62 人，全分局 50 个站段领导班子平均年龄下降到 46.1 岁。怀化铁路分局调整 11 个站段领导班子，提拔中青干部 24 人。

1983 年 4 月，进一步扩大分局自主权，又部分下放干部管理权限，除保留 17 个重要运输站段正职管理权外，正科级干部下放铁路分局管理。

1984 年 1 月，17 个重要运输站段正职管理权下放铁路分局管理。7 月，铁路局实行局长负责制，拟订《广州铁路局干部管理暂行规定》，铁路局长任命分局长（处长），铁路分局（处）行政副职由正职提名，局长任免。分局及基层下属的科室、车间负责人均由行政一把手任免。技术干部比照上述原则办理。同时，实行四种新的干部任用制度。一是试用制。指新任命的各级领导干部在新岗位任职试用一年制度。试用期满按干部标准和岗位责任制考核干部的德、能、勤、绩，由群众评议，组织审查，称职者明确级别。基本称职者指出问题，限期改正或延长试用半年，继续考核。不称职者哪里来，哪里去，恢复原级别、原岗位，或由组织另行安排。二是任期制。分局站段行政领导干部实行任期3年或4年，任职期满，由上级组织考核，称职者连任，不称职者免任。三是聘任制。聘任时，必须签订聘用合同，由分局长、站段长聘用，享受同级干部待遇，不称职者随时解聘。四是招考制。即部分工作岗位吸收新干部，采用公开招聘，择优聘用办法。12月，铁路局公布《关于人才交流的实施办法》。

1985年，怀化铁路分局先后6次组织对基层领导班子进行考核。

1986年，长沙铁路分局领导与61个基层单位签订双承包责任状，并对21个基层领导班子进行调整，调整121人。

1988年11—12月，广州铁路局先后公布《关于局任命的干部实行统一管理办法》《关于干部聘任制的试行办法》《关于选举产生的党群干部完善管理的试行办法》，干部管理有章可循，趋于规范化。

1989年1月1日起，执行《关于公开招考择优聘用新干部的暂行办法》，在工人中提干。择优聘用人员，由单位填写《聘任干部呈报表》，上报铁路分局干部人事部门审批同意，本单位张榜公布。招考聘用干部，一律实行聘任制。聘期届满，根据考核情况和工作需要，实行能上能下，不明确级别，不保留干籍。12月，铁路局公布《广州铁路局专业技术干部管理暂行办法》。是年4月，怀化铁路分局下发《关于对基层单位领导班子进行全面考核的通知》，考核基层领导班子。

1990年，按照铁路局《关于实行干部试用制的补充通知》规定，实行新提拔（包括委任、聘任、选举）担任各级领导干部职务的干部，一律坚持实行试用制。

1992年，推行干部人事制度改革。一是实行《广州铁路局聘用干部管理暂行规定》，进一步完善聘用制干部管理。二是继续推行大中专毕业生培养锻炼措施。三是继续加强干部挂职锻炼工作。

1993 年，下发《关于公布广州铁路（集团）公司干部聘任制试行办法的通知》，从 1993 年 8 月 1 日起，全面推行干部聘任制，不再明确固定级别，任职期间享受所聘职务级别的政治、生活待遇，实行任什么职，享受什么待遇，易岗易薪，薪随岗变，逐步取消干部级别，打破干部与工人身份界限。是年，下发《广州铁路（集团）公司实行评聘分开的暂行办法》，按条件评审任职资格，按岗位定编和干部管理权限聘任专业技术职务。长沙铁路总公司相应制订《长沙铁路总公司干部聘任制实施办法》，聘任领导干部 622 人，其中党群干部 239 人，行政干部 383 人。年内，公布《长沙铁路总公司领导班子约束办法》，健全领导班子自我约束机制。1994 年，怀化铁路总公司先后制定《各级领导干部安全工作标准考核办法》《干部管理失职和事故责任分析处罚条例》《干部作风分析制度》《站段机关部门领导安全责任制量化标准》制度，全面考核了 22 个运输单位 159 名领导干部。

1995 年，为了加强干部作风建设，广州铁路（集团）公司制定《干部作风建设推进计划》《运输站段领导班子成员考核办法》《运输站段领导班子成员任职资格标准》《干部解聘办法》。

1999 年，广州铁路（集团）公司制订并公布实施《集团公司干部管理暂行办法》《干部竞争上岗择优聘任工作暂行规定》《干部交流工作暂行规定》《选拔任用领导干部实行公示制试行办法》《财务总监管理暂行办法》《集团公司从工人中聘用干部实行任职资格考试暂行办法》。是年，长沙铁路总公司 397 名工人通过考试，取得干部任职资格，25 个单位财务主任直接聘任。1995—2000 年，随着机构改革，减员分流和新定编的实施，怀化铁路总公司先后进行 4 次大面积的干部调整，调整分流干部 500

多人。同时，男年满55周岁，女满50周岁的干部实行离岗休息或改任调研员。

2000年，广州铁路（集团）公司起草了《关于进一步深化人事制度改革的决定》，起草与之相配套的《关于集团公司、总公司机关机构改革人员择优聘用的实施意见》《关于各类管理人员不再比照国家党政机关干部的行政级别确定待遇的实施意见》《关于进一步做好培养选拔优秀青年人才工作的意见》《中级管理人员任职资格考试暂行办法》《用人失察失误责任追究暂行办法》《人才资源培训"十五"规划》《人才流动管理暂行办法》等办法和意见，为广州铁路（集团）公司推进人事制度改革做好充分准备。

四、专业技术职称评定

1979年，铁道部、铁道部政治部转发国务院《工程技术干部职称暂行规定》，省内国铁各级组成技术职称评定委员会或评定小组，开展技术职称套改、晋升工作。1980年，长沙铁路分局按规定套改技术干部职称367人，其中工程师35人，助理工程师248人，技术员84人。怀化铁路分局套改技术干部386人。是年，经过评审，技术干部发展到1167人，其中中级195人，初级661人，技术干部占全分局干部总数33.7%。

1981—1983年，各分局对工程、卫生、经济等系统进行职称评定，长沙铁路分局晋升各类技术职称干部1678人。其中，高级工程师3人，工程师125人，助理工程师295人，技术员374人，副主任医师3人，主任医师65人，医师216人，医（护）士410人，会计师17人，助理会计师38人，会计员112人，统计师4人，助理统计师5人，统计员4人。

1988年，贯彻国家关于职称改革的方针、政策，铁路全面开展专业技术职称评定工作，专业技术职务实行评、聘结合的原则，专业技术职务的聘任实行任期制，任期一般规定5年。

1989 年，发布《广州铁路局专业技术职务聘任制经常化、制度化实施办法（试行）的通知》，专业技术职务聘任走向经常化、制度化。各铁路分局在定员编制范围内，每年进行一次专业技术职称的评审及聘任工作。是年，长沙铁路分局 1017 人申报 11 个专业技术评审，836 人获专业技术职务任职资格，其中高级 29 人，中级 167 人，初级 667 人。

1990 年，全国铁路开展政工职称评定工作。

1993—1997 年，长沙铁路总公司对 3300 名技术干部按期限进行考核、续聘，各类职称干部解聘、劝退、低聘共 51 人。在职评工作中，国铁各总公司坚持从严控制，实事求是，对评高级任职资格的要进行计算机考试，申报中级的进行专业基础理论考试和实作考试，申报政工系列的进行理论考试和论文答辩。1990—2000 年，怀化铁路总公司在专业技术干部中开展以确保安全、改善管理、提高质量、推动科技进步为主要目标，开展“提一条合理化建议，搞一项技术革新，攻一道技术质量关，写一篇学术论文”的“四个一活动”，做到年初有计划、年中有检查、年末有考核，每个专业技术人员按照职称等级，岗位职责、专业要求选定攻关项目，并与单位签订合同和责任书。“四个一”活动在运输生产、经营管理、科技攻关以及党建思想政治工作方面发挥了积极作用。该总公司的科技成果、现代化管理成果，“十五”计划期间比“九五”计划期间翻了一番。

至 2000 年，省内国铁拥有技术职称的共 13906 人，据长沙、怀化铁路总公司统计，其中高级职称 233 人，中级职称 3418 人，初级职称 9683 人。

五、干部考核与培训

（一）干部考核

1982 年 11 月，铁路党群干部和行政干部实行分管。行政技术干部由人事部门考核，党群干部（检察院、法院干部）由组织部门考核。党政领导班子由上一级党委考核。考察内容主要是领导干部政治素质、整体决策能力、民主集中制、群众观念、协调能力等。1984—1985 年，铁路实行新的干部任用制度。考核干部从德、能、勤、绩方面，采取征求群众意见和党委审查相结合、民意测验和直接考察相结合，制订定性和定量考核办法，作为考核任用干部尺度。

1989 年，长沙铁路分局对干部进行定性考察，将干部的德、能、勤、绩的考核内容分解成若干项目，采用测评方法，对干部各方面的素质进行全面的考察分析。1993 年，长沙铁路总公司、总公司党委下发《关于对站段领导班子进行以安全生产为中心内容考核的通知》，规范基层单位领导干部抓安全生产的行为准则。总公司对无视运输纪律而负有责任的 7 个站段 10 名领导干部给予纪律处分。1995 年，发布《长沙铁路总公司干部安全管理失职行为标准及责任追究办法》等 5 个制度，对 53 个运输站段 495 名领导干部的“五定”“三率”（定时间、定地点、定项目、定数量、定标准，发现问题率、解决问题率、落实率）完成情况进行全面考核。对连续 2 个月或 1 年内有 5 个月未完成的，不仅要扣奖，还将解聘所任职务。

1991 年，怀化铁路分局制定干部管理工作达标考核办法，对 12 项基础工作提出标准，每年进行检查通报。1994 年，总公司重新修订干部管理工作达标考核办法，使干部管理更规范，标准更具体，要求更严格，考核更完善。1999 年，下发《关于加强人事干部队伍建设的意见》，对干部管理工作提出更高的要求。该总公司的干部人事管理工作，在制度创新、工作创新、质量标准、业务开展等方面，都处于广铁集团公司的领先地位，多次得到集团公司的表扬。

石长铁路有限责任公司成立后，健全了干部考核制度，分别制订管理干部和技术干部年度考核办法，考核内容包含德、能、勤、绩、廉5个方面，每年年底考核1次。

（二）干部培训

中共十一届三中全会以后，铁路各级组织加强对干部培训。1993年、1994年，制订和下发《广州铁路（集团）公司干部培训暂行办法》后，根据实际需要，各级制定培训计划，有目的、有重点开展培训，干部培训工作逐步走向经常化轨道。干部培训重点是进行马克思主义理论教育，提高理论素质；参加专业知识学习，接受新技术、新信息、新设备、新工艺；有的参加岗位培训，有的进行文化补习。

1979—1987年，长沙铁路分局包括42个基层单位举办各类型干部学习班共234期，参加学习的6418人次。有的干部还选送到省、铁道部、铁路局党校学习。1992年，该分局干部业务培训40人，专业证书培训131人，短期培训676人，两年大专以上学历培训325人。怀化铁路总公司自“八五”计划期间以来，每年组织两次以上领导干部集中学习，选送50名以上中青干部参加铁道部、集团公司组织的中青班，有100多名干部参加上级组织的各类岗位培训班，有200多名专业技术人员外出参加各级各类的继续教育，有200多名干部参加自学考试、函授教育、网络教育等多种形式的学历培训。还选送优秀人才赴美国、德国、日本等发达国家和地区考察学习。2000年，该总公司干部分处被广铁集团公司评为“先进干部之家”。

（三）后备干部选拔和培养

从1984年起，省内国铁各级组织根据铁道部政治部《关于加强第三梯队建设的通知》要求，以“革命化、知识化、年轻化、专业化”原则，推荐与考察相结合，从政治素质好，有一定工作经验、组织能力的中青年干部和专业技术干部中挑选，建立第三梯队后备干部队伍。其中局级15人，人均38.9岁；分局（公司、处）级63人，人均35.8岁；站段级550人，人均32.1

岁。同时，建立后备干部管理制度，实行两级负责制。采取培养、锻炼、岗位交流方法，提高后备干部技术水平和综合管理能力，坚持每年考察、选拔、淘汰，保持梯队常数。

1987—1996 年，执行铁道部、广铁集团《关于加强后备干部管理的暂行办法》《关于加强青年干部工作的意见》《后备干部管理暂行办法》等文件精神，修订和重新修改选拔后备干部指导思想和标准，把 1982 年以后的优秀大学毕业生及时充实到后备干部队伍。明确加强后备干部队伍建设的目标、对选拔后备干部标准及程序作出具体规定，提出选拔后备干部工作的近期目标，选拔的数量比例、条件，以及群众推荐、组织考察、滚动择优、党委讨论等程序，保证选择、培养、使用后备干部科学化、规范化。

1997 年，省内国铁已形成了一支数量充足、素质较高、结构较合理的后备干部队伍。“九五”计划期间，长沙铁路总公司按照集团公司对考核调整基层领导班子“双达标（年龄、文化结构标准）”的要求，制订《长沙铁路总公司后备干部管理办法、年轻干部挂职锻炼办法》，采取 3 条措施：一是各单位领导班子按照不低于 1 : 1 的比例配齐后备干部，提拔 18 名 40 岁以下的优秀年轻干部进入站段领导班子。对后备干部实行动态管理，建立后备干部选拔、培养、管理使用等制度，对符合选拔进领导班子条件的后备干部，可跨地区、跨部门提拔使用。二是实行上下挂职锻炼。4 名基层干部选送到总公司机关挂职，361 名培养对象到机关或生产一线岗位锻炼。三是建立管理干部人才库，对 426 名后备干部进行考核摸底，分门别类建档管理。1999 年总公司有后备干部 570 人，其中总公司级 17 人，基层干部 553 人。2000 年，长沙铁路总公司后备干部有 558 人，平均年龄 36. 8 岁。

怀化铁路总公司 1996 年制订《总公司“九五”干部培训规划》，自 1999 年开始，有目的、有计划、有选择性地选送一线德才兼备、年富力强、有培养前途的中青年干部参加 MBA（培养国际商务人才所需的能力，包括管理学、组织能力、行销、财务和人力资源管理等）工商管理硕士学位的学习。

第四节 劳动工资

一、工资

（一）标准工资

20 世纪 60 年代，全国铁路改进工资等级制度，对行政管理人员、工程技术人员、运输业务人员实行 36 级职务工资制，有技术等级的工人实行 8 级制，无技术等级的工人实行 17 级制，其他人员实行独立工资标准。1963 年，长沙铁路分局职工月平均工资 52. 1 元。1976 年，固定职工人月均工资 52. 5 元。1978 年，按职工总数 2%的比例，给工作成绩突出的职工升级。1979 年，又给 41. 2%的职工升级。1980 年，职工调资升级面 47. 4%，人均月增加工资为 5. 47 元。1982 年，对有中级以上技术职称和具有大专学历的职工每人晋升 1 级工资，文教卫生系统职工人均月增加 6. 15 元。1984 年，铁路工资改革，将原 36 级制，7、8 级制和独立工资标准归并为工人的 8 级 14 等和干部的 16 级 30 等 2 个工资等级，并将多种不同的工资区划并为 1 种（铁路 8 种工资区划）。是年，机车乘务员、调车人员、列检员增加 1 级工资。年内，25280 名职工增加工资，30669 名职工增加浮动工资。1985 年，铁路企业工资制度改革，技术工人实行 8 级 15 等制，行政管理、专业技术、运输生产工人实行 17 级制，中间加副级，共 33 个工资标准。执行企业工资标准的人员月人均增加工资 12. 93 元。1987 年，根据国家和铁道部《关于解决企业工资问题的通知》，部分工作时间长、工资偏低的职工月人均增加 4. 8 元，职工试行考工考绩、择优升级制度，年人均工资 1976 元，比 1986 年增加 273 元，增长 16. 1%。1988 年开始，实行工资等级不变而工资标准提高一级的企业工资。是年，具有中级以上职称人员增加 1 级工资，教师增资幅度为本人工资的 10%。1987—1988 年，每年按 25%的升级指标和当年的奖励晋级指标一并使用。1988 年，长沙铁路分局职工年人均收入 2377 元，比 1987 年增加 401 元，增长 20. 8%。1989 年，年人均收入 2900 元，比上年增加 600 元，增长 23%。1993 年 8 月，长沙总公司实行岗位技能工资制，基本要素为岗位工资、技能工资、工龄工资、特种工资和效益工资。是年，职工升级、转标、岗位技能工资调整 3 项，月人均增资 158. 16 元。1995 年，在职职工人均增加两档安全效益工资，并纳入本人技能工资，同时调整技能工资、价格补贴，人均增资 32. 08 元。是年，职工月人均增资 16. 28 元，职工人均年收入比上年提高 17. 7%。1996 年，对签订合同的在职职工按 10%的基本工资补贴，每月人均增资 22. 11 元。1997 年月人均提高 37. 2 元，职工年人均收入 11947 元，比上年增加 714 元。1999 年，总公司实行新拟岗位工资标准，月人均增资 33. 38 元。2000 年，职工年平均工资 13945 元，比上年增加 392 元，增长 2. 89%。2000 年与 1976 年比较，职工年工资平均增加 13315 元，增长 22. 13 倍。

1973—2000 年，怀化铁路总公司（分局）职工工资经历了等级工资制，新拟工资标准、晋级奖励和双考升级制，岗位技能工资制 3 个阶段，1998 年职工年平均工资 12241 元，比 1973 年增长 20 倍。

改革开放以后，标准工资占职工工资总额的比例逐年下降，计件工资、奖金、各种津贴在职工收入中的比重逐年增加。1979 年，衡阳铁路分局工资总额 1478. 8 万元，标准工资 1053. 9 万元，标准工资占工资总额 71. 27%；1983 年，工资总额 2144. 9 万元，标准工资 936. 5 万元，标准工资占工资总额 43. 66%；1986 年，工资总额 4208 万元，标准工资 1654.1 万元，标准工资占工资总额 39.3%。

（二）计件工资

1978 年 5 月，国务院发出《关于实行奖励和计件工资的通知》，在做好劳动定额查定基础上，省内国铁单位开始由点到面逐步恢复计件工资。

长沙铁路总公司（分局）：1978 年，发放计件工资 21.6 万元。1983 年，实行计件工资有 4541 人，计件工资占工资总额 10.7%。1987 年，该分局在车务、机务、车辆、工务、建筑 5 个系统 36 个单位 17308 人实行计件工资，占生产总人数 41.6%，计件工资占工资总额 22.1%。1989 年，分局将长沙客运段长京、长沪车队以及衡阳列车段实行的趟工资纳入计件工资管理，同时在分局机关运输、货装、客运科试行系统承包责任制，将科室人员工资与本系统任务指标完成情况挂钩考核分配。是年发放计件工资 3350.6 万元，占工资总额 18.5%。1993 年，该总公司实行计件工资 33099 人，占生产人数总数的 79.5%，计件工资占工资总额 25.4%。1995 年，实行计件工资有 41825 人，计件工资 16515.4 万元，占工资总额 24.9%。是年，衡阳北站，株洲、衡阳、岳阳、郴州、娄底机务段和衡阳、娄底电务段等 9 个单位实行全额计件工资制。1997 年推行客货营销人员全额计件工资制。1999 年，株洲机务段、长沙车辆段、荣家湾车务段、株洲北站、长沙客运段等 20 个单位的全员全额主要工种计件工资，实行计件工资 44562 人。2000 年，实行计件工资 44674 人，发放计件工资 3611 万元。

怀化铁路总公司（分局）：自 1986 年起，分局对基层单位全面实行工资总额与经济效益挂钩的分配方法，单位工资收入的多少由经济效益来决定。同时，各单位对职工个人工资分配也普遍采用单一计件、超额计件、全额计件等分配形式，使职工个人的工资收入直接与完成工作量挂钩。截至1998年底，总公司先后涌现张家界车站“全捆全挂全面考核的三全工作法”，张家界车务段“模拟岗薪制”，新化电务段、吉首工务段“全额计件等级工资制”，怀化工务段“全额计件结构工资制”等分配制度。

衡阳铁路分局：1983年进行计件工资整顿，有11个站段5756人实行计件，占职工总数25.7%。整顿前的1979年支付计件工资2万元，为工资总额的0.14%；1983年支付计件工资404.1万元，为工资总额的18.8%；1986年支付计件工资1030.2万元，为工资总额的24.5%。

（三）奖励制度

1978年，省内国铁单位恢复奖励制度，奖金标准平均每人每月6.5元。衡阳铁路分局在改革开放后，奖励作为一种激励机制，逐步完善规范。内容包括各种生产奖、劳动竞赛奖、燃料原材料节约奖、增收节支奖、堵漏保收奖以及其他一次性奖。1979年，长沙铁路分局各种奖金占工资总额14.2%。1981年实行奖金与企业经营成果挂钩制度，发放各种奖金占工资总额16.2%。1984年，该分局在17个单位的部分车间职工中实行浮动工资制，把工资、奖金捆在一起浮动。是年，发放各类奖金781.6万元，支付奖金额占工资总额的19.8%。1986年工资总额与换算吨公里挂钩，奖金在工资总额列支，实行工资调节税，全年支付各种奖金占工资总额的20.8%。1987年支付各种奖金占工资总额23.9%。1990年，对奖励办法进行清理整顿，保留一次性奖28项，单项奖18项，控制奖金增长势头。是年，全年支付各种奖金占工资总额的23.8%，1992年支付各种奖金占工资总额26.5%。1993年长沙铁路总公司制订《职工安全联防互控奖励办法》《行车安全督促检查工作评比竞赛办法》等6个安全奖励办法。1994—1995年，清理归并奖励办法，制订《关于进一步将奖金、工资实行“捆绑”考核发放的具体意见》，依据生产类型和特点，重新修订12个奖励办法。1995年，发放奖金占工资总额23.7%。1996年，修订9项奖励办法，废止13项奖励，严格控制一次性奖励。1998年，进一步清理、整顿、规范奖励工作，减少4个奖励项目，修订5个奖励办法，其他保留的奖励项目标准降低20%，年内减少奖金支出2000多万元。是年，发放生产奖人月均70元，安全奖人月均63元。1999年、2000年，省内国铁总公司继续做好奖金、劳务费清理整顿工作。长沙铁路总公司制（修）订《指导司机安全质量考核奖励办法》、开展第二次创业夺标竞赛活动奖励、运输收入超收考核奖励及材料节约奖励等13个奖励办法，职工年人均奖金3264元。

（四）津贴制度

津贴为职工劳动报酬的补充。1978年前，省内国铁已经建立部分津贴制度，各种津贴有乘务津贴、施工津贴、夜班津贴、副食津贴、岗位津贴、教龄护龄津贴、职工伙食津贴、节日津贴等。

1979年，长沙铁路分局各种津贴占工资总额10.3%。1984年以后，实行上岗津贴的主要行车工种逐步扩大，津贴标准不断提高。1985年，该铁路分局各种津贴占工资总额16.7%。至1992年，实行上岗津贴的人数占生产人员的42.2%。1989年，全部职工实行在岗工龄补贴，按连续工龄每年每月发给0.5元，1992年改为1元。在岗津贴除了在主要行车工种实行外，逐步扩大到教师、护士、公安干警、机要密码通信等特殊岗位。改革开放以后，省内国铁先后实行粮油差价补贴、水电补贴等方面的津补贴。到1992年，各种津补贴达37种，占工资总额20.8%。1995年，长沙铁路总公司各种津贴占工资总额25.4%。1996年各种津贴占工资总额28.7%。是年10月起，将在职职工原价格补贴改为生活补贴。标准为以本人基本工资为基数，并以原“价补”的比例分别乘以省内上年居民消费价格指数计发。调整后人均生活补贴达110多元。1998年，实行劳动模范、离退休荣誉补贴。1999年，修订公布工班长津贴标准。长沙铁路总公司工班长津贴由原来每月15—50元，调整为25—100元，人月均增加37.84元。修改调整职工上下班交通费，按符合规定3公里，湖南省铁路职工补贴25元。从2000年起，实行一等机车司机每月100元技术津贴。是年，长沙铁路总公司对调小机车乘务员津贴标准提高至每班11.35元，人月均增43.70元。纳入警衔津贴调整范围的民警，人月均增加25.03元；看守所、治安民警岗位补贴标准由每人每月9元提高至90元，增加81元。

改革开放以来，衡阳铁路分局各种津贴逐年增加。1979年发放津贴138.2万元，为工资总额的9.3%；1983年发放津贴320万元，为工资总额的14.9%；1986年发放津贴518.1万元，为工资总额的12.3%。

二、定额

（一）建立健全劳动定额管理制度

1978年开始，恢复和加强劳动定额管理。1982年，省内国铁执行铁道部和广州铁路局统一劳动定额，整顿和完善计件工资。1983年，全面开展“五查五定”（工时定额、定员、资金、设备和物资消耗定额标准）工作。1984年，开展工资总额包干试点，奖金浮动，浮动升级，整顿计件工资。1986年，定额管理纳入标准化，编制“劳动定额管理工作标准”。1987年，适应全面经济承包，全面推行最终产品定额，执行《广州铁路局计件工资管理办法》和《广州铁路局劳动定额管理工作标准》，省内两个铁路分局对下属单位清算计件工资。1988年，重新审定、编制定员和劳动定额标准的“双定”工作。1989年，执行铁路局编制公布的车务、机务（水电）、车辆、工务、电务部门生产人员定额标准。1990年，省内国铁机务乘务、机车修理、线路、桥梁维修、车站装卸等16个工种（组）建立劳动生产率月度分析制度。

是年，执行铁路局公布《计件工资管理标准》和《广州铁路局东风4型内燃机车段修单项劳动定额》文件。1991年，开展查劳动组织与生产任务、查定劳动定额、查工时利用、查组织机构、查管理制度，查定行管、服务、生产人员定员，审定劳动定额的“六查双定”工作，执行铁路局《劳动定额管理工作标准》。1992年，执行铁路局制定并公布的《车站调车作业劳动定额标准》和《车务、机务、水电、供电、车辆、工务和电务部门生产人员定额标准》。长沙铁路分局公布《长沙铁路分局站段技术定额与岗位标准》。1994年，长沙总公司修改劳动定额单项标准1052件。长沙机务段按趟计奖，拉大档次分配，机车乘务员出勤率提高3.5%。1995年，长沙铁路总公司修改劳动定额标准3428项。衡阳北站，株洲、衡阳、娄底、岳阳、郴州机务段，衡阳、娄底电务段，长沙列车段实行全额计件工资制。1996年，长沙铁路总公司成立劳动定额攻关小组，重点研制车、机、工、电、辆主要生产工种的综合定额制定。1998年，执行广铁集团公司颁布《关于强化劳动定额管理推行计件工资制的通知》。长沙铁路总公司对20个实行全额计件和30个实行超额计件的单位的计件人数、计件标准、定额基数进行调整。2000年，国铁2个总公司针对部分定额标准偏低、标准覆盖窄等问题，重新编制修订工务、电务系统劳动定额标准，报集团公司审定通过后实施。

（二）省内国铁部分年份实行劳动定额、计件工资管理发展情况

1979年，长沙铁路分局实行劳动定额管理12305人，管理面达89.9%。以后，不断完善劳动定额管理和计件工资管理。1993年，实行劳动定额管理达36325人，管理面达75.8%，计件工资人数33099。1994年，实行劳动定额管理的生产单位达54个，41711人，管理面达85%，计件工资人数37028人。1995年，实行劳动定额管理的生产单位达55个，45979人，管理面上升到

92%，计件工资人数41825人。1996年，实行劳动定额管理有49043人，管理面达93%，计件工资人数45104人，管理面91.9%。2000年，实行劳动定额管理有46781人，管理面达95.7%，计件工资人数44674人，管理面95.5%。

怀化铁路分局1978年开展劳动定额管理和计件工资管理以来，经历起步、发展、稳定发展三个阶段。是年，实行劳动定额管理仅有3个生产单位865人，管理面仅10%，计件工资管理面仅8%。1985年，实行劳动定额管理发展到20个生产单位6427人，管理面上升到50%，计件工资管理面上升到76.6%。1990年，实行劳动定额管理22个生产单位12054人，管理面上升到70.9%，计件工资管理面达92.1%。1993年，实行劳动定额管理达13611人，管理面78.7%，计件工资人数13013人。1995年，实行劳动定额管理发展到25个生产单位有17825人，管理面上升到95.1%，计件工资管理面上升到96%。1996年，实行劳动定额管理17865人，管理面95.6%，计件工资管理面达17175人。2000年，实行劳动定额管理仍然是25个生产单位17825人，管理面保持95.1%，计件工资管理面保持96%。

石长铁路有限责任公司没有实行定额和计件工资管理。

三、劳动保护

（一）劳动安全管理机构制度

省内国铁劳动安全管理机构早在20世纪60年代就相应建立，各分局安全监察、工会都有劳动保护员，各站段都有医疗保健师。

怀化铁路总公司（分局）劳动安全管理机构大致分为3个时期：1972—1978年，由分局人事科行使劳动安全管理职能，配备了1名专职劳动安全监察，力量相对薄弱；1979年，分局成立了劳动环境保护监察科，负责全分局劳动安全管理和锅炉压力容器、环境保护监察工作，劳动安全管理逐步走向规范；1993年，机构改革，撤销劳动环境保护科，劳动安全管理职能划入总公司劳资科，劳动安全管理日趋完善。

20 世纪 70 年代，长沙铁路分局各单位把劳动安全列入议事日程，1 名主要领导负责。1975 年增加安全技术劳动保护员 86 人，1982 年该分局通过在株洲召开工伤事故扩大分析会，建立了班组向车间、车间向站段、站段向分局负责的 3 级安全管理网络。1987 年 11 月，分局设立劳动保护监察科，负责职工劳动保护和锅炉压力容器的管理。各单位设立专职劳动保护员，千人以上的生产单位设 2 名以上专职劳动保护员。分局各科室和各地区办事处确定 1 人负责劳动保护工作。分局还成立人身伤亡事故调查处理委员会。由分局行政领导任主任，各业务科科长兼任委员，劳动保护监察科监察任联络员，工会派员参加委员会工作。1988 年，分局、站段、车间班组均建立安全管理系统。各地区、单位、部门、工种之间实行安全联锁互控制度，部分单位实行安全风险抵押承包试点。1989 年，分局实施《劳动风险安全承包办法》，明确规定承包对象、考核条件、奖励和处罚标准。1992 年 6 月，劳动保护监察科划归劳动工资科。1994 年，长沙铁路总公司管内配备 88 名专职和 7 名兼职劳动安全监察员。1995 年，总公司把每个部门、每个岗位、每道工序都纳入创全方位劳动安全管理，对管内实行安全联防互控。

怀化铁路分局建立初期，劳动安全管理基础比较薄弱，制度不够完善，组织没有健全，员工安全意识淡薄，伤亡事故时有发生。1990 年以后，分局把夯实劳动安全基础作为重点，不断完善各项规章制度，形成了科学、规范的管理体系。推行年度劳动安全目标攻关活动，将年度目标层层分解，分阶段、分步骤逐步实施；继续实行劳动安全联防互控制度，开展劳动安全信息交流活动，积极整治各类隐患；积极开展劳动安全竞赛活动，奖优罚劣，提高“比学赶超”积极性。这些制度、措施的建立，为总公司（分局）开创劳动安全新局面奠定了坚实的基础。

（2）劳动安全情况

20世纪70年代，长沙铁路分局劳动安全情况不尽人意。仅1976年，全分局发生事故致职工死亡10人，重伤21人，轻伤1033人。1978年以后，分局抓紧了劳动安全管理和教育，是年，职工因工死亡事故比上年减少60%。岳阳、娄底工务段，衡阳机务段全年无重伤以上事故。1986年，该分局职代会生产经营委员会组织2次安全生产大检查，1次典型解剖，先后深入54个站段、254个车间、301个班组，添乘列车78趟，抽查979个行车岗位，查处不安全隐患402个，帮助解决238个问题，对严重违反安全规定的发出“整改通知书”。年末，分局实现全年无职工因工死亡事故。株洲车务段、株洲电务段、衡阳车站荣获铁道部授予的“全路安全生产先进单位”称号。1989年，娄底车站工会领导保护监督检查委员会被铁道部授予“全路工会优秀劳动保护监督检查委员会”称号。1993年，长沙铁路总公司全年未发生职工重大伤亡事故、职工多人伤亡事故。1994年，总公司62个运输生产单位人身安全10000天以上的有3个，8000天以上的有4个，1000天以上的有51个。1995年，长沙铁路总公司坚持联控对标检查，全年检查累计72次，及时整改不安全隐患1186件。1997年，长沙、湘潭、耒阳、岳阳车站实现人身安全10000天。1999年，总公司开展“安全生产周”评选活动，评选出广铁集团公司劳动安全管理单位6个，总公司劳动安全管理单位13个，安全管理合格单位43个。2000年末，总公司实现劳动安全146天，年度员工千人死亡率为0.01，低于铁道部规定0.03的资产经营责任制目标。

20世纪70年代至80年代初，怀化铁路分局劳动安全管理工作刚刚起步，管理人员较少，管理措施不够健全，伤亡事故时有发生。这个期间，据统计，共发生伤亡事故1231件，其中死亡事故19件，重伤事故49件，年平均死亡高达2.38人。自1979年创立劳动环境保护监察科后，劳动安全管理体制逐步完善，人身安全形势有所好转。1985年9月—1988年9月，分局无责任职工死亡事故首次突破1100天。1991年以后，分局初步形成了纵向到底、横向到边的劳动安全管理体系，在全路率先推行站区劳动安全联防互控制度，为劳动安全持续稳定提供了保障。至2000年，总公司连续实现10年无责任员工死亡事故，多次夺得广州铁路局（集团公司）劳动安全奖杯。

（三）规范锅炉压力容器及特种作业管理

20世纪60年代，长沙铁路分局曾发生澡堂锅炉缺水严重事故苗头、空气压缩机储气筒爆炸、乙炔发生器爆炸事故，为此，分局采取了有效措施，锅炉压力容器及特种作业安全情况好转。1984年，分局尘毒有害作业点符合标准率50%。1985年，分局下发《关于加强锅炉压力容器安全管理的通知》，对锅炉的采购、安装、报废、检修周期、检修单位均作了明确的规定。1991—1992年，分局贯彻广州铁路局《锅炉压力容器安全管理工作标准》及尘毒作业点的管理，对新建、扩建工程项目与预防污染与环保措施，严格执行同时设计、同时施工、同时投产的“三同时”制度及季节性劳动保护工作。自此，杜绝了锅炉爆炸事故。1996年，总公司投入55万元用于环境改造和尘毒治理，各单位自筹资金250万元，用于改善劳动作业条件。1997年，总公司投入50多万元，修建凉棚27处，改善尘毒作业点2个，修建安全防护栏杆8处，增添空调机82台。

怀化铁路分局1988年之前对锅炉压力容器及特种作业安全管理是粗线条的，没有具体的管理办法和措施。随着对劳动安全重视程度的提高，锅炉压力容器及特种作业安全管理也得到进一步的重视。1988年以后，分局先后成立了锅炉压力容器检验所、锅炉安装队和起重机械安全技术检测站。逐步建立了电工、熔接工、起重工、厂内机车车辆驾驶员、锅炉司机和压力容器操作工等特种作业人员安全教育培训基地，并通过了地方劳动部门的认可。锅炉压力容器及特种作业管理制度不断规范，实现了自1973年建分局以来无任何锅炉压力容器爆炸事故的好成绩。

（四）劳动保护用品得到加强

长沙铁路总公司（分局）每年根据季节特点，暑期做好防暑降温工作，发放防暑费用、食品盒备用药品，提前维修、保养防暑降温空调、电扇、排风机等设备，补修凉棚、纱窗，改善职工工作环境，减少高温对职工劳动安全的影响。冬季备好人员防寒过冬燃料、用品，及时发放冬季劳动保护用具做好防寒、防冻、防滑工作。对从事尘毒作业的职工按时发放保健食品，定期体检，对有职业禁忌症者及时调换工种。1984年，长沙铁路分局调整部分工种劳动保护用品标准，劳动保护费用比上年增加30.2万元，增长15%，其中防暑费用达100万元。1987年，下发《关于劳动防护用品、保健食品发放标准和管理办法的通知》，进一步规范劳保用品和保健食品的使用。1991—1992年，分局制定和贯彻执行铁路局有关职工劳动保护用品和保健食品发放、管理办法和标准。1999年，总公司投入200万元为职工购茶叶、暑期物品，送到班组。衡阳车辆段自筹20万元为职工购买防暑、防寒用品。

1985年，怀化铁路分局相继成立服装厂、防护用品采购供应站，形成了防护用品生产、供应体系。1984年、1989年、2003年服装厂生产的工作服、纱手套分别获得国家劳动部、经贸委、贸促会优质产品奖和全国劳服企业小企业优秀QC成果二等奖。

第五节 养老保险 医疗保险

一、养老保险

（一）养老保险制度改革与发展

20 世纪 70—80 年代，铁路部门执行的是国务院颁布的有关文件规定和办法，离退休职工保险福利待遇主要是离退休金。进入 20 世纪 90 年代后，随着经济体制改革的深入，国家对养老保险制度进行了重大的改革。1995 年 6 月，铁道部发布实施了《铁路企业职工养老保险暂行规定》，统一和规范铁路企业养老保险，实现了养老保险铁路行业统筹。1997 年国务院颁布了《关于建立统一的企业职工基本养老保险制度的决定》，为铁路企业职工养老保险由铁路行业统筹向地方统筹转变提供了政策依据。1998 年 8 月，湖南省根据国务院文件精神出台了《湖南省建立统一企业养老保险制度的实施意见》。是年 9 月 1 日，省内 2 个铁路总公司职工养老保险移交湖南省养老保险社会统筹。其后，湖南省陆续出台了一系列文件，进一步明确国铁参加湖南省养老保险社会统筹 5 年过渡期间存在的问题。计算办法是在执行广铁集团公司养老办法金基础上，再按湖南省 1999 年公布的《原行业统筹驻湘企业职工养老保险过渡办法》规定计算省统筹养老金待遇，退休人员实际养老金待遇按就高原则执行。2000 年 9 月，省内国铁退休人员养老保险全部完成移交湖南省社保局。

（二）养老保险金基金的征集和管理

省内国铁企业在职职工全部参加了基本养老保险。养老保险基金由三部分构成，个人缴纳部分、单位缴纳部分、国家补贴部分。个人缴费比例逐年提高，最初最高不超过 8%，单位缴费比例最高不超过 20%。养老保险基金含应征集的养老保险费和应支付的离退休人员养老金，实行收支差额管理，按照湖南省和广铁集团公司规定，养老保险费个人部分由各单位财务按月代扣缴到总公司，单位部分由总公司按月统一计提，离退休人员养老金由单位发放，养老保险费与离退休人员养老金差额统一汇缴到集团公司。1998 年 9 月开始，总公司养老保险费汇缴集团公司后，再上缴湖南省社保局。湖南铁路移交离退休职工 30659 人，在职职工个人账户 109515 人。

1999 年，根据集团公司文件精神，省内国铁建立企业职工补充养老保险制度，职工按照本人岗位、技能、工龄工资三项之和的 3%缴纳个人补充养老保险，企业按相同数额补充。长沙铁路总公司全年参加补充养老保险的职工 64844 人，补充养老保险金 2482 万元。怀化铁路总公司达到全员参加补充养老保险，个人每月按 4%扣缴。石长铁路公司参加补充养老保险员工 1735 人，1999 年 7 月—2000 年 12 月，石长铁路公司共收入补充养老保险基金 48 万元，个人和单位分别为 24 万元。

1986 年 10 月起，怀化铁路分局管内劳动合同制工人按本人标准工资的 2%缴纳养老基金，1993 年 10 月起，总公司所有正式职工开始缴纳养老保险基金。个人缴费基数：1993 年 10 月前按本人标准工资；1993 年 10 月至 1994 年 6 月，按本人基本工资；1994 年 7 月开始，按本人月均工资收入。单位缴费基数，按单位工作总额计算。1993—1998 年，按铁道部每年公布的缴费比例缴纳单位和个人养老保险基金。1999 年，开始按湖南省社保公布的缴费比例缴纳养老保险基金。1998 年 1 月开始，职工个人帐户规模为个人缴费基数的 11%。

长沙铁路总公司根据国务院、铁道部及湖南省关于铁路职工养老保险制度改革通知的文件精神和政策规定，1995 年 1—6 月，职工个人按照本人岗位工资和技能工资之和的 3%缴纳基本养老保险费。7 月开始，按照本人月工资总额的 4%缴纳基本养老保险费。1998 年 9 月，该总公司养老保险移交湖南省统筹管理情况：在职人员 75013 人，养老金全年收入 2.1 亿元，其中单位部分 1.69 亿元，个人部分 0.41 亿元。

1999 年，石长铁路公司职工养老保险金收入 832.49 万元，2000 年收入 663 万元。

（三）养老保险待遇

1993 年，广铁集团公司提高离退休职工待遇，干部按职务、级别，工人按所在省增发生活补助费，并把岗位工资按基数计入离退休费，以每年 2 元计发工龄工资，实行价格指数补贴，按工资基数乘以所在省公布的上年职工生活费用价格指数上涨的百分数计发。湖南省为 11%。是年 10 月 1 日起，还给予部分离休干部工资补助。1985—1992 年，长沙铁路分局 81 个基层单位 8834 名合同制工人移交养老金 780.7 万元。16688 名离退休职工提高退休金和生活补贴，月人均增资 65 元。

1994 年，养老保险制度进行改革，按广铁集团公司文件，省内铁路总公司成立劳动保险公司，具体管理职工养老保险工作。是年 7 月，调整职工个人缴纳养老保险费标准。是年，是离退休养老金提高、增加最多的一年。长沙铁路总公司管内 1.7 万多名离退休人员月人均增资 109 元，月人均增加交通费、生活补贴 50 元。对因工致残 1093 人中 150 人提高了护理费标准。

1995 年，广铁集团公司对养老保险制度进一步进行全面改革，实行新的职工基本养老金计发暂行办法，调整、增加离退休养老金和生活补贴。年初，对离退休人员增加技能工资 4 至 5 档的生活补贴，对退休人员增加 20 元的生活补贴。5 月 2 日，对价格指数补贴进行调整，湖南提高 4.32%。5 月 18 日，对生活补贴进行合并，并调整增加，最高 25 元，最低 3 元。7 月 24 日，发给安全效益生活补贴。离休 1949 年前老兵，按技能工资 6 档工资额的 80%发给，退休（退职）人员连续工龄 20 年以上按 6 档工资的60%发给；15至19年工龄按5档，其他14年以下连续工龄按4档工资的60%发给。从7月1日起，对离休人员按参加革命工作不同年限调整增加离休金，实行岗位缴纳工资后退休的人员，原岗位工资按铁道部规定标准计发后，基本退休金低于60元的予以补齐。

1996年，提高离退休人员基本养老金。离休干部月人均提高139.44元，平均增幅22.41%；1949年前参加工作的老工人月均提高111.91元，平均增幅22.25%；退休人员月人均调整65.94元，平均增幅13.31%；退职人员人均调整20元，平均增幅为5015元。离退休的公安干警的警衔津贴作为离退休费计发基数发放。是年，建立起离退休人员养老金计算机数据库。

1997年，离退休职工养老金调整，月人均实增32.7元，提高4%。

1998年，铁路行业统筹最后一次离退休（职）人员养老金调整。月人均实增19元，提高3.9%。9月1日，按国务院文件规定要求，养老保险行业统筹移交属地省级管理。是年9月，发布《关于公布〈广州铁路（集团）公司职工补充养老保险暂行办法〉的通知》，建立企业补充养老保险制度。长沙铁路总公司退休人员6029人，全年支出养老金2.69亿元。

1999年，参加湖南省养老保险统筹职工99091人，离退休41383人，上缴湖南省1.1亿元。是年，增发和调整基本养老金，对1999年6月30日前已离退休人员，在9月15日前按属地调整和增发标准兑现。湖南省境内40877人，其中离休（含1949年前参加革命工作的老工人）885人，退休（职）39992人，月增养老金170.3万元。12月29日，湖南省对原行业统筹企业的离退休人员（含1949年前参加革命工作的老工人）调整基本养老金，比照国家同职务、同条件离休人员基本标准，平衡套改调整基本养老金，在原调整月基本养老金120元基础上，月人均调整再增加 30—90 元。是年，长沙铁路总公司调整 29932 名离退休人员的养老金，共增加养老金 1249320 元，人均月增加 41.74 元。

2000 年，规范和完善湖南省境内退休人员基本养老金待遇。基本养老金核定为月均 602.28 元。妥善处理 1998 年湖南省境内提前退休人员 2259 人，全部列入省级统筹。调整离退休人员基本养老金，湖南省境内离休人员、“老工人”在 1999 年预调基础上，平衡套改离休基本养老金 625 人，月人均增加 168.92 元；“老工人”278 人，月人均增加 155.41 元。另按省有关文件，从 1999 年 10 月起，增发一个档差的基本养老金。离休人员增加 25.12 元，“老工人”月人均增加 25 元，1999 年调整退休人员月人均增加 40.91 元。是年，长沙铁路总公司离退休人员养老保险金支出 28712 万元。石长铁路公司截至 2000 年 2 月底，退休人员共 3 人，每年支出养老金 11.6 万元，企业补贴 5.8 万元。

二、医疗保险

1998 年，怀化铁路总公司在广铁集团公司率先实行内部职工医疗保险制度改革试点，实行基本医疗保险费用由用人单位和职工共同负担，基本医疗保险基金实行社会统筹和个人账户相结合的医疗保险制度。试点到 2002 年 7 月 1 日与湖南省医改并轨。

2000 年，驻湘职工医疗保险制度改革。制定驻湘职工医疗保险制度政策体系。其中，《广州铁路（集团）公司驻湘职工基本医疗保险暂行办法实施细则》《广州铁路（集团）公司驻湘职工大病医疗互助暂行办法》《广州铁路（集团）公司驻湘职工企业补充医疗保险暂行办法》《广州铁路（集团）公司驻湘职工家属住院医疗保险暂行办法》《广州铁路（集团）公司驻湘离休人员医疗保险暂行办法》等 5 个基本办法，构成驻湘职工医疗保险政策的基本框架，形成 23 个驻湘职工医疗保险管理办法，并报经湖南省劳动和社会保障厅审查批准。体系主要内容包括：明确驻湘医疗保险实施范围；规定参保单位和参保人员医疗保险费的缴费比例；制定统账结合的各项政策；确定统筹基金的起付标准和最高支付限额；完善基金管理的五项规定；建立企业补充医疗保险，职工大病医疗互助，家属住院医疗保险，离休人员医疗保险，集体所有制企业、职工、家属医疗保险等管理制度。加强医疗服务管理。对医疗机构、零售药店两种机构实施定点管理，对医疗服务实施基本药品目录、诊疗项目范围和服务设施支付标准管理和服务范围、标准和医药费用结算管理；对特殊医疗服务，实施门诊特殊病种、特殊检查、特殊治疗和家庭病床管理和急诊、转院、易地安置医疗费用报销管理等。建立驻湘医疗报销计算机系统。建立长沙医疗报销中心，建立管内11.7万多职工数据库和制作发放IC卡。打印制作11.7万多职工的《医疗手册》。驻湘职工报销制度改革于2001年1月1日起正式实施。

怀化铁路总公司统计，参保单位包括协管单位53个，各类参保人员40206人，定点医院22座，其中联网的定点医院8座。医疗保险制度改革以来，效果是明显的。长期以来职工家属反映强烈的看病难、住院难、检查难、用药难的问题得到解决，患重病、大病、慢性病的职工，从制度上保证了医疗费用的稳定来源。每个参保人员都能按统一的医改政策，享受到公平的医疗待遇，改变了普通职工缺医少药的不合理状况，保障了参保职工的根本利益。

石长铁路有限责任公司1994年成立至2000年，实行公费、劳保医疗制度。由于公司没有职工医院，门诊费用按职工个人工资的2%发到个人工资里，住院医疗费用由公司财务集中管理，职工住院后凭医药费发票按年龄和职务不同比例报销。2001年起，执行集团公司文件，参加湖南省的基本医疗保险。由驻湘长沙铁路医疗保险中心负责职工基本医疗保险工作。

第四章 财务管理

1978年，省内国铁2个分局设立财务科。1982年，财务科设立专职财务监察。1993年，长沙、怀化铁路分局更名为长沙、怀化铁路总公司，财务科改为财务部。1996年，总公司财务部改为财务分处，内设会计、计划、出纳、电算组。1997年，内部银行改为资金结算中心，内设结算代办储蓄组，实行独立核算，自负盈亏。1999年，长沙铁路总公司明确规定，对25个单位财务主任由总公司直接委派。

第一节 经济核算

1980年，实行铁道部《改革铁路运输财务管理体制试行办法》，铁路分局、站段实行内部核算。客、货运输收入按实际完成的核算吨公里和每万换算吨公里清算单价，取得运输收入，用以抵补实际支出，并计算盈亏。

1981—1982年，长沙铁路分局对所属站段实行包、保、核相结合的经济责任制。主要有利润留成或利润递增包干、成本包干，节约分成、预算包干，节余分成留用、经费包干，节余留用、独立经营和利润分成5种形式。怀化铁路分局留成额由铁路局按福利基金、生产奖金、企业基金之和占利润总额的比例核定。1982年长沙、衡阳、怀化铁路分局为实行好全面经济核算，建立以总会计师全面负责的专业核算与群众核算相结合的体系。

1983年，长沙铁路分局实行利改税（把企业上缴利润改为按规定的税种、税率缴纳税金）。分局实现的利润总额先向国家交纳所得税，税率55%，承包期至1985年，共3年。

1983—1985年，怀化铁路分局建立以站段、车间的专业核算为主导，以班组核算为基础的3级核算网，全面开展班组经济核算。贯彻执行《会计法》，全分局751个班组，开展经济核算的有731个，占班组总数的97.3%。

1987—1990年，实行经济承包，一包4年，现收现支，定率上交。各分局均实行经济承包，一次包定，分年考核，4年累计，综合考评，并与企业的利益挂钩。铁路局向铁道部承包，各分局向铁路局承包。欠收时按上交积累定额由铁路局自补；超收时的超收部分按规定比例（30%）计算上交。整个“七五”计划期间，长沙铁路分局经营承包的投入产出，以路建路，取得了较好成绩。

1993—1994年，抓新会计制度的实施，怀化铁路总公司对部分单位会计基础工作进行抽查。

1995年起，广铁集团公司对总公司实行以“直管方案”为主的运输管理体制：在进款清算上，实行直管清算，系数调节；在成本管理上，成本由集团公司自行安排；在资金拨缴上，划清责任，实行有偿占用；在利润分配上，硬化盈亏约束，规范收入分配。这种管理体制，改变了过去以集团公司管内运输收入和换算周转量清算单价为主体的收入分配模式，实行总公司管内客货运输收入和直通收入作为总公司的清算收入，并通过适当的调节使清算一次到位。这种管理体制，加大了总公司成本管理的自主权限，提高资金管理自主权。

1999年开始，铁路企业全面实行资产经营责任制，实施新的运输进款清算办法。运输收入由铁道部下达预期目标，对运输企业不再下达收支计划，集团公司成本计划只报铁道部备案；下放大修、更新改造权限；铁道部对集团公司考核“三率”指标，下达2年盈亏指标，铁道部行使出资者财务的职能，加大对国有资本监督的力度。

1999年、2000年，实施“模拟区域运价，管内现收清算，直通作业清算，服务相互补偿”的运输进款清算办法。

第二节 运输收入

一、进款管理

1972年，广州铁路局按铁道部《运输收入工作规程》，实行铁路局、分局、站段三级和二级管理并存的管理体制。衡阳、长沙铁路分局和各站段设收入室，怀化铁路分局各站段所有票据、进款，直接报送分局收入检查室。

1978年，整顿和加强铁路运输收入管理工作。省内国铁各分局设立收入检查室（后改科），负责全分局的运输组织、指导、政策研究和票据订印发放综合管理工作。分局还在车站、客运段的财务室设置运输收入专职人员，作为各站段长管好运输收入进款工作的助手。自此，从铁路局到分局到站段，建立一套比较完整的运输收入进款管理机构，运输收入工作走上正轨。

1984年1月，铁道部公布新的《铁路运输收入管理规程》《铁路运输收入工作规则》《铁路运输收入稽查规则》《铁路收入会计规则》，为适应国际联运业务发展的需要，又制定国际联运和外汇管理的新规章和会计制度。这一系列新法规，对整顿和健全铁路各级运输收入管理制度起到了有法可依、有章必循的作用。

铁路运输收入会计电算化是从1980年7月开始的。会计系统开始采用电子计算机处理单项数据。至1988年，运输收入会计系统率先走向电算化道路，铁路局成立运输收入电算领导小组，在决算站（段）配置微机，运输收入票据直接由站段收入室进入微机处理。开始形成收入系统的部、局、分局、基层站段四级电算网络。

1987 年至 1990 年，广州铁路局、各分局实行经济承包。运输收入管理在经济体制改革中不断深化、完善，分局运输收入年年超额完成，持续增长的幅度，超过历史上任何一个时期。各分局实现的运输收入，除按总额 5.3% 向国家交纳税金外，向铁路局实行定额上缴，超收分成。长沙、怀化铁路分局为四六分成。承包制实行后，运输收入年年超额完成。

1993 年，分局改名为铁路总公司，财务科更名为财务部，负责总公司财务政策的制订，成本计划下达、预算、控制、资金筹集使用，财经纪律的执行和对基层站段财务监督、检查、业务指导。长沙、怀化铁路总公司管内核算单位分别为 86 个和 49 个。1996 年起，总公司财务部改为财务分处，内设会计、计划、出纳、电算 4 个组。为了改变资金紧缺状况，各总公司相继建立内部银行和各地区分行，筹集和调剂资金。1997 年，内部银行改为资金结算中心，管理总公司内部货币资金。2000 年，长沙铁路总公司有 28 个运输收入决算站段，6 个车务段 13 个车站和长沙、衡阳两个客运段设立收入检查室，7 个车站财务室设收入检查专职人员。怀化铁路总公司下设 41 个决算单位。石长铁路公司 1999 年开始运营后，会计核算按《铁路运输企业制度》实施。

1976—2001 年，长沙铁路总公司运输进款收入完成总额 2840810.7 万元，其中 1976 年完成 16618.2 万元，2001 年完成 313748 万元，增长 17.9 倍。1978 年，怀化铁路总公司完成运输进款收入 3421 万元；1996 年，完成运输进款收入 5.5 亿元，突破 5 亿元大关；2000 年，完成运输进款收入完成 76192 万元，比 1978 年增长 22.27 倍。石长铁路公司运输收入逐年上升，1998 年 1169.76 万元，1999 年 16103.26 万元，2000 年 23000.32 万元。

二、客货运服务基金

客货运服务基金指1972年公布的《铁路运输收入工作规程》所规定的站台票收入、补票费、送票费、行李包裹保管费及接取送达费、货物暂存费、携带品暂存费、货签运单费和车站、行李、辐射的客货运服务事业（不含餐车）的盈余款。1980年，根据铁道部《关于修改客货运服务基金管理办法的通知》，重新修订客货运服务基金管理办法，其收入范围基本与1972年规定相同，只是取消了补票手续费项目，在车站、列车附设的客货运范围事业的盈余项目中明确了包括车站附设旅店在内。1986年1月30日，铁道部下发《关于加强客货运服务基金管理的通知》，对收入范围、分配比例及加强管理方面再次作了明确规定。收入范围恢复了补票手续费，增加了贵宾室使用费，其他与1980年规定相同。客货运服务基金主要用于车站、列车服务旅客、货主方面的建设，以及客、货运职工生活福利和奖励（款额不得超过有权使用的客货运服务基金收入5%）。客货运服务基金的管理和使用作为专用基金管理和核算，由铁路局掌握。1980年，对基金的分配实行分级管理，分级使用。各分局的收入按比例掌握使用。衡阳、长沙铁路分局按60%，怀化铁路分局按80%。1982年，扩大分局经营管理自主权，客货运服务基金收入提留再次调整。衡阳、长沙、怀化铁路分局自提自用。1991年7月起，客货运服务基金由铁路局全留使用，不需上缴铁道部。1993—2001年，长沙铁路总公司客货运服务收入完成22145.1万元。

三、堵漏保收奖励基金

1978年7月起，铁道部下达《关于查堵漏收铁路运费奖励的通知》，对在堵漏保收工作中有贡献的单位和个人给予表扬、奖励。

（一）堵漏保收奖励基金提取范围

1979年，广州铁路局发布《开展堵漏保收奖励办法》规定，堵漏保收范围为：列车补票收入（包括卧铺），到站补收客票款，携带品超过规定重量补收款，到站货物、行李、包裹检斤、验货不符所补收的运杂费，货场门卫验收发现漏收暂存费以及其他查堵发现的漏收运杂费。提留奖励基金比例为：补票手续费 100%，其他项目按所收款总额 5%。是年，铁路局发出《关于加强站车秩序堵截爬乘货车的闲杂人员补票罚款和提奖规定》电报，规定从补票、罚款总额中提取 20%和手续费 100%作为奖励基金。

1984 年 9 月，经铁道部批准，怀化至广州直快列车长时间白天运行，发售日间休息卧铺票，收入按堵漏补收提留，纳入堵漏补收奖励基金。

1985 年 5 月 1 日起，各分局对携带品超重、超限，行包货物超重和捏报品名的查堵 3 项收入总和超过上年部分，提留 25%作为奖励基金。

1986 年 7 月 1 日，对计划违约金（包括计划外手续费）收入提留 10%，对篷布延期使用费收入提留 5%，作为奖励基金，奖励对这 2 项工作有贡献的人员。

1992 年，铁道部对《堵漏补收奖励基金办法》作了修订，规定堵漏提成收入缴纳 5.35%营业税及附加费后，长沙、怀化铁路分局按 10%提成。

1993 年，广铁集团先后公布下发 5 个主要增收堵漏文件：《广铁（集团）公司运输进款管理评比办法》《稽查查出漏收款管理办法》《运输收入 5000 万元以上大户奖励考核办法》《广铁（集团）公司运输进款考核奖励办法》《广铁（集团）公司超收奖励办法》，保证增收堵漏工作正常开展。

（二）奖励基金的分配与使用

1979 年，堵漏保收提留奖励基金 80%给各分局、站段，站段分配比例由各分局确定。20%留作铁路局调节使用。

1980 年，留成比例调整，15%留铁路局，85%下拨各分局。

1981年，铁路局发出《关于车站货物暂存费和行包保管费试行提成奖励的通知》，把货物暂存费、行包保管费纳入堵漏保收提奖范围，从该两项收入总额中提取3%作为奖励基金，铁路局留20%，80%下拨分局。

1992年以后，铁路局修订《堵漏保收提成办法》，规定分局提成的堵漏款70%用于奖励，30%用于改善站车服务，添置堵收堵漏所必需的备品设备。各分局分配给站段的比例不少于85%。堵漏保收按季发放。

堵漏保收奖励发放，按照考核条件，多堵多奖，少堵少奖，不堵不奖。堵漏保收奖励基金实行以来取得了很好的经济效果。1995—1996年，怀化铁路总公司堵漏保收完成4892万元。1987—2001年长沙铁路总公司查堵保收完成102425.8万元。

附1978—2000年湖南省国铁总公司（分局）运输收入完成情况表（表39）。

表 39　　1978—2000 年湖南省国铁总公司（分局）运输收入完成情况表

单位：万元

总公司＼年份	1978	1979	1980	1981	1982	1983	1984	1985	1986	1987	1988	1989
长沙	20845. 8	22831. 8	24562. 6	24461. 6	26436. 6	30249	35831. 2	40054	45658. 4	60083	63917	72227
怀化	3421	2911	4394	4633	4988	8135	10197	11700	13605	22625	24079	27291
衡阳	7306. 8	7734. 3	8400	9178. 8	9586. 4	10940	13526	14888	17164			
总公司＼年份	1990	1991	1992	1993	1994	1995	1996	1997	1998	1999	2000	
长沙	108174	119272	125204	147393	153086	167562	210051	219248	237969	260725	284038	
怀化	24502	27802	31190	38187	42485	46851	55238	60826	63905	65531	76193	
石长									1169. 76	16103. 3	23001	

第三节　成本利润

一、运输清算收入

20 世纪 60—70 年代，按支出三大块（按换算吨公里成本、营业外计划、自然灾害支出实际清算）作为运输清算收入。省内国铁 2 个分局的清算收入和支出，按计划考核，实行收、支两条线，运输支出按实际完成的换算周转量及计划单位运输成本清算，营业外收支净额按计划清算，责任灾害按实际清算。

1980—1986 年，省内 2 个铁路分局恢复分配运输清算收入。客货运输收入按铁道部确定每万换算吨公里清算单价取得运输清算收入。装、卸、排作业收入，按实际完成车数与分别核定清算单价计算清算收入，每装 1 车分配收入 14 元，每卸 1 车分配收入 11 元，每排 1 车分配收入 8 元。运输进款超额部分按进款数 10%的比例增拨清算收入。1983 年实行利改税后每排空 1 车分配 20 元。1986 年实行“经济承包责任制”后，适当调高清算单价的水平，装、卸、排的清算单价相应调整，装车单价减为 11 元，卸车单价增至 14 元，排空车增至 40 元。原来平均清算单价改为“超产加价”，实际超过基数部分每万换算吨公里加价 21 元，超过承包目标部分再加价 23 元。增加“超收提成”比例，实际完成运输收入进款达到铁道部核定基数，按超收提成 40%提留。超过核定基数部分按增长额的 9%提成；超过 10%以上部分，按 12%提成。

1987—1992 年，广州铁路局实行全面经济承包，实行“双挂钩”清算办法，现收抵现支，运输进款归己，以收抵支。省内国铁 2 个分局实行以保运输任务、保运输收入和上缴，包局指定的计件、更改和大修项目，包安全，包质量等。1991 年，铁路局承包模式改变，运输收入分配实行“清算单价，收入分成，多超多得，调节平衡”的内部清算办法。

1993年，实行运输收入分配办法，总公司收取的集团公司管内的客票、货运、行包、邮运和全部其他进款收入，作为总公司的管内清算收入，实际完成的换算周转量按集团公司核定的清算单价清算。

1995年，总公司实行“小直管”方案，改变过去以集团管内运输收入和换算周转量清算单价为主体的收入分配模式，实行按总公司管内客货运输收入和直通清算收入作为总公司的清算收入，并通过适当的调节使清算一次到位。

1996—2000年，“小直管”清算办法进一步完善，集团公司对总公司的清算采取“直管清算，系数调节”的办法，将总公司管内的运输进款收入、集团内跨总公司的客货直通周转量（简称为直通1）清算收入、跨局的直通客货周转量（简称为直通2）清算收入，以及电化附加费清算收入，作为总公司的清算收入基数，以不同的系数进行调节。

1978—2000年，长沙铁路总公司累计完成的清算收入为3325309.7万元，1978年完成运输清算收入6282万元，2000年完成运输清算收入398686万元，增长了63.46倍；1978—1986年，衡阳铁路分局累计完成清算收入98724.4万元，1978年完成运输清算收入3165万元，1986年完成运输清算收入19053万元。

二、运输成本

1978—1979年，省内国铁对运输成本进行整顿控制，运输支出试行不列大修费，按计划考核。因此单位成本比往年低。

1980年，根据铁道部《铁路运输收入、成本、利润及工附业利润计划编制办法》，开始编制运输收入、成本、利润计划，核算比较完整的运输成本。按照铁道部修订后的《铁路运输成本管理规则》，在运输成本中增加了固定资产基本折旧费、集中费、工会经费、节约奖、材料差额和损失性费用等。

1984年，运输支出划分为与运量有关支出和无关支出，换算吨公里成本划分为变动成本和固定成本。根据实际完成运量定期考核分析运输支出的节约或超支，年末实际支出低于有权支出时，按节支额5%提成；实际支出超过有权支出时，按超支额5%罚款，减少留成。

1986年，运输支出科目按运营业务部门设置科目体系，核算各个运输可变成本，与营业外支出科目统一编码，采取相关的科目代码，进行电子计算机操作。运输支出科目分为生产费、管理费两大类，生产费又分为基本生产费和一般生产费。

1987—1990年，贯彻执行《铁路运输成本管理办法》，铁路局、分局、基层3级运输成本核算得以完善。

1991年，固定资产折旧计提办法改按铁道部统一规定的折旧率7.5%计提，折旧新增部分向局清算。

1992年，根据修改后的《铁路运输企业成本费用管理核算规程》，运输总支出改按运营成本、管理费用、财务费用、营业外支出科目核算。

1993年，固定资产折旧和大修提存费按10%列入成本。

1994—1995年，折旧费采用定额负担，按分类折旧率计提列支的办法，成本中列支的大修费按计划控制。

1999—2000年，根据1998年修改的《铁路运输企业成本费用管理核算规程》，进行“点到点”成本核算，增加工务、电务、供电部门区间费用计算，车辆、客运部门增加车次和车型费用计算，机务部门增加机型费用计算。

1978年，长沙铁路分局运输支出6128万元；2000年，长沙铁路总公司运输支出343745万元，比1978年增长56.09倍。2000年，怀化铁路总公司营业支出488.81万元。

三、利润

1972—1979 年，省内国铁各分局执行铁路局按运输清算收入（现收）减运输支出的办法计算运输利润。附业利润包括装卸、旅行服务、代办工作、职工生活供应等。利润总额由运输利润和附业利润构成。

1980 年起，清算收入按 15%缴纳税金。将营业外收支净额计算运输利润。分局不提取利润留成，实现的利润全部作为定额上缴。

1983—1986 年，运输企业实行利改税，在实行的利润中缴纳核定的集资款和 55% 的所得税，税后利润再上交核定的基数利润。

1987 年，广州铁路局全面开展大包干，以收抵支，定额上交。

20 世纪 80 年代，因煤、油价格上涨，线路中修改列成本，故而运输支出增大，利润降低。

1988—1990 年，承包改按实行利润、基数内定额上交利润和建设基金，再交货车使用费，剩余部分作为企业留利。

1991—1992 年，实现利润做以下分配：一是交货车使用费；二是按铁路局核定数上交建设资金（包括基数和超基数两部分），运输利润超计划部分上交 55%，附业利润超计划部分上交 35%；三是剩余作为企业留利。

1993 年实行新的企业会计制度，利润总额由营业利润、其他业务利润、投资收益和以前年度损益调整等项目构成。1993—1995 年，运输利润实行定额上交。从 1994 年起，实现利润首先按 33%缴纳所得税。

1997 年起，实行《一体化经营考核办法》。1997 年仍为计划性亏损，1998—1999 年，实现利润按 33%缴纳所得税，税后利润上交 60%，40% 用于弥补企业亏损。2000 年，税后利润全额上交。

1976—2001 年，长沙铁路总公司（分局）累计完成利润 430483.8 万元，扣除 1975—1977 年 3 年亏损 59154 万元，实际完成利润 371329.8 万元，其中 1994 年完成利润 80115 万元，创历年利润最高纪录。运输单位利润 1976 年 90.7 万元，到 2001 年达 10526.7 万元，增长 115 倍。

1978—2000 年，怀化铁路总公司（分局）累计完成利润 98516.5 万元，扣除 1996—1997 年 2 年亏损 23473.3 万元，实际完成利润 75043.2 万元，其中 1998 年完成利润 27462.1 万元，创历年利润最高纪录。1978 年利润 68.6 万元，到 2000 年 2325 万元，增长 33.89 倍。

四、留利

1980 年前，省内国铁各分局实现的利润全额上交，不提取企业留利，由铁路局按工资总额 11%提取职工福利基金。其中：医药卫生费和福利费各 5.5%，并按核定数下拨给分局。从 1979 年起，分局建立企业奖励基金，由铁路局拨入。

1981—1982 年，实行全额利润留成，分局留成额由铁路局按福利费、生产奖金、企业基金之和占利润额的比例核定。分局按留成额的 25%提取职工福利基金，75%作为职工奖励基金。

1983—1986 年，推行利改税，在实现的利润中，完成缴纳集资款、所得税、定额上交和超定额上缴的利润后，剩余部分作为分局的留利。1983 年按 30%计提职工福利金，70%作为职工奖励基金；1984—1986 年，基数留利分别按 16%、34%、50%计提生产发展基金、职工福利基金、职工奖励基金；超产留利按 5：2：3 比例建立生产、福利、奖励三项基金。

1987—1990 年，长沙、怀化铁路分局实行经济承包，实现利润除上交货车占用费，定额上交建设基金，上交超收利润后，剩余部分为分局的留利。留利建立三项基金，生产发展基金和福利基金按铁路局核定的基数。从 1987 年起，增长部分各按运输收入和利润总额较上年增长比例的 50%提取，生产发展基金占 40%，福利基金占 60%，剩余留利作为建设基金。

1993 年，实现的利润按新的企业会计制度规定提取盈余公积。企业的盈余公积由基数留利和超基数留利两部分构成，并按 20%提取公益金，80%提取公积金。1994 年起，公益金和公积金的分配比例为 45%和 55%。

1981 年，怀化铁路分局留利开始，至 1995 年，留利总额 21697.4 万元；1996—2000 年总公司企业留利总额为 -134574 万元。

第四节　资产资金

一、固定资产

1972 年省内国铁对固定资产现状进行全面清点，1979—1980 年开展清产核资工作。1982 年 6 月，实行《铁路运输企业固定资产管理办法》，使用铁路技术设备的各检修单位，按其修程和周期进行预防性定期和日常保修的同时，及时登记固定资产技术设备履历簿，掌握其数量、性能、技术状态。铁路局、分局、站段总工程师和总会计师专职领导铁路技术设备的技术管理（机械动力设备按现行管理办法）和固定资产核算，实行“统一领导，分级管理”体制。1983 年 6 月，实行《铁路固定资产使用年限》的规定，采用按类或组制定平均使用年限。1993 年，广铁集团公司开展清产核资工作，公布《广州铁路（集团）公司资产评估程序》，摸清“家底”，基本解决固定资产账面价值与实际价值相违背的问题。1996 年至 1998 年，省内国铁单位执行《广州铁路（集团）公司国有资产产权管理办法》和《广州铁路（集团）公司国有资产保值增值管理办法》，组织产权登记。1999 年，制定和公布《广州铁路（集团）公司国有资本实施细则（暂行）》。2000 年，完成财政部组织企业重新占有国有资产登记和核发新的国有资产产权登记工作。

1963—1992 年，长沙铁路分局拥有的固定资产分为 6 类：一是运输生产用的固定资产。直接参与运输生产过程的固定资产，包括机车、车辆、线路、通讯、信号设备等，对生产起辅助作用的小型运输工具（包括搬运小车、天车等），为生产提供的站房、厂房、建筑物等。二是工业生产用的固定资产，指铁路运输企业所属工业单位的固定资产。三是附业生产用的固定资产。指铁路运输企业所属附业单位的固定资产。四是非生产用的固定资产，不直接参加铁路运输生产过程，而为改善职工物质文化生活提供的固定资产。包括铁路所属文教、卫生、保健、俱乐部、住宅、托儿所等。五是未使用的固定资产，指尚未使用和暂时临用的固定资产。六是不需用的固定资产，指不适合单位生产需要，已报上级调拨处理的固定资产。随着铁路事业的迅速发展，该分局的设备逐年增加，固定资产的价值也逐年增加。1980 年，实有固定资产 90987 万元，2001 年，固定资产原价总额 1496429 万元，其中运输单位固定资产原价 1495036 万元（内燃机车 366 台、电力机车 176 台、客车 2666 辆、线路 3325 公里、桥隧 154 座、房屋 1070 万平方米、机械动力设备 11388 台、运输设备 1237 辆），运输企业固定资产净值由 1963 年 22164 万元，增加到 2001 年末 1140308 万元，增长了 50 倍。

怀化铁路分局 1972 年末，实有固定资产 114.23 万元。1973 年，接收湘黔线固定资产 53512 万元；1984 年，接收枝柳线固定资产 152121.7 万元。1992 年，固定资产总额 275699.6 万元；1993—2002 年间，湘黔电气化、复线工程完工移交，湘黔、枝柳扩能等增加资产 120 亿元；2000 年，怀化铁路总公司实有固定资产 8804921 万元。

二、流动资金

铁路的流动资金，分为定额流动资金、清算流动资金和营业资金。

铁路分局的定额流动资金，主要指生产用原材料和固定备用金，按照生产财务计划计算，按年分季核定，由财政拨款和银行信贷供应。1980 年，物资供应单位流动资金由财政拨款 60%，银行贷款 40%解决。1981 年，实行有偿占用资金制度，月占用费率 2.1%（1983 年停止）。1982 年，实行《铁路运输流动资金管理办法》，制定资金管理细则。1983 年 7 月，流动资金交银行管理，原财政拨款仍留用，新增资金向银行贷款。实行利改税后，每年从生产发展基金中提拨 10%，补充自有流动资金。流动资金定额根据上年定额资金水平和实际储备情况，考虑当年生产储备的变化和增产节约因素确定。在资金管理上，1978 年至 1980 年，开展大规模清仓核资工作。整个工作的进展从清仓、核库、利库、核定流动资金定额，到建立流动资金管理制度，历时 3 年。1981 年至 1985 年，将资金定额落实到料库、车间、班组和个人，集中储备，合理储备，清仓利库，平衡进料，处理积压物资，改善资金运用状况。1984 年，铁道部在广州铁路局试行运输收入进款抵拨运营支出的试点，试点制度延至 1993 年实行新的会计制度。是年 7 月，实行新的《企业财务通则》和《企业会计准则》后，流动资金改为营业资金，即流动资产扣除流动负债后的净额。原流动资金转入新制度的“实收资本”科目。

分局的清算流动资金由铁路局拨给，用于保证计划内规定的营业开支。1983 年，实行利改税后，仍保留运输周转金制度，长沙、衡阳铁路分局为 4 天，怀化铁路分局为 5 天。

历年来，长沙铁路分局流动资金运用较好。1980 年基本上保持当年运输收入 6%水平，1982 年进行生产核资时下降到 5%，

1983—1986 年，大体占当年运输收入 3%的水平。

怀化铁路分局每年期末定额流动资金增加趋向明显，20 世纪 80 年代平均保持 3527.1 万元，周转天平均 6.97 天；90 年代平均 18446.91 万元，周转天平均 6.79 天。

三、专用资金

专用资金主要有企业奖励基金、利润留成基金、更新改造基金、大修提存基金、客货服务基金、堵漏保收基金以及装卸收入提成等内容。客货服务、堵漏补收基金已在本章第二节记述，企业留成、企业奖励、职工福利基金已在第三节记述。

更新改造基金是补偿固定资产消耗的资金，既具有简单再生产的作用，又具有扩大再生产作用。更新改造基金 1979 年形成，1993 年下半年会计制度改革后，此项基金核算使命完成。更新改造基金包括固定资产基本折旧基金转入、上级拨入、固定资产变价收入等。更新改造基金主要用于运输设备更新改造、房屋建筑物重建、原有固定资产技术改造和技术措施，三废处理和试制新产品。1983 年，运营单位和大修单位承建的更新改造工程，按预算清算。铁路局汇总后，盈余 20%由铁路局支配，基金由铁路局更新改造项目的投资比例分配。1985 年，根据铁道部实行更新改造计划放权的规定，铁路局按基本折旧率（不包含机车车辆固定资产）2.1%安排计划更新改造基金。1987 年，铁路局实行经济承包，分局的线路、桥梁、隧道、长轨专运列车、机车、客车即专用车辆固定资产基本折旧率 3.2%上交，由铁路局统一安排。1986 年以前形成的固定资产 2.9%留用。1987 年新形成的固定资产，长沙铁路分局 2.2%、怀化铁路分局 2.5%留用，其余全部上交铁路局集中使用。

1979—1993 年 15 年间，怀化铁路分局共计取得更改基金 37361.3 万元，支出 16849.3 万元，主要用于运输设备更新改造和配套项目；上缴铁路局 20027.5 万元；提缴能源基金和调节基金442.89万元，能源基金和调节基金的上缴比例分别为15%和10%；弥补生产发展基金红字41.5万元。1986年，长沙铁路分局更新改造基金年末结余338万元，1992年年末结余103万元。衡阳铁路分局1978年至1986年9年间，实际完成更新改造3506.7万元。

大修提存基金是对固定资产进行局部更新，维持固定资产再生产的一项专用基金，是将固定资产大修的价值，均衡地以大修费用列入各期成本，并从运输收入中提取的来源，年提成率为固定资产原值的6%。铁路局对分局的拨款以大修计划为依据，每月拨付两次，分局对基层单位大修拨款比照上述办理。大修提存基金的会计核算时间段与更新改造基金相同。1983年，运营单位和专业大修单位承办的大修工程，实际支出与预算清算的差额，按盈亏处理，亏损不弥补，节余部分可提取20%作为留成，按留利规定的范围使用，80%上交铁路局安排。1987年，分局的线路、桥梁、隧道、长轨专运列车、机车、客车即专用车辆固定资产大修提存率按3.6%上交铁路局，统一安排使用。其余固定资产按3.6%计提，广州铁路局根据各分局不同情况确定不同的留用比例。

1979—1993年15年间，怀化铁路分局共计取得更改基金36228.8万元，1988—1990年，3年上交铁路局22726.9万元，支用13256.1万元，弥补生产发展基金红字245.8万元。1986年，长沙铁路分局大修提存基金年末结余44万元，1992年年末结余255万元。

第五节　财务监察

1979年，根据国务院《会计人员职权条例》和铁道部的规定，广州铁路局财务处建立财务监察科，分局财务科配备 1—2 名兼职财务监察，负责管内各单位财经纪律监督检查。

1980 年，实行《铁路财务监察办法》，开展财经纪律大检查。针对违纪情况，铁路局宣布了 6 条财经纪律。1981 年，抽查处理了一些违纪的单位。公款请客送礼、年终突击花钱、预提截留资金的违纪事件明显减少。1982 年，广州铁路局执行《关于违反财经纪律处理原则、权限及加强财务管理几项规定的通知》，各单位按时填报违反财经纪律项目统计表，有外汇收支的单位，采取控制外汇使用的措施。1984 年 3 月，铁路局刊发《广州铁路局财务监察（稽查）通报》第一期，宣传财务工作中好人好事和单位，公布典型违纪事件。1985 年，广州铁路局组建审计处，各铁路分局相继成立审计科，财务科的兼职财务监察全部转入审计科，并聘请审计信息员，建立审计通信网。1987 年 10 月，开展税务、财务、物价大检查。1988 年起，铁路局财务处恢复监察会计科，各分局陆续配备专职会计监察人员，在开展日常财务监督的同时，负责经办税收、财务、物价大检查工作。1989 年，贯彻铁道部《关于加强铁路财务监督，促进廉政建设的几项规定》，明确税收、财务、物价大检查经济违纪问题的政策界限。从 1990—1992 年，在独立决算单位，全部进行税收、财务、物价大检查，既自查自纠，又派出检查组，重点抽查，还建立“干部定点联系工作制度”，定期下去，帮助联系单位严查财经纪律，加强会计基础工作。1993 年，开展清产核资工作，从总公司到基层站段、车间、班组，对国有资产进行全面清查，摸清家底，加强对国有资产的监控。怀化铁路总公司开展清产核资工作，对 39 个站段 1295 个班组的国有资产进行全面清查，摸清了家底。

1995 年，各总公司财务部抓财经纪律，规范站段经营行为，完善财务监察管理制度，财务监察工作走上规范化、制度化。1996—2000 年，每年都进行一次财税物大检查，清理小金库。

2000年5月开始，怀化铁路总公司从财务、审计、多经三个部门抽调17人组成检查组，对机关38个公司进行为期四个月的检查。2000年7月1日，学习贯彻实施新《会计法》，各总公司领导、站段领导、机关干部、全体财务人员参加了新《会计法》考试。

第六节 审 计

1982年以前，广州铁路局财务处设财务监察科，对所属各单位的经济业务进行审计。国家审计署和铁道部审计局成立后，1985年3月，广州铁路局成立审计处，5—10月，衡阳、长沙、怀化铁路分局分别成立审计科，各配备5—7人，正式构成两级审计机构。

1986年5月以后，根据铁道部《铁路审计工作暂行规定》，广州铁路局公布《广州铁路内部审计工作暂行规定》，对审计机构任务、职权、工作程序和人员要求作了规定。1986年7月，还举办审计干部业务培训班。1988年11月，广州铁路局公布《审计工作程序标准》和《审计档案管理标准》纳入铁路标准系列。1990年起，审计工作实行方针目标管理，规定各年度审计任务、质量、效率指标。是年7月，公布《广州铁路局审计工作考核评比暂行办法》，此后，按考核评分范围及标准进行年度考核评比。1992年，下发《常用审计文书规范要点》，加强审计工作规范化管理。1990年11月，两级审计机构一次配齐电子计算机。1991年2月，公布《广州铁路局计算机审计规划》，利用计算机技术手段进行审计。是年12月，铁路局全面实现审计计算机联网，年度审计信息全部由网络传输。1992年，广州铁路局在长沙召开计算机审计工作会议，全面推行计算机查账工作。1987年、1991年，长沙、怀化铁路分局先后建立聘请特邀审计员制度，在工程预算、施工监理、运输收入、运输经济、多种经营等单位，聘请特邀审计员。1993 年，铁路总公司成立，分局审计科更名为总公司审计部，定员基本保持原来的 7—8 人。石长铁路有限责任公司 1998 年投入运营后，审计职能设在经营管理审计部，设专职审计人员 1 名，管内还聘用部分专业技术人员为公司的内部审计信息员。与此同时，建成了公司内部审计监督网络。

广铁集团公司两级审计机构审计主要有以下项目：财务收支审计、运输收入审计、厂长任期经济责任审计、工程项目审计、经济效益审计、自筹基建资金来源事先审计、行业（系统）审计。审计成效显著。1989 年，长沙铁路分局审计科持续两个月对管内主要装卸作业站进行经济效益全面审计。经审计和帮促，该分局装卸部门按可比口径计算，1989 年比 1988 年增收节支 176.4 万元，实现扭亏为盈。1992 年，怀化铁路分局审计科开展运输收入审计试审。截至 1997 年，9 个运输单位审计，发现并补收少收、漏收运杂费和专用线场地费等 86.6 万元，取得了增收的直接效果。同时，针对运输收入工作中的薄弱环节，提出审计建议 26 条，促进被审单位加强运输收入管理。2000 年，长沙铁路总公司审计分处对湘潭东站、长沙南站、长沙铁路电子所进行财务收支审计，发现无计划施工及购置、截留联营分成、往来账目不符、私设“小金库”等不少问题。就“小金库”统计，湘潭东站两笔：账外账收入 43050 元；货物保险现金 203538 万元；长沙南站“小金库”两个：春运临客收入 49616 元，租金收入 28600 元，2 笔未纳入财务核算。审计分处对 3 个单位审计出来的问题除责成整改外，还提出规范经营管理、实行内控制度、加强债权清理等建议，被审计单位予以采纳。

第五章　物资管理

1978 年，广州铁路局设物资管理处，省内铁路分局相应设物资管理科，管理物资设备。1982—1985 年，长沙、怀化、衡阳铁路分局物资管理科分别更名为能源物资设备科和物资设备科。1987 年 4 月，长沙铁路分局成立物资采购供应站。其职能是负责申请和采购物资，进行平衡分配，组织供应，并做好仓储管理；负责基层单位的物资能源、机械动力设备管理、工业生产等工作。1988 年，广州铁路局成立广州铁路物资总公司，与物资管理处是一套人马、两块牌子，管辖各分局铁路物资管理部门和各材料（总）厂（株洲铁路材料总厂、衡阳铁路材料厂和怀化材料厂）。1993 年，铁路分局更名为总公司后，各总公司分别成立物资公司，与更名为能源物资设备部和物资设备部是一套班子、两块牌子。1996 年，又分别更名为能源物资设备分处和物资设备分处。是年 6 月，落实《关于广州铁路（集团）公司调整机关机构编制的通知》精神，各材料（总）厂划归物资总公司党委领导。2000 年 12 月 12 日，广铁集团公司下发《集团公司、集团公司党委关于改革物资管理体制的通知》，物资总公司整体撤销，下属的株洲材料总厂、衡阳材料厂和怀化材料厂分别划归长沙、怀化铁路总公司管辖，并由总公司物资分处对其业务指导。尔后，株洲材料总厂、衡阳材料厂更名为株洲材料供应段、衡阳材料供应段。2001 年，长沙铁路总公司能源设备分处内设节能节约办公室、汽车交通安全管理委员会和物资公司。

1994 年，石长铁路总公司成立。是年成立物资部，负责石长线建设期间的物资管理和物资供应工作。同时成立物资设备能源管理中心负责整个公司的物资、设备和能源管理工作，实行公司和基层单位二级物资管理体制。1998 年 10 月，随着石长线投入运营，物资部撤销改为物资收尾组。1999 年 4 月，公司成立物资设备能源管理中心。2000 年，物资收尾组与工程收尾组合并为石长线收尾组。

第一节　物资供应

一、采购供应

20 世纪六七十年代，省内国铁的材料供应工作执行统一计划、集中领导、分级管理的原则。掌握物资权力集中在铁道部、铁路局两级。铁路分局的一项、二项物资所需数量、规格向广州铁路局物资处申报计划，由其购置分配。三项材料由株洲材料厂供应。1978 年，分局执行石油产品定量凭证供应办法，基层单位向株洲材料厂提报石油产品需要量核算表，由其按月核需供应。1979 年，广州铁路机车车辆配件厂实行产销见面，各机务段、车辆段按季向该厂申报机车车辆配件申请计划，由其组织生产，按月核需供应。1980 年，分局基层单位按照国家物资总局统配机械产品、机电产品，在费用资金限额内编制申请计划。1984 年，根据铁道部《关于实行铁路物资地区供应中心负责的通知》精神，实施集中计划集中供应品种，由铁路局物资处直接下达平衡分配供应。集中计划、地区供应品种，铁路局物资处核定计划分配指标下达供应。地区计划、地区供应品种由物资处统一申请，不下达计划分配指标。是年，分局物资设备办理钢材、木材、水泥、汽油、柴油和固定资产设备的申请、分配、调剂及管理。1986 年，形成铁道部、铁路局、基层单位三级材料供应负责制。1987 年，铁道部物资总公司取消物资计划指标，铁路实行大包干，机车用柴油，国家计划配置数量，不配置价格。是年，长沙铁路分局物资采购供应站完成供应额35万元，实现利润2.5万元。

1988年，国家物资配置实行双轨制，大宗铁路物资以计划分配为主，市场调节为辅。分局所需统配物资向铁路局申报计划，三类物资则由株洲材料厂供应或单位自购列销。1993年，长沙铁路总公司制订《物资供应管理办法》，总公司物资公司负责采购供应主要物资。1996—2000年，该物资公司供应空调车用柴油17589吨，供应房建、基建、工务维修线路所用水泥2756吨，化工等材料63万元，总共为主业节约材料差价395万元。在1998年的抗洪抢险物资供应中，组织抢运40多台电动转撤机，送到遭受水灾的娄底车站站场，为湘黔线的及时开通提供了保证。2001年，怀化物资供应段集中采购供应总额达到4038万元，较2000年增长77%。石长线建设期间，石长铁路公司制订《石长铁路建设工程物资供应暂行管理办法》，实行以建设单位归口供应为主，施工单位自购为辅的办法。1994年，公司成立水泥供应站，负责石长线建设期间的水泥供应。其他物资由公司物资部组织供应。据统计，石长线建设期间，物资部供应钢轨38980吨，道岔278组，钢材5532吨，木材1790立方米，以及整机设备、电缆、通信设备、信号设备。水泥供应站供应水泥77840吨。其余物资由施工单位自行采购。

二、物资定额

物资部门在保证物资供应的同时，对材料消耗实行定额管理，即物资定额。1977年，按照铁道部颁布《关于加强物资消耗定额管理工作的通知》要求，省内国铁机务、车辆、电务、工务、房建部门查定物资定额工作。分局对基层单位的产品或单项修程定额综合为段级定额。1978年11月，查定机械动力设备大、中维修和工业产品物资消耗定额，用统计分析法制定设备、修程和产品平均先进物资定额。1979年起，对机务、车辆、工务、电务、房建5个运营部门（1984年增加水电部门），选择运营维修用主要物资，进行实际单耗与物资定额对比，检查物资定额执行情况。是年，主要运营维修物资实际单耗低于物资定额80.2%，高于定额9.8%。长沙铁路分局89.4%的班组实行经济核算，做到事事有计划，超支有人管，成本有核算。1982年，各铁路分局执行《广州铁路局物资消耗定额管理办法》，对物资定额查定与审批，执行与管理作了具体规定，每半年报送一次物资定额执行情况。1984年，怀化铁路分局以4个月时间查定了13个单位20个修程2394项主要物资的消耗定额。1986年，修订机务、车辆、工务、电务、房建部门段级定额2.02万项，局级定额4037项。1987年起，运用电子计算机进行物资消耗定额管理。1991年，执行铁路局物资处与娄底机务段共同编制的《物资消耗定额基层单位核算程序》，采取A、B、C分类法进行筛选，增补材料品种1764项物资定额，并增加电力机车维修用物资定额，建立健全运营维修用物资消耗定额体系。物资消耗定额管理实现了电子计算机网络化。经过1995年至1997年修订和审查验证，1998年开始，执行《广州铁路（集团）公司运营设备维修物资消耗定额标准》。1998—1999年，运营单位执行物资消耗定额新标准，长沙、怀化铁路总公司的机务、车辆段推广运用“铁路运输部门基层单位车辆核算物资管理信息系统”，其中物资消耗定额子系统的管理方式从过去的事后监督转变为事前控制，定额管理工作出现了质的变化。

1995年，长沙铁路总公司检查26个单位的物资消耗定额工作，评出优秀单位23个，合格单位2个，不合格单位1个。1996年26个物资消耗量大的单位实行物资消耗定额管理，超罚节奖。检查评选物资消耗定额管理优秀单位25个，合格单位1个。总公司96%的单位材料消耗降耗率70%以上，达到广铁集团的标准。2000年，考核23个消耗定额管理单位，评为定额管理优秀单位

21个，合格单位2个，先进个人253名。定额考核23个单位的降耗率均达70%以上。总公司的综合降耗率75%，超过铁道部规定标准5个百分点。2001年，总公司综合降耗率75%，23个定额考核单位物资降耗率70%，降低生产费用，控制成本。

三、物资监察

1979年4月，铁道部重新颁发《铁路物资监察工作办法》。是年下半年，恢复铁路物资监察工作，铁路局物资管理处、各分局分别设专职物资监察员1人，上下组成物资监察网。1980年，各铁路分局先后召开物资监察座谈会，明确监察人员的职责范围，强调严肃物资纪律和遵守物资工作规章制度。1982年，执行《广州铁路局物资管理条例》，着重监察基层单位物资先后定额或材料费用限额领料落实，以及车间（工地）坚持物资保管、使用、回收、改制利用、余料退库、完工核销材料的执行情况。1986年，执行广州铁路局《关于进一步加强物资监察工作的通知》，加强宏观控制和管理。各分局聘任了部分兼职物资监察员。1987年5月，铁道部物资管理局颁布新的8条物资纪律。包括物资工作要坚持贯彻党和国家的政策、法令和经济法规，物资购销活动要从保证运输生产出发，坚持为铁路扩能提效服务，要严格履行购销合同，物资计划要实事求是，不准保有账外料，厉行节约，反对浪费，不准滥收或随意提高物资流通费用，遵守职业道德等。1989—1990年，整顿物资工作监察网，实行专、兼职物资监察人员持证上岗制。1991—2000年，每年1月1日和10月1日，都组织监察开展物资大清查活动。2000年，广铁集团公司范围内2次进行物资大清查。

长沙铁路总公司（分局）物资监察工作加强宏观控制和管理，每季度组织物资监察人员对所属基层单位进行物资监察活动。1986年末，分局表彰衡阳工务段、株洲车辆段、长沙电务段、娄底电务段、岳阳机务段、郴州机务段、株洲材料厂等18

个物资统计工作做得好的单位。1995 年，物资监察 30 个单位，查出问题 36 条，并逐条整改。1997 年，物资监察 29 个单位，重点对进料渠道、质量价格、成本管理、资金应用等方面检查，查出问题 16 条，帮助解决 9 条，限期整改 7 条。1998 年，总公司首批聘任 20 名兼职物资监察员，任务是对本单位物资管理、成本支出进行监察。1999 年，长沙铁路总公司对机务、车辆、工务、水电、房建等 20 个单位进行 60 次的物资监察，查出 6 个单位 21 项 20.5 万元的物资有质量问题，查出其他方面问题 27 条，逐一提出监察意见并督促整改。2000 年，总公司又对 33 个材料消耗大户进行物资监察。是年 8 月，广铁集团公司抽查长沙铁路总公司 9 个单位，11 月，铁道部物资监察长沙机务段等 3 个单位，对长沙铁路总公司物资管理给予较高的评价。

第二节　仓储管理

1979 年，铁路各材料厂、库执行铁道部颁布的《铁路物资技术保管规程》，库管员加强材料、仓库的管理。长沙铁路分局组建清仓核资领导小组，对现有资产作全面清查。清查出积压物资 214 万元，并作了处理。表彰奖励了 9 个清仓核库利库较好的基层单位。全分局 78%的单位仓库管理井井有条。

1980 年，实行铁路局和基层单位两级贮备。通用处理集中各材料（总）厂贮备，基层单位材料库贮备少量衔接料；专用配件和进口器材交有关单位贮存，二项机辆配件集中广州铁路配件厂贮存；行车用料分别由各材料（总）厂和有关单位贮存。

1982 年起，连续 3 年按照铁道部颁发的《铁路物资仓库管理标准》及其细则开展仓库整顿和评比工作。达标仓库材料堆码五五化（按五的倍数排成行、堆成垛、结成串），布局三线化（料架、料签、堆码一条线），标志明显，库容整洁，管理达标。是年，株洲材料总厂被评为全路仓贮管理先进单位，衡阳车辆段仓库被评为全路标准仓库。

1983 年，衡阳材料厂被评为全路仓贮管理先进单位，株洲材料总厂配件库被评为全路优秀标准仓库。1984 年，衡阳材料厂、怀化材料厂被评为全路优秀标准仓库。株洲材料总厂被评为全路标准仓库。1985—1987 年，衡阳材料厂连续 3 年荣获铁道部优秀标准仓库，1986 年获全路“仓库管理优秀流动杯”。

1987 年 4 月，各材料厂、库执行铁道部物资管理局新的铁路物资仓库管理标准。是年，株洲材料总厂由标准仓库晋级为“优秀标准仓库”。1982—1988 年，怀化铁路分局在全分局范围内开展红旗仓库评比活动，经过 7 年的努力，39 个站段的物资仓库均被评为铁路局的红旗仓库或优秀标准仓库。

1990 年，衡阳材料厂荣获铁道部“仓储管理全优荣誉证书”，并在该厂召开中南地区铁路物资工作会议，衡阳、怀化材料厂介绍仓贮管理经验。

从 1992 年开始至 1999 年，全路停止了统一组织的仓库检查评比，各总公司结合安全优质达标，分别修订了仓库检查评比计分办法，年年自行组织开展仓库检查评比工作，评出优秀标准仓库和标准仓库，有力地促进了仓库管理工作。1999 年以后，仓库管理活动的重心，从传统的“经营管理”型，逐步向“管理效益”型转变，特别是物资部门的仓储管理，逐步向以提高仓储设施的综合利用率，增创综合经济效益转变。

第三节　设备管理

省内国铁基层单位的设备管理指对机械动力（简称设备，不包括机车、车辆、桥梁、隧道、线路、信号等铁路专用技术设备）检修的管理，包括维修、中修、大修。20 世纪 70 年代，维修、中修自行安排，大修由铁路局安排，主要执行交通部《关于加强机械动力设备修理工作的通知》，合理安排设备养护维修，严格技术操作规程，保持设备良好技术状态。

1978 年，贯彻执行铁道部《关于开展群众性设备大检查，加强设备维修和管理的通知》，通过设备大检查，推动技术练兵和“三好四会”（用好、管好、修好，会操作、会保养、会检查、会排除故障）活动。是年起，开展红旗设备评比活动，根据设备“五好”（技术状况好、保养好、使用好、完成任务好、安全好）评比条件，各机务段、车辆段认真落实定机定人负责制，坚持合理使用，精心保养，执行及时维修的设备管理制度。

1980 年，各基层单位按时填报《年度机械动力设备大检查汇总表》，同时填报反映年末实有数的《机械动力设备统计年报》和反映季度设备大修情况及设备事故的《机械动力设备情况季报》。是年，铁路局还根据铁道部《机械动力设备管理规定》，制定《机械动力设备管理规则补充细则》（1983 年国家经委发布《国营工业交通设备管理试行条例》后，依此为准贯彻执行）。

1984 年，铁道部、广州铁路局对长沙铁路分局机械动力设备进行检查，评出设备管理优秀单位 14 个，合格单位 23 个，不合格单位 2 个。是年，长沙铁路分局对各单位的锅炉机械普查，并给压力大于 1 公斤/平方厘米的锅炉和司炉工登记，换发新证，加强锅炉的管理。1985 年，衡阳车辆段、株洲机务段被评为铁道部设备管理优秀单位。怀化机务段 C924A 型动轮曲拐销车床被评为铁道部红旗设备。1986 年，衡阳车辆段被评为铁道部设备管理优秀单位。是年，在铁路局召开的设备管理工作会议上，长沙铁路分局、株洲机务段、衡阳车辆段作了管好、用好机械动力设备和推行设备现代化管理的经验介绍。

1987年，主要运营单位采用电子计算机进行设备管理与分析。是年，长沙铁路分局保有机械动力设备5442台，固资原值6818万元，其中主要设备4014台，设备完好率93.3%，设备利用率46.7%，红旗设备率4%。年末，分局检查41个单位的设备，其中优秀单位32个，合格单位8个，不合格单位1个。衡阳车辆段被评为铁道部设备管理优秀单位，岳阳机务段被评为铁道部设备管理先进单位。1988年，衡阳车辆段、岳阳机务段、长沙铁路分局被评为铁道部设备管理优秀单位。1989年，衡阳车辆段、岳阳机务段、长沙铁路分局被评为铁道部设备管理优秀单位。怀化铁路分局锅炉安装队经湖南省劳动人事厅资格审查认可，成为一支D级锅炉安装、维修（改造）专业队伍。

1990年，贯彻执行《铁道部铁路局系统机械动力设备管理规定》。长沙铁路分局拥有机械动力设备4759台，固定资产原值1.08亿元。设备管理已形成由主管副分局长为首，能源物资设备科归口，机关各职能科室设备管理人员、站段设备管理使用人员的3级设备管理网络和质量保证体系。1983—1990年，分局连续8年无设备特大、重大事故。1990年，广州铁路局复查长沙铁路分局50个具有10台以上设备主要运营单位，900分以上有26个，850分以上24个。衡阳车辆段、长沙铁路分局被评为铁道部设备管理优秀单位，郴州机务段被评为铁道部设备管理先进单位。1988—1990年，长沙铁路分局连续3年获铁道部、湖南省设备管理优秀单位。

1991年，省内国铁进行设备及汽车的定编复查调整工作。

1992年，长沙铁路分局装卸机械年检359台，占装卸机械96%，其中，评选一级设备185台，二级设备173台，三级设备1台。分局评选出优秀装卸机械设备90台，装卸机械管理技术、维修先进个人162名。怀化铁路分局制订《怀化铁路分局机械动力设备、交通安全承包考核办法》，每年检查考核评比两次。

1993年，怀化铁路总公司管内各单位轨道车、轨道平板车由怀化机务段承办大修。自此，结束这两种车委外大修历史。长沙总公司设备完好率96.8%，设备利用率51.6%，红旗设备40台。

1994年，长沙铁路总公司下发《关于公布机械动力设备安全质量承包考核办法的通知》，24个单位实行承包，年末发放设备安全质量承包奖21.6万元，责任扣奖0.43万元。

1995年，长沙铁路总公司在所辖地区召开设备工作会议，完善各类标准制度1560项，并对39个单位1吨以上的274台锅炉实行承包。是年，对多余、闲置、废旧机械动力设备管内调剂41台，管外有偿调剂18台，为总公司回收资金50万元。

1996年，长沙铁路总公司有偿调剂机械动力设备10台，收入14.3万元。1996年至1997年度，怀化铁路总公司被铁道部评为设备管理先进单位。

1997年，怀化铁路总公司机械动力设备保有量2619台，固定资产原值14361万元，其完好率93.4%，利用率55.8%，新度系数0.68，故障停机率0.95%，闲置率0.74%。

2000年，长沙铁路总公司在岳阳机务段成立轨道车修理厂，大修轨道作业车6台，营收61万元，为总公司节约15万元。

1997年至2000年，各总公司设备管理主要是落实铁道部和国家经贸委《“九五”全国设备管理工作纲要精神》，抓好设备的管、用、养、修工作，整治设备隐患，确保关键设备技术状态良好，做到人员到位、措施到位、管理到位、责任到位。1999年，怀化铁路总公司开展固资设备大清查活动，共清查出主业设备3299台，原值20095万元，其中账外设备177台，原值788万元，有账无物设备42台，原值92万元，老旧、淘汰设备147台，多经设备261台。通过这次清查，摸清了家底，理顺了关系，重新修订了《怀化铁路总公司机械动力设备、交通安全承包考核办法》。

自1999年石长铁路公司成立物资设备能源中心后，公司的固定资产设备（包括机械动力设备、运输设备、传导设备等通用设备）纳入规范管理。固资设备实行公司、基层单位二级管理制，公司注重宏观调控，基层单位注重实物、现场管理；中心负责审查设备的新增、更新计划，负责设备的选型、招标、购置、鉴定、验收、调剂、封存、报废、回收，以及组织、落实设备的大修计划，掌握公司管内设备的数量、动态、能力、技术状态、使用和安全情况；监督、检查、指导各单位设备管理工作和设备大修及更新改造资金的使用情况等等。基层单位负责掌握设备能力，配置设备，挖潜增效，提高设备的利用率；建立健全设备台账和技术档案，掌握设备的数量、动态、能力、技术状态、使用和安全情况；统计、保管各种原始资料，并进行分析；搞好设备的管、用、养、修等等。1999年，公司出台《关于公布〈石长有限责任公司固定资产第八、九、十、十二、十三类设备管理实施办法〉的通知》《关于对物资设备采购供应工作进行清理整顿的通知》。2000年，又公布《关于规范公司机动车辆维修管理的通知》等规范性管理文件。每年还开展设备大检查，评比活动。

2000年，长沙铁路总公司机械动力设备保有量为10614台，固定资产3.86亿元，设备完好率95.5%，设备利用率55.1%，无设备责任事故。怀化铁路总公司机械动力设备保有量为3019台，固定资产原值20473万元，设备大修90台，大修金额149万元；更新设备25台，价值262万元；购置设备92台，价值352万元，完成了《总公司机械动力设备2000年至2010年发展规划纲要》。石长铁路公司设备保有量995台，固定资产原值4332.95万元。

第四节　节能降耗

铁路节约材料、能源是从清仓查库处理超储、修旧利废、节料节能等方面开展工作。

1979 年，按照广州铁路局的部署，省内铁路分局连续 6 年开展“节能月”活动，采取节能措施，节能技改，组织检查评比，实行节奖超罚。长沙铁路分局对在增产节约运动中，降低原材料、燃料和电力消耗，节约成绩突出的 8 个单位给予通报表扬，3 个单位授予奖旗，52 个车间、班组和 27 名先进个人给予表彰奖励。

1982 年底，怀化铁路分局成立物资设备科，制定“能源管理”办法，正式开展能源管理工作。

1983 年，衡阳铁路分局、怀化机务段、岳阳机务段、株洲水电段荣获全国铁路节能先进企业称号，铁道部发给奖状。

1984 年，株洲水电段、株洲车辆段、衡阳水电段、岳阳机务段荣获全路节能先进企业称号，铁道部发给奖状。

1986 年 8 月，执行铁道部颁布的《铁路节约能源管理暂行细则》和 1981 年国家经委、计委、能委颁布的《对工矿企业和城市节约能源的若干具体要求》，开展检查评比活动。岳阳、衡阳、怀化机务段及株洲水电段 5 个单位荣获“全国铁路节约能源先进企业称号”，铁道部发给锦旗、证书。

1987 年，执行铁道部颁布的《生产、生活能源包干责任制试行办法》和广州铁路局制定的《能源消耗定额管理暂行办法》《产品综合能耗管理暂行办法》，实行车间、班组对基层，基层对分局，分局对铁路局三级能源包干责任制，下达年度计划耗能总量、单位产品综合能耗、能源支出，执行节奖超罚。是年，长沙铁路分局节能节约 24 万元。怀化铁路分局对怀化水电段、靖州车务段实行能源包干经济责任制试点，成功研制了高效节电加热炉，比原油喷式加热炉节能 62%，比其他工频加热炉节能 76%，大大改善了操作人员的工作条件。

1983—1988 年，长沙铁路分局节约钢材 1728 吨，节约木材 2956. 1 立方米，修旧利废价值 909. 9 万元。

1988 年，开展节能达标与能源管理定级活动。长沙、怀化铁路分局由铁道部审定为国家级节约能源二级企业。

1989 年，怀化铁路分局 33 个基层单位实行能源包干经济责任制。

1990 年，长沙铁路分局被评为国家级节约能源一级企业。怀化铁路分局连续保持国家级节约能源二级企业。

1991 年，怀化铁路分局物资设备科成立节约能源办公室，强化节能基础工作。

1992 年，长沙铁路分局站段通过能源监察活动，查出问题 137 项，整改 123 项，还解决 14 项长期遗留问题，同时节能技改投入 657 万元。

1995 年，怀化铁路总公司被铁道部、湖南省评为“八五”期间节能先进企业。长沙铁路总公司 65 个单位实行能源包干，年末发承包奖 33 万元。全年实现综合节能率 9. 2%，比 1994 年提高 2. 2%。

1996 年，衡阳水电段一、二级泵房电机交频调整投资 48 万元，实施后年节电 52. 6 万千瓦小时，计 30 万元。衡阳列车段客技站改装节水装置，用水节约 80. 4%，月节水费 14. 5 万元。怀化总公司研制成功节能卧具烘干流水线，每小时可烘干被套 522 件，是原干燥室的 8 倍。每小时可节约蒸汽 360. 7 公斤。是年 5—11 月，怀化铁路总公司开展了声势浩大的清仓利库活动，对各站段账内账外、库内库外、车间班组、施工工地的所有材料进行全面彻底的清查，清查总额 4663 万元。随后，通过调剂处理和退库处理，527 万元的多余积压物资重新派上用场。

1997 年，怀化水电段怀化一、二级水泵房，张家界一级泵房，怀化机务段，张家界机务段，怀化车辆段空压房分别安装变频调速全自动恒压供水和变频调速全自动恒压供气系统。每年为总公司节电 240 万度。

1998 年，株洲机务段废水回收利用工程采用变频自动控制，节电 20%。怀化总公司 DZL4-1.27 锅炉节能技术改造成锅炉热效率从原来的 54%，提高到 77.8%。是年，该总公司开展群众性的修旧利废活动，修旧利废总额 2182 万元，首次突破 2000 万元大关。

1999 年，娄底机务段废水回收利用投资 21 万元，将机车洗车后流失的水回收处理后利用，年可节水 40 万吨，节约 28 万元。是年 11 月起，石长铁路有限责任公司连续六年开展“节能宣传周”活动，组织宣传和检查评比，制订《石长铁路有限责任公司能源“节奖超罚”考核（试行）办法》《石长铁路有限责任公司节约能源管理实施办法》《石长铁路有限责任公司水电管理办法》，同时将《能源管理控制程序》纳入到公司的贯标文件体系中，开展能源监查活动，提高依法节能水平；加强节能技术改造，提高能源利用率，用高效节能灯具代替原有的照明设施；提高检测技术和检修工艺，改善机车热力技术状态，根据耗能实际，修订耗能定额。全年节约燃油 1.4 万多吨。

1991—2000 年，长沙铁路总公司（分局）节约物资包括钢材、木材、水泥、有色金属等，修旧利废，节约总价值 27649.74 万元。

2000 年，长沙铁路总公司全年总能耗 45.2 万吨标煤，每万吨公里耗能 6.1 吨标煤，单位产品综合降耗率 80%，能源节约价值 4000 万元。是年 12 月，铁道部召开《全路节水经验交流会》，株洲车站、岳阳车站的旅客列车自动上水装置及衡阳水电段一、二级泵房水厂的变频改造工程后的节水经验，在大会上被介绍，受到与会者的好评。衡阳水电段马继征、株洲工务段周荣清被评为“九五”期间铁道部节能先进个人，株洲机务段获得“九五”期间铁道部节能先进集体称号，长沙铁路总公司获湖南省1999年度节能工作优秀组织单位称号。

专　记

株洲电力机车厂

一、企业发展历史（1978—2002 年）

1978 年，企业名称为田心机车车辆工厂，隶属于铁道部工业管理总局，以修理蒸汽机车和工矿电力机车为主，同时兼顾研制电力机车。该年修理蒸汽机车 241 台、工矿电力机车 10 台，生产 SS1 型电力机车 20 台。全年工业总产值为 6906 万元，产品销售收入为 6526 万元，实现利润 1624 万元。年末，该厂职工总数为 8075 人，固定资产原值 8458 万元，固定资产净值 4510 万元，占地面积近 160 万平方米，其中生产区面积约为 66 万平方米、生活区面积 90 万平方米。

1978 年 6 月 18 日，工厂撤销革命委员会，实行党委领导下的厂长负责制。7 月，铁道部在新乡召开的会议上决定：田心工厂自 1979 年起停止修理蒸汽机车，改建、扩建为电力机车专业工厂，并随即酝酿扩建规划。据此，工厂加快生产进度，提前两个月完成全年生产任务，修理的最后一台蒸汽机车——菲德型 1631 号机车于 10 月 28 日交出，彻底结束了修理蒸汽机车的历史，开始全面转产电力机车。

1978 年 12 月，党的十一届三中全会胜利召开。此后，工厂在党的改革开放政策指引下，顺利实现了历史性的转产；全面贯彻调整、改革、整顿、提高的方针，加强和完善企业管理，改制、改革，逐步建立起现代企业的管理机制；积极开拓经营，全方位扩能、改造、挖潜，合理调整产品结构，积极走引进、消化、吸收、创新的跳跃式发展道路，电力机车产品不断更新换代、推陈出新，取得了一系列辉煌的业绩。

1979 年 11 月，铁道部〔1979〕铁人字 1737 号文件同意工厂名称由原来的“铁道部田心机车车辆工厂”改为“铁道部株洲电力机车工厂”（简称“株机厂”），下达《关于重新提报田心机车车辆工厂扩大电力机车生产能力设计意见书的通知》（〔1979〕714 号），初步确定工厂改扩建方案的生产纲领为：年产韶山型干线电力机车 200 台，电机电器配套 300 台份，150 吨工矿电力机车车体 30 台。1980 年 2 月，铁道部重新调整工厂改扩建方案，确定分期建设，先以年产 100 台干线电力机车为纲领，由工厂自行设计，并于 9 月以〔1980〕铁计字 1594 号文正式予以批准。

1981 年，党中央相继出台企业职代会工作条例、厂长工作条例、企业党组织工作条例后，工厂便按照党委集体领导、厂长行政指挥、职工民主管理的原则，整顿和加强企业管理，并制订了有关的实施细则，企业管理逐步得到加强和提升。

1982 年 2 月起，根据中共中央和国务院《关于国营工业企业进行全面整顿的决定》（〔1982〕2 号）和铁道部工业总局的具体要求，工厂开展全面整顿，加强各项基础管理工作，推行新的管理方法和管理思想。

1982 年 7 月至 1988 年 4 月，国家计委和铁道部对工厂改扩建投资规模及生产纲领前后进行了 6 次补充和调整，1988 年 4 月最终确定其生产纲领为年产电力机车 200 台，总概算投资额为 13772 万元，土建工程为 165852 平方米，购土地 407 亩，新增职工 1569 人。1989 年底，其改扩建工程基本完工。

1984 年 7 月，铁道部指定工厂为领导体制改革试点单位（共 15 个），推行厂长负责制。于是，工厂党委此年 10 月 20 日起将工厂经营管理的决策权、生产行政的指挥权、行政干部的任免权、奖励基金的分配权、职工的奖惩权全部交给厂长，党委只实施保证监督职能。

1985 年 6 月，工厂调整和优化组织机构，逐步由生产型向生产经营型转变。在进行企业全面整顿的同时，工厂提出要成为

“六好企业”（三者兼顾好、产品质量好、经济效益好、劳动纪律好、文明生产好、政治工作好）的目标。为此，在企业“五项整顿”验收后，工厂又随即开展了企业升级达标活动，并于1986年2月被湖南省人民政府命名为湖南省首批“六好企业”。

1987年，在总结和完善创“六好企业”经验的基础上，工厂进一步深化改革，加强管理，产品质量也不断提高，12月被评为省级先进企业。

1988年3月，在铁路向国家全面实行“大承包”后，工厂与中国铁路机车车辆工业总公司（后简称中车公司）签订了1988—1990年经济承包合同。为较好地完成各项承包合同，工厂针对内部19个生产辅助车间制定了承包方案。6月通过铁道部国家级企业考评组的检查，8月被国务院企业管理指导委员会批准为“国家二级企业”。

1989年初，工厂全面调整行政机构，进一步完善经济承包制，同时全面推行干部聘任制及新的《内部奖金分配方案》和《在岗工龄津贴试行方案》等办法。

1990年是工厂对铁道部3年承包的最后一年。此年，工厂通过了国家二级企业复查；技术改造取得新的进展，电力机车试运线基本完工；生产均衡出现好势头，尤其是四季度创造了交车均衡率100%，夺得了中车公司厂际劳动竞赛的流动红旗，并被评为湖南省社会主义劳动竞赛先进企业。

1991年3月31日，工厂1986年开始新建的电力机车试车线正式开通。试车线全长3.9公里，由国家拨款1200余万元。为深入贯彻中央工作会议精神，落实铁道部“科技兴路”和湖南省“科技兴湘”的战略思想，工厂于7月、8月先后下发《科技兴厂》《从严治厂》和《增强企业凝聚力》3个重要文件，为其建立合理的管理机制和竞争机制注入了新的活力，企业内部改革和各项管理继续加强，荣获“全国五一劳动奖状”和“1991年度湖南省社会主义劳动竞赛先进集体”。1991、1992年，为贯彻《全民所有制工业企业转换经营机制条例》（简称《转机条例》），工厂加快了内部各项改革的进程，促使各单位由生产型向经营型转变，生产经营形势明显向好，全年生产电力机车160台，是转产电力机车以来年产第一次创历史新高。

1993年4月，铁道部部长韩杼滨到工厂考察，就电力机车上档次、上质量、上水平问题，要求其“大胆引进先进技术，加速铁路工业现代化”。随后，该厂解放思想，转变观念，走“桑塔纳”（国产化）道路，实现电力机车跳跃式发展。第三产业也得到了加速发展，逐步解决了职工住房难、用气难、吃饭难、洗澡难的问题。荣获“湖南省双文明建设先进单位”称号。

1994年，工厂按照“实现两个分离，建立三大体系”的改革总体思路，进一步推进准三资管理和厂内独立核算的改革，加大劳动用工制度的改革力度。加快住房制度改革和住房建设。通过走引进、消化、吸收、创新跳跃式发展的道路，成功地研制出韶山8型准高速客运电力机车和国际中标车韶山6B型客货两用电力机车及ZD114脉流牵引电动机；现代化的构架生产线全部投入正常运行，具备了生产引进的高速机车构架的能力。

1995年，通过两年多的改革、改制，工厂已基本形成“一条道路（走引进、消化、吸收、创新跳跃式发展道路）、两个分离（生活后勤系统与工厂主体分离，辅助生产系统与主产品生产系统分离）、三大体系（主机生产单位实行“准三资”管理体系，辅助生产单位实行厂内独立核算管理体系，生活后勤单位实行三产系统管理体系）的管理格局。

1996年，工厂主机任务大幅减少，经营形势相当严峻。对此，工厂一方面按照“权责重心下移，宏观管住管好，微观放开搞活”的原则，将所有主机生产单位全部被改造成厂内利润中心；另一方面，对职能部门实行工效挂钩，调动各职能处室的积极性。同时，进一步深化劳动用工制度改革，在电机分厂实行息工下岗改革试点。此年，工厂新产品开发成绩卓著，当时中国机车最大功率的900KW全叠片脉流牵引电机、韶山4B型机车、韶山8型改进机车及中国第一台交流传动电力机车AC4000先后研制成功。12月29日一次性通过了ISO9000国际质量认证。荣获湖南省“双文明建设模范单位”和“全国优秀政工企业”称号。

1997年，铁道部正式取消路内机车生产的指令性计划，路内机车采购全部采取招（议）标方式。因此，工厂开始全面走向市场、经受市场考验的发展历程。此年，全面实行减员增效、下岗分流的劳动用工制度改革，初步建立起平等竞争、择优上岗、优胜劣汰的劳动用工机制。年底进行了业务流程重组，机构更加精简、高效。紧扣市场脉搏，试制成功SS8、SS4C两种新车，与神华集团签订了32台SS4B型机车的供货合同，并高质量地完成了出口伊朗的12台TM1型机车。

1998年，工厂进一步加大科技进步和改制、改革步伐，按照抓大放小、一户一策的思路，继续实施股份合作制改造、资产经营承包；加强以“产品零缺陷”为重点的“三零”管理，在各生产单位全面推行质量工资制，并开展了质量体系整顿达标活动；进一步搞好减员增效、转岗分流和再就业工作，积极推行项目负责制和主任工程师制；按照效率优先、兼顾公平原则，年底为职工调增了工资。全年新造电力机车147台，实现销售入9.6亿，不仅完成了中车公司下达的利润指标，而且消化了近2000万元的老账。

1999年，全面深入地开展多层次的质量升级活动，使机车制造和在段运行质量显著提高。在科技人员中进行工资改革试点，实施一岗一薪的岗位业绩工资制及项目负责制。5月份，成功地研制出时速200公里高速动力车。加快教育、医疗卫生等社会事业社会化、产业化进程，对教育和卫生等事业单位实施了内部分立、经费包干、超差自筹改革。7 月，工厂被评定为省、市首家区外高新技术企业。全年新造机车 176 台，电力机车在国内的市场占有率上升到 67.2%，创历史新高。

1979—1999 年 20 年间，工厂在不断改革和加强企业管理的同时，不断地进行技术改造与升级，积极走引进、消化、吸收、创新跳跃式发展的道路，相继研制成功 SS3、SS3B、SS4、SS4 改、SS4B、SS4C、SS5、AC4000、SS6、SS6B、SS8、SS8（Ⅱ）、TM1、SS9、DDJ1 等新型电力机车产品，使中国电力机车成功实现了从普载到重载、从常速到高速、从交直到交流、从进口到出口的历史性跨跃，成为了全球最大的电力机车研制生产基地，被誉为“中国电力机车之都”。

2000 年 1 月，国家人事部批准工厂设立企业博士后工作站。12 月，工厂技术中心被国家经贸委正式批准为国家级技术中心，成为中国机车车辆工业仅有的 3 个国家级技术中心之一。国家对国有企业进行调整和改组，铁路工程、铁道建筑、机车车辆、通信信号和土木工程等 5 个非运输企业与铁道部脱钩重组，中国铁路机车车辆工业总公司于 9 月份正式重组为南车、北车两大集团公司（株洲电力机车厂隶属中国南车集团），移交中央企业工委（后改为“国资委”）管理。同时，为加快发展电力机车，中国电力机车制造企业里新增大连、资阳两个工厂，国内电力机车市场因而呈现出四分天下的格局。

2001 年，面对电力机车激烈的市场竞争和城轨车辆良好的发展态势，工厂决策层审时度势，及时调整企业发展战略，决策开拓地铁产业。几经周折，工厂此年 4 月被国家计委正式批准为地铁国产化定点企业，成功获得制造城轨车辆资格证。随后几年里，工厂快速兴建国际一流的地铁车辆生产基地，高起点引进世界一流的城轨车辆制造技术，快速建立起与欧洲标准接轨的高档铝合金和不锈钢全系列城轨车辆研发制造平台，同时努力开拓市场，获得了一系列城轨车辆订单，迅速由电力机车单一产业扩张成为机车和城轨两业并举发展和扩张的格局，产值和利润不断攀升，经营规模与整体实力日益强劲雄厚。

2002年，工厂加快推进事业性单位改制，其职工医院、子弟中小学和幼儿园相继完成事业法人登记，逐步分离了工厂办社会的职能；继续深化三项制度改革，企业管理水平和能力得到提升。全年新造电力机车215台，实现销售收入189348.8万元、利润5038.7万元。年末，总占地面积220.8万平方米，其中厂区面积110.7万平方米；固定资产总值93995万元，净值57497万元；机械动力设备3253台，厂管铁路23公里，厂管高压电力线路41公里；员工平均数为9906人。

附1978—2002年株洲电力机车厂名称及隶属关系历年变更情况表（表40）。

表40　1978—2002年株洲电力机车厂名称及隶属关系历年变更情况表

序号	时　间	企业名称	隶　属
1	1978年1月至1978年7月	铁道部田心机车车辆工厂	铁道部工业管理局
2	1978年7月至1979年11月	铁道部田心机车车辆工厂	铁道部工业管理总局
3	1979年12月至1986年1月	铁道部株洲电力机车工厂	铁道部工业管理总局
4	1986年2月至1989年8月	铁道部株洲电力机车工厂	铁道部机车车辆工业总公司
5	1989年9月至1994年4月	铁道部株洲电力机车工厂	中国铁路机车车辆工业总公司
6	1994年5月至2002年12月	株洲电力机车厂	中国铁路机车车辆工业总公司

二、1986—2002 年株洲电力机车厂主要产品及名、优、特产品情况（见表 41）

表 41　　1986—2002 年株洲电力机车厂主要产品及名、优、特产品情况表

序号	产品名称	获奖时间	获奖等级
1	韶山 3 型电力机车	1986 年	国家科技进步二等奖
2	韶山 4 型 6400 千瓦八轴货运电力机车	1989 年	国家科学技术进步一等奖
3	韶山 3 型电力机车	1990 年	国家优质产品金奖
4	SS8 型电力机车	1998 年	创下当时中国机车第一速（240km/h）
5	SS8 型电力机车	1999 年	国家科技进步二等奖
6	带减薄功能的主极线圈数控扁绕机	2000 年	湖南省科技进步三等奖
7	SS6B 型电力机车	2002 年	中国铁道学会科技进步二等奖
8	SS9 型客运电力机车	2002 年	中国铁道学会科技进步二等奖
9	SS6B 型电力机车	2002 年	湖南省科技进步二等奖
10	SS9 型客运电力机车	2002 年	湖南省科技进步一等奖
11	SS4B 型电力机车	2002 年	中国铁道学会科技进步二等奖

三、产品研发

1. 1978 年 12 月 30 日，工厂研制的韶山 3 型 1 号车顺利落车。

2. 1985 年 9 月 19 日，工厂第一台韶山 4 型货运电力机车落成剪彩。

3. 1988 年 6 月 5 日，韶山 4 型八轴货运电力机车通过国家级技术鉴定。

4. 1988 年 10 月 10 日，工厂获得 8K 车生产许可证。

5. 1989 年 9 月 26 日，工厂与欧洲五十赫兹集团合作生产的

第一台 8K 电力机车竣工。

6. 1990 年 11 月 13 日，由工厂和电力机厂研究所研制成功的两台韶山 5 型客运电力机车胜利竣工。

7. 1991 年 6 月 6 日，工厂举行韶山 6 型国际中标电力机车竣工剪彩大会。

8. 1994 年 10 月 16 日，国家“八五”重点科技攻关项目——韶山 8 型准高速客运电力机车顺利落成。12 月 24 日工厂举行韶山 8 型、韶山 6B 型电力机车等五大技术进步工程竣工典礼。

9. 1995 年 12 月 15 日，首台韶山 4B 型电力机车在工厂顺利落车。

10. 1996 年 4 月 27 日，韶山 4B 型和韶山 8 型电力机车在工厂竣工剪彩。

11. 1996 年 6 月 19 日，中国首台大功率交流传动电力机车 AC4000 在工厂问世。

12. 1997 年 1 月 5 日，韶山 8 型大功率客运电力机车在北京铁科院环形试验线上，创造了目前国产机车的最高时速 212.6 公里，标志着中国机车已经进入高速领域。

13. 1997 年 7 月 9 日，工厂研制的第一台出口机车 TM1 001 号车顺利落车。

14. 1997 年 12 月 28 日，工厂出口伊朗的 12 台 TM1 型机车竣工剪彩。

15. 1998 年 6 月 24 日，由工厂制造的韶山 8 型 0001 号电力机车在京广线荆州至漯河区段的下行线试验中，创造了时速为 240 公里的中国铁路机车第一速。

16. 1998 年 9 月 10 日，工厂时速 300 公里的高速车试验转向架顺利落成。

17. 1998 年 11 月 20 日，由上海铁道大学和工厂联合研制的高速列车轨道涡流制动器试验装置试车成功，标志着中国在高速列车制动研制开发上跨入了国际先进技术行列。

18. 1998年12月26日，工厂举行韶山9型电力机车和第一批神华机车胜利竣工庆典大会。

19. 1999年4月5日，工厂首台DDJ系列的200公里/时动力车顺利落车。

20. 1999年5月26日，中国首台200公里/时的电动旅客高速动力车（DDJ1001）在工厂诞生，标志着中国铁路牵引设备向客运高速化发展迈出了可喜的一大步。

21. 1999年11月10—14日，由工厂自行开发研制、与清华同方公司“大型集装箱检查系统”配套的“传送装置分系统-交流传动牵引平车”顺利通过用户验收。

22. 1999年12月14日，韶山4B型电力机车在工厂顺利竣工。

23. 1999年12月30日，地铁工程维护车竣工。

24. 2000年6月25日，工厂研制的DJ型200公里/时商用交流传动高速电力机车竣工剪彩。

25. 2000年9月3日，被命名为“蓝箭”的交流传动电动车组动力车在工厂竣工剪彩。

26. 2000年10月16日，SS8型001、002号机车厂修暨技术升级改造竣工剪彩。

27. 2001年9月21日，工厂与株洲电力机车研究所（简称株洲所）联合研制的中国首台拥有自主知识产权的200公里/时交流传动机车“奥星”，工厂与四方厂、株洲电力机车研究所联合研制的160公里/时动力分散型电动车组“中原之星”在工厂竣工剪彩。

28. 2002年7月8日，中国与德国合资生产的首台DJ1型交流传动重载货运电力机车在工厂竣工剪彩。

29. 2002年11月8日，工厂为“朱德号”电力机车竣工下线举行下线仪式，这是中国首台以伟人名字命名的电力机车。

30. 2002年11月27日，工厂主持研制的“中华之星”电动车组在秦沈客运专线试运中创造了时速321.5公里——中国铁路当时最高试验速度。

四、产品销售

1. 1989年10月11日，工厂在国际招标中获签50台韶山6型机车订单。

2. 1993年2月28日，工厂在郑宝线电气化铁路工程30台6轴4800千瓦电力机车国际招标中中标。

3. 1997年11月6日，工厂与中国国际信托投资公司、中国机械进出口（集团）有限公司、神华集团有限责任公司签订32台韶山4B型机车采购合同。

4. 1998年3月26日，工厂与广州中车铁路机车车辆销售服务有限公司签订5台韶山8型电力机车购销合同。

5. 2002年3月25日，工厂获得上海轨道交通明珠线二期车辆28列共168节地铁车辆订单。这是工厂2001年取得国家地铁国产化定点企业资格后，获得的第一个地铁车辆订单。

五、职工情况（见表42）

表42　　1978—2002年株洲电力机车厂历年人数表

项目 年份	年末职工总数	其中各类人员构成情况				
		工人	工程技术人员	管理人员	服务人员	其他人员
1978	8075	5671	399	716	1094	195
1980	8355	6226	138	476	1107	408
1981	8505	6003	138	585	1114	665
1982	8562	5929	189	619	1179	646
1983	8702	5572	131	801	1312	886
1984	8753	4977	647	831	1322	976
1985	8972	5523	766	798	1390	495

续表

项目 年份	年末职工总数	其中各类人员构成情况				
		工人	工程技术人员	管理人员	服务人员	其他人员
1986	9211	5724	783	781	1387	536
1987	9691	6085	753	829	1587	437
1988	10002	6298	1001	775	1469	459
1989	10030	6146	1240	642	1449	553
1990	10230	6420	1304	647	1319	540
1991	10472	6432	1396	641	1363	640
1992	10516	5804	1328	687	885	1812
1993	10516	6176	1321	671	1411	937
1994	10617	6508	1324	643	1425	717
1995	10606	6456	1434	719	1417	580
1996	10445	6573	1794	1099	777	202
1997	10507	5862	1877	1125	229	1414
1998	9753	5684	1534	1164	267	1104
1999	9903	6322	947	1043	1144	447
2000	9358	6818	1229	583	234	494
2001	9809	7269	1320	477	237	506
2002	9844	7124	1394	603	231	492

六、利用外资情况

1997 年 3 月底，中国机械进出口公司、中华人民共和国铁道部与德国西门子交通集团公司签订 20 台 DJ1 型交流传动电力机车供货和技术转让合同，合同总价值 7000 万欧元，由铁道部借用奥地利政府贷款支付。其中前 3 台机车由奥地利西门子公司格拉兹工厂生产，其余 17 台由中外合资企业生产。

1999 年 1 月 22 日，株洲电力机车厂（株机厂）与株洲电力机车研究所、德国西门子（中国）有限公司三方投资的株洲西门子牵引设备有限公司在该厂挂牌成立。该合资公司总投资 3.43 亿元，注册资本 2.19 亿元，其中德国西门子公司、株机厂、株洲所分别占注册资 51%、32%、17%。这是中国第一家中外合资生产交流传动电力机车和交流传动设备的企业。

根据合同要求，株洲西门子牵引设备有限公司需生产交付铁道部 17 台 DJ1 型交流传动重载货运电力机车。2002 年 7 月 8 日，该合资公司生产的首台 DJ1 型交流传动重载货运电力机车在株机厂竣工剪彩。此年共生产交付 11 台 DJ1 型电力机车，剩下的 6 台机车于 2003 年全部交付。在研制生产 DJ1 机车的过程中，株机厂消化吸收了许多先进技术，为其后来研制生产 DJ4 和 HXD 系列大功率交流传动电力机车奠定了良好的技术基础。

七、产品出口情况

1995 年 7 月 10 日，工厂与中国万宝工程公司签订向伊朗提供 12 台电动车组动力车的合同，合同总价值超过 2136 万美元。该批电动车组用于伊朗德黑兰到其卫星城卡拉杰之间的旅客运输。这是该厂也是中国电力机车产品第一次整机出口。首台机车于 1997 年 7 月落成，同年底 12 台车全部交付。

2001 年 12 月 3 日，工厂获签哈萨克斯坦 3 台客运电力机车合同，合同金额 937.8 万美元。

2002 年 4 月 26 日，工厂获签乌兹别克斯坦 12 台货运电力机车合同，合同金额 4180 万美元。

八、企业改革

1984 年 7 月，工厂被铁道部工业总公司正式列为推行厂长负责制的试点单位。

1987 年 1 月，工厂被确定为中国机车车辆工业系统“厂长任期目标责任制和企业升级”试点单位。

1988 年 4 月 22 日，工厂隆重举行内部承包合同签字仪式。

1993 年 10 月 14 日，工厂召开“从严治厂工作会议”，颁布工厂《关于从严治厂的五项规定》。

1995 年 1 月 5 日，在中车公司领导干部会议上，工厂被确定为中车公司建立现代企业制度改革试点单位。

1997 年 2 月 22 日，工厂召开“全面开展学邯钢，实行目标成本管理”动员大会。8 月，根据党的十五大“抓大放小”精神，成立改制领导小组和改制工作小组，启动主辅分离，整体改制，初步形成以系统集成为核心业务、关键零部件专业化生产、生活后勤系统社会化分离的框架。12 月 27 日，召开机构改革实施动员大会，基本完成机构撤并和新建机构人员优化组合工作。随后 3 年，陆续组织有关单位进行改制，同时制定了一些改制调研方案。

2001 年，开展中小企业绩效评价等工作，加大对改制后中小企业的管理力度。针对工厂的实际情况制定并修改整体改制方案。6 月 18 日，中国南车集团公司以南车综〔2001〕108 号文正式批复同意，工厂整体改制工作进入实质性阶段。

2002 年，工厂进一步深化改革，继续推进辅助、后勤和社会事业性单位的改制工作。对工厂整体改制后的存续企业进行定量分析，形成《存续企业生存与发展调研报告》，研究并提出存续企业发展的计划和方向，指出了其中的问题及解决办法。完成社会性事务的法人登记，分离工厂办社会的职能，逐步减轻工厂负担。

九、企业文化

（一）企业精神

企业精神充分彰显了不同时期员工的精神风貌。

1990 年，在全厂开展企业精神大讨论。12 月 28 日，经工厂第十一届二次职代会通过，企业精神仍确定为“电力机车精神”，其表述形式是“造一流车、育一流人、创一流企业”，其内涵为“爱厂如家的主人翁精神，敢打硬仗的拼搏精神，艰苦奋斗的创业精神，为国分忧的奉献精神”。

2000年成为中国南车旗下的核心企业后，株洲电力机车厂奉行南车精神：诚信、敬业、创新、超越；南车作风：求新、求快、求实、求优；南车人的六大准则：信、忠、精、勇、勤、和。

（二）企业VI与品牌

1999年8月11日，企业召开CIS发布会，全面导入并推行视觉、理念和行为识别系统，提升企业理念和品牌意识。

2000年成为中国南车旗下的核心企业后，采用南车VI（南车品牌CSR），其内涵：舒适（Comfort）、安全（Safety）、可靠（Reliabiliity）。

（三）文化宣传媒体

其间，自办的企业报刊媒体先后有《电力机车报》《九方周报》及其他文化刊物、广播电视台等。

企业历史、文化宣传阵地——企业历史陈列馆，1996年建成并对公众开放，是株洲市、铁路系统、湖南省爱国主义教育基地。

（四）社区文化建设

田心社区是“创建全国文明社区示范点”（2002年）和“全国青年文明社区”（2002年）单位，其中有全国物业管理优秀住宅小区——翠竹小区（2000年），建有高规格的体育馆和标准田径运动场、足球场及多功能的工人文化宫、文体中心、文化广场等文化休闲场所。

十、企业的核心竞争力

株洲电力机车厂是中国电力机车的摇篮。1958年，参与研制了中国第一台电力机车，随后完成了中国电力机车升级改造与定型，批量研制生产了韶山1型电力机车。1978年成功转产电力机车后，成为中国第一家电力机车专业研制生产厂家，研制生产了韶山系列各型电力机车，为中国电力机车从普载到重载、从常速到高速、从直流到交流、从进口到出口的跨跃发展作做出了杰出贡献。2001 年获得地铁国产化定点企业及地铁车辆生产资质证后，快速形成电力机车、城轨车辆两大主业并行发展的格局，进而成为中国轨道交通装备制造领域的领军企业，为中国乃至世界轨道交通事业的发展做出了重要贡献。

十一、企业受奖情况（1978—2002 年）

1. 被中华全国总工会授予全国职工体育工作先进单位（1982 年、1985 年、1993 年、1997 年、1998 年、2001 年）。

2. 被中华全国总工会授予全国工会职工文化先进单位（1983 年、1994 年）。

3. 被中国思想政治工作研究会授予全国职工思想政治工作先进单位（1990 年）。

4. 被中共中央宣传部、中共中央组织部、国家经济贸易委员会、中华全国总工会授予全国思想政治工作优秀企业（1995 年）。

5. 被中华全国总工会授予全国模范职工之家（1988—1999 年连续 11 年保持该荣誉）。

6. 被中华全国总工会授予全国先进集体、全国五一劳动奖状（1991 年）。

7. 被中国设备管理协会授予全国设备管理优秀单位（1996 年、1997 年、2000 年、2001 年、2002 年）。

8. 被中华全国总工会授予全国女职工工作先进集体（1998 年、2001 年）。

9. 被全国质量管理协会授予全国质量效益型先进企业（1999 年）。

10. 被共青团中央授予全国五四红旗团委创建单位（2000 年）。

11. 被中共中央组织部授予全国先进基层党组织（2001 年）。

12. 被中央文明办、民政部授予创建全国文明社区示范点单位（2002年）。

十二、1978—2002年企业人物

（一）党代表和人大代表

1. 中国共产党全国代表大会代表：

第十四次代表大会代表（1992年10月）：钱小平。

第十六次代表大会代表（2002年11月）：关焕贞。

2. 全国人民代表大会代表：

第五届人大代表（1978年3月至1983年6月）：赵琦（工厂总工程师）。

第九届人大代表（1998年3月至2003年3月）：赵小刚（工厂厂长，后任中国南车集团公司副董事长、总经理）。

（二）中国工程院院士

刘友梅（1999年当选）。

（三）先进模范

1. 全国劳动模范：

钱小平（1989年）、路克难（1995年）、刘友梅（2000年）。

2. 全国“五一”劳动奖章获得者：

胡鑫环（1985年）、邓昌宣（1986年）、贺自成（1997年）、易湘明（1998年）、关焕贞（1998年）、潘晓明（1999年）、李樟兴（2002年）。

3. 全国三八红旗手：

陈桂和（1980年、1983年）、钱小平（1989年）。

4. 获得省部级以上其他荣誉的先进人物：

（1）被中国工程院评为第四届光华工程科技奖获得者：刘友梅（2002年）。

（2）被全国质量管理协会评为全国设备管理优秀个人：钱仲毅（2002年）、王小石（2002年）。

（3）被全国铁路总工会评为“火车头”奖章获得者：李樟兴（2000年）、周俊（2001年）、龚兰平（2002年）。

（4）被中央企业团工委评为中央企业青年岗位能手：陈成（2001年度）。

（5）被铁道部办公厅评为全国铁路史志工作先进工作者：俞鸣霞（2000年）。

（6）被中华全国铁路总工会评为全路女职工标兵：关焕贞（2002年）。

（7）被中华全国铁路总工会评为全路先进女职工：谢芳（2002年）。

（8）被中共湖南省委、湖南省人民政府评为湖南省劳动模范：孟传庆（2000年）、李富任（2000年）、李樟兴（2002年）。

（9）被湖南省十大杰出经济人物评选组委会评为湖南省十大杰出经济人物：李志轩（2001年，第二届）。

（10）被湖南省总工会评为湖南省十大技术创新标兵：朱龙驹（2002年）。

（11）被湖南省委宣传部评为湖南省十佳企业宣传部长：彭质文（2000年）。

（12）被湖南省委统战部评为湖南省企业统战工作先进个人：黎栋梁（2000年）。

（13）被湖南省科协评为湖南省企业科技人员“讲理想、比贡献”竞赛活动先进个人：陈喜红（2000年）。

（14）被湖南省科协评为中国科学技术协会先进工作者：钟声（2001年）。

（15）被湖南省总工会评为湖南省优秀女职工：旷清萍（2001年）。

十三、企业历任领导人（1978—2002）

（一）工厂历任党委书记

赵英俊（1973 年 10 月至 1979 年 7 月）。

韩树椿（1979 年 9 月至 1984 年 12 月）。

孟传庆（1984 年 12 月至 2005 年 4 月）。

（二）工厂历任厂长

李松海（1975 年 11 月至 1983 年 8 月）。

王裕臣（1983 年 8 月至 1990 年 4 月）。

张寅南（1990 年 4 月至 1991 年 4 月）。

丁爱国（1991 年 4 月至 1997 年 5 月）。

赵小刚（1997 年 5 月至 2000 年 9 月）。

李志轩（2000 年 9 月至 2005 年 12 月）。

株洲车辆厂

一、概述

株洲车辆工厂位于湖南省株洲市荷塘区宋家桥地区，于 1954 年开始筹备，1958 年动工兴建，1962 年正式承担国家任务，现已发展成为以生产铁路货车为主的大型企业，是中国铁路货车主要制造基地之一。

至 1978 年末，全厂占地面积 145 万平方米，其中生产区 65 万平方米，生活区 54.7 万平方米，厂外设施 5 万平方米，铁路专用线占地 20.3 万平方米。全厂建筑面积 33.8 万平方米，生产建筑面积 16.4 万平方米，生活福利和文化设施建筑面积 17.4 万平方米。全厂共有 17 个生产车间，行政系统共有 21 个科室，党群系统有 8 个部门。全厂职工人数为 4268 人，其中工人 2927 人，学徒 146 人，工程技术人员 182 人，管理人员 428 人，服务人员 478 人，其他人员 107 人，工厂按全钢敞车换算综合生产能力只能达到年产货车 3000 辆，当时的主要产品主要包括 C16 型低边无门敞车、C62 型全钢敞车、C65 型敞车、D35 钳夹式货车等共计 40 余种。1978 年生产的产品主要包括：C62 全钢敞车 3054 辆、150 吨 D17 落下孔车 10 辆、K16 矿石漏斗车 1 辆、铁路车辆配件 17166 件、钢水 4638.7 吨、锻铸件 5731 吨、军工产品炮车 32 门。

1978 年党的十一届三中全会以后，国民经济得到迅速发展，交通运输成为国民经济的薄弱环节，被列为国家建设的重点。为了适应铁路运输事业的发展，铁道部于 1983 年 9 月 17 日以〔1983〕铁计字 1314 号文向国家计委报送《关于株洲车辆工厂扩建货车制造能力的设计任务书》，国家计委于 1984 年 3 月 12 日以计交〔1984〕387 号文批准了设计任务书。这次扩建不仅使工厂货车制造能力由原来年产 3000 辆，提高到年产 6000 辆，而且也是工厂配套建设后的一次全面技术改造，在扩建中，新建备料车间采用新设计制造的 3800/4400 吨水压机，使新造货车能全部采用耐候钢制造，并从西德、日本引进钢材预处理生产线，以提高车辆除锈质量，延长车辆使用寿命；兴建第二组装车间，为多品种生产创造条件，提高了工厂应变能力；新建铸钢铸铁砂处理工部、锻工重锤工部，采用新设计制造的侧架、摇枕造型机，进一步提高配件自给能力和产品质量；新建油漆工部，全面调整组装车间和台车车间工艺路线，更新了 CO_2 自动焊、抛丸除锈装置、移动式多轴钻孔、旧砂湿法再生产线、半循环式气幕除尘系统等设备，推广电火花强化工艺、螺纹滚压挤压工艺、高温磷化处理、陶瓷模工艺、硅酸铝耐火纤维、水基石墨轮滑、转向架 B 级钢应用、溃散剂应用等新技术，进一步提高新造货车生产技术水平；新建总降压站及 110 千伏变压线路，可直接使用湘中电网电力，从根本上解决长期电力供应不足问题；新建的中心试验室和中心计量室，加强了工厂科研基地。与此同时，相应增建生活福利和文化设施，进一步提高职工物质文化生活水平，扩建工程完成后，工厂面貌发生了巨大变化。

1987—1991 年，工厂经历了两次机构调整：第一次是在 1988 年 12 月，将原来科（室）改为处（室），车间改为分厂或几个车间组成一个分厂；第二次是在 1990 年 12 月，对个别处室进行了微调。将大分厂分解为小分厂，一个车间即为一个分厂。全厂共设有 14 个分厂和两个公司。1987 年以来，工厂不断深化企业内部改革，狠抓管理，全面提高企业素质。使企业各项基础工作和内部经营管理机制不断得到完善，生产能力、应变能力、竞争能力进一步得到提高。1988 年由工厂和戚墅堰机车车辆工艺研究所共同研制成功的“水爆清砂工艺”在株洲车辆工厂通过鉴定，是铸造行业的一个重大突破，属国内首创。

1992 年型钢、板材预处理线国产化由工厂和戚墅堰机车车辆工艺研究所联合设计，并由株洲车辆工厂制造。其除锈质量达到 SIS5590621/2 级，预涂底漆漆膜厚度在 10—25 微米范围内。该线技术性能处于国内同类产品先进水平，基本达到了 80 年代引进线水平，国产化程度达 90%以上，填补了国内空白。

1994 年，新建的锈钢砂处理工程汇集了国内铸造行业砂处理方面 80 年代的先进技术，各工序全部实行机械化作业，自动化控制，其中的微型计算机集中控制技术、粘土气压压送技术、配砂原材料自动定量、屏幕显示技术、程控电话通讯联络技术，在国内同行业属一流水平，工程投产后，缓解了型砂供需矛盾，解决了老厂房原有砂处理系统进厂原砂堆放场地窄、干砂库存容量小及辗砂机产量低的问题。

1996 年，按照现代企业制度的要求，工厂以提高整体管理水平为重点，加快内部改革步伐，完善了模拟市场核算及工效挂钩承包经营办法，对 18 个分厂（公司）推行了新的承包经营，实行了全员劳动合同制管理，全厂 6000 多名职工与工厂签订了《劳动合同书》；建立了新的分配机制和激励机制，初步实现了个人收入和贡献挂钩，加快了住房制度改革步伐，规范了工厂成本房管理，工厂内部呈现出新的生机和活力。12 月，工厂获得了国家外经贸委批准的自营进出口权。

1997 年工厂在产品设计工作中加大了 I-DEAS 软件推广应用该软件的力度。在浴盆式敞车、D26 凹底平车、120km/h 集装箱快运平车、2E 轴三大件转向架的设计中，从零件的实体造型、部件和整车装配、有限元分析计算、结构优化到三维图纸的绘制全部采用了该软件。I-DEAS 软件为工厂新产品设计中采用国外先进技术提供了先进和可靠的手段，同时缩短了产品设计和试制周期，降低了研制成本，提高了产品的技术含量。

1998 年，按照工厂“三年三步走，建立现代企业制度”的战略部署，选择了有一定市场前景的锻冶分厂和建筑工程公司作为改制试点单位，按股份合作制进行改造，按有限责任公司机制运作。原锻冶分厂经改制后的名称为“株洲春华实业有限责任公司”，原建筑工程公司经改制后的名称为“株洲大力建筑实业有限责任公司”。

1999 年，企业改革持续深化，工厂按照建立现代企业制度的总体要求，对教育中心、职工医院实行分立管理，组建了社区物业管理公司，对社区物业进行规范管理和有偿服务。对机修、工模具分厂，进行公司制改造，实行独立核算、自负盈亏的经营模式。

2000 年，工厂按照“专业化生产、规模化经营”的原则，合并组建了铸造分公司、动能分公司机械装备公司，对 6 个分厂实行“独立核算、自负盈亏”承包经营，对液化气站进行公司制改造，对子弟中学、小学、幼儿园按照“先分立、后分离”的原则，实行了“工资包干、自主管理、服务企业、面向社会”的分立管理办法。

2001 年，厂长刘玉琢与美国 ABC 铁路产品中国投资公司总裁大卫 G. 克里舒尔特共同签署了双方合资企业——“株洲斯威铁路产品有限公司”的合资合同。2002 年 3 月，工厂举行“株洲斯威铁路产品有限公司揭牌、株洲车辆厂首台 C64H 车下线剪彩典礼”。

由于工厂在各方面的不断努力，因此受到国家和湖南省、株洲市有关部门的一致好评。

至 2002 年末，工厂占地面积 128.4 万平方米，其中生产区用地 82.7 万平方米，生活区用地 42.2 万平方米。房屋建筑面积 30.80 万平方米，其中生产用房屋建筑面积 19.71 万平方米。主要设备 1739 台。固定资产原值 4.17 亿元，净值 2.53 亿元。职工总数 6143 人，各类专业技术人员 1588 人，其中高级技术职称 170 人，中级 577 人，初级 772 人。按照中国南车集团公司平推三项制度改革的要求，工厂加快了三项制度改革步伐，进行了组织结构重组：行政机构调整为 9 部 1 室 1 中心 7 分厂 16 个子公司。行政部室由原来的 23 个调整为 12 个，精简 47.8%。厂领导班子由 12 人减少为 10 人，中层管理人员由 234 人减为 132 人，精简 43.5%，一般管理岗位由 605 人减为 549 个，精简 9.2%。2002 年新造货车 2373 辆（其中市场车 93 辆），销售货车 2910 辆，完成销售收入 71 亿元，实现利润 950 万元。

2002 年，工厂以产品开发为龙头，加快推进企业技术创新。全年先后进行了转 K4 型转向架、160km/h 货车转向架、新型低重心轻油罐车、150 吨凹底平车、快速制动系统、胶泥缓冲器等 10 项新产品及关键部件的研制开发；组织进行了不锈钢硅溶胶熔模精铸技术开发和铝合金焊接等 5 项新工艺试验；完成了转 K4 型转向架技术转让工作，首次实现工厂主导产品在全路货车制造系统的推广应用。计算机应用进一步扩展，完成了工厂计算机光纤主干网的铺设，产品数据管理系统（PDM）投入试运行，建立了工厂计算机网络安全系统，办公自动化系统（OA）得到新的完善。积极拓宽筹资渠道，加大技术改造力度。通过努力争取国债贴息贷款，完成了国债项目前期调研工作；整合工艺技术力量，新建了转 K4 型转向架中小件热处理基地和弹簧托板生产线。

附 1978—2002 年株洲车辆工厂主要经济指标表（表 43）。

表 43　　1978—2002 年株洲车辆工厂主要经济指标表

	新造车产量（辆）	工业总产值（现行价、万元）	产品销售收入（万元）	利润总额（万元）
1978	3065	7248.4	7265.5	812
1979	2202	5571.4	5409.6	205.4
1980	1525	4753	4853.2	296.7
1981	1705	5835.5	5852.9	359.6
1982	2120	7292.2	7295.6	766.8
1983	2896	9567.1	9620	1261.9
1984	3279	11050.1	10988.8	1285.8
1985	3350	12315.4	12316.1	1190.6
1986	3472	14971.8	14845.4	1291
1987	3640	15993.1	15927.1	1201.9
1988	3882	20764.4	20881.9	1702.6
1989	3933	23351	23343	1140.9
1990	3249	23795.8	23302.5	610.6
1991	3133	25665.9	25098.2	928.8
1992	3435	33344.2	32917	1538
1993	4646	70667	71526	1700
1994	5107	86713.7	74530	806
1995	4770	84196.1	71790	1307
1996	3903	64504	63191	889
1997	3734	61013.1	61299	1008
1998	2929	51789.8	51690	366
1999	2207	41330.4	44322	102
2000	3486	63906	65773.2	1402.2
2001	3957	80441.8	69143.8	1540.9
2002	2373	59573	70864.5	951.9

二、领导视察株洲车辆工厂情况

1978 年 10 月 17 日，国家物资总局局长李开信来厂视察物资管理情况。

1982 年 4 月 23 日，湖南省军区副司令员郭琦来厂视察民兵工作。

1982 年 11 月 15 日，湖南省军区副政委赵康胜来厂视察民兵工作。

1985 年 11 月 7 日，湖南省委副书记刘夫生在株洲市委书记曹伯纯陪同下来厂视察。

1986 年 8 月 5 日，湖南省委副书记刘正来厂视察，并题词“两个文明建设一起抓好榜样”。

1987 年 7 月 10 日，湖南省委书记毛致用在市长周吉太同志陪同下来厂参观指导。毛致用同志提笔为我厂题词“团结、拼搏、求实、进取”。

1988 年 12 月 16 日，湖南省副省长俞海涛、省军区司令员蒋金沙少将来厂参观。

1989 年 4 月 26 日，中宣部戴一舟局长在株洲市委宣传部有关方面同志陪同下来厂参观。

1990 年 11 月 14 日，铁道部部长李森茂来厂视察，并为我厂题词“发扬铁路工人主人翁精神”。

1992 年 8 月 30 日，全国政协副主席程思远来厂视察工作，并为厂题词“深化改革、开拓进取，为实现铁路货车高速重载做贡献”。

1993 年 4 月 26 日，中国人民解放军总参动员部训练局副局长梁作民大校、广州军区动员部训练处处长杨兆国上校、湖南省军区副司令员肖求如少将到厂检查、考察株洲陆军预备役步兵师训练和正规化建设情况。

1994 年 3 月 19 日，湖南省委副书记杨正午来株洲视察工作。

中车公司党委书记杜景新、副书记兼纪委书记王玉文等中车领导来工厂指导工作。

1994 年 11 月 15 日，铁道部部长韩杼滨在省长助理张明泰、市长王汀明、副市长廖铁生等领导的陪同下视察工厂部分分厂。

1994 年 12 月 25 日，铁道部部长傅志寰在中车党委书记杜景新等领导的陪同下来工厂视察。

1995 年 3 月 2 日，湖南省委书记王茂林到工厂考察，开展企业党建工作调查。

1995 年 6 月 6 日，湖南省委书记王茂林由株洲市委书记程兴汉、市长王汀明、副市长廖铁生等陪同视察工厂。

1997 年 2 月 3 日，铁道部副部长傅志寰一行到工厂视察。

1998 年 2 月 24 日，湖南省委书记、省人大常委会主任王茂林来厂视察工作，并为工厂题词“适应市场竞争，再创新的业绩”。省委政研室副主任樊绪银，省经委副主任林善庆，省警卫局副局长吴明林，株洲市市委书记程兴汉，市长王汀明，市委常委、市委秘书长刘岁文，副市长廖铁生等陪同视察。

1999 年 11 月 7 日，由福建省纪委左书记带队的福建省厂务公开工作组在湖南省纪委、人大和株洲市纪委、市总工会等领导的陪同下，来厂进行厂务公开工作交流。

2000 年 12 月 13 日，株洲市市委副书记、代市长肖雅瑜、副市长侯林青来厂检查、指导社区建设工作。

2001 年 4 月 29 日，株洲市委书记王汀明来厂看望职工群众，并致以“五一”节日祝福。

2001 年 9 月 20 日，铁道部部长傅志寰在湖南省常委、常务副省长周伯华，铁道部办公厅主任彭开宙，科技司司长鞠家星等的陪同下到株洲视察，听取了南车集团总经理赵小刚、工厂厂长刘玉琢等的工作汇报。

2002 年 3 月 15 日，湖南省军区政委李今伟少将在株洲警备区司令贺望中的陪同下，专程来厂视察武装工作。

2002 年 4 月 11 日，湖南省省委书记杨正午在湖南省省委常委、省委秘书长谢康生和株洲市市委书记王汀明、市长肖雅瑜、市委秘书长姜玉泉的陪同下，到工厂检查指导工作。

2002 年 5 月 28 日，湖南省副省长郑茂清在株洲市副市长廖铁生、黄兰香的陪同下，来厂视察工作。

三、株洲车辆工厂获奖励情况

1978 年 3 月，工厂被全国科学技术大会授予“科学技术先进集体”。

1978 年 12 月，湖南省人民政府授予工厂大庆式企业称号，湖南省科学大会授予工厂科学技术先进集体称号。

1979 年，团中央命名工厂组装车间团支部为全国新长征英勇突击队。

1984 年，中华总工会、《工人日报》授予厂工会“读书活动组织奖”。

1985 年，中国科学技术协会、全国总工会、团中央、中央质量管理协会命名工厂摇枕质量攻关 QC 小组为 1985 年全国优秀质量管理小组。

1986 年，国家经委授予工厂“六五”全国技术进步先进企业单项奖。

1987 年，国家质量奖评审委员会命名工厂为全国推行全面质量管理成效显著单位。

1988 年 8 月，经国务院企业管理指导委员会批准，工厂为国家二级企业、一级计量单位。国家经委授予工厂全国设备管理优秀单位。

1989 年，工厂党委被中共中央组织部评为全国先进基层党委组织。

1992 年，国家技术监督局、中国质量管理协会授予工厂“全国质量效益型先进企业”的称号，这是全铁路唯一获此殊荣的企业。同年工厂获全国模范职工之家称号。

1993 年，国家统计局授予工厂“中国 100 家最大交通运输设备制造企业”“全国一次投入产出先进单位”称号；国家技术监督局、中国质量管理协会授予工厂“全国质量效益型先进企业”“全国‘降损’工作先进单位”称号；中华全国总工会授予工厂“全国模范职工之家”“全国职工读书自学活动先进集体”称号。

1995 年，工厂获评全国环境保护先进单位、全国女职工先进集体、全国模范职工之家等称号。

1999 年，工厂老干处党支部获评全国离退休干部先进党支部。

2001 年，共青团中央、国家安全生产监督管理局授予工厂“全国青年安全生产示范岗”；中央企业团工委授予工厂“中央企业青年文明号”。

2002 年，中央企业工委授予工厂“中央企业厂务公开先进单位”；共青团中央、国家安全生产监督管理局授予工厂“全国青年安全生产示范岗”；共青团中央授予工厂“全国青年文明号”。

四、主要产品及名、优、特产品

（一）1978—2002 年主要新增产品

D35 型钳夹式货车，于 1978 年，由株洲车辆厂、四方车辆研究所、铁道科学研究院共同研制，主要运输变压器、电机定子等长大货物。

C75 型全钢敞车，于 1978 年由株洲车辆厂完成设计，主要用于煤炭运输。

K19 型 60 吨石灰石漏斗车，于 1982 年由株洲车辆厂完成设计，主要用于装运石灰石。

T90 型 90 吨铁块车，于 1982 年由株洲车辆厂完成设计，主要用于承载和运输热铸铁块。

C62A（N）敞车，于1985年由株洲车辆厂在C62A敞车的基础上进行了改良，主要钢材全部采用耐候钢，提升了耐腐蚀性。

C5D型五轴敞车，于1989年由株洲车辆厂研制，车辆载重提高25%，为探索中国发展重载货车新途径迈出了可喜的一步。

K16A型矿石漏斗车，于1989年由株洲车辆厂设计完成，车辆自重较K16漏斗车减少1吨，是当时国内载重最大的漏斗车。

C31（N）米轨全钢敞车，于1990年由株洲车辆厂主持，四方车辆研究所参加研制，该车选型美观，自重轻，进一步开辟了国际市场。

BR运盐敞车，于1990年由株洲车辆厂设计研制，该型车属国内首创，达到国内外同类产品的先进水平。

C16型低边无门敞车，于1993年由株洲车辆厂设计研制，该车自重减少，换长减少，载重增加，经湖南省科委鉴定，达到了国内先进水平。

DPK32型铺轨特种车，于1992年由株洲车辆厂设计研制，用于铺轨作业。

DJK140型架桥机，于1993年由株洲车辆厂设计制造，主要用于铺轨、架桥等工程作业。

9立方米轨道渣车，于1993年由株洲车辆厂设计制造，用于铁路维护。

G60、G17、G11油罐车，D25型长平车，香港长平车和凹底平车，MD90-30机翼机身运输车，西飞机身平车，K18D型煤炭漏斗车，KF60型自翻车，于1995年由株洲车辆厂设计制造。

D26型260t凹底平车，于1996年由株洲车辆厂设计制造。

香港道渣漏斗车，于1997年由株洲车辆厂设计制造，主要用于新修线路铺渣和现有线路维修作业。

C76A型浴盆式运煤专用敞车，于1998年由株洲车辆厂设计制造，可实现不摘钩自动翻卸使用。

G70X 低重心轻油罐车，于 2000 年由株洲车辆厂设计制造，该车型减低了轻油罐车的重心高度，改善了车辆运行品质。

（二）获奖产品

1. D17 型 150 吨落下孔车、胜利型架桥机获 1978 年全国科学大会科技成果奖。

2. K16 型 95 吨自卸漏斗车获评 1978 年全国铁路科学大会成果奖。

3. C55 型援坦赞 50 吨双制动敞车获评 1978 年全国铁路科学大会成果奖。

4. T90 型 90 吨铁块车获 1983 年国家经委颁发的优秀新产品证书。

5. K19 型 60 吨石灰石矿石漏斗车被湖南省委、省人民政府评为 1984 年湖南省优质产品、1986 年铁道部工业总公司科技成果二等奖。

6. C62A 型全钢敞车获 1984 年铁道部科技成果三等奖、湖南省优质产品奖、1985 年铁道部优质产品。

7. RD2 型车轴于 1985 年被国家质量奖审定委员会评定为国家金质奖。

8. D35 型钳夹式货车于 1985 年被国家科学技术进步奖评审委员会评定为国家科学技术进步二等奖，于 1986 年被国家质量奖评审委员会评定为为国家银质奖。

9. C62A（N）敞车于 1988 年被国家质量奖评审委员会批准为国家银质奖。

10. 转向架 B 级钢研究及应用于 1991 年被国务院评为国家科学技术进步二等奖。

11. BR 运盐敞车被湖南省人民政府评为 1991 年湖南省优秀新产品。

五、企业模范人物

1. 1982 年，谢承玉被铁道部授予劳动模范称号。

2. 1987 年，工厂设计科工程师孙明道获全国总工会颁发的全国“五一”劳动奖章，于 1990 年被湖南省委、省人民政府授予学习焦裕禄标兵称号，于 1994 年获中共中央、国务院颁发的全国劳动模范称号，于 1995 年获中共中央、国务院颁发全国劳动模范称号、全国总工会颁发的全国自学成才奖。

3. 1989 年，工厂厂长张寅南被湖南省委、省人民政府评为湖南省劳动模范。

4. 1990 年，工厂党委书记李松海于被中宣部评为全国优秀企业思想政治工作者。

5. 1993 年，工厂职工汤淑兰当选第八届全国人民代表大会代表、全国工会十二大代表。

6. 1996 年，工厂技术人员焦辉获中华全国总工会颁发的全国“五一”劳动奖章。

7. 1998 年，工厂职工张兴有获铁道部劳动模范称号。

8. 1999 年，工厂工人史开志被共青团中央评为“中国百名杰出青年志愿者”、中国青年志愿者金质奖章。

9. 2000 年工厂职工刘竹生获中共中央、国务院评颁发的全国劳动模范称号。

10. 2001 年工厂职工林量才、苏建国获中华全国总工会颁发的全国“五一”劳动奖章。

六、1975—2000 年株洲车辆厂隶属情况（见表 44）

表 44　　1975—2002 年株洲车辆厂隶属情况表

年　份	隶属关系	厂　名
1975 年 2 月 28 日	铁道部	铁道部株洲车辆工厂
1994 年 4 月 20 日	铁道部	株洲车辆厂
2000 年 9 月 30 日	中国南方机车车辆工业集团公司	株洲车辆厂

七、历任主要领导（见表 45）

在 2000 年 9 月份与铁道部脱离之前，企业党政正职领导均为副局级干部，2000 年工厂企业化以后，企业领导无行政级别。

表 45　　1979—2002 年株洲车辆厂主要领导人任职情况表

工厂历任厂长（正职）			工厂历任党委书记（正职）		
姓　名	职务	任职时间	姓　名	职务	任职时间
韩树祥	厂长	1979. 5—1980. 7	李双勤	书记	1969. 11—1980. 7
吴振东	厂长	1980. 7—1983. 9	胡心如	书记	1980. 7—1983. 9
张寅南	厂长	1983. 9—1990. 4	李松海	书记	1983. 9—1993. 10
刘玉琢	厂长	1990. 5—2002. 3	谢文科	书记	1993. 10—2003. 10
曹　阳	厂长	2002. 3—			

株洲桥梁厂

一、概述

工厂始建于 1958 年。位于湖南省株洲市石峰区杉木塘，石峰山下，湘江河畔。2002 年末，拥有土地 541682. 2 平方米，其中生产经营性土地 368239. 2 平方米，非经营性土地 173443. 2 平方米。

工厂具备铁路轨下全套产品及相关产品的生产能力，具有对外经营权和经国家外经贸部授预自营进出口经营权，主要生产桥梁、轨枕、扣件、电杆等系列产品。在四十多年的建设中，工厂在“二五”至“十五”的社会主义建设时期，先后为京广线、京沪线、浙赣线、青藏线、湘黔线、京九线、石长线、广深线、京秦线、枝柳线、株六复线、南疆线等20多条国家铁路大动脉提供了大量的优质轨下全套产品。

1957年7月6日，铁道部技术局、工程局、建厂设计事务所、建厂筹备组联合组成选厂工作组，实地踏勘选择厂址。10月19日，铁道部以铁技局余〔1957〕字126号文，批准在株洲芦茅塅（杉木塘）建设钢筋混凝土制品厂。

1958年6月20日，株洲钢筋混凝土制品厂破土动工，铁道部以基总劳赵〔1958〕字0848号令，批准成立“株洲钢筋混凝土制品厂”，由基本建设总局全面领导。12月13日，改由长沙铁路局领导，更名为“长沙铁路局株洲钢筋混凝土制品工厂”。

1959年6月5日，归为铁道部基建总局领导，更名为“铁道部基本建设总局株洲混凝土制品厂”。1960年7月8日，更名为“铁道部基本建设总局株洲桥梁工厂”。

1970年1月，工厂按照军队编制，将车间改为连队。

1971年8月10日，铁道部与交通部合并，工厂更名为“交通部株洲桥梁工厂”。1975年3月17日，铁道部与交通部分开，工厂更名为“铁道部株洲桥梁工厂”。由铁道部工务局管理。1989年6月12日，工厂划归物资总公司管辖。

1985年8月26日，铁道部批准工厂为全国铁路路扩大试行厂长负责制试点单位。

1986年6月25日，湖南省人民政府计量局发给工厂二级计量合格证书。

1988年1月19日，工厂17名工程技术人员前往科威特中土公司混凝土构件厂参加第三期劳务项目。

1988 年 5 月 15 日，工厂生产的两片长 40.6 米，单片重 134 吨的桥梁平稳运到天津铁路枢纽津浦线曹庄火车站，标志着中国特大跨度桥梁生产和长距离运送获得成功。

1990 年，被确认为国家二级企业。

1990 年 6 月 18 日，首届铁路混凝土桥梁、轨枕工厂科技大会在株洲桥梁厂隆重召开。铁道部各有关司局、省建材局、各科研设计部门、高等院校及铁路混凝土桥梁轨枕工厂 48 个单位的领导、专家、教授近百人参加会议。这次大会讨论确定了“八五”铁路混凝土制品行业科技发展的规划，展示了科技成果，交流了经验。

1992 年 9 月 15 日，工厂购买的湖南省湘江内河最大的链斗式挖砂船从湘潭船厂驶入株洲桥梁厂砂石车间码头。

1993 年 8 月 2 日，工厂为中国第一条准高速铁路——广深高速铁路承制的新型轨枕 9203 试制成功。

1997 年 11 月 4 日，总投资 474 万元的工厂污水处理工程正式通过了铁道部、湖南省、株洲市组成的联合检查验收组的验收。

1998 年，通过 ISO9002：1994 质量体系认证，2001 年，又通过了 ISO9001：2000 质量体系认证。1999 年 4 月 15 日，香港地铁公司两名专家、总公司国际贸易部 3 名同志及长沙铁道学院谢教授一行 6 人，对首批无挡肩Ⅲ型轨枕进行验收，标志着工厂生产的无挡肩轨枕已打入香港市场。

2000 年 7 月，铁道部五大总公司剥离后，株洲桥梁工厂划归中国铁道建筑总公司管理。8 月 14 日，正式办理移交手续，株洲桥梁工厂由中国铁道建筑总公司工厂局接管。2001 年 11 月 28 日，中国铁道建筑总公司将株洲桥梁工厂划归中铁十一局集团有限公司管理。

2003 年 7 月，经中国铁道建筑总公司批准改制并工商注册挂牌，将株洲桥梁工厂更名为中铁株洲桥梁有限公司，建立现代企业制度。

截至2002年末，工厂设有5个车间，6个现场制梁、制枕基地，21个处室。除生产经营机构外，工厂还设有医院、子弟学校、幼儿园、招待所、食堂、液化气站、俱乐部等生活服务机构。全厂有各类设备1272台。全厂有正式职工2766人，其中干部508人，工人2262人，各类技术干部中，高级职称的有31人，中级职称的有120人，初级职称的有241人；各类技术工人中，取得职业技能资格证的高级工有57人，中级工有390人，初级工有54人，技师2人。全厂有党员995人，团员264人。

二、企业科研

（一）新技术的研究

1995年，与德国VOSSLOH公司合作，开展铁路弹条扣件技术研究，该弹条扣件系统可用于高速铁路。

1996年，研制Ⅲ型预应力混凝土轨枕生产技术。

1998年，开发生产Ⅲ型弹条，在秦沈客运专线上大量使用。

2000年，研制预应力塑料套管轨枕生产技术。

（二）新工艺新装备的研究

1982年12月，跨度32米钢绞线预应力混凝土梁试制成功，1983年2月投入批量生产。

1984年9月13日，工厂建成弹条自动成型机生产线，并通过株洲市科委技术鉴定。

1988年7月26日，我国第一台适用于大型混凝土搅拌楼（站）配套的JS1500混凝土搅拌机通过部级鉴定。该机由长沙建筑机械研究所、韶关挖掘机厂、株洲桥梁厂联合研制。

1994年，引进意大利OLMI公司铁路Ⅲ型轨枕短模自动化生产线，该生产线可兼容德国雷达2000型轨枕。

1995年7月20日，从意大利欧尔米公司引进的国内第一条

Ⅲ型轨枕生产线在株洲桥梁厂试产成功。8 月 1 日正式投入批量生产。

1996 年 8 月，Ⅱ型弹条在工厂试制成功。

1997 年，与香港 MTR 公司合作研制香港地铁轨枕。

1998 年，研制预应力钢绞线 JVM 系列锚具。

1998 年，研制 M-Ⅲ型轨枕张拉机。

2000 年 3 月 18 日，Ⅲb 型轨枕、Ⅲ型弹条生产线顺利通过铁道部运输局、专业设计院、铁道科学研究院等 6 家单位组成的验收小组检查验收。

（三）新材料的研究

2000 年，开发 35SiMnVB 新材料Ⅱ型弹条。

2000 年，研究超细粉煤灰高性能混凝土应用技术，在青藏铁路高寒地区耐久性混凝土桥梁生产中取得良好的效果。

（四）新产品的研究

1. 轨枕系列产品

1988 年：广深石龙桥有碴桥面预应力混凝土枕（研线 9203）；1989 年：S-1 型预应力混凝土轨枕；1995 年：YⅡ型预应力混凝土轨枕、YⅡ-C 型预应力混凝土轨枕；1996 年：M-Ⅲa 型预应力混凝土轨枕（专线 3393）；1997 年：M-Ⅲb 型预应力混凝土轨枕（专线 3394）；1998 年：YⅡ-F 型预应力混凝土轨枕（专线 3385），ⅡZQ-B 型有碴桥面预应力混凝土枕（专线 3362），60kg/m、75kg/m 钢轨 12 号单开道岔用混凝土岔枕（专线 3399）；2000 年：ⅡZQ-C 型有碴桥面预应力混凝土枕（专线 3363）；2001 年：C-Ⅲa 型预应力混凝土轨枕（专线 3393）；2002 年：Ⅰ型预应力混凝土轨枕（专线 01-3277），新Ⅱ型预应力混凝土轨枕（研线 0322），60kg/m，钢轨 12 号单开道岔用混凝土岔枕（SC330-500）。

2. 桥梁系列产品

1990年：8米低高先张梁（专桥2082）、12米低高先张梁（专桥2082）；1991年：16米先张梁（专桥2082）；1992年：32米曲线后张梁（专桥2059E）、32米直线后张梁（专桥2059F）、24米曲线后张梁（专桥2059G）、24米直线后张梁（专桥2059H）、20米低高梁（专桥2094）；1994年：16米先张梁（专桥2066）、16米低高先张梁（专桥2080）；1995年：32米梁（专桥2065）；1996年：先张梁（专桥2081）、24米后张梁（专桥2091）、32米后张梁（专桥2091）、16—32米后张法道岔梁（贰桥91-2004）；1998年：低高度梁（专桥1024）、24米梁（贰桥91-2004B）、16米先张梁（专桥2098）；2002年：32米后张梁（专桥2051）、32米后张梁（专桥青藏07）、8米普高先张梁（专桥青藏01）、16米普高先张梁（专桥青藏03）、24米普高先张梁（专桥青藏04）、8—20米先张梁（专桥01-2001）、16米低高先张梁（专桥01-2011）。

3. 接触网支柱产品

1998年：横腹杆式预应力砼接触网支柱腕臂支柱（专房8080）、横腹杆式预应力砼接触网支柱软挠跨支柱（专房8081）。

三、企业经营建设

（一）生产经营模式

1993年7月20日，工厂签订漳泉铁路现场制梁合同，生产各型桥梁257孔，合同额3850万元。这是工厂首个现场制梁合同，标志着工厂制梁进入现场施工，率先在全国改桥梁生产方式为现场制梁。

（二）基本建设

1992年，工厂投资新建新轨枕厂房、搅拌楼皮带廊、轨枕综合办公楼、中心变配电房、袋装水泥库、压风站、砂石分级改造、露天栈桥等项目，总建筑面积7503平方米，总造价498万元。1992 年，投资新建文体楼、小学教学楼等生活设施，总面积 3216 平方米，总造价 260 万元。1993 年，投资新建运输车间办公楼，建筑面积 1960 平方米，总造价 68.6 万元。新建一生活区给水加压泵房，面积 134.9 平方米。1995 年，投资新建工厂废水处理站，建筑面积 490 平方米，总造价 19.6 万元。新建二区配电房，面积 113 平方米，造价 7 万元。1999 年，维修加固轨枕综合成品库、轨枕搅拌楼、运料斜道，造价 40 万元。

四、企业演变

（一）生产组织演变

1988 年，工厂有桥梁、轨枕、扣件、电杆、砂石、修机、建筑、动力车间和运输科。1989 年，运输科改为运输车间。1992 年，撤销建筑车间，职能并入基建处。1994 年，电杆车间更名为综合车间。1996 年，新组建 III 型轨枕车间。1998 年，综合车间并入轨枕车间。1999 年，扣件车间更名为扣件分厂。

2002 年，生产系统改革后，本部生产组织机构由桥梁、轨枕、机动、修机、砂石车间和扣件分厂组成。2003 年改制后，各车间和分厂重新调整为 9 个分公司。

（二）管理机构演变

1989 年，工厂共设科室 42 个；1990 年，共设科室 43 个；1994 年，机构合并，共设科室 33 个；1999 年，机构调整为 17 个科室；2002 年，共设 21 个科室；2003 年，公司改制后，共设 8 个部室，简称“七部一室”。

五、领导关怀

1978 年 1 月 25 日，中共株洲市委书记周政来厂检查工作。

1979 年 9 月 15 日，铁道部部长郭维城来厂视察工作。

1981 年 11 月 10 日，铁道部副部长李颉伯来厂视察工作。

1983 年 1 月 25 日，铁道部部长陈璞如来厂视察。

1984 年 11 月 13 日，铁道部副部长张辛泰来厂视察工作。

1986 年 8 月 26 日，铁道部部长丁关根由湖南省省长熊清泉、株洲市市长周吉太陪同来厂视察工作。

1987 年 2 月 23 日，铁道部副部长尚之恭来厂视察工作。

1987 年 11 月，中共中央委员，中共湖南省委书记毛致用为工厂题词，内容是“发扬艰苦创业精神，为振兴铁路事业而奋斗”。

1987 年 12 月，中共中央委员、湖南省省长熊清泉为工厂题词，内容是“在改革开放中奋勇前进”。

1988 年 6 月 15 日，铁道部副部长、总工程师屠由瑞来厂视察工作。

1989 年 9 月 27 日，铁道部总工程师沈之介来厂视察工作。

1989 年 10 月 5 日，中国建材协会会长曲通馨、国家建材局生产管理司副司长张树凯来厂视察工作。

1990 年 11 月 14 日，铁道部部长李森茂来厂视察，并题词“发扬铁路工人主人翁精神”。

1991 年 4 月 21 日，铁道部副部长傅志寰、铁道部政治部副主任蔡庆华来工厂视察。

1992 年 2 月 19 日，铁道部副部长孙永福来工厂视察。

1993 年 10 月 27 日，铁道部副部长孙永福来工厂视察。

1994 年 3 月 2 日，铁道部总经济师张有民等一行 4 人来厂考察。

1995 年 11 月 19 日，铁道部副部长孙永福来厂视察。并为Ⅲ型轨枕生产线题词“依靠科技进步，开发新型轨枕”。

2001 年 9 月 11 日，铁道部外资办杨海长主任、中国铁道建筑总公司何能金副总经理专程来工厂视察。

六、省部级荣誉

1978 年 12 月，全国铁路科技大会授予工厂砂石车间生产联动线与弹条成型机为大会科技奖。

1979 年 4 月 18 日，经湖南省人民政府批准，工厂荣获“大庆式企业”光荣称号，铁道部工务局致函祝贺。

1982 年 11 月 27 日，预应力电杆被评为铁道部、湖南省优质产品，69 型轨枕披评为湖南省优质产品。

1983 年 12 月，工厂荣获铁道部 1983 年度经济效益显著单位称号。

1984 年 9 月，跨度 32 米钢统线应力混凝土梁、筋 81 型轨枕被湖南省评为优秀新产品。

1986 年 12 月，铁道部授予工厂“全国铁路节约能源先进企业”称号。

1986 年 12 月 16 日，MC80-1 型混凝土搅拌微机控制系统通过铁道部部级鉴定。

1987 年 11 月，后张法 32 米钢筋混凝土简支梁被湖南省经济委员会评为优秀产品。

1988 年 5 月 9 日，工厂研制的弹条自动成型机获航空工业部三等奖。

1989 年 1 月 13 日，我厂 MC80-Ⅰ型混凝土搅拌机微机控制系统获 1998 年铁道部科学技术进步三等奖。掺高效减水剂 500—600 级混凝土在铁路工程中的应用获 1989 年铁道部科学技术进步三等奖。

1990 年 9 月 8 日，经湖南省人民政府企业管理指导委员会审定，省人民政府批准，工厂为省级先进企业。

1991 年 9 月 7 日，工厂收到中华人民共和国铁道部铁本法〔1991〕391 号文件《关于公布 1990 年度铁路部门国家二级企业名单的通知》，正式公布株洲桥梁工厂为国家二级企业。

1997 年 5 月，工厂电视台被湖南广播电视厅评为 1997 年度湖南省先进企业电视台光荣称号。

七、评选树模

1983 年 3 月，黄玉莲获全国铁路优秀少先队辅导员称号。

1983 年 3 月，桥梁车间团支部获全国铁路先进团支部称号。

1987 年 7 月，席代旺获全国铁路优秀党员称号。

1988 年，厂工会获中华全国铁路总工会“模范职工之家”。

1988 年 3 月，席代旺获中华全国铁路总工会“火车头奖章”。

1989 年 4 月，陈景敏获湖南省“劳动模范”称号。

1991 年，厂工会获湖南省总工会第二批“民主管理先进单位”。

1991 年 7 月，杨义盛获中华全国铁路总工会“火车头奖章”。

1992 年，周景辉被铁道部授予“劳动模范”称号，获中华全国铁路总工会“火车头奖章”。

1993 年，刘广生被中华全国总工会评为“全国优秀工会工作者先进个人”。

1993 年，周景辉被中华全国总工会授予“全国优秀革新能手”称号。

1993 年，株洲桥梁厂体育协会被国家体育运动委员会授予中华人民共和国第七届运动会全国群众体育先进单位荣誉称号。

1994 年，唐其端被评为铁道部优秀共产党员。

1994 年 4 月，刘桂香被中华全国总工会评为“全国先进女职工工作者”。

1994 年 5 月，祖恺先获中华全国铁路总工会“火车头奖章”。

1994 年 8 月，厂工会获中华全国铁路总工会“全路模范职工之家”。

1995 年 4 月，汤自林获湖南省“劳动模范”称号。

1998 年 9 月，杨伟勋被铁道部授予“劳动模范”称号。

1999 年，杨伟勋获中华全国总工会“五一”劳动奖章。

2000 年，刘益斋获湖南省“劳动模范”称号。

附 1978—2003 年株洲桥梁厂党政领导任职情况表（表 46），1978—2003 年株洲桥梁厂历年企业总产值、人数及固定资产统计情况表（表 47）。

表 46　1978—2003 年株洲桥梁厂党政领导任职情况表

时　间	党委书记	厂　长	备　注
1975 年 12 月—1978 年 9 月	刘金兰	刘金兰（革委会主任）	
1978 年 9 月—1985 年 6 月	刘金兰	罗坚生	
1985 年 6 月—1990 年 1 月	李　璞	罗坚生	
1990 年 1 月—1991 年 1 月	李　璞	陈显盘（副厂长）主持工厂行政工作	
1991 年 1 月—1995 年 2 月	陈显盘	李　璞	
1995 年 2 月—1995 年 12 月	无	李　璞	
1995 年 12 月—1997 年 5 月	李树敏（党委副书记）主持党委工作	李　璞	
1997 年 5 月—1999 年 4 月	李树敏（党委副书记）主持党委工作	彭盛林（党委副书记）全面主持工厂行政工作，1998 年 6 月任厂长	
1999 年 5 月—2001 年 10 月	彭盛林（党委副书记）主持党委工作	彭盛林	
2001 年 11 月—2003 年 1 月	彭盛林	刘飞香	
2003 年 1 月—	彭盛林	刘飞香（董事长兼总经理）	2003 年改制

表 47　1978—2003 年株洲桥梁厂历年企业总产值、人数及固定资产统计情况表

时间	年末人数（人）	企业总产值（万元）	固定资产（万元）	
			原值	净值
1978	2982	2297	-	-
1979	2979	2808.87	-	-
1980	3067	2837.37	-	-
1981	3099	2573.22	-	-
1982	3109	3025.26	-	-

续表

时间	年末人数（人）	企业总产值（万元）	固定资产（万元）	
			原值	净值
1983	3141	3741.54	-	-
1984	3179	3777.8	-	-
1985	3202	4276.3	-	-
1986	3216	4775.09	-	-
1987	3300	5020.76	-	-
1988	3320	9632.6	5162	3493
1989	3333	8603.1	5968	4126
1990	3443	8034.7	6486	4585
1991	3448	8152.1	7449	5309
1992	3448	8266.2	7985	5635
1993	3448	9615.2	9026	6503
1994	3418	9519.4	11353	7698
1995	3443	6608.7	11342	7463
1996	3443	5976.8	15096	10762
1997	3441	5858.8	20791	15998
1998	2991	6335	21286	16087
1999	2970	6533.7	23584	16947
2000	2879	7830.7	21780	15922
2001	2828	17502.3	21763	15327
2002	2766	15650.7	13438	8033

衡阳铁路工程学校

衡阳铁路工程学校的前身是“衡阳铁路中级技术学校”，创办于1951年5月，设财会、运输、机务、车务、工务、信号、通信、铁道线路8个专业。1953年2月，学校更名为“衡阳铁路学校”。1954年，更名为“衡阳铁路工程学校”。1958年9月，升级改名为“衡阳铁道工程学院”。1960年，更名为“衡阳铁道学院”。1962年，撤销“衡阳铁道学院”，恢复“衡阳铁路工程学校”。之后一度停止招生。1972年，恢复招生，并增设通信、信号专业和铁路养路机械专业。1978年，撤销铁道通信、铁道信号2个专业，全面推行电化教学。1990年，专业设置有铁道工程、工业与民用建筑、给水与排水、铁道工程管理。

1991年，被铁道部、国家劳动部、国家教委等部门授予“全国铁路职业技术教育先进单位”称号。1993年，学校招生406人，毕业343人，在校学生1565人。1994年以后，深化教学改革，广开办学门路，加大科研投入。每年都为广铁集团公司、九广铁路、香港地铁公司开办各种短期培训班和新工人岗前培训班。1994年8月，被国家教委定为“国家重点级中等专业学校”。是年，被广铁集团荣记集体一等功。1995，湖南省委副书记、副省长郑培民来校视察，予以高度评价，并在全省中专教育工作会议上予以表扬。1996年，为香港地铁出版《高速铁路、线路》教材。是年，被铁道部定为全国铁路中专建筑工程类专业牵头学校、湖南省职业高中教学管理顾问学校。1997年，为香港九广铁路公司举办2期高速铁路、香港地铁公司1期线路维修培训班。原有四个专业毕业生388人，在衡阳市劳动局职业等级考试中，管道工、钢筋工取得中级合格证达87%以上，测量工等级证考试，四级、三级分别有230人、13人。1998年，招录学生1056人（中专745人，技工95人，成人中专216人），中专班60个，在校学生2591人；完成成人教育62个班3467人次的培训。经湖南省劳动厅批准，授权18个工种鉴定权。开发研制的DT3型战备抢险微波通信系统，获广铁集团公司科技进步三等奖。是年，有三项成果获得湖南省教育科研成果二、三等奖；组织多门课题开发，23门课题建成课题库，录入试题16000多道，铁道工程专业主干课100%建成试题库。组织编写《企业文化职业礼仪》《环境保护概论》《桥隧施工与养护》《桥涵设计》《建筑企业管理》等教材。成立工种技能鉴定站，计算机文字录入处理员、工程测量工、管道工、公路养护、路基工、路面工、下水道工等18个工种被省劳动厅授予鉴定权。1999年，举办53个短训班，培训2526人。学校注重“产、学、研”一体化的办学思路，“开发产品、组织教学、教学科研项目”同时并举，学校的铁道工程专业通过铁道部专业复评取得优秀成绩，名列全路中专学校前茅，并评为“全路普通中专优秀专业点”。成立“预立高新技术实业公司”，研制开发新产品七项，其中三项获得国家专利。结合给排水专业自筹资金开办“纯净水厂”，效益逐年增长。学校工程科、房建科、设计所对外取得“监理、勘察设计资格”接纳18项监理和设计项目。1999年，铁道工程专业学生毕业设计为新化车站路基排水工程，被评为优秀设计方案，并被广铁集团公司工务处采用，完成的石长线近300公里的复测任务，受到石长总公司的好评。

衡阳铁路工程学校占地面积10.47万平方米，建筑面积5.9万平方米，有实验室18个，图书馆藏书15万册。2000年9月1日，衡阳铁路运输技工学校并入衡阳铁路工程学校，分为东、西校区。合并后学校占地16.4万平方米，建筑面积11万平方米。有职工493人，集体工43人，全日制学生3516人，另有大中专函授生工程校区3407人，运输校区378人。全年为广铁集团完成职工教育培训20016人天，其中东（工程）校区8899人天，西（运输）校区11117人天。制作的CAI课件《单层工业厂房构造组成》《给水工程》获得全路中专建筑工程专业指导委员会课件评审一等奖。学校学生参加的职业技能鉴定西校区通过率96%，东校区通过率97%。

株洲铁路机械学校

株洲铁路机械学校原名为“铁道部株洲铁路运输机械学校”，创建于1956年9月，位于株洲市建设中路，是由铁道部办、广州铁路局管理的全日制中等专业学校。1958年，改名为“株洲铁道学院”。1962年，停办大学部，更名为“株洲铁路机械学校”。之后一度停止招生。1978年，增设电子计算机专业。1980年，被教育部评定为全国重点中专学校。1982年，该校所设专业有装卸机械、物资管理、机械制造、电子计算机、蒸汽机车5个专业，招收高中毕业生。除物资管理专业学制2年外，其余专业均为3年。是年，还开办干部、职工短训班。1990年，恢复铁道车辆专业。1992年，停止蒸汽机车专业招生，增设铁道运输专业。1993年，学校以铁路建设和社会需要为导向，广泛开展包括与路内外企业、学院的联合办学，形成以中专教育为主体，包含函授大中专、技工班和各类职工培训多层次、多形式的办学体系。开设机械设备维修与管理（含装卸）、电子计算机应用、企业物资管理、铁道车辆、铁道运输5个专业，兼开车辆钳工、机械钳工（装卸）技工班。学校被列为省、部级重点中专，先后被评为全国、铁道部、湖南省职业技术教育先进单位，并由湖南省推荐为国家重点中专学校。1994年，再次被国家教委授予“国家级全国重点中专学校”称号。是年，铁道部授予学校为“教育先进单位”，受到广铁集团表彰，记全校教职工集体一等功。1995年，荣获“湖南省社会帮教工作先进单位”。1996年，开设空调与制冷专业，建成机电一体化综合演练基地，形成“实验—演练—技能培训—技术开发”实践教学新体系。1997年，有大专函授生

277人，普通中专生1670人，成人中专生602人，中技生265人，短训班105人，累计达2919人。1998年，与广铁职工大学联合开办大专函授班，招收76人；与株洲车站、长沙北站、长沙东站联合举办“铁道部运输管理”三年中专函授班；招收129在职职工。举办广铁集团车辆工班长培训班15期531人，装卸班组长、值班员培训班7期264人。投资1000万元，建成面积8900平米的综合楼、车辆基地红外线实验室。2000年，学校确定铁道车辆、铁道运输、机械设备维修与管理、计算机应用四个为骨干专业，新办计算机应用、机电工程两个高职专业，新建电机电器专业的“电力拖动控制”实验室。招收路内定向、铁路行业并轨、五年制高职等多类新生725人，在校学生达到2692人，完成广铁集团培训8595人天。是年3月，在国家级重点中等职业学校办学水平评估中，第三次被评为国家级重点学校，在湖南省排名第一。运输和车辆专业的学生参加职业技能鉴定通过率达91%。2001年，共设24个专业，校内高级讲师、“双师型教师”分别占34%、45%。先后与北方交通大学、西北工业大学等高等院校合办MBA课程班和本科、大专函授班。与全球最大的教育机构之一的印度国家信息技术学院NIIT公司合作培训IT专业人才。被指定为湖南省“职业技术教育高新技术师资培训中心”、“职业技术鉴定站”、铁道部“优秀专业教学点”等多个技能培养、考核鉴定点。

株洲铁路机械学校占地6.87万平方米，校舍建筑面积5.64万平方米，图书馆藏书22万多册，各种设备固定资产1240万元。实验大楼设各类实验室70余个，实验工厂占地1.33万平方米，可同时容纳400人10余个工种的实习。

衡阳铁路运输技工学校

衡阳铁路运输技工学校创建于1984年7月，位于衡阳市苗圃（原衡阳分局机关附近）。1989年被铁道部定为重点技工学校，1991年被定为全国首批省、部级重点技工学校，1993年经湖南省推荐为国家级重点技工学校。

1993年，校园占地5.2万平米，校舍建筑面积3.2万平米。各类教学设备配套，有实验室13个，演练场5个，藏书5.4万册。教职工212人，其中专任教师100人。1987至1992年，培养中级技术工人1722人，培训在职工人、干部1456人。学校是花园式单位，坚持主动适应、主动服务于运输生产的宗旨，实行学生预先定向分配、实习期间按预先分配地点实习的“预分实习”制度和毕业生有毕业证书、技术等级证书的“两种证书”制度。1993年，开设运输作业、通信工、信号工三个专业，共招生545人，毕业222人，在校学生1417人。1994年，建成客运、货运专用教室和运输作业演练基地，完成综合实验第二期工程HYX-I教学沙盘竣工和验收。新建3800平方米实验大楼，形成教学、实验操作演练规模综合能力。毕业生技术等级四级工合格率由上年的91.3%提到93.96%，被广铁集团荣记集体一等功；1996年，又提高到98.32%。1996年，4125平米实验综合大楼竣工；教职工人均收入较上年增长33.5%。1998年，经铁道部批准，与广州成人中专联合开办运输、通信、信号专业成人中专班，是年应届毕业生全部转入成人中专班学习；与广铁职工大学联合开办通信专业首期高职班；举办广铁集团各类工班长培训班60期，学员1000余人。1999年，完成8个技工班、8个成人中专班、1个高职班的教学任务。2000年，衡阳铁路运输技工学校并入衡阳铁路工程学校，同时加挂衡阳铁路运输高级技工学校牌子。

怀化铁路运输技工学校

1996年5月12日举行授牌仪式，正式成立。前身是怀化铁路职业中学，为国家教委公布的湖南省重点职业中学。怀化铁路运输技工学校成立以后，仍保留怀化铁路职业中学名称，实行一套班子、两块牌子的管理和办学模式。学校占地面积40多亩，建筑面积1.2万多平方米，拥有现代化的运输模拟室，电工、电子实验室，机械制图室，6502电气集中演练场等教学设施和实习场地，还建有机械钳工实习工厂和运输校外实习基地。校图书馆藏书3万多册，报章杂志200多种。教职员工128人，其中专任教师82人。开设运输、信号、车辆、内燃机车乘务四个技工专业和电子电器、机械制造、电脑等三个职业中学骨干专业，并开设成人高考辅导、旅游、列车员培训等短训班。长班在校学生800多人，其中技校生331人。

附　录

大事记（1978—2002）

1978 年

1 月 17 日，铁道部批准修建京广铁路衡广复线。是年 9 月铁道部第五工程局进入衡阳境内施工。1981 年 1 月，衡广复线工程停工。1982 年 5 月，国家计委正式批准衡广复线全线恢复施工。

7 月 7 日，经广州铁路局决定，撤销长沙铁路分局、衡阳铁路分局和基层站段革命委员会，恢复长沙铁路分局、衡阳铁路分局，实行党委领导下的分局长负责制、站段长分工负责制。

10 月 15 日，新建衡阳北编组站破土动工。

12 月 26 日，枝柳铁路通车，铁道部和湘、鄂、桂三省在怀化举行通车典礼。枝柳铁路途经湖南省境内 577.2 公里，1970 年 8 月开工，1978 年 12 月 1 日全线贯通，由施工单位进行临管。

是年，衡阳铁路分局衡阳机务段“超声波探伤技术”被列为 1978 年全国科学大会表彰的科研成果，衡阳车辆段、郴州电务段在铁道部科技大会上评为先进单位，衡阳车辆段还被湖南省评为科技先进单位。

1979 年

1 月 9 日，中共湖南省委、湖南省革命委员会命名长沙、衡阳、怀化铁路分局为“大庆式企业”。

9 月 1 日，广州铁路局在衡阳机务段进行扩大经营管理自主权试点。

10 月 28 日，路口铺工业站由长岭炼油厂移交长沙铁路分局接收。

12月5日，149次旅客列车即将驶入怀化车站时，旅客周某、李某携带48包猎枪打火纸引起火灾，致旅客19人死亡，9人重伤，造成重大旅客死亡事故。

是年，怀化铁路分局新化工务段“隧道漏水整治试验”获铁道部科技成果奖。

1980年

1月22日，长沙开往广州的403次旅客列车驶入株洲车站时，因旅客携带猎枪打火纸碰撞车厢地板着火，酿成重大火灾，造成旅客死亡22人，烧伤4人，客车报废1辆。

1月，衡阳铁路分局撤销各中间站装卸作业所，成立车务段装卸作业分所，统一管理段辖各站装卸作业。

是年，湖南国铁各分局开始使用机车报警和自动停车装置。

1981年

3月30日，铁道部在怀化铁路分局召开全路行车安全工作会议，该分局受到表彰。

4月19日，国务院副总理万里在怀化铁路分局主持召开枝柳线运输分流会议，国家计委、经委、科委、交通部、铁道部、外贸部、铁道兵及湖南省党政负责同志等104人参加会议。会议决定增加怀化铁路分局大龙口的接运量。

7月，衡阳铁路有职工向列车押运人员强行索要花苗，万里副总理在人民来信上作重要批示。衡阳铁路分局派干部去天津向当事人赔礼道歉，送还花苗，并在全分局进行路风教育。

12月16日，怀化铁路分局实现连续安全1000天无责任行车重大、大事故。

12月25日，株洲北站驼峰设备更新工程（扩建6股道）提前42小时完成。

1982年

1月13日，铁道部部长刘建章、铁道兵顾问吕正操率领工作组到株洲车站视察工作。

1月23日，中共湖南省委第一书记毛致用、省长孙国治等在长沙车站参加劳动。

1月29日，铁道部发文表彰怀化铁路分局实现千日安全，要求全国铁路各分局和行车单位开展学怀化铁路分局、赶怀化铁路分局的群众性活动。

3月，怀化铁路分局荣获湖南省1981年度先进企业称号。

3月，衡阳西站被铁道部命名为全路先进中间站，并授予奖牌。

6月16—18日，长沙铁路分局管内浙赣、湘黔、娄邵、醴茶线70多处线路塌方，18处中断行车。分局领导赶赴一线指挥抢险，及时保证行车安全。

10月26—31日，铁道部全路车辆标准化会议在衡阳车辆段召开。

1983年

1月1日，枝柳线经国家验收委员会正式验收交付使用，塘豹至界溪河间共577.2公里营业里程由怀化铁路分局临管运营。

3月1日，长沙客运段长京二组张红因实行挂牌服务，制定四条服务公约，被铁道部授予“优秀列车员标兵”称号。

4月，铁道部公布《铁路主要技术政策》，衡阳站被定为“七五”末期全路20个路网编组站之一。

10月24日，长沙铁路分局被评为湖南省计划生育先进单位。

12月11日，中共湖南省委第一书记毛致用乘专列对湖南省境内枝柳线进行为期4天的视察。

12月20日，罗马尼亚内燃机车技术服务组来长沙机务段服务。

是年，衡阳站信号灯工厂试制成功GK-Ⅲ型信号灯，参加全国新产品展览，被国家经委授予新产品“金龙奖”。

1984年

3月1日，中共湖南省委书记熊清泉及衡阳市党政军领导在衡阳站参加打扫卫生活动，熊书记表扬衡阳站“在三流设备条件下，做出了一流成绩”。

4月2—6日，铁道部“三优文明路”检查组先后到衡阳站、衡阳列车段、衡阳工务段、渌口站和520/519次列车检查。

5月30日23点—31日8点，衡阳地区持续暴雨，降雨量166.7毫米，为1933年以来最大一次降雨，管内铁路东阳渡至九仙贯94处断道，中断行车16小时55分。

6月29日，广州铁路局决定衡阳铁路分局为试行《国营工业企业法（草稿）》试点单位。

7月8—15日，全国铁路总工会主持召开的全国铁路职工“振兴中华”读书活动经验交流会在怀化铁路分局召开。

7月27—31日，全国铁路华东华南片歌曲、歌舞音乐汇演在怀化铁路分局举行。

11月26日，湖南省政府授予长沙铁路分局为安全运输单位。

1985年

1月1日，焦柳线塘豹至界溪河577.2公里营业里程由怀化铁路分局正式运营。

1月16日，公安部、铁道部联合工作组到达衡阳，重点整顿衡阳至白石渡区段治安秩序，解决“火车好坐，衡阳难过”的问题。

1 月 18 日，铁道部部长陈璞如到长沙铁路分局检查指导工作。

1 月 19 日，湘黔线开始提高牵引力试吨，株洲北至娄底间从 2500 吨提高到 2600 吨。

是月，株洲机务段试用 DF4 内燃机车牵引货物列车。

2 月，衡阳车站集装箱货场动工兴建，1987 年 12 月建成投产，是湖南省第一个集装箱专用货场。

4 月 2 日，铁道部授予长沙铁路分局职工教育先进集体红旗。

5 月 3 日，京广线南段第一列牵引 3400 吨的列车在耒阳至株洲间试车成功。

6 月 4 日，铁道部客车上水工作现场会在株洲车站结束，株洲车站被授予“文明上水站”光荣称号。

6 月，衡阳生活段衡阳机务公寓被铁道部授予“文明公寓”称号；1/2 次列车获铁道部进京进沪列车竞赛评比第一名，205/206 次列车获第二名；长沙车站获较大车站竞赛评比第二名。

10 月 8 日，铁道部在长沙铁路分局召开中南、西南铁路科技工作会议。

11 月 7 日，港九铁路考察组来长沙铁路分局访问参观。

11 月 16 日，湖南省政府召开铁路治安电话会议，省政府秘书长卢会云对衡阳至白石渡区段的治安整顿工作进行总结，对今后长治久安作出部署。

12 月 10 日，国务院副总理万里和中央书记处书记胡启立到衡广复线建设工地现场办公，决定集中人力、物力、财力，加快衡广复线建设。自此，衡广复线开始了三年决战阶段。

12 月 13 日，长沙北站货四库团支部被铁道部团委命名为全路新长征突击队。

12 月 27 日，在全路首届文明装卸技术表演赛上，长沙北站职工魏建国获门吊竞赛第一名。

12 月 28 日，长沙铁路分局实现连续安全 1000 天无行车重大、大事故，创 1963 年建局以来安全生产最好成绩。

是年，衡阳铁路分局被国务院企业管理指导委员会命名为“国家二级企业”，并连续两年被湖南省评为运输红旗单位和思想政治工作先进企业。

1986 年

1 月 7 日，湖南省政府在长沙铁路分局俱乐部召开广播大会，表彰为全省经济建设作出贡献的铁路、电力部门等 28 个先进单位和集体，长沙铁路分局被授予“安全运输红旗单位”称号。

1 月 8 日，长沙铁路分局召开安全生产 1000 天总结大会，湖南省副省长俞海潮、原铁道部副部长廖诗权到会祝贺，铁道部授予“景泰蓝”安全杯 1 个。

1 月 15 日，武昌至广州 247 次旅客列车行至白石渡—坪石间，因旅客刘四万携带炸药自行引爆，造成死亡 7 人、重伤 11 人、轻伤 27 人，构成重大爆炸事故。

4 月 2 日，衡阳铁路分局实现连续安全 1000 天无责任行车重大、大事故。

5 月 4 日，怀化铁路分局实现连续 2600 天无责任行车重大、大事故。

7 月 18 日，新晃车站调车脱线，中断行车 6 小时，构成行车重大事故。

8 月 23 日，铁道部部长丁关根到长沙铁路分局长沙车站、长沙北站、分局调度所检查工作。

8 月 24 日，国务院衡广复线建设领导小组第二次会议在长沙召开，领导小组组长、铁道部部长丁关根主持会议，国务院有关部委和湖南、广东两省领导及衡广复线建设指挥部领导共 90 多人参加会议。

8月25日，铁道部部长丁关根在湖南省省长熊清泉、广州铁路局长杨其华、长沙铁路分局长廖济广陪同下，到株洲铁路地区单位检查工作。

是日，南岭隧道迂回导坑贯通，铁道部副部长孙永福、湖南省副省长俞海潮专程赴工地祝贺，俞海潮代表省政府赠送纪念碑。

9月18日，长沙客运段长京二组、株洲水电段株洲给水所荣获全国先进班组称号，王汉云（长京二组列车长）、彭声富（株洲给水所司机长）荣获全国先进班组长称号。

9月25—29日，湖南省职工思想政治工作理论讨论会在怀化铁路分局召开。

9月29日，铁道部科技局在株洲主持召开株洲北站调度信息处理系统技术鉴定会，经过广泛论证，实地参观，与会专家一致同意该项目通过部级鉴定。

9月30日，株洲北站编组场机械化驼峰建成半自动化驼峰。

10月31日，衡阳铁路分局撤销，并入长沙铁路分局。设衡阳铁路办事处。

11月1日，怀化铁路分局接管长沙铁路分局管辖的娄邵线、湘黔线湘乡至百亩井间共156.6公里营业线路、19个车站。

11月2日，滕代远同志纪念馆在麻阳县落成。滕代远同志是铁道部第一任部长。

12月18日，株洲北站出发场扩建工程完成。

1987年

3月20日，长沙铁路分局被湖南省评为1986年侨务工作先进单位。

3 月，怀化铁路分局党委书记张振兴参加在天津召开的全国职工思想政治工作会议，单位获全国思想政治工作先进研究会奖杯。

4 月 25 日，长沙铁路分局党委书记张喜春获全国总工会颁发的“五一劳动奖章”，并获“湖南省劳动模范”称号。

6 月 15 日，全国企业职工思想政治工作座谈会在怀化铁路分局召开。中宣部、国家经委、全国总工会、中共湖南省委的领导和全国各省、市、大型企业代表 400 多人出席会议。这是怀化铁路分局首次承办的全国性重要会议。

7 月 31 日，长沙铁路分局熊荣孝（长沙机务段司机）、吴谋其（株洲车辆段检车员）荣获全国优秀共产党员称号，王汉云获全路优秀党支部书记称号。

8 月 21 日，湖南省总工会、省经委在长沙铁路分局联合召开“双增双节”立功竞赛经验交流暨模范班组表彰大会。

8 月 24 日，全国班组建设优秀成果会在北京举行，长沙客运段长京二组在会上发布成果。

9 月 28 日，共青团湖南省委在怀化召开怀化铁路分局青工安全生产 10 周年表彰大会。这一成绩，创全路分局级团员青年安全生产最好成绩。

11 月 30 日，长沙铁路分局在第六届全运会上被评为全国群众体育工作先进集体。

12 月 24 日，焦柳线、枝柳线合并更名为“焦柳线”。

是年，中宣部、国家经委、全国总工会授予怀化铁路分局为“全国思想政治工作优秀企业”，中共湖南省委和省人民政府命名怀化铁路分局为“文明建设先进单位”。

是年，怀化铁路分局被评审为国家二级企业。

1988 年

1月7日，全路先进的新型电器集中设备在京广线黑石铺车站安装使用。

2月，怀化铁路分局被中共湖南省委、省政府授予“双文明先进单位”称号。

3月23日，铁道部在长沙召开冷水滩分界口畅通会议，铁道部运输局、柳州局、广州局及有关单位参加。

9月5日，怀化铁路分局被国家企业改革指导委员会正式命名为国家二级企业，成为全国铁路第一批分局级二级企业。

9月21日，经专家评审，《湖南省国营铁路2000年发展规划》原则通过。

11月16日，铁道部和湖南省经委共同认定，长沙铁路分局设备管理指标达国家二级企业标准。

11月26日10时30分，长沙铁路分局第一趟电力机车牵引的1717次货车从郴州北站开出，结束了该分局无电力机车的历史。

11月，怀化铁路分局被评为湖南省民主管理先进单位。

12月15日，铁道部及湖南省联合评审，长沙铁路分局标准化工作85.6分，成为全路第一个标准化二级企业。

12月16日，衡广复线建成通车，复线郴州—韶关段为164公里长的电气化铁路。国务院总理李鹏及铁道部、广东省、湖南省的党政领导参加了在韶关举行的通车典礼。李鹏总理在通车典礼上讲话并为通车剪彩（衡广复线全长526公里，1978年正式开工，1985年后的3年决战，1988年11月26日建成，1989年12月27日通过国家验收。1990年1月1日交广州铁路局使用，运输能力提高3000万吨）。

12月，中共中央政治局常委胡启立、中共湖南省委书记熊清泉等到湘西考察，怀化铁路分局副分局长刘俊发到吉首汇报分局参加全国优秀企业评选和沿线治安情况。

是年，怀化铁路分局“单线铁路隧道自控帘幕运营通风技术”获铁道部技术进步奖。

1989 年

2 月 11 日，中央电视台《新闻联播》公布 1988 年度全国企业管理优秀奖（金马奖）获奖名单，怀化铁路分局是获奖单位之一。

2 月 17 日，铁道部部长李森茂、广州铁路局局长杨其华在长沙与中共湖南省委书记熊清泉座谈关于如何深化铁路改革，促进湖南经济发展若干问题。

3 月 21 日，在北京参加全国形势教育座谈会的娄底机务段党委副书记张学工应中共中央政治局领导同志邀请，到中南海参加座谈。

3 月，党和国家领导人在中南海怀仁堂，向荣获全国十家管理优秀企业的经理（厂长）和 10 名全国优秀企业家颁发“金马奖”和“金球奖”。怀化铁路分局分局长张宝华接受“金马奖”的颁奖，并与中央领导合影留念。

4 月 29 日 22 点，中央电视台第一套节目播放怀化铁路分局专题节目《在改革中崛起》。

4 月 29 日，怀化铁路分局被授予湖南省“模范单位”光荣称号。

5 月 21 日，长沙铁路地区 3000 门纵横自动电话转换施工完成启用。

6 月 12 日 17 时 07 分，郴州—衡阳间自动闭塞工程竣工使用。至此，京广线蒲圻至坪石间移频自动闭塞全部开通。

8 月 25 日，长沙—广州 75/76 次首趟全列空调旅客列车在长沙始发。这种客车每节车比普通客车长 2 米，每列车可多载 100 多人，且设备新颖，装饰精致。

9 月 20 日，怀化、长沙铁路分局调整管界，湘黔线百亩井站以东娄邵线及娄底至湘乡段，划归长沙铁路分局。

9 月 25 日，铁道部总工程师沈子介考察株洲北上行系统工程施工。

10 月 1 日，怀化铁路分局分局长张保华作为 1988 年铁道部劳动模范和全国劳动模范，参加了北京国庆 40 周年大庆活动。

10 月 25 日，国务院驻湘税财检查组长、原铁道部副部长廖诗权视察树木岭货场及长沙铁路分局经济开发公司。

10 月 26 日，全国铁路总工会在怀化铁路分局召开全路贷款扶贫经验交流及表彰会。

12 月 27 日，衡阳北编组站（三级三场）全部开通投产（该站 1979 年 10 月 15 日动工，1987 年 4 月 24 日第一期工程出发场竣工）。

12 月，怀化铁路分局团委被授予“全路青工安全生产标兵单位”称号。

1990 年

3 月 16 日，铁道部评定衡阳车站为全路一级文明货场。

5 月，中顾委委员袁宝华、曾志，铁道部部长李森茂分别为《怀铁人》一书题词“怀铁风采”“扎根湘西，建功立业”“团结文明，拼搏奉献，发扬艰苦创业精神”。

6 月 1 日，湘黔线怀化至大龙段电气化工程正式开工。

6 月 13 日，怀化铁路分局团委被共青团湖南省委授予“先进团委”称号。

6 月 14—16 日，怀化地区普降百年未遇的暴雨，怀化铁路分局有 358 户职工受洪水袭击，损失达 54. 9 万元。

8 月 1 日，长沙铁路分局成为全路第一个通过二级计量复查合格单位。

8 月 12 日，1739 次货物列车从株洲北至郴州北牵引 3700 吨，试运成功。

9 月 6—7 日，长沙铁路分局科委组织研制的《运输部门统计计算机网络处理系统》，通过铁道部鉴定，推荐全路使用。

9 月 30 日，铁道部评定长沙铁路分局为全路首批国家一级节能企业。

10 月 31 日，铁道部部长李森茂为吉首站客运值班员王源孝题词“学习王源孝同志，廉洁奉公，全心全意为各族旅客服务”。

11 月 23 日，全国部分省、市、企业班组建设年会在怀化铁路分局召开。

12 月 5 日，中共湖南省委书记熊清泉等省、地领导一行 20 余人，到怀化铁路分局视察。

12 月 25 日，长沙市区京广铁路老线实施断道，拆除线路 4.89 公里。

1991 年

1 月 7 日，湖南省“合理化建议评审会”在长沙铁路分局召开。

2 月 28 日，在湖南省社会主义劳动竞赛表彰会上，长沙铁路分局评为全省创优达标先进单位。

4 月 20 日，新运行图实施，由怀化客运段担当的成都至广州客车移交成都铁路局开行。

4 月，怀化铁路分局雪峰山养路工区被全国总工会授予“五一劳动奖章”。

5 月 17 日，铁道部副部长石希玉到长沙铁路分局视察，考察如何搞好“三乘一体”工作。

5 月，怀化铁路医院荣获“全国铁路卫生工作先进单位”称号。

8 月 26 日，中共湖南省委副书记杨正午、广州铁路局局长杨其华等人，到枝柳北线进行为期 4 天的考察，决定大庸北至广州直快车改特快车，增开怀化至广州直快。

10 月 5 日，铁道部命名长沙铁路分局为全路节能先进企业。

12 月 6 日，全路 DF4 机车检查给油赛在株洲铁路地区举行。

12 月 14 日，铁道部、公安部重点区段检查组到长沙铁路分局，重点考察衡阳重点地段整治情况。

是年，怀化铁路分局荣获湖南省“双文明模范”单位。

1992 年

1 月 28 日，铁道部授予长沙铁路分局全路客车上水工程先进单位荣誉称号。

2 月，铁道部副部长孙永福及国家建设部，国家计委，铁道部计划司、建设司、机务局等有关部门人员到怀化铁路分局、铁五局电务处等单位了解工作情况。

4 月 22—29 日，中央综治委办公室副主任徐卫华到长沙铁路分局视察，重点考察衡阳车站、衡阳机务段，了解民兵护路情况。

4 月 27 日，铁道部部长李森茂视察长沙车站站台秩序及职工立岗情况。

5 月 29 日，经中宣部、国家经委、全国总工会评审，怀化铁路分局继续保持“全国思想政治工作优秀企业”称号。至此，怀化铁路分局已连续 5 年保持这一荣誉称号。

8 月 18 日，怀化至大龙堡 104 公里电气化全线正式开通，投入运营。怀化铁路分局在怀化站举行隆重的开通仪式，0501 次列车从怀化出发，运行 2 小时，安全到达大龙站。

8月29日，怀化铁路分局3000门程控电话正式投入使用。

8月31日—9月初，全国政协副主席程思远率全国政协视察组在湖南省、铁道部、广州铁路局领导的陪同下，视察怀化铁路分局。程思远视察怀化车站时，给该站题词“坚持优质服务，建好文明窗口”。程思远一行还视察枝柳线怀化至张家界区段，为职工题词“发扬怀铁人精神，争创全路第一流”。视察张家界站，并为已在建的新站房题写站名。

9月28日，湘黔线西线电力双机3500吨牵引试验成功。

12月，怀化铁路分局获“全国老有所为先进集体创作新奖”。

1993年

1月22日，湖南省、长沙市领导熊清泉、陈邦柱、张明泰等来到长沙车站，看望节日坚守在岗位的职工。

3月2日，长沙铁路总公司举行挂牌仪式。湖南省领导熊清泉、陈邦柱、刘夫生、刘正及广铁集团董事长、总经理杨其华等出席。

3月6日，怀化铁路总公司举行挂牌仪式。湖南省领导刘夫生、周伯华、龙禹贤及广铁集团董事长、总经理杨其华等出席。

4月18日，国务院副总理朱镕基在铁道部部长韩杼滨陪同下，视察株洲北站上行系统，听取广铁集团公司董事长、总经理杨其华有关铁路建设情况的汇报。

5月5日，怀化铁路总公司被铁道部授予全路火车头奖杯。

5月21日，湖南省人大常委会主任刘夫生一行9人，到张家界车站现场察看新站房施工情况。

8月23日，湖南省第一条由铁道部和湖南省联合投资修建的石长铁路开工。

8月25日，长沙铁路总公司为支援湖南省救灾，捐款60万元。

12 月 26 日，张家界车站举行新站房落成典礼。

1994 年

1 月 7 日，湖南省政府授予长沙铁路总公司“挖潜提效作贡献，振兴湖南当先行”奖旗。

1 月 10 日，石长铁路总公司在长沙正式成立，这是全国首家铁路与地方合资的铁路企业。中共湖南省委副书记、省长陈邦柱和铁道部副部长孙永福为石长铁路总公司授牌。

2 月 15 日 21 时 35 分，衡阳车站第三站台天桥南头楼梯中部因 617 次旅客列车上车拥挤发生踩踏，造成意外重大伤亡事故，共 44 人死亡，7 人重伤，36 人轻伤。

5 月 26 日，湖南省政研会第八次年会暨成立十周年、会刊创刊十周年纪念大会在怀化铁路总公司召开，全省 70 多家大中型企业党委领导 180 多人参加大会。中共湖南省委常委、宣传部长文选德及各地、州、市委领导高度评价怀铁创立的星级工作法，要求在全省推广。会上，长沙总公司被授予思想政治工作优秀企业称号。

5 月 31 日，怀化铁路总公司“孩子眼中的湘西”学生画展在北京中国美术馆开幕。《人民日报》《光明日报》《解放军报》《中国教育报》《湖南日报》《市场信息报》等 7 家报社记者现场采访。6 月 2 日，中国老年协会主席、关心下一代委员会顾问、原铁道部部长刘建章参观画展，并题词“美好的明天”。

8 月 12 日，铁道部政治部主任蔡庆华到长沙铁路总公司检查安全、路风、暑运和“形象设计”工作。

9 月 28 日，衡阳车站新候车大楼落成，交付使用（该站扩建改造工程于 1991 年 9 月 18 日启动施工）。

9 月 28—29 日，国务院召开第二次民族团结进步表彰大会，怀化铁路总公司被授予“全国民族团结进步模范单位”称号。

10月1日，湖南省、长沙市领导周伯华、颜克初到长沙铁路总公司慰问干部职工。

10月8日，岳阳新客站投入运营，铁道部、湖南省、岳阳市领导参加新客站落成典礼。

10月17日，湖南省副省长唐之享到怀化铁路总公司检查工作。

10月24日，中共湖南省委副书记、省长陈邦柱，副省长郑培民到怀化铁路总公司检查工作。

10月27日，长沙铁路总公司评为全国计划生育先进单位。

11月1日，衡阳铁路运输技工学校荣获国家级重点技校称号。

11月8日，湘、黔、鄂、粤、桂、豫、琼7省（区）第五届中小学美术教育协作交流暨教育现场会在怀化铁路总公司召开。

11月14日，铁道部部长韩杼滨在株洲视察调研。

11月18—20日，铁道部在吉首召开《铁道运营隧道衬砌腐蚀防止技术》成果鉴定会。经部15名隧道专家评定，该技术达到国内先进水平。

12月14日，怀化铁路总公司党委组织部、纪委拍摄的党员教育专题片《清风吹来的故事》获全国铁路党风廉政建设电视专题片展播一等奖，铁道部部长韩杼滨为该专题片题写片名。

1994年，石长铁路总公司被湖南省人民政府授予“1994年度全省重点工程建设责任目标管理先进单位”的光荣称号。

1995年

1月5日，中共湖南省委书记王茂林、副省长庞道沐一行8人，看望和慰问怀化铁路总公司备战春运的干部职工。

1月25日，铁道部部长韩杼滨在长沙、株洲铁路单位视察。

2月7—9日，铁道部副部长傅志寰到长沙铁路总公司检查工作后，13 日，到怀化车辆段、机务段、车站及焦柳南线的黔城、冷水井站区看望职工。

3 月 1 日，中共湖南省纪委、省监察厅授予长沙铁路总公司为“反腐败办案有功集体”。

4 月，根据国家计委《关于下达一九九五年国家重点建设项目名单的通知》〔1995〕369 号，石长铁路列入国家重点建设项目。

5 月 10 日，铁道部部长韩杼滨在长沙铁路总公司领导干部座谈时指出，抓好安全标准线建设，重点做好设备质量标准化，班组管理及作业达标。

6 月 12 日，原全国政协副主席吕正操到湖南检查铁路工作。

6 月 21 日，怀化铁路总公司在怀化客运段召开劳动合同制试点动员大会，正式拉开总公司实行劳动合同制的序幕。

7 月 26 日，石门北至石门南站顺利开通临时运营，确保国家重点工程——石门电厂按期投产发电。

8 月 7 日，中共湖南省委书记王茂林察看怀化铁路波洲—新晃路段遭受洪水损坏情况。

8 月 25 日，铁道部在长沙铁路总公司召开建设安全标准线工作座谈会。

9 月 8—9 日，衡阳铁路工程学校、株洲铁路机械学校举行国家级重点中专揭幕典礼。

9 月 24—27 日，铁道部和湖南省政府在长沙联合主持召开“石长铁路技术设计审查会议”，对石长铁路技术设计方案进行联合审查，科学合理地解决部分站前施工设计、站后技术设计的有关问题，确定修正总概算。

10 月 6 日，湖南省政府与铁道部在长沙召开湖南运输协调会。长沙铁路总公司总经理邓进瑞参加。

10 月 8 日，铁道部副部长国林、湖南省副省长周伯华为株洲北站题词。国林的题词是“精心组织，精心指挥，多编多解，确保畅通”，周伯华的题词是“安全高效，四通八达”。

10月11—12日，由铁道部和湖南省政府合办的石长铁路总公司规范化管理研讨会在长沙召开，湖南省副省长周伯华、广铁集团总经理廖济广及部省有关部门的领导和专家出席了会议。

10月12日，怀化铁路总公司总经理宾中立作为全国劳模特邀代表，赴京参加铁道部劳模表彰大会。

11月1日，全国铁路总工会主席冯祖椿到长沙铁路总公司检查工作。

11月11日，株洲北站召开扩能工程竣工暨建站30周年庆典。

11月18日，具有中国铁路现代化水平的株洲北编组站上行系统工程提前11个月竣工投产。该上行系统1992年8月动工，由原来的三级三场扩建为三级七场，驼峰基本实现综合自动化，编尾实现微机连锁。

11月20日，国家“八五”重点工程——浙赣复线株洲枢纽扩建工程投入运营，铁道部部长韩杼滨、湖南省省长杨正午等领导参加竣工典礼。

是日，浙赣复线（株洲—老关间）工程建成通车。

1995年，怀化铁路总公司工会被中华全国总工会命名为“模范职工之家”。

1995年，石长铁路总公司被湖南省人民政府授予“1995年度全省重点工程建设责任目标管理先进单位”的光荣称号。

1996年

1月18日，全长1195米的汪家隧道贯通，这是石长铁路最长的隧道。

1月24日，浙赣铁路复线开通典礼在金华举行。浙赣铁路复线工程在广铁集团公司管内共53公里，该工程的竣工投产，缓解了醴陵限制口的运输紧张局面。

2月13日，全国人大代表、政协委员11人到长沙铁路总公司视察。

2月14日，铁道部部长韩杼滨到长沙铁路总公司检查春运及安全标准线建设工作，看望衡阳地区劳模赵福昌、谢培元。

3月12日，中共中央政治局委员、中央书记处书记、中宣部部长丁关根在湖南主持召开精神文明建设座谈会。

4月25日，共青团中央常务书记刘鹏、全国铁道团委书记许树森到长沙铁路总公司视察青年工作。

5月3日，共青团中央授予长沙铁路总公司团委“全国青年文明号创建活动优秀组织单位”称号。

5月12日，怀化铁路运输技工学校正式挂牌，成为广铁集团首家拥有职业高中和运输技工两套办学模式的新型学校。

5月16日，怀化铁路总公司团委分别获全国铁道团委和共青团湖南省委“先进团委”称号。

5月22日，铁道部副部长傅志寰到长沙铁路总公司检查工作。

6月10日、19日，铁道部副部长蔡庆华、孙永福在湖南省政府及广铁集团等领导的陪同下，分别视察石长铁路湘江特大桥建设工地，观看首次采用的全国铁路“八五”重点科研项目——造桥机的施工作业。

6月12日，由国务委员、国家民委主任司马义·艾买提题写牌匾的39/40次“民族团结号”列车授牌仪式在长沙举行。

6月17日，铁道部副部长孙永福率铁道部计划、建设、教育各司负责人到长沙铁路总公司检查工作。

6月28日，怀化铁路总公司党委被中组部授予“全国先进基层党组织”称号。

6月，国家审计署驻长沙特派员办事处对石长铁路在建项目的立项审批、概算执行、基建财务、工程施工、资金组织、投资环境、内部管理和税收缴纳等方面进行审计。

7月24日，全国铁路总工会副主席张建华、工务局副局长卢祖文和长沙铁路总公司党政领导邓进瑞、李金和到水害灾情严重的麻塘车站指导抗洪抢险工作。

8月1日，中国铁路第一条同步数字微波（SDH）——株洲至怀化1920路微波顺利开通，标志着广铁集团公司微波通信水平跨入了全国通信先进行列。

8月15日，长沙铁路总公司被湖南省人民政府授予“八五”期间安全生产先进单位。

9月18日，怀化铁路总公司被湖南省人民政府授予“八五”期间安全生产先进单位。

9月23日，全国第十八次质量管理小组代表大会在长沙召开，长沙铁路总公司获“全国推进质量管理优秀企业”称号。

10月1日，石长铁路试运营。捞刀河站日装车658辆57103吨，到卸货物124355吨。

10月17—22日，全路装卸系统安全建线工作现场会在衡阳召开。

10月18日，怀化铁路总公司以20万元将25/6次张广旅游列车冠名权转让给张家界旅游股份有限公司，转让期限5个月。10月28日，冠名“张家界号”旅游列车首列开行。

10月27日，国家开发银行负责人就武广铁路电气化项目贷款条件，到长沙铁路总公司考察评审。

11月4日，广铁集团重新划分长沙、怀化铁路总公司分界口，百亩井站划归长沙铁路总公司，分界口里程为湘黔线K131+800米处。

11月5日，衡阳铁一中评为湖南省重点中学。

11 月 8 日，中华全国总工会副主席李奇生视察长沙铁路总公司。

11 月 12 日，中国职工技协三届二次工作会议在怀化铁路总公司召开。

11 月 18 日，石长铁路总公司管内的资水特大桥主桥合龙。

11 月 21 日，第八届《半月谈》思想政治工作创新奖颁奖大会在北京举行。怀化铁路总公司总经理李泽富作为湖南省唯一的获奖者和全国铁路系统 2 名获奖者之一，接受了国务院副总理吴邦国等领导的颁奖。

12 月 12 日，长沙铁路总公司在全国首届“用户满意工程”联合推进大会上，被评为实施“用户满意工程”先进企业。

12 月 26 日，由铁道部、广铁集团和长沙、怀化、石长铁路总公司投资 50 万元新建的毛泽东同志诗词组碑落成揭幕仪式在湖南韶山举行。

12 月 28 日，石长铁路总公司管内的沅江特大桥主桥连续梁胜利合龙。

12 月 31 日，石长铁路总公司管内的临澧至常德段顺利铺通，并开办临时运输，保证石门电厂发电和石门南至常德段铺轨架梁的需要。

1996 年，石长钦路总公司被湖南省人民政府授予“1996 年度全省重点工程建设责任目标管理先进单位”称号，这是该总公司连续 3 年获得的同一荣誉。

1997 年

1 月 1 日，冷水滩车站更名为永州车站。

1 月 4 日，中共湖南省委决定，在全省范围内开展学习衡阳车站活动。

1 月 7—9 日，全国人大常委会委员张明远到长沙铁路总公司检查“食品卫生法”执行情况。

1 月 10 日 8 时 28 分，株洲工务段轻型轨道车与 3115 次货物列车在浙赣线醴陵东至老关间下行线 K890+150 米处相撞，造成车上工务作业人员 20 人死亡，3 人重伤，2 人轻伤，构成责任重大职工伤亡事故。

1 月 16 日，怀化至北京冠名为“芙蓉王号”的空调列车首列开出。该列车是 1996 年 12 月 29 日，怀化总公司以 360 万元将 147/8 次怀京列车冠名权转让给常德卷烟厂，转让期限 3 年。

1 月 26 日，铁道部部长韩杼滨一行到长沙铁路总公司检查安全、提速、春运、清理阶段收费等工作，并在长沙、株洲、郴州站段视察，看望职工。

1 月 28 日，国家重点工程——湘黔铁路娄底至怀化段电气化工程正式开通。该工程于 1993 年 3 月 1 日在新雪峰山隧道开工，全线 318 公里，成为继大秦线之后最长的电气化铁路。开通庆典在娄底车站广场举行，铁道部副部长蔡庆华、湖南省副省长周伯华、广铁集团等领导参加庆典并剪彩。

1 月 29—30 日，全国人大代表、政协常委一行 9 人，到长沙铁路总公司视察路风、春运。

3 月 4 日，石长铁路总公司管内沅江特大桥全桥贯通。

3 月 25—27 日，铁道部总工程师华茂昆率京广线快速列车提速试验组，乘 57/58 次，在武昌—广州区段，按新点运行试验成功。长沙机务段 DF4D 机车全程牵引，运行时间为 10 小时。

4 月 1 日，全国铁路实行新运行图。长沙铁路总公司管内时速 100 公里提速到 120 公里。

4 月 3 日，由长沙铁路总公司协助、中央电视台拍摄，原型为衡阳车站站长任炳南的纪实电视剧《站长》首映式在长沙铁路总公司举行。该剧是 1996 年 12 月 6 日在衡阳开拍的。

4 月 14—15 日，世界银行马革夫先生一行，视察长沙铁路总公司管内建设情况。

4月29日10时48分，昆明开往郑州的324次旅客列车行至京广线荣家湾站，与4道停留待避的长沙至茶岭的818次旅客列车发生冲突，导致324次列车机后1至9位车颠覆，10、11位车脱轨；818次列车机后15至17位车颠覆；造成人员死亡126人，重伤48人，轻伤182人；机车报废1台，客车报废11辆，大破3辆，线路破坏415米，构成行车特别重大事故。

5月18日，石长铁路总公司管内湘江特大桥胜利贯通。

5月18日，中共湖南省委、省政府授予衡阳车站为“湖南省双文明建设模范单位”。

5月25—28日，铁道部总调度长张正清到长沙、衡阳，深入站段指导安全大检查工作。

是月，原国家经委副主任、全国政研会副会长赵荫华与《思想政治工作研究》杂志总编杨文上到怀化铁路总公司考察思想政治工作。

6月15日，铁道部总调度长张正清到长沙铁路总公司检查防洪工作。

6月17日，共青团湖南省委在长沙铁路总公司召开企业团建现场经验交流会。

6月27日，长沙至深圳201/202次车厢更新为双层空调客车，其为广铁集团第一列新设备。

6月30日，中共湖南省委书记王茂林到长沙车站视察“庆七一、迎香港回归”活动，检查香港回归专运工作。

7月17日，铁道部授予衡阳车站为“全路文明示范车站”称号。

8月5日，湖南省人民政府在长沙召开加快石长铁路建设工作会议。省委常委、副省长周伯华到会作重要讲话。省计委、建委、重点办、支铁办、国土局、电力局等省直有关部门负责人，长沙、益阳、常德3市，石长铁路沿线各市（县）政府及有关部门负责人，石长铁路总公司、第四勘测设计院、长沙铁路总公司、怀化铁路总公司的负责人参加会议。

8月9日，石长铁路总公司管内马桥河特大桥全桥贯通。

是月，湖南省省长杨正午、副省长周伯华到张家界车站视察。

10月9—15日，国务院物价司、湖南省物价局到长沙北站考察货运价格。

10月31日，石长铁路总公司管内沩水特大桥竣工贯通。

11月5日，日本九州铁路公司考察团一行到长沙铁路总公司考察访问。

11月8日，湖南省授予衡阳站为“依法治理工作示范单位”。

11月19日，衡阳站获“湖南省优秀企业”称号。

11月22日，石长铁路有限责任公司管内青华铺特大桥竣工贯通。

12月9日，石长铁路有限责任公司管内衡龙桥特大桥竣工贯通。

12月15日，石长铁路总公司管内资水特大桥竣工贯通。

12月18日，经铁道部、湖南省人民政府批准，石长铁路有限责任公司在长沙正式挂牌成立，它标志着公司规范化管理进入新的阶段。

12月28日，石长铁路有限责任公司管内志溪特大桥贯通。

12月31日，长沙铁路总公司京广线管内各站243组提速道岔施工按计划完成。总公司管内区段湘黔复线及浙赣线自动闭塞全部开通。

1998年

1月8日，石长铁路全线贯通。石长铁路全长264公里，穿越洞庭湖地区3市12县，横跨湖南省湘、资、沅、澧四大河流，连接京广、焦柳两大干线。该线对改善湖南中西部地区路网布局，缓解京广、焦柳铁路运输压力，开发沿线资源，带动地方经济发展具有十分重要的意义。

1月9日，铁道部、湖南省、广州铁路（集团）公司就有关石长铁路建设与开通临运和洛湛铁路、湘黔复线、武广电化建设等问题，以及湖南省反映的有关积压物资待运问题，进行认真研究协商，形成会议纪要。

1月10日，铁道部副部长孙永福在湖南省政府、广铁集团、石长铁路公司领导陪同下，在常德和长沙分别视察了石长线的沅江特大桥和湘江特大桥。

1月24日，长沙铁路总公司与湘泉集团有限公司签订合同，长京1/2次列车冠名为“湘泉号”。

3月5—6日，中华全国总工会、全国铁路总工会、湖南省总工会领导在衡阳车站视察。对该站“塑造文明形象，推广文明管理，建设文明环境，提供文明服务”的工作经验给予充分的肯定。

4月17日，中华全国总工会、求是杂志社、全国政研会、中国工运学院、全国铁路总工会等单位领导到怀化铁路总公司检查职工学习理论和贯彻落实丨五大精神情况。

4月18日，“天源号”张家界至广州的广告列车正式开行。

4月20—21日，铁道部党组成员、全国铁路总工会主席陈效达一行到衡阳站视察。

5月10日，铁道部在怀化召开实施大龙口客货机车交路调整及货车检查工作会议。决定从9月1日起怀化至玉屏客运交路延长至贵阳，由怀化机务段担当，牵引定数提至3800吨。

5月25日，株六复线湖南段开工典礼在怀化站广场举行。是日，就“株六复线和武广电化湖南段工程”有关问题，湖南省和铁道部领导商谈，并在纪要上签字。

6月19日，长沙站客运员梁政辉荣获第四届“全国职工职业道德十佳标兵”称号，并出席在北京中国科技会堂举行的“双十佳”表彰报告会。会前，受到中共中央政治局常委、中共中央书记处书记、中华全国总工会主席尉健行的亲切接见。梁政辉曾先后获得湖南省和铁道部劳动模范、全国“三八红旗手”、全国学雷锋标兵荣誉称号和全国“五一劳动奖章”。

6月22—24日，铁道部部长傅志寰视察长沙铁路总公司，就客货营销、减员增效工作与广铁集团、长沙总公司领导座谈。

6月28日，国家“九五”重点工程——武昌至广州电气化铁路工程在广州竖立第一杆，宣布全面动工。

是日，湖南省副省长郑茂清率省防洪指挥部成员视察长沙铁路总公司防洪抢修工作。

6月30日，株洲北站Ⅲ、Ⅳ、Ⅵ场货车安全及运用作业监控装置“DKT-97”改造工程，全部完成投产。

是日18点起，长沙列车段撤销，其长沙乘务室划归长沙客运段、株洲乘务室划归株洲北站、娄底乘务室划归娄底站管理。衡阳列车段更名为衡阳客运段，其业务范围不变。

8月12—15日，中华全国总工会、求是杂志社、中国职工思想政治工作研究会联合举办的“全国工人学理论现场交流会”在长沙铁路总公司召开。全国各地工会、全路工会、理论战线负责人和企业干部101人出席。

8月18日，怀化铁路总公司将100多万元的衣物和价值3万多元的大米、纯净水送往常德澧县和益阳等重灾区。

9月16日，湖南省人民政府在长沙召开石长铁路运营筹备工作会议，石长铁路公司汇报石长铁路建设、开通临运准备情况及请求沿线地方政府帮助解决的问题，副省长周伯华到会讲话，要求各级政府、各个部门统一思想，提高认识，千方百计创造条件，确保石长铁路如期开通运营。

9月29日，湖南省授予长沙铁路总公司为“民族团结进步模范集体”。

9月30日，怀化铁路总公司最后一个臂板式信号站——焦柳线谭家河车站电气集中改造工程施工完毕。从此，臂板电锁器连锁在怀化铁路总公司成为历史。

10月1日，石长铁路全线开通临时运营，与路网办理直通货物运输。16日，石长铁路全线通车仪式在长沙站举行。铁道部副部长孙永福、中共湖南省委书记杨正午、代省长储波、副省长周伯华及广铁集团领导参加庆典。

10月17日10时36分，醴陵铁路程控电话开通，并入株洲电话网。至此，浙赣线微波光缆通信信号自动闭塞系统全部投入使用。

11月5日，中央文明办协调组副组长李伟一行考察衡阳站，肯定了“衡阳站规范出文明、文明出效益”的经验。

11月5—7日，石长线运输分流会议在长沙召开，为充分发挥石长线在路网中的整体作用，缓解京广线货物运量不足的矛盾，决定石长线从1999年1月1日起，与全路办理直通货物运输，按每天3对货物列车向石长线分流。会议还对分流货物列车的机车运用、调度指挥、运输统计等相关工作进行了详细安排，并决定由铁道部下发《关于石长线与全路开办货物直通运输的通知》。

11月22日，焦柳铁路襄樊至石门复线湖南段48.17公里工程竣工开通。

11月30日，京广上行线浏阳河大桥建成开通。

1999年

1月1日，全国政协副主席胡绳在视察衡阳站时，对衡阳站文明建设与规范管理工作予以肯定。

1月15日，怀化南站扩能技改工程全部完成。从此，怀化南站告别传统的机械化作业，列车编组实现自动化。

1月18日14时53分，株洲至娄底电气化铁路工程竣工开通。

2月2日，湖南省企业文联授予长沙铁路总公司为“企业文化先进单位”。

2月15日，中共湖南省委书记、省人大常委会主任杨正午，省委副书记吴向东，常务副省长周伯华，副省长郑茂清，省经委主任陈德铨及长沙市党政领导，到石长铁路公司检查工作。

2月19—20日，铁道部部长傅志寰在广铁集团领导陪同下，视察长沙、岳阳部分站段和石长铁路益阳段线路。

3月13日，湖南省经济贸易委员会发电报表彰广铁集团及长沙、怀化铁路总公司和石长铁路公司在春运中取得可喜成绩。

3月26日，长沙铁路总公司被评为湖南省“先进国家安全小组”。

4月14日，怀化地区普降暴雨，管内接连发生三起水害塌方。4时22分，泸阳至坨院路基下沉；8时15分，岩田铺至芷江间山体滑坡，塌方泥沙160立方米，中断行车；11时20分，公坪至陈家台间线路左侧山体塌方，右侧路基下沉，覆盖铁路泥沙达4000立方米，中断行车。经奋力抢险，中断线路22小时后全部开通。

4月28日，怀化铁路总公司荣获全国“五一劳动奖状”。

5月12日，岳阳铁路医院荣获全国铁路“十佳医院”荣誉称号。

7月9日22时48分，武昌开往湛江的461次旅客列车行至京广线茶山坳至耒河间K1743+830米处，因车站将出站道岔错误开通反位，机车乘务员发现总出站信号显示双绿灯，未及时采取果断措施，仍然高速行驶，造成机后1至10位车辆颠覆，11至12位车辆脱轨，构成行车责任重大事故，死亡9人，伤40人，直接经济损失617万元。

7月22日，受连续降雨的影响，京广线“三桥一线”水位超警界线水位。23日零时，铁道部总工程师华茂昆在广铁集团公司领导的陪同下夜查破塘口水害重点区段。

8月13日，湖南郴州地区持续普降大雨，京广线街洞至许家洞间部分线路枕木悬空，路基坍塌，郴州站站场被洪水浸淹，行车一度中断。

8月18日7时12分，4301次由怀化机务段新化调车机车DF5-1536号牵引，行至西河至炉观间K231+980处时脱轨颠覆，中断正线行车10小时39分。事故因中铁十二局违章施工造成。

9月10日，铁道部党组成员、纪委书记翟月卿，到长沙铁路总公司调研落实廉政责任制工作。

9月12日，铁道部提速试验车对长沙铁路总公司管内浙赣线55.9公里上下行进行提速试验，结果良好。

9月15日，全国铁路站车统一开展“科学与文明”科普活动。湖南省活动开展仪式在长沙站举行。

9月29日，国务院在北京召开的第三次全国民族团结进步表彰会上，长沙铁路总公司荣获“全国民族团结进步模范集体”称号。

10月10日，石长铁路全线提速，从开通临运时的每小时70公里提高到每小时85公里。

11月23日3时10分，广州开往南昌的566次旅客列车行至京广上行线衡山至石湾间K1697+078处，由于该处有10米短轨的2块夹板、14套扣件被人为拆除而脱轨，中断京广上行线行车21小时43分，构成旅客列车重大事故。

11月25日，长沙铁路总公司重奖衡阳机务段566次杨帮全机班。该机班认真瞭望，关键时刻撂下非常一闸，为减轻11·23事故损失作出重大贡献。

2000 年

1 月 27 日，铁道部部长傅志寰到长沙铁路总公司调度所、株洲地区检查工作。

2 月 3 日，中共湖南省委副书记、省长储波到长沙铁路总公司视察，慰问节日坚守春运一线的干部职工。

2 月 18 日，耗资 1.5 亿元重建的京广线南津港桥、新墙河桥和破塘口桥工程及改造霞凝至桥头驿小半径曲线全部竣工，并交付运营，从而彻底解除京广线湖南境内防洪重点“三桥一段”的洪灾威胁。

3 月 2 日，加拿大国际合作开发署专家到长沙北站、岳阳北站考察。

5 月 4 日，怀化铁路总公司团委荣获湖南省和全路“五四红旗团委”光荣称号。

6 月 25 日，铁道部副部长孙永福到石长铁路有限责任公司考察，了解工程建设和生产经营情况。

7 月 1 日，石长铁路第三次提速，全线时速由 85 公里提高到 110 公里。

7 月 3 日，中共湖南省委副书记胡彪、政法委书记李贻衡等到长沙站检查工作，与长沙铁路总公司及长铁公安处领导座谈政法工作。

7 月 12 日，长沙铁路总公司醴茶铁路公司成立，揭牌仪式在攸县举行。

7 月 24 日，铁道部副部长蔡庆华在广铁集团公司、长沙铁路总公司领导陪同下到湖南省政府与常务副省长周伯华等商谈洛湛、渝怀铁路建设及湖南省境内铁路口改造等重大事宜。

7 月 28 日，铁道部部长傅志寰到长沙铁路总公司检查工作，添乘 K49 次机车，听取汇报，在朱亭领工区开展调研，对长沙铁路总公司工作给予充分肯定。

8 月 11 日，在湖南省第 21 次质量管理代表会上，长沙铁路总公司被命名为“质量管理小组活动优秀推进单位”，总经理冯启富被评为“质量管理小组活动卓越领导者”。

8 月 22 日，广铁集团公司召开二届三次职代会第二次代表团（组）长联席会议，审议并原则通过《广州铁路（集团）公司驻湘职工基本医疗保险暂行办法实施细则》。

8 月 29 日，国家保密局局长毛林坤一行、国务院安全生产督导组同日到长沙铁路总公司检查工作。

9 月 25 日 21 时 14 分，2767 次货物列车行至京广线哲桥站内 K1805+851. 8 处时，机后第 5 至 29 位车辆颠覆，第 30 辆脱轨，颠覆列车侵入上行正线，中断京广线上下行正线行车 56 小时 46 分，构成行车重大事故。事故因哲桥跨线桥违章施工造成。

9 月 26 日，怀化铁路总公司列车员曾信祥到北京参加第六届全国职工职业道德“双十佳”表彰会，受到中共中央政治局常委、书记处书记、中华全国总工会主席尉健行等中央领导的接见并合影。曾信祥是铁路行业唯一当选的全国职工职业道德“双十佳”先进个人。

10 月 12 日，广铁集团公司在长沙召开贯彻执行全国铁路新运行图新闻发布会，自 2000 年 10 月 21 日零时起，全国铁路将开始第三次列车提速和实行新运行图。广铁集团湖南境内相应增加列车开行数量，提高列车运行速度，扩大联网售票范围，调整列车等级分类。

10 月 21 日，铁路配合新运行图实施，即日起正式开展“全路联网售票”，国铁湖南境内的长沙、株洲车站与全国其他 40 个主要客运站同时实行异地联网售票。

10 月 25 日，铁道部评定长沙铁路总公司为国家二级档案管理企业。

11 月 1 日，铁路货票审核系统在怀化铁路总公司试运行。

11 月 7 日，铁道部总工程师王麟书、电子计算中心主任文中浩到长沙铁路总公司检查指导 TMIS 系统建设工作。

11 月 22 日，广铁集团公司与湖南省政府有关部门联合召开广铁驻湘职工医疗保险制度改革电话会议，广铁集团董事长、总经理张正清宣布：驻湘职工医疗保险制度从 2000 年 1 月 1 日正式实施。

12 月 2 日，铁道部实行网运分离改革，成立广州铁路集团客运公司，长沙、怀化铁路总公司属于客运经营管理的人员、资产等划入客运公司。2003 年 9 月客运公司撤销，其经营权重新回归原总公司。

12 月 4 日，怀化铁路总公司连续实现 2500 天无行车重大、大事故。此成绩一直延续到 2003 年 5 月 21 日，实现连续无责任行车特大、重大、大事故 3397 天，创怀化铁路总公司安全历史最好成绩。

12 月 14 日，长沙铁路总公司资许铁路公司成立揭牌。

12 月 20 日，由广铁集团公司组织，长沙、羊城铁路总公司联合开发的《铁路分局调度管理信息系统》通过铁道部技术审查，标志着中国铁路行车调度指挥信息化的开始。

同日，长沙铁路总公司党委书记张和光获全国第十一届“半月谈思想政治工作创新奖”。

12 月 27 日，洛湛铁路益阳至永州段开工典礼在益阳举行，铁道部副部长蔡庆华、湖南省人民政府常务副省长周伯华参加开工典礼仪式。洛湛铁路益阳至永州段线路全长 321. 338 公里，除娄底至邵阳为既有线外，要兴建益阳至娄底、邵阳至永州的两段新线，工程于 2004 年 4 月 19 日竣工开通。

2001 年

1 月 15—16 日，铁道部部长傅志寰到长沙机务段、车辆段和株洲站、衡阳站视察。

1 月 25 日，铁道部部长傅志寰给岳阳铁中春运小分队复信，热情鼓励该校团委开展为春运职工书写赠送春联送“吉祥”活动，赞扬该活动很有意义，并表示感谢。

2 月 1 日，铁道部副部长蔡庆华到长沙铁路总公司视察。

4 月 6—8 日，铁道部部长傅志寰到湘西铁路地区检查指导安全大检查工作，深入站段、车间、班组，添乘客、货列车了解情况，听取意见和汇报。

5 月 14 日，铁道部授予长沙生活段岳北公寓、清水塘公寓为“铁道部标准化公寓”称号。

是日，中华全国铁路总工会授予长沙铁路总公司调度所火车头奖杯。该调度所为全路调度系统唯一获此殊荣者。

7 月 4 日，全国铁路“长风杯”书画展在湖南省展览馆开幕，中共湖南省委、铁道部政治部领导出席开幕式，书画展展出作品 278 件，长沙铁路总公司作品 90 件，为全路各分局之首。

9 月 8 日，娄邵货物列车取消守车，列尾装置投入使用。

9 月 8—9 日，铁道部副部长蔡庆华率部办公厅、计划司、建设司一行 7 人，到怀化铁路总公司管内的渝怀铁路引入怀化枢纽工程、株六复线湖南段工程检查指导工作。

9 月 10 日，武广电气化铁路改造工程全线开通运营，开通典礼在长沙站举行，铁道部领导和广东、湖南、湖北三省领导参加典礼仪式。至此，2300 多公里京广铁路大动脉实现全线双线电气化。

10 月 21 日，铁道部部长傅志寰，乘坐长沙铁路总公司值乘的 T1 次旅客列车，检查出库整备质量，对检查结果表示满意。

是日，全国铁路实行新的运行图。蒲圻—郴州间运行图通过能力达 192 对，比旧图增加 25 对。货车牵引定数提为 4000 吨，比旧图提高 400 至 500 吨；客车标尺比旧图压缩 23 分钟；货车标尺蒲圻—坪石北上行压缩 28 分钟，下行压缩 33 分钟。T15 次长沙—广州运行 7 小时 45 分，武昌—长沙运行 3 小时 25 分。

12 月 30 日，株洲至六盘水铁路复线工程全线开通典礼在贵阳举行。铁道部领导和湖南省、贵州省领导参加典礼仪式。株六复线是国家实施西部大开发的重点工程，全长 1139 公里。湖南段改造范围 425 公里，1998 年 5 月 25 日开工，2001 年 12 月 26 日开通运营。

2002 年

1 月 27 日，中共湖南省委副书记、常务副省长周伯华到长沙铁路总公司长沙车站检查春运工作。

2 月 2 日，铁道部部长傅志寰到长沙铁路总公司管内调研督导春运工作，看望老同志、劳模代表。

2 月 17—20 日，铁道部政治部主任王宪魁到长沙铁路总公司所辖永州、衡阳、株洲、长沙、岳阳等地区检查和指导春运工作。

2 月 20—21 日，铁道部武昌特派员、部安监司及广铁集团安监室一行到怀化车辆段检查指导工作。

2 月 26 日，铁道部运输局副局长卢祖文和集团公司、长沙铁路总公司领导，在株洲召开集团公司和总公司有关部门及管内工务负责人会议，研究提速达标示范段建设。

4 月 16—17 日，铁道部党组副书记、副部长孙永福到长沙铁路总公司、铁通湖南分公司检查指导工作。

是月，怀化铁路总公司纪委、监察分处被铁道部授予“全国铁路纪检监察办案先进”称号。

5月4日，怀化铁路总公司团委被授予全国铁路“五四红旗团委”称号。

5月22—26日，铁道部副部长彭开宙先后到怀化、长沙铁路总公司等单位调研，检查安全生产情况。

8月20日，怀化铁路总公司荣获全国“安康杯”先进企业称号。

8月23日，以越南全国铁路工会主席范增禄为团长，各区域铁路运输联合企业工会主席等为团员的越南铁路工会代表团一行5人，对长沙铁路总公司进行友好访问。

9月29日，渝怀铁路东段铺轨仪式在怀化举行。重庆市、贵州省、湖南省三省市主要领导出席铺轨仪式。铁道部副部长蔡庆华主持仪式，铁道部部长傅志寰发布铺轨命令。渝怀铁路全长625公里，为Ⅰ级铁路，一次建成电气化，全线工期5年，2005年建成通车。

是日，铁道部部长傅志寰到怀化客运事业部、怀化机务段检查工作。

10月29日，铁道部副部长蔡庆华，中共湖南省委副书记、常务副省长周伯华就洛湛线永州以南征地拆迁事宜进行协商，达成一致意见并签字。

11月4日，公安部部长贾春旺签署命令，追授衡阳铁路公安处渌口站派出所民警袁佳“全国公安系统二级英雄模范”称号。袁佳是渌口车站派出所驻三门车站责任区民警，5月3日，他在与盗窃铁路物资的犯罪分子英勇搏斗时身负重伤，光荣牺牲。广铁集团公司党委发出通知，号召全集团职工向用生命实践“三个代表”的好民警袁佳学习。

荣　誉

一、湖南国铁单位荣誉概况

省内国铁单位在不断深化改革的同时，非常重视和抓紧企业自身建设，两个文明建设同步发展，取得显著成绩，获得了许多荣誉。

（一）长沙铁路总公司（分局）

1979 年 1 月 9 日，分局被中共湖南省委、省革委会命名为“大庆式企业”。

1984 年 3 月 13 日，实现历史上第一个百日无险性行车事故。是年 11 月 26 日，被湖南省政府授予安全运输单位。

1985 年 12 月 28 日，实现连续 1000 天无行车重大、大事故(1983 年 4 月 4 日始)，开创了 1963 年建分局以来安全生产最好成绩，在全路 61 个分局居第 11 位。1986 年 1 月，获铁道部“景泰蓝”安全杯 1 个，还被湖南省政府授予“安全运输红旗单位”称号。

1987 年 10 月 4 日，《人民铁道》举办的“铁路安全生产知识竞赛”结果揭晓，分局获组织奖第一名。

1987 年 11 月 30 日，分局被评为全国群众体育先进单位。

1988 年 2 月 23 日，分局团委在共青团湖南省委开展的“青工岗位成才优胜杯”竞赛中，获企业“精英杯”。

1988 年 2 月 28 日，分局获湖南省 1987 年度统战宣传教育先进单位。

1988 年 3 月 4 日，在中共湖南省委、省政府，中共长沙市委、市政府召开的文明建设先进单位表彰会上，分局机关被命名为“文明建设先进单位”，并授予奖牌和证书。

1988 年 3 月 28 日，分局工会编导的专题录像片《奏起英雄的乐章》在湖南省总工会举办的录像片汇映中获一等奖。

1988 年 11 月 29 日，湖南省总工会表彰民主管理先进单位暨省民主管理研究会二届一次会议在长沙铁路分局举行，分局被授予“民主管理先进单位”称号。

1988 年 12 月 15 日，由湖南省、铁道部、铁路局联合组成的标准化定级评审组对长沙铁路分局标准化工作进行评审，分局成为全路第一个标准化二级企业。

1989 年 2 月 24 日，湖南省大型企业体协表彰会在长沙铁路分局召开，分局获湖南省首批“职工体育先进单位”称号。

1989 年 3 月 13 日，湖南省召开 1988 年度文明建设先进单位命名表彰大会，分局被中共湖南省委、省政府命名为“文明建设先进单位”。同时，分局机关经省检查验收，保持“文明建设先进单位”称号。

1989 年 4 月 6 日，分局被评为湖南省统战工作优秀企业。

1990 年 8 月 1 日，分局成为第一个全路通过二级计量复查合格单位。

1990 年 9 月 30 日，分局被铁道部评定为全路首批国家一级节能企业。

1991 年 2 月 28 日，分局被湖南省评为全省创优达标先进单位。是年 10 月 5 日，被铁道部命名为全路节能先进企业。

1992 年 1 月 28 日，分局被铁道部授予全路客车上水工程先进单位。

1994 年 1 月 7 日，总公司被湖南省政府授予“挖潜提效作贡献，振兴湖南当先行”奖旗。

1996 年 5 月 3 日，总公司团委被共青团中央授予“全国青年文明号创建活动优秀组织单位”称号。

1996 年 8 月 15 日，总公司被评为湖南省“八五”期间安全生产先进单位。

1996 年 9 月 23 日，总公司获“全国推进质量管理优秀企业”称号。

1996 年 12 月 12 日，在全国首届“用户满意工程”联合推进大会上，总公司被评为实施“用户满意工程”先进企业。

1999 年 2 月 2 日，总公司被湖南省企业文联授予“企业文化先进单位”。

1999 年 3 月 26 日，总公司被评为湖南省“先进国家安全小组”。

1999 年 9 月 29 日，在北京召开的国务院“第三次全国民族团结进步表彰会”上，总公司获“民族团结进步模范集体”称号。

2000 年 8 月 11 日，在湖南省第 21 次质量管理代表会上，总公司被命名为“质量管理小组活动优秀推进单位”。

2000 年 10 月 25 日，总公司被铁道部认定为国家二级档案管理企业。

（二）怀化铁路总公司（分局）

1979 年 1 月 9 日，分局被中共湖南省委、省革委会命名为“大庆式企业”。

1981 年 3 月 30 日，铁道部在怀化铁路分局召开全路行车安全工作会议，会议表彰了分局在行车安全方面取得的显著成绩。

1982 年 1 月 29 日，铁道部下发〔82〕铁安监字文件，表彰怀化分局实现千日安全。要求全路各铁路分局和基层行车单位开展一个学怀化、赶怀化的群众性活动。

1984 年 7 月，全路职工振兴中华读书活动经验交流会在分局召开，分局介绍经验。

1982年3月，分局获湖南省1981年度先进企业称号。

1986年4月5日，分局实现连续2600天无责任行车重大、大事故，受到铁道部、湖南省的表彰奖励。

1986年，分局被评为湖南省理想纪律教育先进单位。

1986年，分局被评为湖南省双文明单位。

1986年，分局机关被评为铁道部绿化工作先进单位。

1987年，分局被中宣部、国家经委、全总授予为“全国思想政治工作优秀企业”。中共湖南省委、省政府命名该分局为“文明建设先进单位”。

1988年2月，分局被中共湖南省委、省政府授予“双文明先进单位”称号。

1988年9月5日，分局被国家企业改革指导委员会正式命名为国家二级企业。

1988年11月，分局被评为湖南省民主管理先进单位。

1988年，分局连续6年被评为湖南省计划生育先进分局。

1989年2月11日，中央电视台《新闻联播》公布1988年度全国企业管理优秀奖（金马奖）获奖名单，分局是获奖单位之一。

1989年4月29日，分局被授予湖南省“模范单位”的光荣称号。

1989年12月，分局团委被授予“全路青工安全生产标兵单位”称号。

1991年，分局获湖南省“双文明模范”单位。

1992年12月，分局获“全国老有所为先进集体创作新奖”。

1993年5月5日，总公司被中华全国铁路总工会授予全路火车头奖杯。

1994年，总公司获“全国民族团结进步模范单位”称号。

1995年，总公司工会被中华全国总工会命名为“模范职工之家”。

1996 年 5 月 16 日，总公司团委分别获全国铁道团委和共青团湖南省委“先进团委”称号。

1996 年 6 月 28 日，总公司党委被中组部授予“全国先进基层党组织”称号。

1996 年 9 月 18 日，总公司获湖南省人民政府授予的“八五”期间安全生产先进单位。

（三）石长铁路有限责任公司（石长铁路总公司）

1994—1998 年，连续 5 年被湖南省人民政府授予“全省重点工程建设责任目标管理先进单位”的光荣称号。

1999 年，被湖南省人民政府评为“春运工作先进单位”。

二、湖南国铁个人荣誉表（见表48—52）

表48　1989—2000年湖南省国铁系统全国劳动模范、先进生产（工作）者

姓　名	性别	单　位	职　务	荣誉称号	获奖时间	授奖单位
王汉云	女	长沙客运段	副队长	全国劳动模范	1989年	国务院
黄启文	男	衡阳铁一中	教　师	全国劳动模范	1989年	国务院
张保华	男	怀化铁路分局	分局长	全国劳动模范	1989年	国务院
周子贵	男	株洲机务段	司　机	全国劳动模范	1995年	国务院
宾中立	男	怀化铁路总公司	总经理	全国劳动模范	1995年	国务院
梁政辉	女	长沙车站	客运员	全国劳动模范	2000年	国务院
李泽富	男	怀化铁路总公司	总经理	全国劳动模范	2000年	国务院

表 49　　1986—2000 年湖南省国铁系统全国“五一劳动奖章”获奖情况表

姓　名	性别	单　位	职　务	荣誉称号	获奖时间	授奖单位
王汉云	女	长沙客运段	客运员	全国“五一劳动奖章”	1986 年	中华全国总工会
彭声富	男	株洲水电段	给水司机	全国“五一劳动奖章”	1986 年	中华全国总工会
张喜春	男	长沙铁路分局	党委书记	全国“五一劳动奖章”	1987 年	中华全国总工会
贺福堂	男	株洲北站	党委书记	全国“五一劳动奖章”	1987 年	中华全国总工会
谭德定	男	涟源车站	值班员	全国“五一劳动奖章”	1987 年	中华全国总工会
汤　文	男	长沙铁路分局	工会主席	全国“五一劳动奖章”	1988 年	中华全国总工会
刘满香	女	怀化车站	客运值班员	全国“五一劳动奖章”	1988 年	中华全国总工会
张振兴	男	怀化铁路分局	分局长	全国“五一劳动奖章”	1988 年	中华全国总工会
王源孝	男	吉首车站	主任值班员	全国“五一劳动奖章”	1990 年	中华全国总工会
毛时文	男	长沙铁路分局	副分局长	全国“五一劳动奖章”	1992 年	中华全国总工会
王习英	女	石门车站	货运员	全国“五一劳动奖章”	1992 年	中华全国总工会
谢培元	男	衡阳列车段	列车员	全国“五一劳动奖章”	1993 年	中华全国总工会
尤祥礼	男	怀化铁路总公司	总经理	全国“五一劳动奖章”	1993 年	中华全国总工会
黄费启	男	怀化工务段	巡道工	全国“五一劳动奖章”	1993 年	中华全国总工会
曾信祥	男	怀化客运段	列车员	全国“五一劳动奖章”	1996 年	中华全国总工会
梁政辉	女	长沙车站	客运员	全国“五一劳动奖章”	1997 年	中华全国总工会
任炳南	男	衡阳车站	站　长	全国“五一劳动奖章”	1998 年	中华全国总工会
曾流芳	男	长沙铁路总公司	工会主席	全国“五一劳动奖章”	1999 年	中华全国总工会

表 50　1978—2000 年湖南省国铁系统省级劳动模范、先进生产（工作）者

姓　名	性别	单　位	职　务	荣誉称号	获奖时间	授奖单位
马静波	女	株洲铁一小	教　师	湖南省模范教育工作者	1978 年	湖南省政府
田　慧	女	长沙分局普教办	教　师	湖南省模范教育工作者	1978 年	湖南省政府
陈姣莲	女	郴州铁路中学	教　师	湖南省模范教育工作者	1978 年	湖南省政府
陈仲明	男	岳阳机务段	工　长	工业学大庆先进生产者	1978 年	湖南省政府
钟登来	男	岳阳工务段	巡道工	工业学大庆先进生产者	1978 年	湖南省政府
谢春华	男	衡阳车辆段	普　工	工业学大庆先进生产者	1978 年	湖南省政府
李湘成	男	长沙电务段	信号工长	湖南省劳动模范	1982 年	湖南省政府
陈尧生	男	衡阳列车段	运转车长	湖南省劳动模范	1982 年	湖南省政府
吴谋其	男	株洲车辆段	检车员	湖南省劳动模范	1982 年	湖南省政府
梁政辉	女	长沙车站	客运员	湖南省劳动模范	1982 年	湖南省政府
蔡孝卿	男	衡阳生活段	炊事员	湖南省劳动模范	1982 年	湖南省政府
胡兆镜	男	怀化机务段	司　机	湖南省劳动模范	1982 年	湖南省政府
谢永昭	男	娄底工务段	巡道工	湖南省劳动模范	1982 年	湖南省政府
许文广	男	怀铁运输检察院	检察长	湖南省劳动模范	1983 年	湖南省政府
谌孙懿	女	怀化车站	计划员	湖南省劳动模范	1984 年	湖南省政府
张春喜	男	长沙铁路分局	分局长	湖南省劳动模范	1987 年	湖南省政府
谭德定	男	新化车务段	扳道员	湖南省劳动模范	1987 年	湖南省政府
汤　文	男	长沙铁路分局	工会主席	湖南省劳动模范	1988 年	湖南省政府
张振兴	男	怀化铁路分局	党委书记	湖南省劳动模范	1988 年	湖南省政府
杨秀英	女	衡阳车辆段	工　长	湖南省劳动模范	1989 年	湖南省政府
徐廷凯	男	长沙公安处	科　长	湖南省劳动模范	1989 年	湖南省政府
黄振家	男	衡阳机务段	司机长	湖南省劳动模范	1989 年	湖南省政府
谭金汉	男	郴州车站	扳道员	湖南省劳动模范	1989 年	湖南省政府

续表

姓　名	性别	单　位	职　务	荣誉称号	获奖时间	授奖单位
廖济广	男	长沙铁路分局	分局长	湖南省劳动模范	1989 年	湖南省政府
唐春莲	女	长沙客运段	列车长	湖南省劳动模范	1989 年	湖南省政府
宋同林	男	张家界机务段	司　机	湖南省劳动模范	1989 年	湖南省政府
钟启明	男	怀化铁路分局	工会主席	湖南省劳动模范	1989 年	湖南省政府
卢署生	男	张家界铁路医院	副院长	湖南省劳动模范	1989 年	湖南省政府
王源孝	男	吉首车务段	客运值班员	湖南省劳动模范	1990 年	湖南省政府
王习英	女	经济开发公司	业务员	湖南省劳动模范	1991 年	湖南省政府
毛明文	男	长沙铁路分局	副分局长	湖南省劳动模范	1992 年	湖南省政府
汤谷初	男	长沙公安处	队　长	湖南省劳动模范	1992 年	湖南省政府
尤祥礼	男	怀化铁路总公司	总经理	湖南省劳动模范	1993 年	湖南省政府
冯雄烈	男	株洲车站	站务员	湖南省劳动模范	1995 年	湖南省政府
阙文杰	男	长沙北站	站　长	湖南省劳动模范	1995 年	湖南省政府
张治地	男	郴州车站	司机长	湖南省劳动模范	1995 年	湖南省政府
杨福通	男	衡阳机务段	司　机	湖南省劳动模范	1995 年	湖南省政府
张泽勋	男	新化电务段	信号工	湖南省劳动模范	1995 年	湖南省政府
蒋锡团	男	怀化南站	党委书记	湖南省劳动模范	1995 年	湖南省政府
宾中立	男	怀化铁路总公司	总经理	湖南省劳动模范	1995 年	湖南省政府
任炳南	男	衡阳车站	站　长	湖南省劳动模范	1998 年	湖南省政府
曾流芳	男	长沙铁路总公司	工会主席	湖南省劳动模范	1999 年	湖南省政府
李皓明	男	长沙铁路总公司	纪委书记	湖南省劳动模范	2000 年	湖南省政府
沈正航	男	株洲北站	工程师	湖南省劳动模范	2000 年	湖南省政府
牛和平	男	衡阳工务段	工　长	湖南省劳动模范	2000 年	湖南省政府
陈琳琳	女	长沙车辆段	工　长	湖南省劳动模范	2000 年	湖南省政府
李泽富	男	怀化铁路总公司	总经理	湖南省劳动模范	2000 年	湖南省政府
王连平	男	张家界机务段	钳　工	湖南省劳动模范	2000 年	湖南省政府

表 51　　1978—2000 年湖南省国铁系统部级劳动模范、先进生产（工作）者

姓　名	性别	单　位	职　务	荣誉称号	获奖时间	授奖单位
马岳林	男	衡阳车辆段	工　长	铁道部学大庆先进生产者	1978 年	人事部、铁道部
陈仲明	男	岳阳机务段	工　长	铁道部学大庆先进生产者	1978 年	人事部、铁道部
肖　铁	男	怀化水电段	技术员	铁道部劳动模范	1980 年	人事部、铁道部
陈保元	男	衡阳机务段	钳　工	全国铁路劳动模范	1982 年	人事部、铁道部
欧仲春	男	衡阳车站	扳道员	全国铁路劳动模范	1982 年	人事部、铁道部
陈尧生	男	衡阳列车段	运转车长	全国铁路劳动模范	1982 年	人事部、铁道部
胡树青	男	郴州工务段	线路班长	全国铁路劳动模范	1982 年	人事部、铁道部
梁政辉	女	长沙车站	客运员	全国铁路劳动模范	1982 年	人事部、铁道部
叶　平	男	长沙北站	值班员	全国铁路劳动模范	1982 年	人事部、铁道部
熊荣孝	男	长沙机务段	司　机	全国铁路劳动模范	1982 年	人事部、铁道部
陈春秀	女	长沙生活段	炊事员	全国铁路劳动模范	1982 年	人事部、铁道部
傅绍衡	男	株洲北站	调车员	全国铁路劳动模范	1982 年	人事部、铁道部
邓家林	男	岳阳机务段	司机长	全国铁路劳动模范	1982 年	人事部、铁道部
黄费启	男	怀化工务段	巡道工	铁道部劳动模范	1982 年	人事部、铁道部
蔡文高	男	吉首工务段	隧道工	铁道部劳动模范	1982 年	人事部、铁道部
贺福堂	男	株洲北站	党委书记	全国铁路劳动模范	1989 年	人事部、铁道部
冯志成	男	岳阳工务段	巡道工	全国铁路劳动模范	1989 年	人事部、铁道部
彭声富	男	株洲水电段	给水司机	全国铁路劳动模范	1989 年	人事部、铁道部
周石强	女	耒阳车务段	工会主席	全国铁路劳动模范	1989 年	人事部、铁道部

续表

姓　名	性别	单　位	职　务	荣誉称号	获奖时间	授奖单位
陈良策	男	株洲机务段	司　机	全国铁路劳动模范	1989 年	人事部、铁道部
谢阳华	男	株洲车辆段	工　长	全国铁路劳动模范	1989 年	人事部、铁道部
刘满香	女	怀化客运段	列车员	铁道部劳动模范	1989 年	人事部、铁道部
张保华	男	怀化铁路分局	分局长	铁道部劳动模范	1989 年	人事部、铁道部
谢培元	男	衡阳列车段	列车员	全国铁路劳动模范	1991 年	人事部、铁道部
叶均华	男	株洲工务段	线路工	全国铁路劳动模范	1991 年	人事部、铁道部
黄筱玲	女	长沙铁路医院	护　士	全国铁路劳动模范	1991 年	人事部、铁道部
贺治花	男	衡阳工务段	巡道工	全国铁路劳动模范	1991 年	人事部、铁道部
赵会生	男	衡阳桥隧公司	队　长	全国铁路劳动模范	1991 年	人事部、铁道部
丰正秋	男	吉首工务段	副总工	铁道部劳动模范	1991 年	人事部、铁道部
邹满安	男	新化车务段	值班员	铁道部劳动模范	1992 年	人事部、铁道部
周子贵	男	株洲机务段	司　机	铁道部劳动模范	1993 年	人事部、铁道部
何友富	男	衡阳车站	上水员	铁道部劳动模范	1993 年	人事部、铁道部
刘祖武	男	怀化机务段	司　机	铁道部劳动模范	1993 年	人事部、铁道部
曾信祥	男	怀化客运段	列车员	铁道部劳动模范	1994 年	人事部、铁道部
李德水	男	冷水滩车站	装卸班长	铁道部劳动模范	1994 年	人事部、铁道部
丁铁山	男	株洲工务段	段　长	铁道部劳动模范	1994 年	人事部、铁道部
欧吉成	男	衡阳线路段	段　长	铁道部劳动模范	1994 年	人事部、铁道部
谭周贵	男	娄底机务段	司　机	铁道部劳动模范	1995 年	人事部、铁道部

续表

姓　名	性别	单　位	职　务	荣誉称号	获奖时间	授奖单位
郭光基	男	株洲车辆段	车辆钳工	铁道部劳动模范	1995 年	人事部、铁道部
孙光箭	男	衡阳西站	经　理	铁道部劳动模范	1995 年	人事部、铁道部
李应泉	男	衡阳电务段	段　长	铁道部劳动模范	1995 年	人事部、铁道部
陈建斌	男	长沙列车段	运转车长	铁道部劳动模范	1995 年	人事部、铁道部
黄金海	男	郴州工务段	工　长	铁道部劳动模范	1995 年	人事部、铁道部
方明华	男	岳阳北站	值班员	铁道部劳动模范	1995 年	人事部、铁道部
黄生友	男	怀化列车段	地勤队长	铁道部劳动模范	1995 年	人事部、铁道部
田丰满	女	怀铁第三中学	一级教师	铁道部劳动模范	1995 年	人事部、铁道部
李玉斌	男	荣家湾车务段	段　长	铁道部劳动模范	1998 年	人事部、铁道部
王汉清	男	岳阳车站	值班员	铁道部劳动模范	1998 年	人事部、铁道部
周湘虎	男	株洲北站	值班员	铁道部劳动模范	1998 年	人事部、铁道部
齐柏林	男	长沙机务段	司　机	铁道部劳动模范	1998 年	人事部、铁道部
周红松	男	株洲工务段	巡道工	铁道部劳动模范	1998 年	人事部、铁道部
苏新山	男	娄底电务段	段　长	铁道部劳动模范	1998 年	人事部、铁道部
林桂琴	女	衡阳车辆段	班　长	铁道部劳动模范	1998 年	人事部、铁道部
张力强	男	新化工务段	工　长	铁道部劳动模范	1998 年	人事部、铁道部
唐慧芝	女	衡阳电务段	信号技师	铁道部劳动模范	1998 年	人事部、铁道部
程新国	男	衡阳线路公司	线路工	铁道部劳动模范	1998 年	人事部、铁道部
牛和平	男	衡阳工务段	工　长	铁道部劳动模范	2000 年	人事部、铁道部

表 52　　1988—2000 年湖南省国铁系统“火车头奖章”获得者

姓　名	性别	单　位	职　务	荣誉称号	获奖时间	授奖单位
李义芳	男	耒阳车务段	助理值班员	火车头奖章	1988 年	中华全国铁路总工会
冯志成	男	岳阳工务段	巡道工	火车头奖章	1988 年	中华全国铁路总工会
谢阳华	男	怀化车辆段	工　长	火车头奖章	1988 年	中华全国铁路总工会
洪玉山	男	株洲北站	调车长	火车头奖章	1990 年	中华全国铁路总工会
张振发	男	株洲电务段	段　长	火车头奖章	1990 年	中华全国铁路总工会
成松桂	男	娄底工务段	桥梁室主任	火车头奖章	1990 年	中华全国铁路总工会
谢培元	男	衡阳列车段	列车员	火车头奖章	1990 年	中华全国铁路总工会
沈庆扬	男	衡阳机务段	司机长	火车头奖章	1990 年	中华全国铁路总工会
黎树忠	男	郴州工务段	线路工长	火车头奖章	1990 年	中华全国铁路总工会
黄筱玲	女	长沙铁路医院	护士长	火车头奖章	1990 年	中华全国铁路总工会
何正凡	男	岳阳北站	值班员	火车头奖章	1990 年	中华全国铁路总工会
邹满安	男	新化车务段	值班员	火车头奖章	1990 年	中华全国铁路总工会
刘祖武	男	怀化机务段	司　机	火车头奖章	1990 年	中华全国铁路总工会
王文德	男	怀化生活段	服务员	火车头奖章	1990 年	中华全国铁路总工会
刘阳河	男	怀化列车段	运转车长	火车头奖章	1990 年	中华全国铁路总工会
冯铁桥	男	第二工程公司	线路工长	火车头奖章	1990 年	中华全国铁路总工会
赵会生	男	一桥公司	工　长	火车头奖章	1990 年	中华全国铁路总工会
尹文汇	男	第二线路大修公司	经　理	火车头奖章	1990 年	中华全国铁路总工会
赵正龙	男	娄底车站	调车长	火车头奖章	1991 年	中华全国铁路总工会
管连湘	男	衡阳建筑公司	党委书记	火车头奖章	1991 年	中华全国铁路总工会
毛政源	男	湘潭东站	站　长	火车头奖章	1991 年	中华全国铁路总工会

续表

姓　名	性别	单　位	职　务	荣誉称号	获奖时间	授奖单位
廖建湛	男	衡阳公安处	民　警	火车头奖章	1991 年	中华全国铁路总工会
邓忠安	男	长沙机务段	司　机	火车头奖章	1991 年	中华全国铁路总工会
贺治花	男	衡阳工务段	巡道工	火车头奖章	1991 年	中华全国铁路总工会
刘珍玲	女	衡阳铁路医院	护士长	火车头奖章	1991 年	中华全国铁路总工会
尹静波	男	荣家湾车务段	站　长	火车头奖章	1991 年	中华全国铁路总工会
覃志俊	男	怀化机务段	司　机	火车头奖章	1991 年	中华全国铁路总工会
唐仁发	男	怀化车辆段	工　长	火车头奖章	1991 年	中华全国铁路总工会
王习英	女	大庸车务段	主任货运员	火车头奖章	1991 年	中华全国铁路总工会
丰正秋	男	吉首工务段	段　长	火车头奖章	1991 年	中华全国铁路总工会
阙文杰	男	娄底车务段	段　长	火车头奖章	1992 年	中华全国铁路总工会
沈正航	男	株洲北站	助　工	火车头奖章	1992 年	中华全国铁路总工会
张顺存	男	岳阳车站招待所	经　理	火车头奖章	1992 年	中华全国铁路总工会
张治地	男	郴州车站	铲车司机长	火车头奖章	1992 年	中华全国铁路总工会
何友富	男	衡阳车站	上水员	火车头奖章	1992 年	中华全国铁路总工会
周建民	男	郴州电务段	中修队长	火车头奖章	1992 年	中华全国铁路总工会
冯雄烈	男	株洲车务段	站务员	火车头奖章	1992 年	中华全国铁路总工会
赵友根	女	娄底车站	客运员	火车头奖章	1992 年	中华全国铁路总工会
周子贵	男	株洲机务段	司　机	火车头奖章	1992 年	中华全国铁路总工会
田丰满	女	怀化职业中学	教　师	火车头奖章	1992 年	中华全国铁路总工会
谢长春	男	新化工务段	巡道工	火车头奖章	1992 年	中华全国铁路总工会
陈伯秋	男	怀化生活段	厨　师	火车头奖章	1992 年	中华全国铁路总工会

续表

姓　名	性别	单　位	职　务	荣誉称号	获奖时间	授奖单位
谭跃新	男	怀化公安处	乘警副队长	火车头奖章	1992 年	中华全国铁路总工会
张泽勋	男	新化电务段	大中修队长	火车头奖章	1992 年	中华全国铁路总工会
伍先东	男	西河采石场	工　长	火车头奖章	1992 年	中华全国铁路总工会
朱良保	男	第六工程公司	工　长	火车头奖章	1992 年	中华全国铁路总工会
齐柏林	男	长沙机务段	司　机	火车头奖章	1993 年	中华全国铁路总工会
倪仲元	男	株洲北站	值班员	火车头奖章	1993 年	中华全国铁路总工会
李华全	男	株洲工务段	工　长	火车头奖章	1993 年	中华全国铁路总工会
谭周贵	男	娄底机务段	司　机	火车头奖章	1993 年	中华全国铁路总工会
丁铁山	男	株洲工务段	段　长	火车头奖章	1993 年	中华全国铁路总工会
郭光基	男	株洲车辆段	钳　工	火车头奖章	1993 年	中华全国铁路总工会
李德水	男	冷水滩车站	司机长	火车头奖章	1993 年	中华全国铁路总工会
谢　军	男	长铁总公司工会技协	厂　长	火车头奖章	1993 年	中华全国铁路总工会
孙火箭	男	衡西站劳服公司	经　理	火车头奖章	1993 年	中华全国铁路总工会
欧吉成	男	衡阳机械厂	厂　长	火车头奖章	1993 年	中华全国铁路总工会
陈希明	男	株洲铁路机械学校	讲　师	火车头奖章	1993 年	中华全国铁路总工会
任炳煌	男	长沙工务段	线路工	火车头奖章	1993 年	中华全国铁路总工会
黄志忠	男	郴州机务段	司　机	火车头奖章	1993 年	中华全国铁路总工会
胡　庆	男	衡阳车辆段	检车员	火车头奖章	1993 年	中华全国铁路总工会
韩昌民	男	株洲北站	站　长	火车头奖章	1993 年	中华全国铁路总工会
陈新华	男	长沙机务段	司　机	火车头奖章	1993 年	中华全国铁路总工会
方明华	男	岳阳北站	值班员	火车头奖章	1993 年	中华全国铁路总工会

续表

姓　名	性别	单　位	职　务	荣誉称号	获奖时间	授奖单位
曾信祥	男	怀化客运段	列车员	火车头奖章	1993 年	中华全国铁路总工会
马昌明	男	怀化南站	值班员	火车头奖章	1993 年	中华全国铁路总工会
陈德余	男	大型机械养路段	指导司机	火车头奖章	1993 年	中华全国铁路总工会
李泽富	男	怀化总公司	党委副书记	火车头奖章	1993 年	中华全国铁路总工会
郑根生	男	怀化工务段	主任领工员	火车头奖章	1993 年	中华全国铁路总工会
黄生友	男	怀化列车段	运转车长	火车头奖章	1993 年	中华全国铁路总工会
陈建斌	男	长沙列车段	运转车长	火车头奖章	1994 年	中华全国铁路总工会
胡金华	男	长沙工务段	工　长	火车头奖章	1994 年	中华全国铁路总工会
章亮华	男	娄底派出所	所　长	火车头奖章	1994 年	中华全国铁路总工会
张泉辉	男	株洲车站	站　调	火车头奖章	1994 年	中华全国铁路总工会
杨福通	男	衡阳机务段	司机长	火车头奖章	1994 年	中华全国铁路总工会
陈伟英	女	衡阳生活段	班　长	火车头奖章	1994 年	中华全国铁路总工会
陈振业	男	郴州车务段	外勤值班员	火车头奖章	1994 年	中华全国铁路总工会
李　红	女	长沙车站	客运员	火车头奖章	1994 年	中华全国铁路总工会
任炳南	男	衡阳西站	站　长	火车头奖章	1994 年	中华全国铁路总工会
白　鸣	男	娄底机务段	车间主任	火车头奖章	1994 年	中华全国铁路总工会
段辉祥	男	荣家湾车务段	清扫员	火车头奖章	1994 年	中华全国铁路总工会
周湘虎	男	株洲北站	值班员	火车头奖章	1994 年	中华全国铁路总工会
刘五保	男	长沙机务段	司　机	火车头奖章	1994 年	中华全国铁路总工会
张建成	男	怀化机务段	司机长	火车头奖章	1994 年	中华全国铁路总工会
李谪辉	男	怀化车站派出所	警　长	火车头奖章	1994 年	中华全国铁路总工会

续表

姓　名	性别	单　位	职　务	荣誉称号	获奖时间	授奖单位
李保银	男	怀化车辆段	钳　工	火车头奖章	1994 年	中华全国铁路总工会
刘福俊	男	怀化机务段	党委书记	火车头奖章	1994 年	中华全国铁路总工会
宾中立	男	怀化总公司	总经理	火车头奖章	1994 年	中华全国铁路总工会
李连香	女	三公司劳动服务公司	副经理	火车头奖章	1994 年	中华全国铁路总工会
彭发君	男	长沙电务工程公司	工　长	火车头奖章	1994 年	中华全国铁路总工会
尹清森	男	张家界机务段	司机长	火车头奖章	1994 年	中华全国铁路总工会
杨万喜	女	株洲车站	售票员	火车头奖章	1995 年	中华全国铁路总工会
黄金海	男	郴州工务段	工　长	火车头奖章	1995 年	中华全国铁路总工会
刘其佳	男	荣家湾车务段	站　长	火车头奖章	1995 年	中华全国铁路总工会
赵益宇	男	娄底机务段	司　机	火车头奖章	1995 年	中华全国铁路总工会
李应泉	男	衡阳电务段	段　长	火车头奖章	1995 年	中华全国铁路总工会
蒋家峰	男	衡阳车辆段	工程师	火车头奖章	1995 年	中华全国铁路总工会
李皓明	男	长沙总公司	工会副主席	火车头奖章	1995 年	中华全国铁路总工会
钟兴均	男	株洲铁路机械学校	副校长	火车头奖章	1995 年	中华全国铁路总工会
林世银	男	靖州工务段	领工员	火车头奖章	1995 年	中华全国铁路总工会
付永生	男	张家界车务段	值班员	火车头奖章	1995 年	中华全国铁路总工会
熊中和	男	怀化电务段	电缆工	火车头奖章	1995 年	中华全国铁路总工会
冯玉琪	女	怀铁劳动服务公司	整烫工	火车头奖章	1995 年	中华全国铁路总工会
柳树根	男	第六工程公司	木　工	火车头奖章	1995 年	中华全国铁路总工会
汤延富	男	第三桥隧公司	队　长	火车头奖章	1995 年	中华全国铁路总工会
苏新山	男	娄底电务段	段　长	火车头奖章	1996 年	中华全国铁路总工会

续表

姓　名	性别	单　位	职　务	荣誉称号	获奖时间	授奖单位
王启斌	男	渌口派出所	所　长	火车头奖章	1996 年	中华全国铁路总工会
周红松	男	株洲工务段	巡道工	火车头奖章	1996 年	中华全国铁路总工会
王汉清	男	岳阳车站	值班员	火车头奖章	1996 年	中华全国铁路总工会
陈远明	男	长沙机务段	司　机	火车头奖章	1996 年	中华全国铁路总工会
肖艳湘	女	郴州车站	客运员	火车头奖章	1996 年	中华全国铁路总工会
陈智明	女	衡阳电务段	主　任	火车头奖章	1996 年	中华全国铁路总工会
林桂琴	女	衡阳车辆设备厂	钳　工	火车头奖章	1996 年	中华全国铁路总工会
张鑫弟	男	长沙铁路总公司	副总经理	火车头奖章	1996 年	中华全国铁路总工会
刘志远	男	衡阳车辆段	副工长	火车头奖章	1996 年	中华全国铁路总工会
李振芳	男	长沙机务段	司机长	火车头奖章	1996 年	中华全国铁路总工会
周克和	男	怀化车站	工会主席	火车头奖章	1996 年	中华全国铁路总工会
杨仁富	男	吉首工务段	工　长	火车头奖章	1996 年	中华全国铁路总工会
熊罗定	男	怀化机修厂	班　长	火车头奖章	1996 年	中华全国铁路总工会
张力强	男	新化工务段	工　长	火车头奖章	1996 年	中华全国铁路总工会
唐建明	男	怀化车辆段	工　长	火车头奖章	1996 年	中华全国铁路总工会
陈文正	男	郴州机务段	司　机	火车头奖章	1997 年	中华全国铁路总工会
陈超群	男	郴州工务段	党委书记	火车头奖章	1997 年	中华全国铁路总工会
陈德荣	男	衡阳车站	党委书记	火车头奖章	1997 年	中华全国铁路总工会
牛和平	男	衡阳工务段	工　长	火车头奖章	1997 年	中华全国铁路总工会
彭甲生	男	衡阳供电段	所　长	火车头奖章	1997 年	中华全国铁路总工会
孙　接	女	邵阳车站	核算员	火车头奖章	1997 年	中华全国铁路总工会

续表

姓　名	性别	单　位	职　务	荣誉称号	获奖时间	授奖单位
杨培英	男	长沙电务段	信号工长	火车头奖章	1997 年	中华全国铁路总工会
蒋湘莹	女	长沙铁路医院	护　士	火车头奖章	1997 年	中华全国铁路总工会
李育斌	男	荣家湾车务段	段　长	火车头奖章	1997 年	中华全国铁路总工会
郭应军	男	荣家湾车务段	值班员	火车头奖章	1997 年	中华全国铁路总工会
刘湘国	男	衡铁运输技工学校	教　师	火车头奖章	1997 年	中华全国铁路总工会
李玉林	男	衡阳机务段机修厂	厂　长	火车头奖章	1997 年	中华全国铁路总工会
谢　霏	女	怀化车务段	值班员	火车头奖章	1997 年	中华全国铁路总工会
胡爱华	男	张家界车站	值班员	火车头奖章	1997 年	中华全国铁路总工会
马前平	男	张家界工务段	巡道工	火车头奖章	1997 年	中华全国铁路总工会
刘德奎	男	新化工务段	纪委书记	火车头奖章	1997 年	中华全国铁路总工会
杨华棠	男	长沙电务工程公司	工　长	火车头奖章	1997 年	中华全国铁路总工会
程新国	男	衡阳第二线路公司	线路工	火车头奖章	1997 年	中华全国铁路总工会
黎怀亮	男	长沙机务段	司　机	火车头奖章	1998 年	中华全国铁路总工会
陈琳琳	女	长沙车辆段	工　长	火车头奖章	1998 年	中华全国铁路总工会
袁永斌	男	长沙铁路文化宫	主　任	火车头奖章	1998 年	中华全国铁路总工会
欧阳玉亮	男	株洲水电段	段　长	火车头奖章	1998 年	中华全国铁路总工会
杨其生	男	衡阳西站	站　调	火车头奖章	1998 年	中华全国铁路总工会
倪宏兴	男	衡阳车站	工会主席	火车头奖章	1998 年	中华全国铁路总工会
赵国平	男	祁东车务段	值班员	火车头奖章	1998 年	中华全国铁路总工会
李金和	男	长沙总公司	党委副书记	火车头奖章	1998 年	中华全国铁路总工会
刘建国	男	岳阳工务段	段　长	火车头奖章	1998 年	中华全国铁路总工会

续表

姓　名	性别	单　位	职　务	荣誉称号	获奖时间	授奖单位
陈建夫	男	长沙机务段	段　长	火车头奖章	1998 年	中华全国铁路总工会
文启祥	男	怀化车站	站　调	火车头奖章	1998 年	中华全国铁路总工会
唐慧芝	女	怀化电务段	技术员	火车头奖章	1998 年	中华全国铁路总工会
赵振宇	男	怀化铁路第一中学	教　师	火车头奖章	1998 年	中华全国铁路总工会
郭　奎	男	小水铺采石场	工　长	火车头奖章	1998 年	中华全国铁路总工会
张志新	男	株洲机务段	指导司机	火车头奖章	1999 年	中华全国铁路总工会
贺春祥	女	长沙北站	货运值班员	火车头奖章	1999 年	中华全国铁路总工会
陈爱和	男	娄底工务段	工　长	火车头奖章	1999 年	中华全国铁路总工会
万少云	男	衡阳车辆段	工　长	火车头奖章	1999 年	中华全国铁路总工会
李桂芝	女	衡阳铁路医院	副主任医师	火车头奖章	1999 年	中华全国铁路总工会
陈安民	男	郴州车务段	段　长	火车头奖章	1999 年	中华全国铁路总工会
彭协盛	男	长沙总公司	工会副主席	火车头奖章	1999 年	中华全国铁路总工会
李绵平	男	石长公司益阳工程指挥部	指挥长	火车头奖章	1999 年	中华全国铁路总工会
何奎元	男	衡阳铁路工程学校	讲　师	火车头奖章	1999 年	中华全国铁路总工会
李长生	男	长沙站	领　班	火车头奖章	1999 年	中华全国铁路总工会
钟汉贵	男	张家界机务段	司　机	火车头奖章	1999 年	中华全国铁路总工会
李远智	男	张家界工务段	党委书记	火车头奖章	1999 年	中华全国铁路总工会
张兴友	男	靖州车务段	值班员	火车头奖章	1999 年	中华全国铁路总工会
钟四钢	男	怀化总公司	团委书记	火车头奖章	1999 年	中华全国铁路总工会
蒋中秋	男	第二工程公司	工　长	火车头奖章	1999 年	中华全国铁路总工会
杨启林	男	株洲机务段	司　机	火车头奖章	2000 年	中华全国铁路总工会

续表

姓 名	性别	单 位	职 务	荣誉称号	获奖时间	授奖单位
戴泗衡	男	衡阳北站	连结员	火车头奖章	2000年	中华全国铁路总工会
伍陶珠	男	郴州工务段	工 长	火车头奖章	2000年	中华全国铁路总工会
张 军	男	衡阳电务段	信号工	火车头奖章	2000年	中华全国铁路总工会
颜学名	男	郴州机务段	指导司机	火车头奖章	2000年	中华全国铁路总工会
祝天经	男	长沙铁路医院	主 任	火车头奖章	2000年	中华全国铁路总工会
彭 智	男	岳阳车站派出所	侦察员	火车头奖章	2000年	中华全国铁路总工会
肖铁辉	男	株洲车辆段	工 长	火车头奖章	2000年	中华全国铁路总工会
彭培炳	男	石长公司	党委书记	火车头奖章	2000年	中华全国铁路总工会
袁清武	男	株洲铁路机械学校	教研室主任	火车头奖章	2000年	中华全国铁路总工会
刘 猛	男	新化电务段	中修队长	火车头奖章	2000年	中华全国铁路总工会
樊元生	男	怀化水电段	班 长	火车头奖章	2000年	中华全国铁路总工会
王成志	男	新化车务段	党委书记	火车头奖章	2000年	中华全国铁路总工会
苏建斌	男	第三工程公司	工 长	火车头奖章	2000年	中华全国铁路总工会

后 记

为全面反映湖南省省情，积累、保存地方文献，1999年，中共湖南省委、省政府决定续修省、市、县三级志书。《湖南省志（1978—2002）》正式启动编修工作后，2002年湖南省地方志编纂委员会省志编纂处处长卢凯旋和工作人员杨凯丰主动联系我集团公司，商请我方助修《湖南省志（1978—2002）·铁路志》，由于当时条件所限，双方没有签订正式编修协议，致使修志工作未能及时启动。

我集团公司收到湖南省地方志编纂委员会省志编纂处工作人员有关《湖南省志（1978—2002）·铁路志》编纂进度的询查之后，于2008年8月成立《湖南省志（1978—2002）·铁路志》编纂机构，由集团公司档案史志室具体负责，组织相关人员成立编写组，研究、确定了编写大纲，正式启动《湖南省志（1978—2002）·铁路志》的编纂工作。编修执笔人员范信琼查阅了原长沙、怀化、石长铁路总公司及原衡阳铁路分局的相关史志、年鉴、档案，收集整理出湖南境内铁路建设、铁路运输、安全生产、经营管理及科教文卫的大量资料。由于编纂人员少、机构撤并多、资料收集难等种种因素，编修进度比较缓慢。2012年8月28日，湖南省地方志编纂委员会致函我集团公司，要求加快编修工作。集团公司及时采取措施，调整《湖南省志（1978—2002）·铁路志》编修方案，调入梁末妮、唐明月充实编纂队伍，编纂工作稳步推进。2013年底完成了近25万字的评议稿。2015年省志编纂处处长黄俊军到访我集团公司档案史志室，商讨志稿评议事宜。2016 年 1 月 15 日，湖南省地方志编纂委员会和广州铁路（集团）公司在长沙召开志稿评审会，对《湖南省志（1978—2002）· 铁路志》稿进行评议。评议会由省志编纂处处长黄俊军主持，集团公司档案史志室廖玉敏主任带队参加。评议会后，集团公司编写组对志稿进行讨论修改，增删内容。2016 年湖南省地方志编纂委员会副主任李晓平、省志编纂处处长黄俊军、副处长李驰到访我集团公司档案史志室，商讨《湖南省志（1978—2002）· 铁路志》的修改工作。2018 年 11 月集团公司编写组修改完成复审稿，并送达《湖南省志》总编室。

2019 年 3 月 27 日，根据形势发展的需要和国家对志书编辑的要求，湖南省地方志编纂委员会黄俊军副主任带领省志编纂处一行 5 人再次赴我集团公司，商量《湖南省志（1978—2002）· 铁路志》稿的终审和出版事宜；3 月 27 日—4 月 1 日，省志编纂处处长蔡素云等同志与集团公司档案史志室廖玉敏主任及编写组人员就志稿中的具体问题进行了反复讨论，并确定了下阶段的工作方案。因原有编辑人员早已离任，为完成全面的修改工作，我方重新调整编写组人员：王荣志负责第一篇至第五篇及专记、附录的修改并重新采集所有照片，禹济涛负责概述的修改及怀化铁路总公司有关内容的核实，卜建伟负责志稿的最后审定。按照湖南省地方志编纂委员会省志编纂处的指导意见，编写组修改了与形势不适应的观点，充实了大量的历史事件，补全了部分缺失项目，核实修改了错误的数据，调整了个别不合理结构，重新编辑了全部照片。历时 5 个多月全面完成志稿的修改任务。同时，省志编纂处主动联系中车株洲电力机车有限公司、中车长江车辆有限公司株洲分公司、中铁株洲桥梁有限公司 3 家单位，俞鸣霞、袁文君、龙韬为《湖南省志（1978—2002）· 铁路志》提供了相关资料，补全了湖南境内国铁电力机车、车辆、桥梁制造方面的内容。2019年9月,《湖南省志》总编室完成《湖南省志(1978—2002)·铁路志》稿的终审验收,认为“该志稿观点正确,篇目框架合理,资料比较翔实,文字通顺,基本达到了志书出版要求”,并“请按照《湖南省志(1978—2002)·铁路志》稿评议会和双方多次志稿讨论会的意见修改、完善、定稿后,单位发函送交湖南省地方志编纂委员会《湖南省志》总编室”。在此基础上,集团公司档案史志室派员先后5次到长沙,与省志编纂处的同志就志稿内容和数据方面存在的56条问题,逐条逐句进行讨论、甄酌、协商、修改,形成一部比较全面、精准、规范的志稿,约35万字、16张照片。2019年11月4日,经中国铁路广州局集团有限公司办公室审查报集团公司领导同意予以定稿,并致函湖南省地方志编纂委员会正式交稿付印。

《湖南省志(1978—2002)·铁路志》是一部全面系统记述湖南境内国铁系统改革开放25年发展历史的专志。由于时间跨度长,编修人员几经变动,个别单位资料不全,搜集整理难度大,加之编辑人员专业知识的局限,本志可能有诸多不尽人意乃至错漏之处,敬请读者批评指正。

编 者

2019年12月